陕西师范大学史学丛书

丛书主编　何志龙

不同视野下的西安围城之役研究

侯亚伟◎著

科学出版社

北京

内 容 简 介

本书利用报刊、文集、日记、回忆录等多种史料，对 1926 年西安被镇嵩军围困期间的社会状况进行论述，从不同视野深入考察、勾勒、分析西安围城期间的各直接相关方——镇嵩军、守城陕军、国民联军、城内居民对此次围城的理解和认知，探求其背后的复杂原因，以期推动学术界对这一战役的研究。

本书可供中国近代史专业师生阅读和参考。

图书在版编目（CIP）数据

不同视野下的西安围城之役研究 / 侯亚伟著. —北京：科学出版社，2020.11

ISBN 978-7-03-066456-3

Ⅰ. ①不…　Ⅱ. ①侯…　Ⅲ. ①第一次国内革命战争－史料－西安　Ⅳ. ①K262.340.6

中国版本图书馆 CIP 数据核字（2020）第 204575 号

责任编辑：任晓刚 / 责任校对：韩　杨
责任印制：张　伟 / 封面设计：润一文化

科学出版社 出版
北京东黄城根北街 16 号
邮政编码：100717
http://www.sciencep.com

北京建宏印刷有限公司 印刷
科学出版社发行　各地新华书店经销

*

2020 年 11 月第　一　版　开本：720×1000　B5
2022 年 6 月第三次印刷　印张：20 3/4
字数：350 000

定价：96.00 元

（如有印装质量问题，我社负责调换）

丛书总序

在高等院校，教学与科研是一般教师关注的主要对象，教师们不仅关注自身的教学与科研，也关注他人的教学与科研，但对于学校和学院，高度关注的则是学科，即我们通常讲的学科建设。所谓学科建设，一般包含学科平台建设、师资队伍建设、科学研究和人才培养四个方面。学科平台建设，主要指硕士学位授权点和博士学位授权点的设置和建设，博士后科研流动站的设置和建设，另外也包括教育部人文社会科学重点研究基地的设置和建设，以及其他各类研究平台的设置和建设。师资队伍建设，主要指师资队伍的规模、职称结构、学历结构、年龄结构、学缘结构等方面。科学研究，主要指师资队伍成员从事学术研究所产出并公开发表和出版的学术论文、著作以及研究报告等。人才培养，主要指硕士学位授权点和博士学位授权点所培养的硕士研究生和博士研究生的数量、质量及其在学术界的影响和社会各行业的影响。学科建设的四个方面相互依托，相互促进，相辅相成，共同构成了学科建设的有机整体。其中，学科平台是基础，有了学科平台，有利于引进人才和加强队伍建设，有了学科平台，才能招收研究生，进行人才培养。队伍建设是核心，拥有一支合理的师资队伍，才能支撑和维持学科平台，才能有进行科学研究和人才培养的主体。科学研究是关键，科学研究的成果体现学科平台的力量，也是培养人才的前提和基础，没有较强的科学研究能力，不可能培养出合格的人才。人才培养是目标，人才培养必须依托学科平台，同时，人才培养不仅必须要有师资队伍，而且必须要有具备科学研究能力的师资队伍，才能完成合格的人才培养。

与国内大多数高校的历史学科一样，陕西师范大学的历史学科建设，在2012年之前，主要进行的是学科的外延建设。所谓外延建设，就是指增加学科的数量和规模，如拥有几个一级博士学位授权点，几个国家重点学科以及几个教育部人文社会科学重点研究基地等。随着我国改革开放的深化和综合国力的增强，民众对高等教育有更高期待，党的“十八大”明确提出推动高等教育的内涵发展，走以质量提升为核心的内涵发展道路，高校学科建设进入了一个新的时期，学科建设的重点由外延建设转向内涵建设。外延建设主要强调量，而内涵建设则更加注重质，外延建设为内涵建设奠定了坚实的基础。也就是说，在已有学科平台的基础上，凝练高水平的队伍，产出高水平的成果，培养高质量的人才，将成为学科发展的关键所在，而统领这三方面的正是学科特色。凡大学都应该有自己的特色，大学的特色集中体现在学科特色上。所谓学科特色，主要指在某一学科的某一领域，凝练一支高水平的研究团队，产出一系列有影响的研究成果，同时培养出一批在学术界和相关行业有影响的人才。为什么说学科特色是学科内涵建设的灵魂，原因有三：一是从人力资源配置看，很难有一个高校有能力支撑一个学科（一级学科）所包含的所有学科领域。二是从财物资源配置看，很难有一个高校有能力支持一个学科（一级学科）所包含的所有学科领域发展所需要的财力和物力。支持学科建设不仅要有研究团队，而且要有为研究团队提供从事科学研究所必需的财力和物力，如从事历史学研究所必需的场所设施、网络环境和图书资料等，只有满足人、财、物的合理配置，才能进行科学研究。三是只有发展学科特色，资源配置才能实现成本最低，效率最高。如果学科领域广泛，需要配置的文献资源也必然广泛，相应地如果学科领域相对集中，需要配置的文献资源也相对集中，成本低而利用率高。另外，发展学科特色，易于承传学术传统，易于形成内部合作，易于产出系列成果，易于团队培养人才，易于形成学术影响，也易于保持学术影响。

发展学科特色需要考虑诸多因素。作为历史学科建设，要充分考虑地方历史文化，形成自己的学科优势，这种优势既能更好地服务地方，也能充分彰显自己的学科特色。要注重已有学术传统，顺应国家长期发展的重大战略目标，着眼未来，长远规划学科特色。要充分考虑学校的实力地位，谋划学校能够实现的规划，因为学科建设规划只有在人、财、物的可持续投入基础上才能实现。

陕西师范大学的历史学科，依托地处周秦汉唐历史文化中心，考古资源丰富，出土文物规格高和数量大的优势，经过几代历史人70多年的不懈努力，逐步形成了以周秦汉唐历史为主要研究领域的学科特色，中国古代史国家重点学科的获批，也是对这一学科特色的充分肯定。随着国家对历史学科精细化分类管理，原来既是门类也是一级学科的历史学一分为三，调整为中国史、世界史、考古学三个一级学科。根据学校地位的变化和学校对历史学科人、财、物的持续投入状况，面对三个一级学科的评估和建设，在国家一流大学和一流学科建设中，我们面临着前所未有的巨大挑战。在严峻的挑战面前，思路必须明确，决策必须正确，行动必须快捷。环顾国内外高等院校学科建设成功者，无不具有显著特色。我们在学科内涵建设中，特色发展是唯一选择。作为中国史一级学科，其统属的中国古代史和历史地理学两个国家重点学科，是我校的特色学科，也是我校的优势学科，在国内学科建设的激烈竞争中，只有加大建设力度，才能保持优势地位。而要保持传统优势学科的地位，除了加大已有建设的力度，还必须不断探索新的学科增长点，才能进一步强化学科优势，彰显学科特色。中央提出的“一带一路”建设，是我国发展的大战略，为地处丝绸之路起点的我校历史学科发展迎来了难得的发展机遇，学院“丝绸之路历史文化研究中心”的建立，不仅顺应了国家重大战略需求，同时也是我院探索新的学科增长点的体现。中国史升格为一级学科后，发展中国近现代史学科势在必行，而从时间和空间上看，中国近现代史学科的研究领域同样极为广泛，我们也必须选择某一领域，重点建设，特色发展。西北地区的近现代史研究是中国近现代史研究的重要组成部分，把西北地区的近现代史作为我校中国近现代史学科的发展方向，同样具有明显的地域优势，也必将成为我校的学科特色和新亮点。

此外，文物与博物馆学也是学院谋求学科建设发展特色的一大发力点。2008年1月23日，中宣部、财政部、文化部和国家文物局联合下发《关于全国博物馆、纪念馆免费开放的通知》，根据该通知，全国各级文化文物部门归口管理的公共博物馆、纪念馆，全国爱国主义教育示范基地将全部实行免费开放，博物馆已成为国民素质教育的重要基地。在全国范围内，博物馆如雨后春笋，发展迅猛，但博物馆学的专业人才却明显不足，这就为高等院校博物馆学人才培养提出了新的要求。陕西是考古大省、文物大省，更是博物馆大省，博物馆的人才需求也相对较大。基于地缘优势和省内学科建设差异化发展的思路，我校在考古学学科下重点发展博物馆学，经过十多年的发展，取得了一定成就，陕西省文物局与我校签订战略合作框架协议，国家文物局在我校设立文博人才培训示范基地，充分说明我校重点发展博物馆学符合陕西省和国家对博物馆人才培养的需求，特色建设博物馆学的思路得到了肯定和支持。我们将在国内博物馆学研究的基础上，学习、借鉴、吸收国外博物馆学的理论和方法，深入探索努力构建我国博物馆学的学科理论体系，彰显我校博物馆学的学科特色。

彰显学科特色的要素很多，但产出颇具影响的系列研究成果尤为重要。为此，学院设计出版“陕西师范大学史学丛书”。本丛书首批17本，均为学院教师近年新作，每本书的内容不少于三编，作者自序。丛书的内容广泛，涉及中国古代史、中国近现代史、世界史等。希望通过出版本套丛书，集中展现学院教师近年来学术关注的领域和成就。鉴于本丛书是在我校大力推进一流学科建设的开启之年规划完成的，故以一流学科建设的思路代为本套丛书之总序。

何志龙

陕西师范大学长安校区文汇楼C段209室

2015年12月25日

引　言

1926年春，在北伐战争的背景下，原陕西省省长兼督军刘镇华，收罗在1925年胡憨战争中被胡景翼国民二军打败的镇嵩军旧部，纠合河南境内的红枪会，以及其他地方土匪武装，拼凑成一支号称10万人的大军，重整旗鼓，恢复了实力。在直系吴佩孚、晋系阎锡山、奉系张作霖和部分河南民众的支持下，刘镇华镇嵩军卷土重来，不仅欲报胡憨战争失败的一箭之仇，还谋图消灭河南、陕西境内的国民军，重新掌控陕西军政大权。在豫西打败盘踞于河南境内的国民二军后，镇嵩军一路势如破竹，下二华，破潼关，迅速占领陕西境内大片土地。4月17日，镇嵩军从东、北、南三面包围西安城，约5月17日，又包围西面，从而将西安城团团围困。围城期间，镇嵩军采取了和平诱降、武力攻城、长壕围城等多种方式，希望尽快取得胜利，却一次次无功而返。坚持至当年11月28日，因受城外援军和城内守军的内外夹攻，师老兵疲的镇嵩军作战失利，节节败退，终于撤围逃走。这便是对时局具有深刻影响的西安围城之役。

面对镇嵩军咄咄逼人的进攻，西安城内，各种消息蔓延散布，军民如惊弓之鸟，惶惶不可终日。原国民二军第十师师长、陕西省督军李虎臣在逃回西安后，所掌握剩余兵力不过数千人，根本无力阻挡刘镇华镇嵩军的进攻。为此，李虎臣亲赴三原，团结国民三军第三师杨虎城部、国民二军暂编第六师卫定一部等部分陕西军队，组成陕军，统一领导、统一编制、统一意志，重新划分防守区域，以抗击刘镇华镇嵩军的进攻。在近八个月的围城之战中，这支陕军克服了意见不一、缺兵少将、装备落后、物资奇缺、敌人诱降、求援无门等许多困难，坚韧不拔，不怕牺牲，以惊人的毅力抵挡住了刘镇华镇嵩军无数次进攻，终于等到援军前来解围。因守城主要将领李虎臣、杨虎城名字中都有一个“虎”字，时称“二虎守长安”。

与直奉联军作战不利后，国民军总司令冯玉祥远走苏联；为解西安之围、支援北伐，在中国共产党的帮助下，于右任不远万里，奔赴苏联，向冯玉祥求援。回国之后，冯玉祥整编旧部，于 1926 年 9 月 17 日在五原誓师，宣布加入国民党，组织国民联军，参加北伐战争。冯玉祥接受李大钊建议，派兵入陕，谋解西安之围。在于右任、孙良诚、刘汝明等将领率领下，国民联军千里赴援，在经历两个月有余的激烈战斗之后，终于解了西安之围。解围之后，原守城将领李虎臣、杨虎城等纷纷离开西安，国民联军得以立足西安，陆续收编、瓦解、消灭陕西境内各支军事力量，控制了陕西，并利用陕甘两省的兵民财赋，出兵潼关，逐鹿中原。

围城期间，城内数万百姓处境艰难，一些民众莫名、无辜受伤身死，不仅常常面临战争所带来的兵灾，还常常受到城内守军的刻骨盘剥，就食于收容所者有之，四处讨饭者有之，被迫自杀者有之，冻饿而死者亦有之。由于城围日久，粮食问题成为城内民众最为紧要的问题。他们中有许多人，于 5 月底 6 月初试图出城收麦而不得，有些试图逃出城，却面临守城陕军和城外镇嵩军的威胁，随时会有生命危险。约至农历 8 月中旬，城内已经严重缺粮，即使那些殷实之家，也逐渐无粮可食了，数万难民陷入了罗雀掘鼠的艰危境地。至围城后期，城内已经基本无粮可食，每日有成百上千的民众饿死。围城 8 个月，城内受饿而死者，可能高达 4 万—5 万人，几乎占城内总人数的 1/3 至 1/2。加之战争绵延不绝，兵灾随时到来，尸体无人掩埋，瘟疫到处蔓延，偌大一座千年古都，已如鬼蜮世界。

解围后潜离西安的杨虎城，虽然投靠了冯玉祥，但对之疑虑重重，很快又转投了蒋介石。而冯玉祥在和蒋介石的短暂蜜月之后，关系破裂，双方掀起争夺天下的中原大战。冯玉祥作战失败，也失去了对陕西的控制。风水轮流转，杨虎城被国民政府任命为陕西省政府主席，坐镇西安，统治陕西。回到陕西之后，在历次演讲和对西安围城之役的纪念中，杨虎城常常忽略李虎臣、卫定一等将领的守城之功，忽略冯玉祥国民联军的解围之功，强调自己在西安围城之役中的巨大贡献。1930—1936 年，杨虎城统治陕西期间，西安围城之役的作用和意义被反复强调，与时俱进地不断拔高、扩展，使其不仅具有反封建、支援北伐的意义，还对当时的经济、国防，甚至对抵抗日本帝国主义都有精神上的支持作用。但随着杨虎城离开西安，大规模的围城纪念活动销声匿迹，西安围城之役也逐渐沉埋于历史的尘埃之中，为人所淡忘。

至今为止，学术界对西安围城之役关注者鲜，少有的几篇学术论文，或是蜻蜓点水、流于表面，或是抄袭旧说，步人后尘。张景航从战前部署及粮食储备、守城时期的粮食状况、粮道争夺战三个方面，讨论了“粮食”这一当时至关重要的问题，选题颇有眼光，可惜所见资料不丰，且只做了简单的列举勾勒。[①]袁武振重视西安围城之役的意义，认为它牵制了大量北洋军阀部队，打破了吴佩孚的战略企图，支持、配合了北伐战争；保卫了冯玉祥国民联军的西北根据地，使之得以进军陕西、东出潼关、用兵中原；促进了北方国民革命运动的发展，推动了陕西地区国民革命高潮的到来。[②]类似的研究，还有辛一凡对杨虎城在西安围城之役中作用的分析，认为他顾全大局、团结各部同心守城，镇压投降派、稳定民心，同共产党等进步人士合作、密切联系群众，铮铮誓言赢得民心。[③]这些说法，虽有一定道理，不过是转述守城陕军所留下的相关忆述史料的说法，而对其他歧异性史料视而不见。侯培和、翁有为讨论了国民军经营西北的情况，认为国民军解西安之围，稳定了西北政局，保证了其在西北迅速崛起，为即将到来的北伐战争奠定了基础[④]，论述较为严密细致，但此文并非以西安围城之役为中心，对本书的参考意义也相对较小。

笔者在进行研究之时，试图突破以往论著，在重视大量歧异性史料的前提下，尽量从进攻一方、守城一方、解围一方、城内百姓、胜利者等不同视角切入，在厘清历史事实的同时，讨论不同群体在西安围城之役中的表现以及他们对这次战争的认知。

---

① 张景航：《1926 年西安围城时期的粮食问题》，《西安文理学院学报》（社会科学版）2016 年第 5 期。

② 袁武振：《论 1926 年西安反围城斗争的历史地位》，《西安联合大学学报》1991 年第 1 期；袁武振：《西安反围城斗争与国民革命》，《理论导刊》2016 年第 6 期。

③ 辛一凡：《论杨虎城在 1926 年西安围城战争中的核心作用》，《才智》2013 年第 3 期。

④ 侯培和、翁有为：《北伐前夕国民军与西北军政格局的演变》，《河北学刊》2017 年第 6 期。

目　录

第一章 虎狼之师

在1926年西安围城之役中，进攻一方是刘镇华及其所率领的镇嵩军。如今可见有关西安围城之役的史料中，除了刘镇华之弟，全程参与西安围城之役的刘茂恩《刘茂恩回忆录》是直接相关的史料之外，其他极难寻觅。收入《陕西文史资料精编》第二卷《重大事件》的《刘镇华祸陕围城见闻》一文，作者郭铁民，在西安围城之役中担任镇嵩军第二师独立团书记官，刘镇华投靠冯玉祥后，又转任国民联军第七十七师书记官，是刘镇华镇嵩军阵营中的一员。可是，该文的立场，却是站在守城一方，对刘镇华镇嵩军多有贬抑之处。据郭铁民自述，“关于刘军入陕前奏各节，得之于刘镇华总部秘书薛某和刘军兵站副监郑某为多；关于作战部分，得之于第四师旅长李万如和几个团、营长以及一、五师几个书记官较多；关于刘军溃逃、华阴被截击等节，均系个人亲身经历”[①]。郭铁民的回忆具有较大可信性，在研究中可堪使用。另外，《洛阳文史资料》第7、8两辑为《镇嵩军专辑》，对西安围城之役亦有一些记载，可资利用。以下以《刘茂恩回忆录》为主，参考《刘镇华祸陕围城见闻》《洛阳文史资料》等一些时人的回忆性材料，酌辅其他史料，从攻城一方的视角，对刘镇华镇嵩军入陕、围攻西安的情况进行讨论。

① 郭铁民：《刘镇华祸陕围城见闻》，中国人民政治协商会议陕西省委员会文史和学习委员会：《陕西文史资料精编》第2卷《重大事件》，西安：陕西人民出版社，2010年，第17页。

第一节 围城之前

刘镇华（1883—1955），原名茂业，字雪亚（“亚”一作“雅”——笔者注），河南巩县（今巩义市）城北神堤村刘家胡同人。据《刘茂恩回忆录》，刘镇华乃汉朝宗室之后。自六世祖潆川公起，便是诗礼名阀之家。五世祖天衢公，先习儒业，后辍学经商，因有爱人之德，被誉为“大善人”。四世祖（高祖）凌汉公，字星槎，号椿园，曾游学洛阳，肄业于周南书院，嘉庆二十三年（1818）中举，后被选任为陈留县教谕，道光十二年（1832）成壬辰正科进士，系有清一代巩县仅有的六名进士之一。道光二十三年（1842），星槎任湖南永顺府桑植县知县，后任南阳府教授。曾祖父万仞。祖父心芝，字经川。父维永，字寿山，经商，常助寒济贫，享年 59 岁。刘镇华（图 1-1）为维永长子，有同胞兄弟姐妹 10 人，其中兄弟 7 人，刘茂恩排行第五。

图 1-1 刘镇华

刘镇华 20 岁入县学，成秀才，光绪三十一年（1905），入保定北洋优级师范学堂学习，后加入同盟会。宣统元年（1909），刘镇华又入北京法政专门学堂学习。武昌起义发生后，刘镇华前往嵩县联络王天纵、柴云升、憨玉琨等举兵起义，占领嵩县，归秦陇复汉军大都督张钫统领，为陕西革命力量的外围部队。[①]刘曾任“大都督府书记官，后改任参议，做对外交涉工作。”[②]辛亥革命之后，原王天纵所部被改编为镇嵩军。其原统领王天纵因到北京任职，在军中和河南颇有威望的石言[③]认为“自己是教书匠，不如雪亚有作为”[④]，坚辞不就，刘镇华遂得以成为统领。

镇嵩军最初只有三标一营，分别由柴云升、张治公、憨玉琨担任第一、二、三标统领，武衔周担任营管带，约计3000人。它们先驻扎在潼关、华阴一带，不久返回豫西，刘镇华任统领兼团河陕汝道道尹，驻节洛阳。1914年，刘镇华因参与平定白朗起义有功，升任陆军中将。1918年3月，应陕西督军陈树藩邀请，刘镇华率军入陕，署理陕西省省长，旋实授。1920年直皖战争，皖系失败。因陈树藩份属皖系，直系北洋政府遂任命阎相文为陕西督军，率兵入陕，与陕西靖国军合作，武力驱陈。与此同时，阎相文所统率的冯玉祥第十六混成旅亦相随入陕，不久扩编为第十一师，冯任师长。阎相文驱陈成功后，于当年7月7日开始，担任陕西督军，因不能摆平陕西乱局，于当年8月23日自杀身亡。尔后，冯玉祥接任陕西督军之职，刘镇华仍专任省长。刘镇华致力于巴结冯玉祥，冀望获其好感，以便控制陕西。1922年4月19日，因冯玉祥参加直奉战争离开陕西，刘镇华遂于次月以陕西省省长代理督军职务，全面统治陕西，直到1925年胡憨战争之时方才离开陕西。刘镇华进入陕西之后，通过收降、纳叛、征兵等多种方法，大力扩充军事实力。镇嵩军军力在高峰之时，有

---

① 参见张钫：《风雨漫漫四十年》，北京：中国文史出版社，1986年，第227页。

② 马凌甫：《忆镇嵩军统领刘镇华》，中国人民政治协商会议洛阳市委员会文史资料委员会：《洛阳文史资料》第8辑《镇嵩军专辑》下册，1990年，第1页。

③ 石言（1888—1920），名朝臣，字又謇，又名东乾，嵩县人，1908年参加同盟会时化名石言。1911年，同盟会河南支部派刘镇华、吴沧洲等人至豫西联络地方武装，在石言的策划下，发动起义，失败后转赴潼关，参加张钫率领的秦陇豫复汉军东征军，任军部参议。1912年坚辞镇嵩军统领不就，归隐灵宝。参见洛阳市大河文化研究院编纂：《洛阳大典》上卷，济南：黄河出版社，2008年，第252页。

④ 吴沧洲：《刘镇华的前半生》，毛德富主编：《百年记忆：河南文史资料大系·军事卷》卷一，郑州：中州古籍出版社，2014年，第308页。吴沧洲（1887—1973），名学弟，字古岳，河南人，早年与刘镇华同学，入同盟会，参加河南辛亥革命，1921年曾代理镇嵩军总司令部参谋长，对刘镇华前半生知之甚详（参见张善政：《爱国军人吴沧洲》，中国人民政治协商会议安徽省金寨县委员会：《金寨文史》第5辑，内部资料，1988年，第173页）。

三师二旅，八个混成旅、一个卫戍卫队，约 55 000 人，成为一支不容忽视的地方军事力量，经常依违于各主要派系之间。

刘镇华主政期间，为治理陕西，采取了一系列措施。据《刘茂恩回忆录》：

由于大哥望治心切，在主政期间，特别礼贤下士，延揽人才，建设地方，开发西北，因此不论精神建设与物质建设，可以说得上政通人和，百废俱兴。如慎选品学兼优的人士办理县政，像蓝田县知事张仲友、山阳县知事刘锡鼎、米脂县知事宋经裕、周至县历任知事蒋峨、李庶瑛、熊飞、庞文中、王炎武等等，多属饱学之士……最值得一提的是，民国十一年秋，大哥特请水利专家李协出任陕西省水利局长兼渭北水利工程局总工程师，开筑渠道，灌溉田亩，以增收农产，改善人民生活，使农村经济欣欣向荣，无灾害饥寒之苦。后又派任教育厅长、西北大学校长。此外，他特别注意提倡地方教育，普遍设立中、小学，尤其能突破财政困难，创办西北大学，以造就西北地方人才。①

据米暂沉回忆，刘镇华在统治陕西期间的作为与刘茂恩的表述大相径庭：

一、在军事上，刘镇华以陕西人民的血汗养活与扩充了他的镇嵩军，拐回头来用镇嵩军打陕西人……他还拉拢收编一部分为陕西人所反对的军人败类，如将麻振武改编为镇嵩军第六路。

二、任用了一批河南人在陕西作官发财，根据当时陕西邮政局的统计，由陕西给河南，特别是河南巩县、嵩县的汇款数字，特别突出。

三、在政治上，刘镇华自始至终是拉拢在当时的政治分野上属于保守落后的一批官僚文人，来和比较进步的地方人士相对抗。

四、在文化教育方面花样更多了，刘兼座是常以他在陕西文化与教育方面的建树自负的。这里只谈几件突出的事情。1. 刘镇华任内所委任的教育厅长先后有郭希仁、马凌甫、杨西堂、景志傅等落后人物，致西安的教育情况，死气沉沉，远远地落后于刘镇华统治地区以外的渭北和陕北。2. 和郭希仁一批落后人物大搞孔教会，命令各校学生参加祀孔。3. 以陕西人民的大量金钱，成立了一个有名无实的西北大学，聘请他的河南老乡傅铜来作校长，安插了一批落后

① 刘茂恩口述、程玉凤撰著：《刘茂恩回忆录》上册，台北：学生书局，1996 年，第 54—55 页。

文人和河南老乡。4. 最有趣的是他在一九二四年……还“好心地”为陕西人请来康有为到西安“讲学”。[①]

“政通人和，百废俱兴”之语，显属溢美之词，与当时陕西兵燹遍地、千疮百孔的实际情况并不相符。不过，刘茂恩所述刘镇华在陕西所行之事，亦基本属实。虽然米暂沉的表述方式，对刘镇华是持批评态度的，其所述刘镇华治陕期间的作为，却与刘茂恩的回忆可以互补互证。如在文化事业方面，刘镇华是有一定贡献的，不应一味抹杀。奈何刘镇华在陕西的统治受到严重的污名化，不唯其秕政饱受诟病，即其贡献也受到指责。例如，他所主持创办的西北大学，虽然米暂沉认为“有名无实”，实际上对近代陕西高等教育发展，起到了重要作用。米暂沉特别指出康有为西安讲学之事，但对邀请著名文学家鲁迅、历史学家王桐龄等前来讲学之事，却闭口不谈，便是例证。

第二次直奉战争期间，早已不满于吴佩孚的冯玉祥潜思反戈一击，与孙岳在草亭密谋讨吴，事后由孙岳邀请胡景翼参加。胡景翼此时虽然“受直系编制，但思想上仍接近国民党。”[②]加以他对吴佩孚亦心存不满，愿意与二人合作倒直。于是三位均受吴佩孚排挤，具有一定革命思想的直系将领，组成反直三角同盟。1924 年 10 月 23 日，冯玉祥联合胡景翼、孙岳发动北京政变，囚禁贿选总统曹锟。25 日，冯玉祥与胡景翼、孙岳等人在北京北苑举行会议，决定成立中华民国国民军，自任总司令兼第一军军长，胡景翼、孙岳分别担任副总司令兼第二、三军军长。北京政变之后，冯玉祥与奉方合作，使原本胜负难分的直奉双方，实力出现明显消长，胜利的天平最终倒向了奉方，冯玉祥亦成为得利之渔翁。北京政变发生后，吴佩孚虽试图挽狂澜于既倒，奈何兵败如山倒，不得已泛海南逃。

吴佩孚败走后，在刘镇华鼓动下，镇嵩军憨玉琨部趁机占据洛阳、郑州及其附近地区，憨玉琨本人也积极谋图豫督之位。此时咄咄逼人的国民二军亦进兵安阳，谋占河南全境。在冯玉祥支持下，又有孙岳之国民三军暗中相帮，加

---

① 米暂沉：《刘镇华的一生》，中国人民政治协商会议全国委员会文史资料研究委员会编：《文史资料选辑》第 2 辑，北京：中华书局，1960 年，第 86—87 页。米暂沉（1902—1993），陕西蒲城人，共产党员，1927 年任杨虎城机要秘书。参见秦国生、胡治安：《中国民主党派历史政纲人物》，济南：山东人民出版社，1990 年，第 78 页。

② 张钫：《风雨漫漫四十年》，北京：中国文史出版社，1986，第 228 页。

之北京段祺瑞执政府又诱使双方鹬蚌相争，希望坐收渔人之利。憨玉琨觉察北京执政府调停不公，加以谋夺豫督之心不死，亦思一逞，遂致胡憨战争不可避免。刘镇华不仅暗许憨玉琨豫督之位，也希望将陕军逐出河南，以控制豫陕两省，故而所谓胡憨战争，实则是胡刘战争。当战争正酣之际，刘镇华深感兹事体大，不容有失，暗将陕西军政大权暂时移交直系吴新田代理，亲自率领所部军队前往河南助憨玉琨一臂之力。可是，战争的结果，却以镇嵩军惨败，憨玉琨自杀而告终。刘镇华失去了继续与胡景翼国民二军抗衡的资本，无奈经太原避走天津。经过此次战争，刘镇华不仅没有得到河南，连经营多年的陕西也被迫丢失，真是偷鸡不成蚀把米，是一次巨大的耻辱性失败。是以刘镇华在逃往天津之后，时刻窥伺局势，谋图再起，以雪前耻，并重新夺回对河南、陕西的控制权。

胡景翼国民二军，将领和兵员多产自陕西。该军虽有革命理想、名义和事实，但军纪极差。国民二军进入河南之后，统治手段十分残酷。比如，1925 年 1 月，曹士英部驻扎禹县，需索骡马大车甚为频繁，民众不堪重负，以致当地绅民纠合红枪会势力反抗。胡景翼得到消息后，“于一月二十四日派所部第二师第一旅蒋世杰，率团长张乃威、刘致栋来禹屠城，分进东、北二门，焚杀三昼夜，由大年初一烧至初三日，市区半为灰烬，死五千余人，杀戮甚惨”①。国民二军的种种暴行，势必引起河南民众反感，激起他们同仇敌忾之心。这种情况，亦可解释，缘何此后刘镇华镇嵩军可以死灰复燃，以及在死灰复燃之后，可以迅速纠合各种势力，击溃河南境内的国民二军。也就是说，1926 年初，刘镇华复起和对国民二军的作战，至少在河南是有一定民意基础的。因为，刘镇华重新再起，不仅有为自己报一箭之仇之意，在客观上也是帮助河南民众赶走、消灭为害一方的国民二军。

吴佩孚败走之后，不久东山再起，初以反奉相号召，拼凑成十四省联军，自任总司令，声势浩大。吴佩孚和张作霖均厌恶冯玉祥为人，吴佩孚欲雪冯玉祥发动北京政变，以致自己在第二次直奉战争中功败垂成之耻；张作霖欲报冯玉祥勾结郭松龄反奉，以致祸生肘腋之仇。不仅如此，吴佩孚、张作霖两人，对冯玉祥国民军控制北京及其周围省份，也颇为嫉妒。经过一番函电、人员往

---

① 刘茂恩口述、程玉凤撰著：《刘茂恩回忆录》上册，台北：学生书局，1996 年，第 67 页。

复折冲，双方最终达成谅解，结成同盟，共同对冯玉祥所统领的国民军作战，以报前仇，夺取对北京政府的控制权。

吴佩孚深知，河南、陕西境内之国民二、三军，是冯玉祥国民一军的盟军，对其最终击败冯玉祥、夺取中央政权是一重大威胁。如果可以占据河南，控制陕西，进而奄有整个西北地区，则国民军必将面临腹背受敌的危险局面，退无可退，很难避免最终被消灭的命运。然而此时，吴佩孚的主力军正忙于对国民一军作战，对付南方的北伐军尚自不暇，当然无力西顾，只能别图良谋。

避居天津的刘镇华，时刻寻找报仇雪恨的机会。他暗中派人联络各方，特别是强势崛起的吴佩孚、虎视关内的张作霖、盘踞山西的阎锡山。对刘镇华，吴佩孚虽不信任，但刘镇华的投靠仍中吴佩孚下怀。于是，吴佩孚便支持刘镇华网聚残众，夺豫西，攻陕西，收拾西北局面。

据马凌甫回忆：

1926 年春节前后，刘镇华带领柴云升部由兴安出山，占领潼关。散在豫西的镇嵩军旧部重新归来，很快地就组成一支号称 10 万人的大军。计柴云升一军、张治公一军、王振一军、梅发魁一军、张德胜一军，还有一些直属部队和特种兵。①

刘镇华复起后，出汉中，攻灵宝、占潼关，决战陕州，很快消灭了河南境内的国民二军，将战火延烧到陕西境内。

1926 年春，国民二军处境愈形艰难。2 月 26 日，岳维峻仓皇退出开封，和李虎臣等会师郑州。此时的国民二军，“对北退（退到豫北与国民一、二军靠拢）与西退（退回陕西）问题，争议莫决达数日之久，终以李虎臣坚决主张回陕（他原是陕西军务督办，因援岳才带兵来豫），才仓促决定退陕，高级将领之意志、心理如此，影响所及，中下级军官以至士兵，更是人心惶惶，莫知所措了”②。据当时调停豫陕两方的张钫回忆，退入豫西的国民二军，虽渐渐处于三面包围之中，但如果统帅行为恰当，未尝不可一战：

---

① 马凌甫：《忆镇嵩军统领刘镇华》，中国人民政治协商会议洛阳市委员会文史资料委员会《洛阳文史资料》第 8 辑《镇嵩军专辑》下册，1990 年，第 16 页。据其回忆文章，马凌甫（1884—1970），名步云，以字行，陕西合阳人，曾任教于西北大学，刘镇华主政陕西期间，任陕西省教育厅长。

② 李鸣、张桓编著：《豫陕名人张钫》，台北：东勋文教基金会，2018 年，第 244 页。

论其实力，除在鲁西、豫东、豫西伤亡失散外，仍有十余万人马，且均集结于郑、洛间地区。如果当时统帅者能决策及时，指挥适当，团结军心，鼓励士气，则无论攻守，胜败之数尚不可必。无如岳维峻惊于东南两路失利，又惑于河南地方武力、红枪会等遍地蜂起及民众的不合作，以致心惊气馁，举棋莫定。①

岳维峻离开开封之后，2 月 27 日，靳云鹗占领开封；3 月 2 日，岳维峻放弃郑州后，4 日靳云鹗与寇英杰即会师郑州；岳维峻东至洛阳，地方武装秘密炸毁其弹药车，仓皇之下，又离洛西去。用张钫的话说：

十万大军蜂拥西奔，也如去年镇嵩军败溃情形一样，互失联络，上级对下属失去掌握。可是国民二军比去年镇嵩军更感困难的是，他们沿途到处遭受地方民团和红枪会的狙击扰乱，当地人民又坚壁清野，因而情报闭塞，军食维艰，以致大部溃散，死伤遍地。②

更危险的是，此时，刘镇华率镇嵩军进抵灵宝以西的函谷关，据险阻住国民二军西去的通道：

岳维峻率残部退到陕州（当时是陇海路终点），集结于城关和郊区，约三四万人。阌灵的镇嵩军凭函谷形势险要，堵住了入陕之路。岳不得已，调一旅精锐，集中火力，迭次冲锋，均经镇嵩军击败。越一日，陕军田玉洁又以一师向镇嵩军右翼猛攻，近黄昏时占领小村数处，拂晓镇嵩军不但夺回失地，并追击了四五里。岳两次突击均失败，士无斗志，军无粮秣，西有刘镇华，东有张治公（在洛阳），南有红枪会处处为敌，北有黄河天堑难以飞渡（阎锡山不让他武装渡河），迫不得已开秘密会议，岳和将领离开陕州，单身陆续渡河，经晋南回陕，所属部队一律在陕州放下武器投降或逃散。③

---

① 李鸣、张桓编著：《豫陕名人张钫》，台北：东励文教基金会，2018 年，第 243 页。

② 李鸣、张桓编著：《豫陕名人张钫》，台北：东励文教基金会，2018 年，第 244 页。

③ 李景曾：《我所知道镇嵩军的几件事》，中国人民政治协商会议洛阳市委员会文史资料委员会：《洛阳文史资料》第 7 辑《镇嵩军专辑》上册，内部资料，1990 年，第 44 页。据此则资料，李景曾长期在刘镇华部工作，1925 年 5 月以前任柴云升师的参议，5 月以后至 1926 年秋任镇嵩军驻武汉代表，1926 年以后任交际处长。

虽然节节胜利，镇嵩军亦有隐忧。1926年3月20日，刘镇华致电阎锡山，“刻下弹饷两缺，即此潼、灵一隅，吾弟亦须六七百万，关中连年困苦，款项尤难，究应如何办理？吾弟迅予筹拨，指授机宜，以便答复，无任盼祷”①。这表明，刘镇华镇嵩军虽然频频胜利，却也面临缺乏弹饷的艰难局面，这当然会限制镇嵩军的推进速度，致其战斗力难以长久保持。

上则资料亦表明，刘镇华进攻陕西，其背后不仅有吴佩孚，还有阎锡山的大力支持。阎锡山之所以要支持刘镇华，是因为国民二军图谋攻取山西，对其是一个严重威胁。据范龙章回忆、尹文堂记述，“岳维峻曾接受孔庚、续西峰等人的建议，拟用奇兵袭取太原，此计划遭到失败，与阎的关系也弄得很紧张”②。又据郭铁民回忆：

1925年夏天，国民一军败退南口，冯玉祥下野，韩复榘、石友三等部退入绥远时，曾攻打山西雁北各县，旋被晋军击退。未及四月，豫军樊钟秀又复率部众三万余人，由晋东南辽县之竣极关进攻山西。当时二军李虎臣部陈兵石家庄附近，与樊遥为呼应（据云当时岳维峻计划由樊率部先攻辽县，战事进行十日以后，李虎臣即由石家庄率部西进，合力夹攻山西）……阎鉴于国民军两次攻晋，事虽未成，其主要目标在于图晋，国民二军存在一日，山西即一日不得安宁。因此，阎对于帮助刘镇华消灭国民二军，便成为他的积极主动计划。③

应该说，国民二军图晋之举，实为其重大战略失误。因为，如此必然将阎锡山推入其主要敌人吴佩孚、刘镇华的怀抱，使自己面临腹背受敌的局面。

当月14日，吴佩孚致电刘镇华，正式委任他为讨贼联军陕甘军总司令：

兹委老弟为讨贼联军陕甘军总司令，除另发委任状，刊发关防外，特先电达，即希查照就职为幸。潼、洛交通恢复后，陕、潼一带防务，责成于丞担任，

---

① 刘茂恩口述、程玉凤撰著：《刘茂恩回忆录》上册，台北：学生书局，1996年，第115页。

② 尹文堂：《镇嵩军始末》，中国人民政治协商会议洛阳市委员会文史资料委员会：《洛阳文史资料》第7辑，内部资料，1990年，第15页。范龙章（1898—1972），字卓云，河南汝阳人，1924年投靠镇嵩军憨玉琨部，先后任副营长、营长、团长、旅长，1927年任由镇嵩军改编的国民革命军第二集团军第八方面军师长。参见洛阳市地方史志编纂委员会：《洛阳市志》第18卷《人物·附录》，郑州：中州古籍出版社，2002年，第263页。

③ 郭铁民：《刘镇华祸陕围城见闻》，中国人民政治协商会议陕西省委员会文史和学习委员会：《陕西文史资料精编》第2卷《重大事件》，西安：陕西人民出版社，2010年，第1—2页。

应请老弟率队入甘，以堵截冯（玉祥）贼退路。现直鲁军连日大捷，闻冯贼已将退守南口，我军亦集合北上，保（定）、大（名），指日可下。若使冯贼向西北逃遁，歼除不易，为患陕、甘，当过同、光之匪，不得不早为防堵，据以全力应付之，功在西陲，当不下左季高也。井岳秀、高志清已与本部接洽，表示服从，业经去电给以名义，请其与我合作，即以奉闻。[①]

据此电文，吴佩孚十分担心冯玉祥国民一军一旦南口战役失败，将会向西北逃遁。故他提前安排刘镇华进攻并占领陕甘，可以堵住冯玉祥国民军西退之路。这一战略安排，颇具军事眼光，也为后来局势的发展所证实。吴佩孚将冯玉祥所部军队比作“同光之匪”，对刘镇华极尽恭维，认为如果刘镇华能够完成占领陕甘、堵截冯玉祥的任务，则其功绩当可与左宗棠用兵西北相提并论。时过境迁，今人未必能够拭去历史烟云，体会到吴佩孚安排刘镇华出兵陕甘的政治、军事意义。倘使刘镇华和镇嵩军能够及时、成功地占领陕甘，南口战役中失败的国民军，确实将退无可退，陷入绝境。吴佩孚将有机会腾出手来，集中精力应付南方北伐军，则中国政局发展，恐将与我们熟知的历史大不相同。甚至，吴佩孚打败北伐军，最终削平群雄，统一天下，亦未必是痴人说梦。

即是说，吴佩孚的失败，不意味着他军事战略和部署失败。刘镇华所部镇嵩军，虽然人多势众，却不过是乌合之众，军纪既差，又多派系纷扰，难以统一指挥，加之枪支弹药、粮饷两缺，战斗力极差。吴佩孚的军事眼光虽然颇为高明，可惜所用非人，眼看刘镇华包围西安近八个月，却始终无法将之攻克，更何谈奄有陕甘。坐失好局，以致形势反复，使其谋划功败垂成，只能徒叹奈何了！

面对刘镇华镇嵩军的进攻，陕西国民二军所属军队纷纷出关作战。在河南境内一败涂地，少数人逃回之后，已经很难组织有效力量，与刘镇华镇嵩军一争雄长。在此情况下，陕西军人急于筹谋解决办法，竟意外出现了团结一致的局面。

---

① 刘茂恩口述、程玉凤撰著：《刘茂恩回忆录》上册，台北：学生书局，1996年，第114—115页。

1926年3月30日，杨虎城[①]领衔，当时稍有名气的陕西军人，如卫定一、田玉洁、姜鸿谟、何毓斌、甄士仁、王建勋、于巍俊、姚震乾、党毓昆、陈发荣、党海楼、刘一敬、高双成、高世俊、李德升、冯欣哲、姬汇伯、王保民等，联名发出通电，其文曰：

北京段执政钧鉴，各部、院、署、局转各法团、各省军民长官、转各报馆钧鉴：

天祸中国，同种相残，循环战争，愈演愈烈。此次国、联两方，兵连不解，师出无名，民受实祸，国家有灭亡之日，军国无觉悟之时，兴言及此，忧心如捣，虎臣等无术分解，安忍效尤？兹为维持一省和平计，公推陕西军务帮办兼陕北镇守使井岳秀维持全省治安，并守中立，实行保境安民主义，所有在陕各军队，自通电之日起，一律归井帮办节制，除对扰乱陕局，侵犯陕境者，立时讨伐外，决不参加任何方面军事行动。[②]

据刘茂恩回忆，此电系井岳秀派驻三原的代表刘某发出的。井岳秀乃井勿幕堂兄，早年加入中国同盟会，系陕西辛亥革命的元老级人物。1916至1936年，井岳秀担任陕北镇守使，坐镇榆林。他周旋于一些著名军事力量之间，先后投靠吴佩孚、冯玉祥、蒋介石等，图谋自存。对刘镇华谋取陕西之举，井岳秀本可以冷眼旁观，但作为陕西军人，他在感情上当然更愿意帮助自己人。同时，如果陕西其他地方被刘镇华占领，陕北当然难以独存，所以于公于私，于情于理，井岳秀不能没有唇亡齿寒之忧。只是刘镇华镇嵩军力量强大，派系纷纭的陕军显然难是对手。加之刘镇华镇嵩军背后又有吴佩孚、阎锡山的支持，井岳秀慑于威势，不愿以卵击石，以致覆亡，只能采取表面按兵不动，暗中对陕西军队相帮的策略。因此，井岳秀才会“一面派人向讨贼联军统帅吴佩孚及晋督阎锡山接洽归顺；一面又联络岳维峻、李云龙等残部，希图顽抗；并联络

---

① 说明：杨虎城，小名长久，乡人称久娃、九娃，辛亥革命时改名忠祥，号虎臣（或为字）。后去“祥”名“忠”，因“忠”太过直白，便以同音字“**彪**”代替，1925年3月12日，杨虎城致孙中山挽联落款便是杨**彪**，但因此字难识，有人径写成“彪”字，后以讹传讹，至有人以其另有一名为杨彪者。鉴于许多辞书和旧《电报号码》中都未收入“**彪**”字，为避免差错，他在电报中必须用“**彪**”时，便用虎加冬字赘补。但因仍常有差错，他便以“虎臣”或“虎城”代名。西安围城之役中，在其参谋长蒙浚僧的建议下，改名“虎城”，后虽仍有混用，渐渐只用“虎城”了（参见李伶：《杨虎城名字逸事》，《党史博采》2019年第8期）。在行文中，除引用史料不作更动外，径以杨虎城称之。

② 刘茂恩口述、程玉凤撰著：《刘茂恩回忆录》上册，台北：学生书局，1996年，第118—119页。

冯玉祥，以谋联军。”[①]在回忆中，刘茂恩也提到，李虎臣逃回陕西之后，继续与陕北井岳秀、渭北杨虎城等军事力量来往讨论，“谋抗我军，且派代表多人，分向吴佩孚、阎锡山及我军……各方求和，希图缓兵待时，暗中与冯玉祥私通”[②]。

杨虎城在三原所发通电，真实含意是希望以井岳秀掌握陕西政局的方式，换取吴佩孚、阎锡山、刘镇华对西安，乃至陕西网开一面，或者最低限度迟滞镇嵩军的兵锋。但是，吴佩孚、阎锡山、刘镇华等不仅对井岳秀两面三刀、首鼠两端的做法颇为不满和有所防备，且他们企图控制陕西的既定目标，因意义重大，亦不容有失。故阎锡山“面告井岳秀之来使，不可为杨虎臣、卫定一诸人所惑”[③]。

当时，镇嵩军势如破竹，很快扫清了西安外围抵抗力量，许多原陕军力量，如麻振武、缑保杰部，都投入了镇嵩军的怀抱。处于顺境之中的刘镇华镇嵩军自然格外自信，当遇到一些力量降而复叛，如曲三省，“大哥以降人曲三省仍与敌通消息，谋叛，下令杀之”[④]，以期收到杀一儆百之效。

面临刘镇华镇嵩军行将攻打西安的严重局面，早在2月24日，时任陕西省省长刘治洲[⑤]致电阎锡山求救：

> 自豫南战事发生，豫西匪徒四起，拆毁铁轨电线，以致豫陕交通多日隔绝，陕南吴、刘各部各复乘机分途进逼，战我宝鸡，窥我商洛，人民惶恐，地方骚然，陕局前途已呈危象。治洲数月以来，惟以保境安民为心，毫无党派异同，乃见刻下四郊多垒，忧心如焚。秦晋一家，谊同休戚，尚希主持正论，鼎力援助，以纾陕祸，而安西北，无任感祷，伫盼福音。[⑥]

阎复电云：“大局俶扰，波及棠疆，属在比邻，宜当援助，但恐力薄言轻，

① 刘茂恩口述、程玉凤撰著：《刘茂恩回忆录》上册，台北：学生书局，1996年，第119页。

② 刘茂恩口述、程玉凤撰著：《刘茂恩回忆录》上册，台北：学生书局，1996年，第124—125页。

③ 刘茂恩口述、程玉凤撰著：《刘茂恩回忆录》上册，台北：学生书局，1996年，第119页。

④ 刘茂恩口述、程玉凤撰著：《刘茂恩回忆录》上册，台北：学生书局，1996年，第119页。

⑤ 刘治洲（1882—1963），字定五，陕西凤翔人，同盟会会员，1925年5月至1926年西安围城期间任陕西省省长。参见中国人民政治协商会议陕西省凤翔县委员会学习文史委员会编：《凤翔文史资料选辑》第21辑，北京：中国文史出版社，1990年，第107—108页。

⑥ 刘茂恩口述、程玉凤撰著：《刘茂恩回忆录》上册，台北：学生书局，1996年，第125页。

无裨万一耳。”[1]刘治洲仍不死心，再次致电，奢求援助：

太原阎兼督百川兄勋鉴：

巧电敬悉。秦晋唇齿，关系密切，我兄拥护中央，毫无党见，励精图治，境睦邻修，多与鄙见吻合，是以屡呼将伯，冀邀鼎助。刻下刘前督、吴护军使，均奉鄂吴命令，侵扰陕疆，宝、鄜、商、洛，先后失守，人民惶恐，地方骚扰。违政府之命，兴无名之师，度亦为我兄所不取，敬祈特赐援助，电劝刘吴退兵，倘彼方不觉悟，陕军将领忍无可忍，自不能不作正当防御。陕军部份虽复杂，然对兄均极钦佩，保境睦邻宗旨，与洲均属一致。惟军实缺乏，剿匪御侮，恐不敷用。拟请尊处代购子弹若干，以济急需，如蒙慨允，当派专员前来接洽。再，京陕邮电久阻，此后寄京电报，并烦饬晋局代转为荷。[2]

可这次致电，未见到阎锡山回复。如前所述，阎锡山此时已经与吴佩孚、刘镇华等人联合，共同对冯玉祥国民军作战，暗中给刘镇华提供大量人力、物力，帮助其攻打西安。阎锡山当然不可能给陕西军民任何帮助，其之所以仍然回电，不过是出于礼节性敷衍而已。

正当刘镇华镇嵩军势如破竹之际，4 月 1 日，刘镇华致电汉口吴佩孚：

扫荡贼巢，除恶务尽，仰见为国为民，永保邦基之意，进兵计划，至详且尽，极为钦仰。华已饬各部西进，拟俟关中肃清，即行遵命入甘，截其窜扰。[3]

从电文中可知，在其进军计划中，占领陕西只是第一步，实现此目标后，还要进军甘肃，控制整个西北。

4 月 2 日，刘镇华发表通电，正式担任讨贼联军陕甘军总司令：

伏念烽烟甫靖于崤函，责任又寄以关陇，材轻任重，深惧弗胜，惟职分所在，义无可辞，遂即启用关防，克日就职，尚祈各省列帅，海内明达，箴言时

---

① 刘茂恩口述、程玉凤撰著：《刘茂恩回忆录》上册，台北：学生书局，1996 年，第 125 页。

② 刘茂恩口述、程玉凤撰著：《刘茂恩回忆录》上册，台北：学生书局，1996 年，第 125—126 页。

③ 刘茂恩口述、程玉凤撰著：《刘茂恩回忆录》上册，台北：学生书局，1996 年，第 119—120 页。

赐，韦佩借资，谨电肃陈，伏乞垂察。[①]

从刘镇华上任通电可见，他是以“为国为民”的正义身份相标榜的。民国时期，战争频仍，各路军事力量为了达到自身目的，往往残民以逞，不择手段，正义之心，常被弃之如敝屣。可就是这些人，在行事之时，却是“为国为民”不离嘴，刘镇华此时的“宣称”，亦当如是观。

第二节 围城期间

据郭铁民回忆，函谷关之战结束以后，刘镇华即召集各部负责人，在陕州召开会议。这次会议的重要内容，约有扩充编制、补充械弹、休整十日全军入陕三项。当时刘军编制如下：

讨贼联军陕甘军总司令刘镇华

讨贼联军陕甘军（副）总司令柴云升（系入陕以后由刘保准的）

总司令部卫队旅旅长贺日德

警备旅旅长赵清海

独立第一旅旅长李学正

独立第二旅旅长（失记）

独立第三旅旅长张仁山

另外，总司令部直属部队还有炮兵团、骑兵团等。

讨贼联军陕甘军镇嵩军第一师师长柴云升辖四个旅（第一混成旅、第二混成旅、步一旅、步二旅），另外直辖三个营（炮兵营、卫队营、工兵营）。

讨贼联军陕甘军镇嵩军第二师师长贾济川辖三个旅（步三旅、步四旅、补充旅），另外直属一个独立团。

讨贼联军陕甘军镇嵩军第三师师长梅发魁辖两个旅（步五旅、步六旅），另外一个独立营。

讨贼联军陕甘军镇嵩军第四师师长王振辖四个旅（第一混成旅、第二混成旅、步七旅、步八旅），另外直辖三个营（炮兵营、卫队营、工兵营）。

---

① 刘茂恩口述、程玉凤撰著：《刘茂恩回忆录》上册，台北：学生书局，1996年，第120页。

讨贼联军陕甘军镇嵩军第五师师长武衍周辖两个旅（步九旅、步十旅），直属团营不悉。

讨贼联军陕甘军镇嵩军第六师师长何梦庚辖两个旅（步十一旅、步十二旅）。

讨贼联军陕甘军镇嵩军第三十五师师长憨玉珍辖两个旅（憨玉珍系憨玉琨之弟，此次仍率伊兄旧部，故刘仍给以三十五师番号，其编制情况不悉）。

讨贼联军陕甘军陕军第一师师长麻振武辖四个支队（支队按旅编制），还有师直属团营。

讨贼联军陕甘军陕军第二师师长张治公辖四个旅（该部驻洛阳未入陕）。

此外，归刘镇华指挥部队，尚有第七师吴新田部。①

郭铁民认为："刘军入陕部队，除张治公一师常驻洛阳，麻振武一师原在陕西，吴新田一师仅归指挥，不计算在内，当时只有七个师和几个直属旅团，实有人数约计九万余人，后来最多时期，曾增至十一万左右。"②

另据《刘茂恩回忆录》，刘镇华进兵作战计划如下：

一、令缑师长保杰率所部由蒲城攻取耀县、同官。

二、令麻师长振武率所部肃清故市镇（在渭南县北、渭水以北）、关山镇（在临潼县东北七十五里，旧名寨），攻取三原。

三、令王师长振率所部由华县、渭南一带渡河，沿渭河北岸，攻取高陵、泾阳。

四、大哥亲率数旅兵力，由蒲城进向西南，以抄袭泾阳、高陵之侧背。

五、电请吴督办芑荪（新田字）派队由周至一带渡河，攻取兴平、咸阳、醴泉。

六、请孔督办华清（繁锦字）派队由岐山进攻扶风、武功。

七、以贾师长济川为后方总司令，以专责成。③

其中涉及缑保杰、麻振武、王振、吴新田、孔繁锦、贾济川诸部军队，与

---

① 郭铁民：《刘镇华祸陕围城见闻》，中国人民政治协商会议陕西省委员会文史和学习委员会：《陕西文史资料精编》第2卷《重大事件》，西安：陕西人民出版社，2010年，第3—4页。

② 郭铁民：《刘镇华祸陕围城见闻》，中国人民政治协商会议陕西省委员会文史和学习委员会：《陕西文史资料精编》第2卷《重大事件》，西安：陕西人民出版社，2010年，第4页。

③ 刘茂恩口述、程玉凤撰著：《刘茂恩回忆录》上册，台北：学生书局，1996年，第121页。

郭铁民之记述有一定距离。不过，考虑到郭铁民所述为刘镇华所有军队，此作战计划是实际投入作战的军队，两者差别尚可理解。

在郭铁民的回忆中，尚有下面一段：

> 刘军除以上编制外，刘曾大发委任状，如驻蒲城之缑保杰，原为刘镇华第一次督陕时之第七路司令，此次刘又委任缑保杰为陕军第三师师长，缑接委任后，缑之旅长缑天相大为不满，立即杀缑保杰起义，缑之第三师番号取消。据云，刘镇华到陕西后，又与吴新田商妥，委任吴之旅长李长明为陕军第三师师长，李曾带两个混成团助刘包围西安西关和西南城角，李驻西关外大营盘一带。吴新田之另一个旅长（姓名不悉），刘委任为陕军第四师师长。此外，坚守户县之国民二军何经纬旅，为保存实力，曾一度归刘，刘曾委任为陕军第五师师长。①

如此说来，其作战计划之第一项，尚未实施即告失败。吴新田、孔繁锦部不过是友军，故在刘茂恩回忆录中，才会用上电请、请等字样。

刘镇华审时度势，认为辛亥革命以来，陕西战乱频繁的原因，乃是“渭北不清，养痈遗患”，因此，“此次奠定三秦地方，打算肃清渭北乱源，以为一劳永逸之计”②。于是，他命令柴云升由大道西进，另以数部由商县、洛南出兵蓝田，协取西安，而以主力专注于渭北方面。

观此作战计划，并非直接攻取西安，而是希望“分路并进，期以一鼓荡平渭北，孤立西安”③。应该说，刘镇华孤立西安的策略，虽非上策，却不无道理。一旦西安外围军事力量被肃清，则西安必将成为一座孤城。在城内守军有限，城外没有强援的情况下，拥有绝对优势兵力的刘镇华，攻取西安应该指日可待、期之以必的。只是，这一策略是有时效性的，其作用也同样是有限的：

其一，战争形势变幻莫测，消灭西安周围敌人，不意味着消除了一切可能的增援力量，比如冯玉祥国民一军残部。

其二，消灭西安外围可能的增援力量，虽然可能使城内守军胆寒，被迫开城投降，但同时也可能使城内守军意识到，一旦镇嵩军攻破城池，城内守军将

---

① 郭铁民：《刘镇华祸陕围城见闻》，中国人民政治协商会议陕西省委员会文史和学习委员会：《陕西文史资料精编》第2卷《重大事件》，西安：陕西人民出版社，2010年，第4页。

② 刘茂恩口述、程玉凤撰著：《刘茂恩回忆录》上册，台北：学生书局，1996年，第120—121页。

③ 刘茂恩口述、程玉凤撰著：《刘茂恩回忆录》上册，台北：学生书局，1996年，第121页。

无生路，从而一意守城，反而可能增加攻城的难度。

其三，兵贵神速，如果可以趁李虎臣、杨虎城等在西安立足未稳，一鼓而下，将会大大减少攻城难度；一味在外围用兵，将会迟滞进攻西安的速度，失去攻城的宝贵战机。

对刘镇华镇嵩军来说，上策应是率新胜之师，趁得胜之势，舍渭北不顾，集中全力，一鼓作气，全力攻取西安。如此，则西安城内新聚之乌合之众，慑于敌人连胜之威，势必胆寒，有极大概率可以成功。如果攻取西安成功，则渭北、陕北等地的陕军，必如惊弓之鸟，或投降，或逃跑，则陕西全境将不难攻取。之所以应该如此，除以上三点之外，还有两点需要注意：

其一，刘镇华所部镇嵩军，乃乌合之众，内部情况非常复杂，且饷械两缺，如果处于顺境，战斗力尚可；如果处于逆境，战斗力会迅速下降，从而出现师老兵疲、无力为战的局面。

其二，无论是吴佩孚，还是阎锡山，未必真心帮助刘镇华。尤其是对吴佩孚来说，刘镇华不过是其力有不逮之时，攻掠西北的一枚棋子。他对刘镇华镇嵩军的心态，十分矛盾，既想利用其为己出力，又担心刘镇华一旦奄有西北，将成尾大不掉之势，不受控制。对阎、吴来说，一旦形势有变，刘镇华可能成为弃子，这也为后来的事实所证明。正是在此情况下，刘镇华在未底定西安之前，便致电吴佩孚，“四月十四日已下长安”[①]，以安其心。

虽然直至失败，刘镇华也没有完全扑灭陕西各地的反抗力量，但他确实迅速在陕西确立了军事优势。当此之时，“柴云升一路之憨玉珍师长，已率师由商县出发，于十四日进抵蓝田，敌军姚震乾据城抗拒，经数小时之痛击，不支溃窜，遂将县城占领。蓝田为西安东南门户，大哥决定趁此破竹之势，以收探囊之功，即饬会攻西安，并限即日收复”[②]。

在此情况下，投靠刘镇华的麻振武从自临潼来电报告，“省城（西安）敌

---

① 匡厚生：《长安围城纪事诗百首》其七自注，刘迈主编：《西安围城诗注》，西安：陕西人民出版社，1992 年，第 15 页。匡厚生（1873—1957），湖北天门县人，笔名琴匡，清末生员，毕业于日本法政大学。早年参加武昌起义，入冯玉祥幕，后追随杨虎城。西安围城之役期间，执教于西安暑期学校。所作《长安围城纪事诗百首》，颇为时人推重，有“挥如椽之笔砥砺将士”“几如导读，一睹地狱之状……不然围城之惨况，岂能永远毕现吾人目前乎”等评价。另外，匡厚生在每篇之后又作自注，交待写作背景，勾沉史事，史料价值高于诗作。

② 刘茂恩口述、程玉凤撰著：《刘茂恩回忆录》上册，台北：学生书局，1996 年，第 122 页。

人因大军包围，度势不支，已派人诚意求和，约我军于十六日下午入城，大哥当即通知李云龙和平让城，不得骚扰百姓”[①]。一切似乎都非常有利于刘镇华镇嵩军。

依照刘镇华的认识和希望，既然河南境内的国民二军已被全部解决，陕西境内除了西安的李虎臣、杨虎城、卫定一以及陕北井岳秀的少数军队以外，其他小股力量并不值得重视。恰在此时，据刘茂恩言：“省城各将领均派人欢迎大哥，请求收编部队，和平进城。”[②]既然如此，刘镇华便大意地以为，西安城已经唾手可得，没有必要大动干戈了。

此时西安城中的李虎臣虽然确实派人与刘镇华进行接触（参见第八章“委曲求全”），但也同时派人与杨虎城接触，并最终招引杨虎城与其一道守城。此时，城内还有和平期成会的和平活动。不过种种迹象表明，它的活动，在很大程度上受到李虎臣和稍后进城的杨虎城严密控制和利用。也是就说，此时的李虎臣，在为各种可能性而努力，如果让城别走，可以不致损伤自己实力，是可以考虑的。李虎臣深知，若想获得此种结果，必须有相当实力，故而他同时还在拼命拉拢各方抵抗力量，做好与刘镇华镇嵩军拼死一搏的准备。如果能够获得其他陕军力量坚决支持，共同守城，有可能最终拒刘镇华于城外，也不失为一个稳妥的选择。

在《刘茂恩回忆录》中，刘茂恩却说：

> 原来李云龙自知力难敌御，即怂恿部下大肆抢掠商民，而后弃城西遁。全城父老近年受尽这些类似寇贼的军队搜括压迫之害，无处告苦，今闻老督军重来治理陕省，无不欢欣鼓舞，翘首企望，庆幸从此又以得安居乐业，过太平日子，于是扶老携幼，成群结队相率出郭恭迎。[③]

李虎臣是否怂恿部下大肆抢掠商民，现有史料难以证实，不过他确实在做让城别走的准备，这或者给镇嵩军以假象，方致刘茂恩在回忆录中有如此说法。

---

① 刘茂恩口述、程玉凤撰著：《刘茂恩回忆录》上册，台北：学生书局，1996年，第122页。
② 刘茂恩口述、程玉凤撰著：《刘茂恩回忆录》上册，台北：学生书局，1996年，第122页。
③ 刘茂恩口述、程玉凤撰著：《刘茂恩回忆录》上册，台北：学生书局，1996年，第122—123页。

当时身处围城之中的张茂如指出，刘镇华“以在陕七八年之久，与各士绅都熟悉，二次来陕，总想箪食壶浆以迎王师之举”[①]。是以面对城内百姓和士绅“相率出郭恭迎”的错觉，才会上当。虽然和平期成会中部分人确有迎刘镇华之意，但他过往在陕西的统治亦堪称残酷，陕西军民面对刘镇华镇嵩军的进攻，就像胡景翼、岳维峻在河南的残酷统治一样，不少人亦有同仇敌忾之心。再说，以十万乌合之众，顿兵于坚城之下，城内那些主张和平的民众、士绅的考量，应是为尽量减少伤亡，不得已向刘镇华求和，未必是真心欢迎的态度。在回忆录中，刘茂恩有言：“大哥希望能够不战而屈人之兵，以爱惜军民生命，保全地方元气，是为上策。”[②]这明显有为刘镇华的失策开脱的嫌疑。镇嵩军向以军纪差著称，且此次入陕，有报仇雪恨之意，所过地方，烧杀、抢掠、奸淫，无所不为，如此方激起部分陕人誓死抵抗的决心，可刘茂恩却说刘镇华仁慈素著。唯一可以解释的是，刘镇华此时犯了巨大战略错误，他不该对城内守军开城投降之事，抱有太大幻想。为刘镇华计，谋求敌人开城投降的想法确实十分诱人，但这必须以强大军事威慑为前提，即以压倒性的军事力量，迫使敌人不得不投降，而不能坐等敌人投降，以致失去稍纵即逝的宝贵战机。

若可以不战而屈人之兵，当然可以保全地方元气，为稍后重新统治陕西准备好条件，但刘镇华做不到这一点，其挥兵西进，报仇、争地盘的意味过于明显，不具有多少正义性。此时的陕西军队，对刘镇华仇恨刻骨，必欲将其赶出陕西，实现陕人治陕的既定目标。既然如此，对刘镇华来说，兵贵神速，以迅雷不及掩耳之势，乘胜攻城，打败陕西境内的抵抗军队，占领陕西，便成了唯一可行的手段。可刘镇华的行为，恰恰给陕西军队以喘息之机，使李虎臣、杨虎城等陕西将领，可以从容组织、整合，从而使刘镇华失去了迅速攻破西安的有利时机。

在《刘茂恩回忆录》中，对刘镇华准备接受投降一节，有十分生动的表述，亦证明了其决定的愚蠢：

---

① 张茂如：《坚守西安回忆录》，中国人民政治协商会议陕西省委员会文史和学习委员会：《陕西文史资料精编》第2卷《重大事件》，西安：陕西人民出版社，2010年，第100页。

② 刘茂恩口述、程玉凤撰著：《刘茂恩回忆录》上册，台北：学生书局，1996年，第122页。

十六日下午，大哥统领柴荣升、憨玉珍诸将，即自蓝田督率大队，进至西安东郊韩森冢，接见绅董，云李云龙让城求和。大哥闻讯大喜过望，认为将可化干戈为玉帛，变戾气为祥和，即时整饬军容，安辑地方，抚慰人民。并下令前哨官兵不得零散入城，严守纪律，秋毫无犯，若有违者，必以格杀勿论治罪。这原是为了收服民心，避免惊扰闾里的安宁，不料却耽误些时间。我军遂以四路纵队排得整齐严肃，旗鼓前导，军容盛壮，浩浩荡荡，迳向东门进发，百姓夹道欢呼，声彻云霄，大哥督队立于大汽车（即敞篷车）之上，满面笑容，频频向民众颔首答礼，挥手致意，情绪轻松，状极愉快。欢迎人群之热烈盛况，为西安前此未有。我在大哥身旁提醒大哥说："此次和平让城，并无切实具体之办法，故军行仍应戒备，谨慎将事为重要。"话犹未了，报道前军已抵城外，见城门已紧紧关闭，且遭受城上枪击，才知城敌有诈，发生变故，深悔韩森冢前为了约束军队而坐失时机，只好急行退军十里铺，重行部署围势，再图攻城之计。①

"此次进城未遂，可谓变生不测"②，刘茂恩的一句话，折射出了刘镇华镇嵩军盲目自大和后知后觉，充满为其失败开脱之意。只是在和平入城失败之后，刘镇华追索原因，才发现：

原来是李云龙狡黠无信，阳嘱地方绅董出而求和，阴引渭北杨虎臣部开来西安协力拒守，久待不至，即弃城逃走。讵料杨虎臣适于此时潜入北门，即刻关闭东门，并在西门外把逃窜中的李云龙，强制截持回来，约与合力死守。大哥开诚劝导，不蒙采纳，不得已乃有围城之举。③

刘镇华希望和平入城，暂时缓解了镇嵩军对西安城的军事压力，为杨虎城所部进入西安，加强守城力量，提供了十分难得的契机。和平入城失败之后，刘镇华恼羞成怒，于17日中午亲自前往临潼麻振武部督师，同时下令西安周围各部一起会攻西安：

① 刘茂恩口述、程玉凤撰著：《刘茂恩回忆录》上册，台北：学生书局，1996年，第123页。
② 刘茂恩口述、程玉凤撰著：《刘茂恩回忆录》上册，台北：学生书局，1996年，第123页。
③ 刘茂恩口述、程玉凤撰著：《刘茂恩回忆录》上册，台北：学生书局，1996年，第123—124页。

柴云升督队攻城，正在东关巷战；各部均集中城东浐河西岩，灞桥以西地区；麻师长右翼沿渭河南岸光天庙进至草树，憨师长左翼由野湖镇向省城南关前进。大哥偕王（振）师长于本日下午抵华县，随员有马凌甫和我，准备明早赴前线督师。①

战斗进行得十分激烈，据镇嵩军时任副司令柴云升报告，“篠日拂晓，在西安城东十里铺剧战四小时，敌军不支，纷纷溃逃，当经跟踪追至东关，正在鏖战中”②。可惜为时已晚，刘镇华镇嵩军失去了迅速攻入西安城的绝佳时机，只好铩羽而归。

当然，此次攻城战争虽没有成功，亦非一无所获：

麻师长所派之第一、三两支队由右翼推展前进，敌军石冷灿部踞马家寨、耿家集一带死守，激战三小时，始窜退渭河北岸，渡河溺毙的有数百人。遂赶速西进，占领草滩镇（在渭河南，西安城北），向北关进击中。旋我军已将东、北、南三关占领，另派有力部队由渭南渡河，对泾阳、三原、富平、耀县、高陵等县敌巢，作根本肃清。③

只是，渭北各处堡寨甚多，坚而且固，在陕军已生同仇敌忾之心，纷纷坚壁清野的情况下，逐个攻破，不仅费力，亦且费时，而失去进攻西安的良机，损失当然更大。在遇到困境之时，刘镇华致电阎锡山，请其尽速派“扒城队”前来支应，俾便奠定陕局④，似表明镇嵩军兵锋已挫，战斗力开始迅速下滑。

最初围攻西安失败，虽然主要原因在于刘镇华决策有误，但似与吴佩孚亦不无关系。据《刘茂恩回忆录》：

吴佩孚虽是东山再起，性情仍是刚愎自视。先是强调张治公与我军关系是二非一，影响指挥，已是大错。此刻军临西安城下，以柴云升功劳最大，有功不赏，将士灰心，顿兵气衰，又犯大误，实乃兵家大忌，无形中影响了西安城

① 刘茂恩口述、程玉凤撰著：《刘茂恩回忆录》上册，台北：学生书局，1996年，第124页。
② 刘茂恩口述、程玉凤撰著：《刘茂恩回忆录》上册，台北：学生书局，1996年，第124页。
③ 刘茂恩口述、程玉凤撰著：《刘茂恩回忆录》上册，台北：学生书局，1996年，第124页。
④ 刘茂恩口述、程玉凤撰著：《刘茂恩回忆录》上册，台北：学生书局，1996年，第124页。

的攻势，终未能收复，铸成大恨，追溯根源，不能不说系种因于此。[①]

刘镇华4月13日致阎锡山电文，亦可窥见一些端倪：

> 前以柴师长云升功劳懋著，又值关内军事孔亟，派令督队进取西安，曾保该师长为陕西督理，以资策励。兹接驻汉代表等来电，奉吴帅谕，已发表该师长为渭北护军使，随后再为设法等语。窃念有功不赏，将士灰心，我军剧战灵陕，歼灭国民二军全部，陕督一席，吴帅仍持最初主张，留以畀吴。现时吴芑荪部省南队伍已退回子午谷内，终南镇之师复退至周至以西，刻芑荪正辇金在汉，四出运动。倘或我军攻下长安，陕督发表他人，则全军解体，华则无以作其气。切恳吾弟迅电吴帅，速将柴师长督理发表，以酬劳勋，而策进行，无任感祷。至华个人兼任省长一节，可否一并提及，并请酌夺。[②]

此份电文，重点应该是最后一句，即为刘镇华自己争取陕西督军兼省长之职，可见此人用兵陕西、攻取西安之真实目的。资料中所言由柴云升担任陕西督理，恐非刘镇华之本心，应当看作刘镇华对柴云升功劳的安慰性举措。吴佩孚任命刘镇华率镇嵩军攻打陕西，不意味着他对刘镇华信任，毋宁说不过是一种借刀杀人的策略，所以，除了利用刘镇华及其统领的乌合之众外，不愿意给以实惠。

客观上说，刘镇华此人利欲熏心、反复成性，一旦占领西安，控制陕西，奄有西北，必将坐大，到时恐难会为吴佩孚所用，因此吴佩孚对之进行防范未必没有道理。不过，在军事吃紧、成败在此一举的情况下，吴佩孚对刘镇华之所作所为，恐怕也埋下了其最终失败的命运。

就在刘镇华围攻西安，双方相持不下，难局渐成的情况下，他也不得不变更作战计划。一方面派麻振武攻掠、肃清渭北，消灭可能的援军，以避免腹背受敌的危险。4月21日，“以麻师长对于渭北敌情熟悉，乃加派姜、张两旅，并附曲射炮四尊，巴符若所带手掷弹队一团，归麻指挥，即日渡河肃清渭北”[③]。至4月25日，“姜旅已将上涨镇完全占领，敌向交口溃退，随即围攻故市。上涨镇依近渭河，为由渭南赴渭北之要点，故克复上涨镇，则进攻交

① 刘茂恩口述、程玉凤撰著：《刘茂恩回忆录》上册，台北：学生书局，1996年，第126页。
② 刘茂恩口述、程玉凤撰著：《刘茂恩回忆录》上册，台北：学生书局，1996年，第126—127页。
③ 刘茂恩口述、程玉凤撰著：《刘茂恩回忆录》上册，台北：学生书局，1996年，第127页。

口、高陵、泾阳……等处，大为便利”[①]。5月3日，麻振武“攻下故市镇，已得渭北中心，续分三路西进，泾阳、三原敌军闻知炮队助攻，专破堡寨，大为震动。”[②]麻振武在渭北军事进展较为顺利：

五月四日，攻克田市镇（在渭水北岸，隔河与渭南县接界），继之克复相桥镇；五日拂晓，对关山镇总攻击，激战一昼夜，至夜十二时占领之，此为渭北要镇，三原门户，此后进兵更较顺利，复乘胜攻克康沌，敌向西北逃遁，斩获甚伙，即向三原进展。[③]

当此阶段，守城军队既然无力对抗，而外围势力亦渐被攻灭，总体形势对刘镇华镇嵩军仍然十分有利。刘镇华自己则坐镇西安外围，调兵遣将，配置火力，准备对西安城进行总攻击。[④]

至4月17日，刘镇华镇嵩军已经将西安城东北南三面包围，仅留西门尚通咸阳。“当时吴新田部李长明亦率部队一旅由户县向东推进，配合刘军围攻西安；西安郊区数十里内均为刘军布满，即通咸阳之一线大道，两旁村庄亦均为刘军占据。”[⑤]之所以留下西面不攻，在刘镇华考虑，此乃“围师必阙”之意，即希望守城军队能在其猛烈攻击下，弃城逃跑。如此，则镇嵩军不仅可以占领西安城，还可以在敌军逃出，失去高大城墙保护之后，给以迅猛一击。则西安城不仅唾手可得，逃跑之敌，由于处在惊慌失措的状态下，战斗力必然下降，届时镇嵩军再以优势兵力，攻击失去坚城优势的陕军残部，将可一举将之歼灭。笔者私意计之，刘镇华镇嵩军此时战略，虽然从兵法上看没有问题，但显然对李虎臣、杨虎城守城决心估计不足。“围师必阙”的攻城理论，只有在守军有逃跑可能的前提下，方始有用，如果守军誓与西安城共存亡，则留下一面不攻，恰恰可能会给城内的物资补给提供宝贵的交通线，便是大大失策了。

5月1日，镇嵩军对西安城展开攻击，但效果不理想：

---

① 刘茂恩口述、程玉凤撰著：《刘茂恩回忆录》上册，台北：学生书局，1996年，第127页。

② 刘茂恩口述、程玉凤撰著：《刘茂恩回忆录》上册，台北：学生书局，1996年，第128页。

③ 刘茂恩口述、程玉凤撰著：《刘茂恩回忆录》上册，台北：学生书局，1996年，第130页。

④ 刘茂恩口述、程玉凤撰著：《刘茂恩回忆录》上册，台北：学生书局，1996年，第127页。

⑤ 郭铁民：《刘镇华祸陕围城见闻》，中国人民政治协商会议陕西省委员会文史和学习委员会：《陕西文史资料精编》第2卷《重大事件》，西安：陕西人民出版社，2010年，第5页。

以城高墙厚，用普通枪炮攻破，实非易事，虽激战多时，屡攻不下。故几次募集敢死队，使用云梯趁夜爬城，牺牲很大，都无成效。晋军丰羽鹏旅长拨助炮队，大哥指示麻师长派员赴潼关候接，而由渭南县渡河，协同肃清渭北敌军据点，再加入围攻西安阵势，西安既已三面包围，一面绕击其西。[①]

尽管经此一役，如刘茂恩所说，“城内惶恐已极”[②]，但没能迫使李虎臣、杨虎城投降，反而坚定了他们守城之志，故而，此役对刘镇华镇嵩军来说，仍可以说是徒劳无功的。

在刘镇华镇嵩军对西安城大举进攻之时，镇嵩军柴云升、麻振武、缑保杰、王振、梅发魁、贾济川、武衍周、憨玉珍等将领联名致电阎锡山，请求其转电吴佩孚，“任大哥为陕西督长，以资号召，而振士气”：

我军此次入关，仰荷鸿威，颇称顺利，惟西安包围多日，未能即下。推原其故，一则城坚池深，易于防守；一则雪帅未有督长名义，难资号召。近日敌人方面，捏造黑白，以坚其顽抗之心，即曾经表示就抚者，亦多为其所惑，意存观望。钧座统筹西北，兼顾陕局，对于雪帅名义一层，务恳鼎力主持，如能及早发表，不惟减杀敌人反抗之心，并可使观望者坚其输诚之志。[③]

此时刘镇华再也不提柴云升担任陕西督理之事，可见其本意乃是同时担任陕西督军、省长两职。

5月9日，阎锡山应刘镇华之请，转电吴佩孚：

据镇嵩军师长柴云升、麻振武、缑保杰、王振、梅发魁、贾济川、武衍周、憨玉珍等，电称“敝军此次入关，仰托吴联帅声威暨钧座指示，所向克捷。现时包围西安，正在吃紧之际，督长两职，军民所望，号召攸关……若迟迟不定，恐予敌以可乘之机，钧座辅助联帅，统筹西北，兼顾陕局，欲安全国，先定西陲，务恳转请联帅，早日发表雪帅兼任陕西督长两职，则名器既有所归，观听自可立易，既破反间之谋，且坚归来之志，谨电奉陈，伏乞垂察”等语。查雪

---

① 刘茂恩口述、程玉凤撰著：《刘茂恩回忆录》上册，台北：学生书局，1996年，第128页。
② 刘茂恩口述、程玉凤撰著：《刘茂恩回忆录》上册，台北：学生书局，1996年，第128页。
③ 刘茂恩口述、程玉凤撰著：《刘茂恩回忆录》上册，台北：学生书局，1996年，第128—129页。

亚此次肃清豫西，进规关辅，厥功极伟，现正围攻西安，功在垂成，督长两职，于统率号召，关系甚重，该师长柴云升等所称各节，不为无见，拟恳我公俯如所请，以定陕局，而慰喁望。①

5月10日，吴佩孚回电，“青电诵悉，雪帅此次苦战半载，勋劳卓著，现正派王敬芳赴陕宣慰军民事宜，督长事，俟王使到陕后再行商办可也”②。言下之意，对刘镇华出任督军、省长两职，吴佩孚态度保留，甚至是坚持不允。刘茂恩对此评论道：“吴氏聪明一世，糊涂一时，昧于时势，以致贻误戎机，莫此为甚！”③

吴佩孚所派的王敬芳，以宣慰使名义于5月16日自汉口入潼关，“与大哥妥商督长军民政务善后处理事宜”。据刘茂恩回忆：

王使到陕后，察悉关中情形，亦以陕局非大哥负责维持，不易底定，已据情电告吴佩孚，速予发表督长名义（按豫督寇英杰后于十月一日亦电吴委大哥为省长兼督理，吴答以靳云鄂正往前线作战，未便另行委人，故迄未发表）。④

吴佩孚之派王敬芳宣慰陕西，恐怕是安抚刘镇华镇嵩军的障眼法。吴佩孚内心深处，应该是坚决不愿意委任刘镇华为陕西督军、省长的。刘镇华此人，向来没有坚定的政治主张，更没有为此主张甘愿牺牲的意愿，而唯利是图，反复成性，依违于各大军事力量之间，谋取好处。一旦刘镇华攻破西安，且握有陕西军事和民政权力，便可能拥兵自重。应该说，吴佩孚对刘镇华的认识，是没有问题的。但很明显，刘镇华进攻西安，就是为了谋取控制陕西，如果吴佩孚不给其权力，反易影响其攻取西安的决心和信心。刘镇华所率领的乌合之众，亦多如刘镇华一般，不过是想获取攻城所带来的好处。如果主帅获取好处都难，下属复有何望？此种情况，自然易使刘镇华对镇嵩军的控制出现问题，

① 刘茂恩口述、程玉凤撰著：《刘茂恩回忆录》上册，台北：学生书局，1996年，第129—130页。

② 刘茂恩口述、程玉凤撰著：《刘茂恩回忆录》上册，台北：学生书局，1996年，第130页。王敬芳（1876—1933），字抟沙，河南巩义人，早年东渡日本求学，加入中国同盟会，中国近代著名教育家，1913至1921年，两度担任中国公学校长，1922年参与创办中州大学，1923、1926年两度出任陕西宣慰使。参见王日新等编：《河南教育通史》中册，郑州：大象出版社，2004年，第217页。

③ 刘茂恩口述、程玉凤撰著：《刘茂恩回忆录》上册，台北：学生书局，1996年，第130页。

④ 刘茂恩口述、程玉凤撰著：《刘茂恩回忆录》上册，台北：学生书局，1996年，第131页。

导致镇嵩军战斗力下滑，从而使攻取西安变得更加困难。吴佩孚未能周详虑及这层道理，只一味拒绝刘镇华的要求，确非英明之举。

五月上旬攻城战斗失败后，刘镇华前往西安城郊考察：

> 五月十七日，大哥偕我进至西安城郊，观察地形，测度城垣险隘，调集军队作适切之部署，除以晋军援来之炮兵部队及飞机支应攻城作战，并令我带领前在豫西拦收国民二军之一团炮兵，占领东郊阵地。但一再告诉我，他在西安领长军政多年，与地方相处甚好，不必多用炮攻，怕伤百姓。如此布置围势，原是张大陆空优势，企图发动大规模之全面攻击，以期一鼓而破之。①

王敬芳事竣后返回汉口，请吴佩孚拨派飞机前来助战。为此，“我军参谋刘顺则专差赴保定，与讨贼联军航空司令部敖景文接洽，临时编组援陕航空支队，即将机库里所藏的一架爱弗娄号教练机推出来，并令驻郑州之航空第一队抽调出一架维梅号战斗机拨归差用”②。两架飞机的飞行员，部分与刘镇华渊源颇深：

> 支队长邹庆云（字景星，南苑中央航空学校第二期优秀毕业生），支队附崔沧石（朝鲜人，后于我国抗日胜利返国，易名崔用德，历任韩国政府要职，曾充驻华大使），余为李逸侪、萧祥蛟、刘俊杰、姚中、张明舜等飞行员。按崔等六人均为保定中央航空教练所（保定航校前身）毕业同学，所以他们公推崔为副领事。其中刘、姚、张三员，是大哥当年所选拔军中之十位优秀干部，保送接受飞行训练，今来效力，未曾枉费昔日保送学飞之苦心。③

两架飞机飞来西安后，“在城厢上盘旋示威，只见城内军民吓得呼号奔逃，状况非常混乱，散发传单完毕，然后降落西安城东二十五里灞桥临时机场”④。据刘茂恩回忆，除散发传单外，维梅号战机亦参加了实战，“嗣后维梅号战斗机出去轰炸西安城，一次挂带四枚小型炸弹，爆破城堡阵地，给予敌

---

① 刘茂恩口述、程玉凤撰著：《刘茂恩回忆录》上册，台北：学生书局，1996年，第131—132页。
② 刘茂恩口述、程玉凤撰著：《刘茂恩回忆录》上册，台北：学生书局，1996年，第131页。
③ 刘茂恩口述、程玉凤撰著：《刘茂恩回忆录》上册，台北：学生书局，1996年，第131页。
④ 刘茂恩口述、程玉凤撰著：《刘茂恩回忆录》上册，台北：学生书局，1996年，第131页。

人不少杀伤，使得我军士气大为振奋，认为西安指日可克”[①]。但实际上，两架战机所起到的作用，主要是威慑，并不具有多少实战能力。

虽然镇嵩军对西安城展开强攻，李虎臣、杨虎城仍拒不投降。且因为三原一带尚有部分杨虎城部队，仍与西安互通声息，常偷运粮食进城，这便给城内留下了一条重要的补给线。从军事策略上说，这应该算是刘镇华的失误。

据刘茂恩自述：

杨手段毒狠，不惜残民以逞，愿民与之偕亡，共守西安城。这样一来，大哥感到攻心已失时效，则唯有攻城之一着［招］了。乃有十七日陆空联合总攻击之举，及抽调数千精锐，由城北渡过渭河，与麻部会攻三原，绝敌补给。数日以来，城敌粮断，搜刮全城，民怨沸腾，李、杨犹欺骗民众，伪称顺从民意，诈派代表，向我军进行洽商开城事项，同时派人暗地游说人民，谓商谈开城尚无把握，炮弹和炸弹很危险，不如早日逃生才是上策。又说西、北两门守军，都已秘密商妥，愿意帮助人民逃出城去。杨更指使西、北二门守军，把中年男子强行截留，补充兵员，老弱妇孺强迫撵出城去，几天内达数千人，以减轻城内粮食消耗。相反地，大哥以爱民之心，予以收容救济，成为一项负担。[②]

参酌城内守军和百姓的相关资料，此说有一定道理。当然，有关刘镇华及镇嵩军爱民之说，恐怕是过分溢美了。

东、南、北三面包围的情况，延至5月半左右，“刘军即将二军卫定一在西关以外之少数部队，全部逐入西关，西安从此遂被四面包围，对外交通路线完全断绝”[③]。此“少数部队”，指卫定一所部原国民二军第十二混成旅，此时已被改编为国民二军暂编第六师。但是，“距城关附近之高地据点，如北关外之红庙坡、吕家壕以及附近之高冢，仍均为守城军占据，曾借据点两次攻夺大白场村；南城外守城军也曾屡次突击大雁塔一带，双方几次因争夺据点，死

① 刘茂恩口述、程玉凤撰著：《刘茂恩回忆录》上册，台北：学生书局，1996年，第132页。

② 刘茂恩口述、程玉凤撰著：《刘茂恩回忆录》上册，台北：学生书局，1996年，第132—133页。

③ 郭铁民：《刘镇华祸陕围城见闻》，中国人民政治协商会议陕西省委员会文史和学习委员会：《陕西文史资料精编》第2卷《重大事件》，西安：陕西人民出版社，2010年，第5页。

伤甚众"[①]。

5 月 17 日，刘镇华镇嵩军的陆空联合总攻击，仍以失败告终，标志着西安围城之役第一阶段基本结束。此时，守城一方固然无力展开大规模还击，刘镇华镇嵩军也面临师老兵疲的局面。因此，刘镇华"感到城内守军仍无丝毫撤退迹象，遂下令梅、武等师截断通往咸阳大道，向西关包围"[②]。

据《刘茂恩回忆录》载：

> 城墙无法爆破，只有冒死扒城抢登与敌搏击，虽有飞机、大炮掩护，仍难免重大牺牲，还须继续跟登，制压守敌，方克有济。不幸我军连遭数次功败垂成，官兵牺牲很大，都感到灰心。而守敌经过数次激战，得地利之幸，对飞机之轰炸，亦获致相当经验，如在城根掘防空洞多处，及掩蔽之交通壕，使飞机无法侦察其活动情形。[③]

在城内情形危急之时，刘镇华复行劝降之策，他"数次遣使入城劝降，杨虎臣即杀招待我使者之家，以是城内居民虽怨恨杨之不顾民命，而不敢有所异动。而城中军民死者数万，饿殍载途，李、杨仍不肯降，杨谓李曰：'咱们死守到城破的那一天，我在这边钟楼，你在那边鼓楼，一人一条绳子上吊。'亦足见其决心"[④]。从刘茂恩的表述可以看出，刘镇华及镇嵩军对李虎臣、杨虎城坚守不降的态度，渐渐无计可施了。

刘镇华镇嵩军一直试图通过地道攻城。约 5 月下旬，柴云升所部一直试图炸开东关郭墙。约 5 月 30 日晚上 11 时许，"忽闻轰然巨响，烟尘蔽空，当时不但城上守军被震跌下来，即城下刘军进攻部队，亦多被震昏迷。由于隧道未能掘至关墙以下，仅将关墙顶端震塌极小部分，关墙依然矗立。刘军虽经数次攀登均被击下"[⑤]。此次战斗，双方激战约两小时，以镇嵩军失败而结束。

---

① 郭铁民：《刘镇华祸陕围城见闻》，中国人民政治协商会议陕西省委员会文史和学习委员会：《陕西文史资料精编》第 2 卷《重大事件》，西安：陕西人民出版社，2010 年，第 5 页。

② 郭铁民：《刘镇华祸陕围城见闻》，中国人民政治协商会议陕西省委员会文史和学习委员会：《陕西文史资料精编》第 2 卷《重大事件》，西安：陕西人民出版社，2010 年，第 5 页。

③ 刘茂恩口述、程玉凤撰著：《刘茂恩回忆录》上册，台北：学生书局，1996 年，第 133 页。

④ 刘茂恩口述、程玉凤撰著：《刘茂恩回忆录》上册，台北：学生书局，1996 年，第 134 页。

⑤ 郭铁民：《刘镇华祸陕围城见闻》，中国人民政治协商会议陕西省委员会文史和学习委员会：《陕西文史资料精编》第 2 卷《重大事件》，西安：陕西人民出版社，2010 年，第 6 页。

6 月 1 日，姚镇乾（一作震乾）、党毓昆等部，“由咸阳渡河，占据西安西二十里三桥镇以西十余里村堡，希图与城敌勾通，扰乱我方，经予进剿，纷向河北溃退，渭河南岸完全肃清，省敌势孤力蹙，粮弹将尽，连日向外溃逃”[①]。按，姚震乾，陕西山阳人，原系国民二军补充第四团团长。党毓昆（1887—1928），又作党玉坤、党玉琨、党毓崐、党雨昆等，字宝山、宝珊，乳名根宝，因排行老四，又称根宝老四，因作战伤右股，又称党拐子、党跛子，富平美原镇党荔村（瓜党堡）人。[②]党氏系刀客出身，1926 年任陕军暂编第一师师长，有贺玉堂、吕振斌、张万胜三旅。他长期盘踞于凤翔，军纪极差，打家劫舍，欺霸一方，无所不为，爱古董，善盗墓，被认为是与孙殿英、靳云鄂齐名的民国三大盗宝枭雄。

6 月初，井岳秀鼓动缑保杰反正不成，便嗾使缑天相、贺全升等戕杀之，瓦解了此支附刘队伍。因蒲城与大荔相距只有数十里，不先攻取，可能威胁后方，于是，刘镇华令麻振武于6月6日前往平乱。此时，“西安城内敌人时由西门向外猛扑，意在西窜，自经我军大挫之后，伤亡过多，日来又无动静，据闻粮将告罄，想难久抗。杨虎城及省长刘治洲、道尹毛昌杰等托天主教堂丁神父（系外国人）向大哥要求让开一面，便于伊等逃出省外，大哥未允，并命部队将城东西两门外，挖掘地洞，预备用炸药爆破，以便大举攻击”[③]。据曾在刘镇华所部任职的刘亚仙回忆，正当束手无策时，刘镇华接受了一个学过爆破技术的部下建议用炸药炸开城墙，“于是就在北城墙根，选好适当地点开挖隧道，用目测方法计算距离。隧道接近城墙时，为避免声响，用铁勺慢慢地挖，估计挖到城墙底下，用一口棺材装上几百斤炸药，埋到隧道中的适当地点，装上道火线”[④]。但因为目测不准，没能炸开城墙，归于失败。

麻振武将所部改编为四个混成旅、两个步兵旅、一个补充旅，以姜青海、范德正、耿庄、段懋功、姜胜、任子美、王玉根分任旅长。[⑤]6 月 7 日，麻振武

---

① 刘茂恩口述、程玉凤撰著：《刘茂恩回忆录》上册，台北：学生书局，1996 年，第 134 页。

② 罗宏才：《党毓昆西府盗宝记》，《文博》1997 年第 2 期。

③ 刘茂恩口述、程玉凤撰著：《刘茂恩回忆录》上册，台北：学生书局，1996 年，第 135 页。

④ 刘亚仙：《我所了解的刘镇华》，中国人民政治协商会议洛阳市委员会文史资料委员会：《洛阳文史资料》第 8 辑，内部资料，1990 年，第 55 页。

⑤ 刘茂恩口述、程玉凤撰著：《刘茂恩回忆录》上册，台北：学生书局，1996 年，第 135 页。

将该部之炮兵连李连长、王排长，由谭家堡调回关山镇。8 日，麻部开赴蒲城，“协助耿庄旅攻击缑部叛变之郑旅，以段懋功旅进澄城，所遗韩城防务交由姜青海旅接替”①。

约 6 月上旬，刘镇华镇嵩军为消磨守军的抵抗意志，化解守城军队试图驱民收麦的招数，便放火烧麦，“当时城外一片火海，白昼浓烟蔽空，入夜火光烛天，此熄彼燃，延烧达五六日之久……估计当时焚毁麦田，约在十万亩左右”②。

6 月 25 日，据刘茂恩回忆，李虎臣与城外陕军里应外合，“率部二千余人，由城墙凿洞潜出，窜据城西北张村，及东西火烧壁等堡，势极凶猛，冀与渡河之敌等部会合。当经叶梦龄、李万如、徐鹏云各旅协同围剿，激战五昼夜，肉搏猛攻，敌势不支，遂于二十九日晚间溃退，我军将火烧壁等村堡完全夺回。计是役击毙二百余名，团营长数人，俘虏二百余人，获枪一百多枝”③。刘茂恩认为，守城陕军“经此痛创，不敢出城”④，只能据城坚守，等待援军。

鉴于井岳秀阳示服从，阴结敌党，尤其是“西路之役，井部加入者为王宝民旅，虽其实力有限，但其暗助声势，已破坏陕局，逆迹昭然”⑤，于是，7 月 13 日，刘镇华致电井岳秀：

陈代表来，接奉瑶函，思深言痛，极佩针砭。惟弟奉命西征，督师陕甘，仗义讨赤，志在伐罪，抚慰犹恐不及，仇杀岂容成见？况忝领关中多历年所，无异故乡，尤为怆怀！奸人蜚语，实乱听闻，目可共睹，指讵能蔽？顷接玉、伯两帅电知，奋戈北挥，振旅蒙疆，肤功克奏，曷胜翘首。至何、郑两团，戕贼长官，行同枭獍，天理人情，都无可恕。但既承收容，请即西赴包、绥，倘能俯首，胥听尊命，自当徐观后效，洞识高谊，谅有同心。再此间麦早收场，甘霖又降，及

---

① 刘茂恩口述、程玉凤撰著：《刘茂恩回忆录》上册，台北：学生书局，1996 年，第 135 页。

② 郭铁民：《刘镇华祸陕围城见闻》，中国人民政治协商会议陕西省委员会文史和学习委员会：《陕西文史资料精编》第 2 卷《重大事件》，西安：陕西人民出版社，2010 年，第 6 页。

③ 刘茂恩口述、程玉凤撰著：《刘茂恩回忆录》上册，台北：学生书局，1996 年，第 136 页。

④ 刘茂恩口述、程玉凤撰著：《刘茂恩回忆录》上册，台北：学生书局，1996 年，第 136 页。

⑤ 刘茂恩口述、程玉凤撰著：《刘茂恩回忆录》上册，台北：学生书局，1996 年，第 136 页。

时秋种，流散已集，知关并闻。陈代表当另有详电奉达，特此先复。[①]

在信中，刘镇华对井岳秀明虽服从、暗施阴谋的行为表示不满，语带威胁地警告井岳秀，不可轻举妄动。在此前后，刘镇华部检查邮件时，发现一封由北京寄往三原之函：

岳秀与冯玉祥部暗行结合，与冯密约以陕北为根据地，由榆林出兵，乘隙偷袭晋北，以一部兵力占据蒲城、白水，绕攻晋南……等语。大哥当于七月二十五日电知阎锡山，云井将牵动晋省，破坏大局，已证明其非诚意合作，务请格外注意。[②]

井岳秀因为慑于刘镇华与阎锡山实力强大，自己无力抗衡，虽然心向守城之李虎臣、杨虎城，表面仍与吴佩孚、刘镇华、阎锡山等虚与委蛇，暗中设法帮助守城军队。对于刘、阎而言，井岳秀实是十分不确定的因素。既然已经采取围城战略，刘镇华又不能下定决心，攻灭井氏，以消除后顾之忧，实是失策。

到了7月初，镇嵩军已难以组织大规模攻城战役，只能“时以间歇性之零星炮火轰击城内，扰乱民心，动摇敌志”[③]。如7月6日，刘茂恩亲自指挥炮兵向城内射击，造成城内西北隅一片大火，“翌日，南院门西之市场，已焚毁一空，城内难民越来越多，李、杨无力处理，民间亦自救不遑，问题颇为严重”[④]。

即使如此，7月20日，镇嵩军仍然对城内进行了一次攻击：

我（刘茂恩——笔者注）奉大哥命令督战火线，并于城外东北隅添筑寨台一座，俾使瞰射城上之敌，以掩护我敢死队官兵奋勇扒城，与敌肉搏猛攻，前仆后继，攀登城垣，争先恐后。城高五丈有奇，惜以云梯系用杨木结构，质软易折，未获奏效。此役毙敌甚伙，我军伤亡亦众。[⑤]

① 刘茂恩口述、程玉凤撰著：《刘茂恩回忆录》上册，台北：学生书局，1996年，第136—137页。
② 刘茂恩口述、程玉凤撰著：《刘茂恩回忆录》上册，台北：学生书局，1996年，第137页。
③ 刘茂恩口述、程玉凤撰著：《刘茂恩回忆录》上册，台北：学生书局，1996年，第137页。
④ 刘茂恩口述、程玉凤撰著：《刘茂恩回忆录》上册，台北：学生书局，1996年，第137页。
⑤ 刘茂恩口述、程玉凤撰著：《刘茂恩回忆录》上册，台北：学生书局，1996年，第137—138页。

这次攻击失败以后，镇嵩军在城外“添筑多座炮台，逼城虎视，并赶制坚固长梯，预备再次猛攻”①。

据匡厚生《长安围城纪事诗百首》第二十六首自注记载，约七八月间，吴佩孚致电刘镇华，“陕西省城虽在西安，而其根本重地实为三原。君如能将三原及其附近诸名县克复，则西安孤城虽不要亦可。且我军往攻渭北，西安敌人必分兵往援，君倘乘其虚而潜师乘之，西安又未必不可入于我手”②。加以其弟刘茂恩等劝说，刘镇华乃改变计划，“令麻振武师长抽调劲旅，协同梅发魁师，及崔凤岐、王尉林二旅，乘敌不备，进攻三原，一面派沿河部队之武、史、林三旅同时渡河，相机攻剿沿河北岸各村庄及咸阳之敌，以声援三原之攻势，期能一鼓荡平”③。

但刘镇华仍未放弃对西安的进攻。约 7 月下旬，刘镇华在东十里铺召集会议，策划攻城，王振自告奋勇，愿以第四师担当攻城。8 月 2 日，战斗打响：

王即配备一旅兵力，以两团为爬城进攻部队，以一团为掩护助攻部队，另以炮兵团重炮掩护助攻，王振自率卫队一营亲自督战，约于是夜二时出发，三时开始进攻。王部士兵已有数十人爬上城墙，与城上守兵互相肉搏，守兵人少，几至不能支持。后来援兵赶至，始将城上王部士兵消灭。王振不甘心失败，亲自督队，喝令继续攀登，城上守军炸弹如雨，炸落一批，又上一批，再炸再上，再上再落，城下士兵业已死伤枕藉，王犹不许后退。最后城内守军组织步骑联合大队，由东关出击绕攻刘军后路，王不能支，始全部撤退。④

是役刘镇华镇嵩军伤亡将官 10 余人，士兵约 600 余人，损失惨重，不支而退。

---

① 刘茂恩口述、程玉凤撰著：《刘茂恩回忆录》上册，台北：学生书局，1996 年，第 138 页。

② 匡厚生：《长安围城纪事诗百首》第二十六首自注，刘迈主编：《西安围城诗注》，西安：陕西人民出版社，1992 年，第 28 页。

③ 刘茂恩口述、程玉凤撰著：《刘茂恩回忆录》上册，台北：学生书局，1996 年，第 138 页。

④ 郭铁民：《刘镇华祸陕围城见闻》，中国人民政治协商会议陕西省委员会文史和学习委员会：《陕西文史资料精编》第 2 卷《重大事件》，西安：陕西人民出版社，2010 年，第 6 页。郭铁民认为应在 8 月上旬某日，冯钦哉认为是 7 月 31 日，赵文杰认为是 7 月 30 日，郭铁民回忆已如上述，赵文杰回忆参见《西安城坚守记》，中国人民政治协商会议西安市委员会文史资料研究委员会编：《西安文史资料》第 11 辑，内部资料，1987 年，第 5 页；冯钦哉回忆参见《坚守西安纪略》，中共西安市委党史研究室：《坚守西安》，内部资料，1993 年，第 236 页。

在王振猛攻失利之后，刘镇华对于强攻失去信心，并意识到围城一定会旷日持久，便设法采取长壕围城的新策略，“实行严密封锁西安城垣，彻底绝其粮源，长期围困，以待其粮尽援无，自然就会不战而降”[①]。在回忆录中，刘茂恩认为：“此项必操胜券的谋略绝对正确，只是时间问题而已。”[②]此时的刘镇华，对最终攻取西安城，仍然充满信心。既然军队战斗力已经出现了明显问题，又不愿意放弃西安，国民军一军此时在张作霖和吴佩孚的攻击下，亦节节败退。对守城军队来说，此时指望其援助西安，无异于痴人说梦。如果情况没有较大变化，守城军队必将逐步消耗，以至于油尽灯枯，最终不得不投降。此项战略虽然费时，似不费力，对自身的伤害可以降到最低，无可奈何之下，亦不失为一种稳妥办法。

据郭铁民回忆，“迟至 9 月以后，守军确属无力，逐渐放弃城外据点，刘军始得迫近城垣，并在环城一周构筑高深巨大之绝断沟，遂将西安城关围得水泄不通”[③]。刘镇华下达命令，“各部轮流抽调兵力，配合民夫挖掘长壕，环绕周围约四十五里之城垣内外两里，深约一丈，宽八尺”[④]。郭铁民回忆当时的做法是：

依据现有的第一道包围线，挖掘绕城一周宽深巨大的绝断沟。当时规定宽度、深度约为一丈五尺，将沟内出土，完全堆积外沿一面……约在 8 月下旬开始，至 9 月底业已大部分完成……挖掘者纯系民夫，士兵挖掘者极少，其完成部分，外沿比内沿约高一丈，并以土坯砌成城垛，留有枪眼和机关枪口，每隔十余丈即筑一宽敞之掩蔽部。掩蔽部上边复土者甚少，多数盖成瓦房，其木料砖瓦均由附近村庄拆毁人民住房而来。从远处看，五步一房，十步一阁，俨然一道城外城池，与旧城墙并峙，地势较高的地方，与旧城墙高低相等……以绝断沟的高深和周围三十里估计，挖掘土方当在七十五万方左右，需用民工亦在五十万人次左右。[⑤]

---

① 刘茂恩口述、程玉凤撰著：《刘茂恩回忆录》上册，台北：学生书局，1996 年，第 133 页。

② 刘茂恩口述、程玉凤撰著：《刘茂恩回忆录》上册，台北：学生书局，1996 年，第 133 页。

③ 郭铁民：《刘镇华祸陕围城见闻》，中国人民政治协商会议陕西省委员会文史和学习委员会：《陕西文史资料精编》第 2 卷《重大事件》，西安：陕西人民出版社，2010 年，第 5 页。

④ 刘茂恩口述、程玉凤撰著：《刘茂恩回忆录》上册，台北：学生书局，1996 年，第 133 页。

⑤ 郭铁民：《刘镇华祸陕围城见闻》，中国人民政治协商会议陕西省委员会文史和学习委员会：《陕西文史资料精编》第 2 卷《重大事件》，西安：陕西人民出版社，2010 年，第 8 页。

至于挖壕者身份，李定五的回忆更为具体，即多为强迫西安附近各县人民挖成，但他认为："挖掘深宽各约六公尺以上的外壕，并在彼岸修筑约一公尺半高的围墙"①，与郭铁民所说有所出入。郭孟圻的回忆为："挖掘一条深宽各一丈二尺壕沟，在靠城墙的一边，筑起五尺高的马墙，又蹲上枪眼，以掩护和隐蔽士兵。"②除围困西安城外，郭孟圻又指出了修壕的另一个原因："敌人因他们部队一举一动，全都在城上守兵瞰视之下，暴露无遗，城内又经常每晚大开城门放出部队来一个突然袭击，伤亡甚大，防不胜防。"③围城之时，身处西安城中的张俊青指出："这条战壕至少也有八十里，在战壕内挖有窑洞，可以做饭，可以住宿，敌人在内日夜防守着。"④

在四面被围之下，城内守军，"有时冒死突出，或乘黑夜，或趁雨天，至城外抢夺粮食衣物，发生局部枪战，但每次时间很短，便缩回城内"⑤。因此，可以说，长壕围城的战略，对守城陕军造成了巨大困扰。

刘镇华镇嵩军采取长围之策，未始不知可能对城内百姓的生命财产造成严重影响，但为了占领西安城，仍然不改策略，不仅严密围城，还对外逃商民进行射杀，以致城内民众冻饿而死者不知凡几，已经失去了所谓的爱民之心。尤其在城内已经严重缺粮之时，还采取此类政策，即使有刘茂恩的粉饰，也难掩刘镇华镇嵩军的残暴本性。

另一方面，分兵攻取咸阳、三原，以图进展。刘镇华镇嵩军认为如此做有以下四点重要意义：

（1）咸阳、三原为渭北重镇，得之不但可以控制渭北各县，且可以截断甘

① 李定五：《坚守西安纪实》，中国人民政治协商会议陕西省委员会文史和学习委员会：《陕西文史资料精编》第 2 卷《重大事件》，西安：陕西人民出版社，2010 年，第 127—128 页。李定五（1898—1977），据此则资料，李定五为原国民二军将领，西安围城之役期间任第一师刘文伯旅第三团团长。

② 郭孟圻：《西安围城回忆》，中国人民政治协商会议陕西省委员会文史和学习委员会：《陕西文史资料精编》第 2 卷《重大事件》，西安：陕西人民出版社，2010 年，第 28 页。据此则资料，郭孟圻，出生地、生卒年月不详，1913 年赴日留学，与王普涵同学，西安围城之役期间被派前往麻振武处求和，被困于镇嵩军柴云升师万选才旅部，农历七月下旬始返回西安。

③ 郭孟圻：《西安围城回忆》，中国人民政治协商会议陕西省委员会文史和学习委员会：《陕西文史资料精编》第 2 卷《重大事件》，西安：陕西人民出版社，2010 年，第 28 页。

④ 张俊青：《西安围城回忆录》，中国人民政治协商会议陕西省委员会文史和学习委员会：《陕西文史资料精编》第 2 卷《重大事件》，西安：陕西人民出版社，2010 年，第 92 页。

⑤ 刘茂恩口述、程玉凤撰著：《刘茂恩回忆录》上册，台北：学生书局，1996 年，第 133 页。

陇、陕北救援西安大道。

（2）咸阳、三原为陕省商业富庶之区，得之可以解决军粮问题，鼓舞士兵斗志。

（3）咸阳、三原城内守军均不过两三千人，力量薄弱，且城垣颓矮，易于攻取，分兵击之，可能一鼓而下。

（4）咸阳、三原攻下以后，西安更形孤立，接援无望，自必影响坚守西安士气。[①]

正是在此思路下，8月上旬，镇嵩军各部对渭北展开进攻：

（八月五日）上午八时，姜旅占领三原城西二里许之申家堡，九时三十分，张旅占领城东南四里许之黄马寨，王旅进至王窑村（在申家堡、黄马寨之间）。下午，梅师长督带三旅长总攻三原县城南关。麻振武师于四、五两日，攻向中路各旅，分途进占二十余村堡，敌退守福音村、黑水桥、大程镇等处。七日，麻振武亲自督队将敌击走占领之。[②]

9月上旬，发生过一次攻城闹剧。当时镇嵩军第二师牛姓任旅长的旅防守西安城外西北角一段战沟，该旅张连长和城上二军戴姓连长、杨姓排长相约偷城。一日晚上约3时许，该旅爬城，“张连长和士兵四百人首先上城，上城以后均被缚绑，张乃大呼上当，一时城上炸弹乱摔，城下士兵乱跑，约一小时即告结束。这一次爬城，牛旅损失了一个营，死伤官兵二百余人，损失长短枪一百四十多支。”[③]事后方知所谓投降云云，不过是守城军队的诱敌之计。但虽有如此失利，在西安外围，镇嵩军仍取得了一些胜利，如9月5日，镇嵩军攻陷咸阳。[④]

只是，尽管刘镇华镇嵩军用了强攻坚城、和平诱降、长壕围城等不同方法，希望能够进入西安城，可谓使尽浑身解数，但城内守军仍然奋力抵抗，坚

① 郭铁民：《刘镇华祸陕围城见闻》，中国人民政治协商会议陕西省委员会文史和学习委员会：《陕西文史资料精编》第2卷《重大事件》，西安：陕西人民出版社，2010年，第7页。

② 刘茂恩口述、程玉凤撰著：《刘茂恩回忆录》上册，台北：学生书局，1996年，第138页。

③ 郭铁民：《刘镇华祸陕围城见闻》，中国人民政治协商会议陕西省委员会文史和学习委员会：《陕西文史资料精编》第2卷《重大事件》，西安：陕西人民出版社，2010年，第7页。

④ 刘茂恩口述、程玉凤撰著：《刘茂恩回忆录》上册，台北：学生书局，1996年，第139页。

不投降，使刘镇华镇嵩军处于攻无寸功，退又不舍的尴尬境地。不唯如此，他们顿兵坚城之下，日夜消磨，败象渐露。到此之时，倘使有一支生力军前来解围，刘镇华镇嵩军势必溃败。

第三节 无奈溃败

郭铁民指出，9月中旬以后，镇嵩军已届溃逃阶段。1926年10月12日《民国日报》中有一篇《刘镇华末日将至》，提到了镇嵩军的军饷问题：

> 半年以来……在陕军队……每日除吃数个黑馒头外，饷一钱不名。此次中秋节将届，刘镇华预定向晋阎借洋五十万，向张治公筹洋十万，陕省各县署各税局筹洋四十万，共成百万。以二十五万为预备费，以二十五万为官长、兵士维持费兼为节赏，约可每人发给二元，以五十万为购办棉衣军装。及至中秋下午，晋款迟迟不到，张治公处亦无信息，只有渭南、华阴各税局提到少数款项，以作各机关分买节日菜蔬之用。十六日下午，始有潼关来款，然而一滴甘露，仍难遍洒，遂规定各师兵士，由总司令刘镇华赏洋二毛，师长赏洋一毛，维持费每名一元。①

镇嵩军乃一帮乌合之众，他们没有坚定的主义，之所以暂时集结在刘镇华身边，系希望通过进攻陕西获得一些好处。如今，军饷、衣食严重缺乏，且筹措无门，其战斗力必然严重下滑，甚至有可能出现崩溃的局面。就在这种局面下，刘镇华得到情报，国民联军援陕部队准备从平凉东下。

在回忆西安围城之役时，刘茂恩指出当时西安城内已经严重缺粮，若无外援助战，西安城必会投降，这当然是对的，可外援出现了。先是，冯玉祥下野，前往苏联考察，于右任在中国共产党的帮助下，亲自前往苏联，动员冯玉祥回国参加北伐，谋解西安之围。1926年9月15日，冯玉祥回国，17日誓师于五原，成立国民联军，自任总司令，响应北伐。当此之时，西安城内李虎臣、杨虎城亦来电求救。于是，冯玉祥采取固甘援陕，解西安围的战略，派兵援陕。其中孙良诚自平凉出发，从邠县大道直趋西安，为援陕之国

---

① 《刘镇华末日将至》，《民国日报》1926年10月12日，第4版。

民联军主力。

作为对新情况的应对，“刘派贾济川全师，配合第四师进攻咸阳，实为增厚咸阳兵力，阻击一军援陕部队”[①]。不仅如此，刘镇华也有针对性地对其全部兵力进行重新调配，以求阻止前来增援的国民联军，尽快攻下西安城。调整后的兵力分布情况如下：

1. 西安地区

（1）第四师第一混成旅张得胜部，约一万人，驻西安北关外，东至胡家庙一带，担任包围西安北城及东北城任务。

（2）第一师柴云升部第一、二旅，共约八千余人，驻西安东关外，担任包围西安东城任务。

（3）警备旅赵清海部，约两千余人，驻东关外康家花园，担任包围西安东南城角任务。

（4）第三十五师憨玉珍部第一、二两旅，共八九千人，驻南关外大、小雁塔一带，担任包围西安南城任务。

（5）吴新田部李长明师约一个旅，四千余人，驻西南城角外围及两关外一带，担任包围西安西南城任务。

（6）第五师武衍周部第九旅武衍文旅，约五千人，师部驻火烧碑，担任包围西安西关北部及西城一部分任务。

（7）第二师补充旅牛旅，约一千五百人，驻红庙坡及西北城角一带，担任包围西安西北城角任务。

（8）总司令部卫队旅贺日德部，约三千人，驻东十里铺及附近村庄，担任刘之总部警卫任务。

（9）总部炮兵团、骑兵团，均驻东十里铺一带，人数不悉，担任机动任务。

（10）第一师第一混成旅万选才部，五六千人，驻北城外枣园及含元殿一带，为机动部队。

（11）第一师第二混成旅林旅，四五千人，驻朝阳村、高庙一带，为机动

① 郭铁民：《刘镇华祸陕围城见闻》，中国人民政治协商会议陕西省委员会文史和学习委员会：《陕西文史资料精编》第2卷《重大事件》，西安：陕西人民出版社，2010年，第9页。

部队。

（12）第六师何梦庚部第十一、十二两旅，约八千人，第五师武衍周部第十旅阮旅，约三四千人，均驻三桥及三桥以西地带，为机动部队。

（13）第四师第七旅徐鹏云部，约八千余人，驻斗门镇至郭杜镇一带，为机动部队。

2. 咸阳地区

（1）第一师贾济川部第三、四两旅和一个独立团，共约八千人，师部驻咸阳东北五里之小五台。第四旅和独立团驻咸阳北原周陵、长陵一带，担任阻击北面敌军任务。第三旅贾玺坤部，驻原下李家堡一带，担任包围咸阳任务。

（2）第四师第八旅李万如部，约八千余人，驻咸阳北城外西窑头一带，担任包围咸阳任务。

（3）第四师第二混成旅姜明玉部，约九千余人，驻咸阳河南街一带，一部分驻渭河北，担任包围咸阳任务。

3. 周户地区

陕军吴新田部，约一万余人，驻周至、户县，包围户县。

4. 三原、高陵地区

（1）第三师梅发魁部第五、六两旅，约八九千人，师部驻高陵县城，部队驻三原南城外一带，担任围攻三原任务。

（2）陕军第一师麻振武部范子平支队，约三千人，驻三原东福音村一带，担任配合梅师围攻三原任务。

5. 同朝地区

陕军第一师麻振武部，约一万三千余人，驻大荔、朝邑、合阳一带，除派该部范子平支队长期配合第三师围攻三原外，曾一度派段懋功支队围攻富平，派耿端方支队围攻蒲城，但为时不久即主动撤去。

6. 西潼大道

（1）独立第一旅李学正部，约两千人，驻新丰、零口一带，担任警卫交通线。

（2）独立第二旅（旅长姓名及人数均不悉）驻渭南以东交通线，担任警卫交通。

（3）独立第三旅张仁山部，约两千人，驻朝邑南部三河口一带，担任警卫交通。[①]

约当10月上旬，“刘嘱人假刻晋军野战军关防，大写封条‘晋军野战军第×师驻此’，‘山西野战军炮兵第×旅驻此’，‘晋军野战军第×医院临时住址’等等，派人从潼关起沿西潼大道贴到三桥镇，大路两旁村庄也粘贴不少。当时有些官兵被这些弄虚作假的花招所欺骗，日日盼望晋军来助”[②]。这当然是刘镇华为迟滞国民联军进攻，故意制造出来的假象。但随着自身处境日益艰难，不仅刘镇华自己，就连吴佩孚也开始向阎锡山求援。据《申报》报道，“刘镇华由潼关电晋阎，请晋军合力定陕”[③]；“吴代刘镇华向晋阎乞兵，谓甘兵节节东逼，陕边颇形吃紧，请抽大军驰往剿堵。”[④]但随着时局发生根本变化，阎锡山已经开始改变其原有态度。《申报》曾报道一位当时游历太原者，谈及阎锡山对时局的态度，颇为见的：

晋阎由保境安民之一省长官，一变而跻于北阀四巨头之列，惟其根本态度始终未变——战事一终，仍归于向来之保境政策。晋阎对外，向持顺时应变主义，无所谓党派。今年战事，原以张、吴为主盟，阎周旋两者之间，对于大局唯唯否否。自战事告终，湘鄂事起，吴佩孚败退郑州，声光势力大非昔比，晋阎于此点，已切实认明，故近日对于吴氏殆已无关系可言，其所仰望而畏之者，惟有奉方。乃至近日冯玉祥回包头，忽起风浪，于是晋省又须应付西北残部。[⑤]

既然如此，则刘镇华、吴佩孚对阎锡山之期望，必然不能如愿，陕西局势必起变化。

11月8日，刘镇华致电各方，表面是报告冯玉祥国民联军、矜夸自己战功，实则是向各方乞援：

---

① 郭铁民：《刘镇华祸陕围城见闻》，中国人民政治协商会议陕西省委员会文史和学习委员会：《陕西文史资料精编》第2卷《重大事件》，西安：陕西人民出版社，2010年，第9—10页。

② 郭铁民：《刘镇华祸陕围城见闻》，中国人民政治协商会议陕西省委员会文史和学习委员会：《陕西文史资料精编》第2卷《重大事件》，西安：陕西人民出版社，2010年，第11页。

③ 《刘镇华请晋军援助》，《申报》1926年11月10日，第5版。

④ 《吴代陕刘向晋阎乞兵》，《申报》1926年11月12日，第5版。

⑤ 《时局变动中之晋阎态度》，《申报》1926年11月6日，第6版。

此次陕匪姜宏模、陈疯子等勾引甘军，窜扰省西情形，业经电达。连日各股土匪，由西路兴平、咸阳一带陆续渡河，计有一军孙良臣［诚］一师，吉鸿昌一旅，刘郁芬所部教团，二军邓宝珊、田玉洁、冯子明各师及三、五军弓富魁、方振武各残部，连同陇东、陇南溃军改编各部，集省西沣河附近大王店、圮城迤南直抵南山之子午口，战线纵长百余里，势极凶猛。该敌匪遍贴冯玉祥布告，有派军十万，分路应援陕东，出潼关直捣中州，与南蒋会师等语，野心勃勃，概可想见。我军于日前将港北经原二城各部先行撤回，集中省垣，分路堵剿。数日以来，肉搏激战，无间昼夜，仰托福威，所向克捷，连夺寨堡十余处，俘毙共千余名，获枪八百余支，战况极为顺利。此役陕局存亡、大局安危，关系均巨，誓当督饬官兵，拼死力争，务竟讨赤之全功，永除国家之隐患也。①

从刘镇华的角度考虑，不夸张国民联军的强大，不足以警醒吴佩孚、阎锡山、张作霖各方重视陕西局势；不夸张自己战力，易使各方认为陕局已经破裂，而认为不需要进行援助，此电可谓用心深远。可惜，阎锡山、张作霖未必读不懂刘镇华的意思，但他们或者无力，或者不愿出援，无论电文内容如何，似乎不重要了。吴佩孚对冯玉祥国民联军前来解围的情报，以及其将由陕西南下，进入河南，与北伐军会师的可能，十分注意。为此，他“逐日皆有电致阎锡山，商量晋豫联防、共同援陕办法。惟阎以山西省西北面全部与陕西及绥西相接，所有山西军队均应维持本省防务，未便多调军队入陕、故尚未有切实答复”②。不得已之下，吴佩孚拟调魏益三、张治公两部开往潼关，共同援陕。只是，大局行将破裂，吴佩孚的动作太迟缓了。

11月23日，孙良诚攻克咸阳，“我军久经苦战，精力疲困，大哥屡电阎锡山应遵照当初与吴佩孚、张作霖会商讨贼合作成议，适时予我支援，然皆成相应不理之现象，目前情况发生变化，只有变更战略，缩短战线，并亲赴渭南布置后方防务”③。在此种效应下，“陕军各部闻风响应，到处捣乱，城敌亦数［次］突围，希图与西来之敌里应外合，夹击我军，连日昼夜激战，仅成对峙之局，如此情势，对于我军十分不利，倘西来之敌再来援队，则我久战疲惫之

① 《刘镇华电告国民军入陕》，《申报》1926年11月17日，第9版。
② 《刘镇华电告国民军入陕》，《申报》1926年11月17日，第9版。
③ 刘茂恩口述、程玉凤撰著：《刘茂恩回忆录》上册，台北：学生书局，1996年，第144页。

军，实无力应付，事急势迫，莫过此时”①。

危急关头，刘镇华于 11 月 25 日分电张作霖、阎锡山告急，其中致张作霖电文为：

此次甘敌窜援省西，经我军竭力堵剿，血战十余昼夜，敌焰稍熄。节将战况详陈钧听：连日敌人由西路增援甚多，适于今早有敌约三团之众，由我军左翼沿西安南山根东窜，希图扰我后路，势甚汹汹，当即抽队夹击，正在激战中。镇华追随讨贼，誓彻始终，惟甘敌节节进扰，我军久战讨贼，前请百帅就近派援，迄无具体办法。且各种子弹同时告罄，兵持空械，危急万分，诚虞陕局不支，影响大局，殊非浅鲜！我帅眷念西陲，休戚相关，扶危戡敌，端赖庇荫，伏祈命将出师，赶扫绥疆冯逆，根本扑灭，则陕省战事自易解决。并恳俯赐续拨大批子弹，交杨代表星夜运陕，以济急需，而支危局，尤所感祷，时机迫切，敬候核示。②

在《刘茂恩回忆录》中，未见张作霖复电，但从阎锡山致刘镇华复电可以略窥当时情形：

接奉有电，心急如焦，子弹缺乏，抱愧万分，现正在津收购，到手即运。惟近来密察大势及敌方情形，我辈似宜从政略及战略上设法缓开时日，较有把握。此事已特请凌甫、子襄两兄来署，与敝署同人研究良久，已托详达裁夺矣。特先奉复。③

收到电文后，刘镇华才明白以往对镇嵩军种种有利局面，如今都已经逆转成了不利局面。刘茂恩总结道：

由此两电可知，我军官兵作战之困苦，手持空械，前后拼敌，第以阎电观之，形势已非前可比，徒令人长叹“力拔山兮气盖世，时不利兮骓不逝”之项羽，非不战也，时也，运也。又想到吴佩孚之于陕西督长名义，久久不能发表，导致官兵士气不振，顿兵坚城，影响大局，设若当时发表大哥为督长，有人领

① 刘茂恩口述、程玉凤撰著：《刘茂恩回忆录》上册，台北：学生书局，1996 年，第 141 页。
② 刘茂恩口述、程玉凤撰著：《刘茂恩回忆录》上册，台北：学生书局，1996 年，第 142 页。
③ 刘茂恩口述、程玉凤撰著：《刘茂恩回忆录》上册，台北：学生书局，1996 年，第 142—143 页。

导，鼓舞士气，迅下坚城，大哥坐镇西安，收复全省，进规甘省，遏堵冯军后路，必能奠定大局。即令中原万一不保，吴可退守关中，以八百里秦川之饶富，兵源之充沛，亦必大有可为。岂意一着之失，导致冯玉祥再起，轻骑入陕，东出潼关，形成洛郑四面楚歌之局，使吴一世之雄，亦无用武之地了。[①]

从此总结中，可以看到刘镇华、刘茂恩对吴佩孚十分愤懑。并且，刘镇华将吴佩孚不愿任命刘镇华为陕西督军、省长，归结为刘镇华最终失败的原因。

除了对吴佩孚不满外，刘镇华对阎锡山亦十分不满：

近数月来，大局瞬息万变，阎锡山观望时局，肆应各方，老谋深算，令人莫知其玄。以是对我军之援助补给，有如墙上画饼，未能兑现。频呼将伯，托词应付，只听楼梯响，不见人下来，直令我军望眼欲穿，坐至弹罄援绝，攻不能攻，退不能退，当初什么成议诺言，合作阵线，又是一番说法了——政治心术不讲道义，只论利害，若与吴较，二人恰成对比，阎喜用术，恒使人坠入其中而不自知，实非寻常人物。[②]

直到此时，刘镇华方认清阎锡山的真面目，可惜为时已晚，只能空叹奈何了！实际上，如果为阎锡山计，此前与吴、刘结盟，共谋国民军和陕西，未必是出于侥幸。其对进攻陕西的刘镇华镇嵩军，除直接提供大规模的军事援助外，也尽力进行帮助。时当国民联军来援之时，局势完全大变，再对之进行苛求，确已不合时宜了。

不仅如此，镇嵩军还面临内部反叛的局面，“前归附我军驻户之欧纬（何经纬，刘茂恩误——笔者）部亦不稳，大哥深恐省城围攻受其影响，即派柴云升率同张得胜、徐鹏云两旅，分路往剿，迭获胜利”[③]。

11月26日，孙良诚以方振武部居左，甘军马鸿逵部居右，自居中路，直攻镇嵩军大营。虽因方、马两部作战消极，镇嵩军得以采取猛攻中路的战略，但又因孙连仲、刘汝明两师赶来支援，从左右两翼迂回包抄镇嵩军后路，仍使镇嵩军处于被动局面：

---

① 刘茂恩口述、程玉凤撰著：《刘茂恩回忆录》上册，台北：学生书局，1996年，第143页。
② 刘茂恩口述、程玉凤撰著：《刘茂恩回忆录》上册，台北：学生书局，1996年，第143页。
③ 刘茂恩口述、程玉凤撰著：《刘茂恩回忆录》上册，台北：学生书局，1996年，第144页。

这天下午一时，西安东南二十五里三兆镇姜鸿谟步骑兵三千余人，扰我军第三十五师（憨玉琨）后方，大哥急派两混成旅抵御；二十七日拂晓，受敌骑炮冲击，死伤很大。同时，刘汝明师亦于拂晓绕至三兆镇，由其第十师第二十八旅（马玉田）攻城南八里慈恩寺（大雁塔）和南门外二里荐福寺（小雁塔）；第十二师高树勋旅攻城东十里铺我镇嵩军总司令部；马鸿逵师之骑兵团，和第十师（刘汝明）骑兵营在浐桥上游渡河，去截断西安至临潼之公路及破坏电话线路。当高旅进至十里铺，大哥始知敌人从侧背迂回过来，感到意外，自然引起我军一阵混乱。于是派出部队抵御，发生激战。接着反攻非常猛烈，短兵相接，高旅不支，一个团已溃退下去，我军士兵以子弹已罄，枪都装上刺刀。高旅败退，刘汝明师赶到接阵，高旅获得喘息，乃又回头合力攻击我军，并以重机关枪扫射，使我军官兵死伤很多。[①]

到了 27 日晚，马玉田旅攻打慈恩寺，“我三十五师之两连守军被敌重重围困，终以寡不敌众，成了俘虏，都是空枪，没有子弹，亦真难为我们的官兵手持空枪与敌死拼”[②]。攻下慈恩寺后，援军继至荐福寺，已可沟通城内。不久城内守军出城，与援军一起夹击镇嵩军，镇嵩军形势益危：

我军第三十五师赤手空拳，亦无法支持，第七师依然苦撑到底，不惜牺牲。同时，我军万选才之火线，被北杨庄之敌冲破，数度拼刺，杀敌众多。十里铺方面，大哥坐镇司令部里，敌军屡进屡退，陆续增援，我军官兵子弹打完，又无后援，仍然冒着敌人的炮火冲击上去，堵住敌人攻势，牺牲惨重。[③]

面对这种局面，刘镇华仍然坚持不退，要和国民联军决一死战，没人敢劝其收兵。面对这种情况，刘茂恩对刘镇华道：

现在大局形势已在转变，新的时机将要来临，目前情况不利于我们，常道大丈夫不争一时之气，要争立千秋伟业，如今天时、地利、人和，已非昔比，岂可吃此眼前之亏。若能保存一些实力，留待将来有机会再为时局效力，或卷

① 刘茂恩口述、程玉凤撰著：《刘茂恩回忆录》上册，台北：学生书局，1996 年，第 144—145 页。
② 刘茂恩口述、程玉凤撰著：《刘茂恩回忆录》上册，台北：学生书局，1996 年，第 145 页。
③ 刘茂恩口述、程玉凤撰著：《刘茂恩回忆录》上册，台北：学生书局，1996 年，第 145 页。

土重来，也未可知，何必孤注一掷，徒为无谓牺牲呢？①

于是镇嵩军退却，西安城终于得以解围。“第一师东退灞桥，掩护全军转进，总司令部迅即移转临潼，敌人愕视，莫敢追击，当我军甫退之际，将灞桥占据，几经冲突；临潼方面，昼夜后退，秩序显得紊乱。”②

据1926年12月27日《民国日报》报道：

十一月二十七日夜半后二时，西安十里铺韩元店韩信冢、霸［灞］桥一带，刘镇华大小各机关，同时接到陕甘军总司令部急函，谓二十七日一夜迁移临潼暂避危险。于是夜色沉沉中，忽然马嘶人喧，各路人马均往临潼而去。二十八日清晨，临潼西门城外，聚集各机关人员及杂散队伍约三万余人，城门口有兵士二十余人，手握盒子炮把守，无论何人，不具路条者，一概不得进城。③

所以，刘茂恩所言“秩序显得紊乱”，实在是太过于轻描淡写了，真实情况是，秩序大乱，甚至已经到了失控的边缘。

除追兵之外，镇嵩军还面临其他威胁。11月27日夜，“渭南之红枪会乘机蜂起，与国民二军联合扰乱我军侧背，夺取枪械，是夜，华县、潼关南山各处之敌冲出，交通断绝，各部分别向潼关、大荔、武关……一带退转”④。30日上午11时，“麻振武倒戈，却未投敌，形同独行盗，派兵在三河口、吊桥一带，与何梦庚师交战，枪声甚烈。”⑤

刘镇华此时十分狼狈：

我随大哥及随员、卫士多人，乘一辆敞篷大汽车东驶，经华阴县与西岳庙（俗称华岳庙或华阴庙，在县城东五里）之间，集聚着很多军人和眷属，情形较乱。听取几位军官的战报后，就下令眷属车辆按顺序向东先行，部队暂停待命。此时，晋军炮兵队已退至此地。忽然跑来一位满头大汗未戴帽子的连长，向大哥报告：“叛军麻振武部耿庄旅过渭河南来了，我全连都被缴了械，连我的

① 刘茂恩口述、程玉凤撰著：《刘茂恩回忆录》上册，台北：学生书局，1996年，146页。
② 刘茂恩口述、程玉凤撰著：《刘茂恩回忆录》上册，台北：学生书局，1996年，第146页。
③ 《刘镇华大败》，《民国日报》1926年12月27日，第2版。
④ 刘茂恩口述、程玉凤撰著：《刘茂恩回忆录》上册，台北：学生书局，1996年，第146页。
⑤ 刘茂恩口述、程玉凤撰著：《刘茂恩回忆录》上册，台北：学生书局，1996年，第146页。

大衣也被扒走了。”话犹未了，北面枪声由远而近传来，东行车停滞在街头道路上，显然阻碍交通，即命某营长率以机枪两挺向东开路，打通东退要道，并制压两翼侧击。又令炮兵营向左右村堡开炮轰击，镇压反侧，只是没有炮弹，弄得大哥连说：“这仗怎么打呀？”于是大哥命改骑马匹，我们就转向南山，绕道至潼关。①

兵败之后，刘镇华只有率部退却一条道路。“十二月二日上午六时，大哥离潼关，十时抵灵宝，拟将各部集结于陕县、灵宝、阌乡等县；三日带卫队三百名乘火车，于下午二时至陕县，招集各部，重整旗鼓，饷糈暂由地方负担。”②

同时，刘镇华又致电阎锡山：

此间围困西安部队因弹绝退下情形，业经电达。连日前线陆续撤退：左翼西安南山退驻商、洛，与兴安所属原驻部队联络；右翼由临、渭、二华东退，分驻灵、阌、卢氏一带，并在潼关妥为布防，惟弹绝枪空，万难久支。顷接吴大帅电转示尊处电开：刻即接济子弹三十万粒，炸弹一万粒，炮弹千余颗。等情，具见殷殷援助至意。即祈赐将各项炮弹，拨入陕州总司令部梁师长海亭查收，以挽危局，无任企祷。华于日内出外接洽事件，所有总司令职务，委副司令柴云升暂行代理，合并奉闻。③

可是，阎锡山的接济承诺，不过是虚与委蛇，根本不能兑现。再说，刘镇华此时兵败如山倒，正在狼狈逃窜，处境艰困异常，即使能够兑现，恐怕也是远水不解近渴，难奏肤功了。

刘镇华以必胜之师围攻西安，旷日持久，竟然失败，其本人十分自惭，以致颇为灰心失望，拟托词引退。在此情况下，各师旅长均力恳其留在军中领导一切。刘茂恩在回忆录中用了“千古艰难惟此时”，颇为恰当。刘茂恩亦对刘镇华进行劝说，要其以镇嵩军团体为重，“不论在道义上、责任上，均不宜于此危急之时……置身事外，应该和官兵风雨同舟，共渡难关，冲出困境才是，

① 刘茂恩口述、程玉凤撰著：《刘茂恩回忆录》上册，台北：学生书局，1996年，第146—147页。
② 刘茂恩口述、程玉凤撰著：《刘茂恩回忆录》上册，台北：学生书局，1996年，第148页。
③ 刘茂恩口述、程玉凤撰著：《刘茂恩回忆录》上册，台北：学生书局，1996年，第148页。

这是自己的神圣责任，不能叫团体失去向心力，如此团体才能存在，才有前途”[①]。不晓得刘镇华是真想引退，还是做做样子，以打消其所部将领的不满，但经此闹剧后，刘镇华没有真正离职。

刘茂恩对西安围城之役的失败有所总结：

事后，我回想围攻西安之役，本来我军是稳操胜券的，结果不幸转胜为败，这完全在于大哥存心仁慈之一念所致，造成战略上的错误，以致贻误戎机。殊不知兵家作战是以求胜为目的，所以在战场上不能讲仁义、说道德。因为对敌人慈悲，就是对自己残忍，反而使城中百姓受累，伤亡很多，实在违背自己救国救民的初衷。[②]

首先，刘茂恩将刘镇华比喻为“不忍击之半渡”的春秋时代的宋襄公，对刘镇华贻误战机一点，认为十分可惜：

大哥之所以对西安城采取围攻态势，挖深长壕，构长圩、筑高垒，使其内外隔绝，无法得到补给，不攻自破，这固然是西安城池高深，攻坚不易，实在是由于他在陕西主持军务政事有七年多之久，与地方人民有深厚的感情，希望避免战祸，和平解决，使军民减少损伤，藉以保存地方元气。只缘杨虎臣好乱成性，不顾人民死活，兽性发作，宁可与城偕亡，也不肯开城投降，岂人性所能理喻？因此我军虽兵临城下，却未能乘其布置未就之际，攻入城中，已是失其始机；继之顿兵坚城之下，以致师老兵疲，莫能为力，卒至旷日持久，时不我予。戎机已逝，回天无力，自然令人叹气！因为兵争之事，最好是能乘其时，御其势，断然以临之，无往而不利；况乎作战，亟宜一鼓作气，再而衰，三而竭，可不畏欤？[③]

刘茂恩将西安围城之役失败的第一点原因，归结于刘镇华优柔寡断，贻误战机，是有道理的。只不过说刘镇华“存心仁慈”究属不洽，因为其严苛残忍成性，虽面临城内数万民众饿死，亦屯兵坚城之下，拒不解围。应该说，此次

---

① 刘茂恩口述、程玉凤撰著：《刘茂恩回忆录》上册，台北：学生书局，1996年，第149页。
② 刘茂恩口述、程玉凤撰著：《刘茂恩回忆录》上册，台北：学生书局，1996年，第153页。
③ 刘茂恩口述、程玉凤撰著：《刘茂恩回忆录》上册，台北：学生书局，1996年，第139页。

必胜之役的失败，是因为刘镇华对守城军队和城内的和平活动心存幻想，作战意志不坚，没有以迅雷不及掩耳之势猛攻西安，造成“贻误戎机”。其后，因军队战斗力显著下降，被迫采取长壕围城战略，虽属正确方法，若没有国民联军的解围，亦将获胜，但奈何形势转移，终致功亏一篑。

其次，刘镇华镇嵩军的失败，还在于其内部派系林立，不能互相协调，难以组织最强大兵力，集中攻城。

至于部众分子复杂，不能协同，因迭受挫折，咸视攻城为畏途，仅能围困，倘敌援一来，必遭内外夹攻之势，士气不振，难能为战，加上柴云升、王振两师长要求对官兵宣布攻下西安城后，准许随便三天。大哥说：“这违背我爱民的初衷，怎么可以？”当然未允。所以王振托病，柴云升亦不甚愿打。于是攻志懈怠，围势松弛。间有人言：“大哥有不忍人之心，也就是说，打仗不能争取主动之势。”而大哥则云：“宁教光荣失败，不为残民以逞的暴君式英雄伟人。”此外高级将领作战，目标迷惑，盲目自私，以麻振武最为不驯，先曾在大荔一带与何梦庚相冲突，近日又与梅发魁发生地盘争执，竟激战两昼夜，攻击友军，自相残杀，此种军队成何体统？①

郭铁民亦回忆，镇嵩军内部有嵩县派、巩县派、南五县派（临汝、鲁山、郏县、宝丰、叶县）等不同派别，最突出的是正牌与杂牌的矛盾，集中表现在刘镇华与王振的矛盾。郭铁民转述王振第四师和镇嵩军总部一些人所言刘镇华和王振之间的矛盾，有以下因素：

一、灵宝、函谷关之战，王部出力最大最多，函谷关、老虎关、官庄塬等役，没有王部作战，不可能收缴二军六万枪炮，刘军能否进关便大成问题，王和王之部众因此骄横，对刘轻视。

二、刘军其他各部，有的万人，有的只几千人，均编为师。王振各旅均近万人，总人数将近四万，只编一师，王及王部官兵均不满意。

三、刘军入关时，即以柴云升为前敌总指挥，王本不快，后来又保柴为陕甘军副总司令，王更有意见。据云，当时刘发现王不满意，因对王说：“将来攻

① 刘茂恩口述、程玉凤撰著：《刘茂恩回忆录》上册，台北：学生书局，1996年，第139—140页。

下甘肃后，保你为督办”，以安王心。但王亦心中有数，不大相信。

四、当时刘军各部，无形中有一界限，即正牌部队和杂牌部队之分。第一次跟刘镇华在陕西的旧部，如柴、贾、梅、何等师均为正牌，这次初跟刘者为杂牌。王振即属杂牌，正牌轻视杂牌，刘平时对王虽甚客气，但遇事总有区别。因此，更引起王的不满，不肯卖力。①

刘茂恩又将失利归诸麻振武的反叛。“此役我军失利，检点起来，亦系因麻振武部耿庄旅通敌所致，故我军退却时，屡被截击，其状至窘。”②虽然麻振武部首鼠两端，但如果仅仅将之怪罪于麻振武部反叛，显然并非恰当。应该说，刘镇华所部军队虽有十万之众，但内部山头林立，纪律涣散，不仅难以形成合力，经常互相牵制，造成军队战斗力低下，战略思想无法得以贯彻。这可以说是刘镇华镇嵩军围攻西安失败的根本原因。

再次，刘茂恩还认为，镇嵩军的失败，还在于冯玉祥国民联军来援：

最初大哥对于西安城已被围困八个月，认为城中居民薪粮皆无，李、杨等敌子弹亦罄，希望断绝，最多再过旬天，就不能守了。城中亦曾与我军洽降，约定十一月二十五日举城归附。讵料冯军援来，情势大变，机失一着，影响全局，岂抑天意乎？非人谋之不臧也。③

诚然，即使刘镇华镇嵩军犯了许多错误，倘使没有国民联军来援，或者迟来数十天，镇嵩军亦可能攻下西安城。

最后，刘镇华镇嵩军军纪极差，陕西百姓对之恨之入骨，他们坚壁清野，配合守城陕军与之作战，也是其溃败的重要原因（参见第五章“敲骨吸髓”）。

---

① 郭铁民：《刘镇华祸陕围城见闻》，中国人民政治协商会议陕西省委员会文史和学习委员会：《陕西文史资料精编》第2卷《重大事件》，西安：陕西人民出版社，2010年，第9页。

② 刘茂恩口述、程玉凤撰著：《刘茂恩回忆录》上册，台北：学生书局，1996年，第148页。

③ 刘茂恩口述、程玉凤撰著：《刘茂恩回忆录》上册，台北：学生书局，1996年，第147—148页。

第二章 风声鹤唳

胡憨战争胜利不久，胡景翼病逝于开封，岳维峻继领河南省军务督办、第二军军长之职，继续坐镇开封，统治河南。岳维峻的军事、政治才能，远逊于胡景翼。他统治河南期间，不仅改变了胡景翼重用河南人的策略，还对河南民众进行残酷的统治。在军事策略上，他试图向山东、山西发展，不仅从陕西抽调原国民二军李虎臣等部出关作战，又与湖北的萧耀南讲和，向吴佩孚示好，对活动于豫西一带的镇嵩军残部和红枪会等地方武装力量却束手无策。这一切，都为刘镇华镇嵩军死灰复燃，消灭河南境内的国民二军、用兵陕西，埋下了伏笔。

在本章中，笔者主要利用《新秦日报》的相关报道和《君子馆日记》《在山草堂日记》的相关记述，以及《陕西文史资料精编》中相关回忆文章等陕西方面的史料，以守城一方的视角，从东路斗争、萧墙之忧、西路斗争三个方面，讨论在面对刘镇华镇嵩军大举来攻之时，陕西方面的应对策略、应对情况和应对效果。

第一节 东路斗争

在打败憨玉琨、刘镇华之后，为驱逐吴佩孚任命的陕西军务督办吴新田，国民二军李虎臣和国民三军孙岳所部进军陕西，迫使其南逃至陕南汉中。作为胡憨战争胜利成果之一，孙岳担任陕西军务督办，李虎臣为帮办，国民军二、三军暂时控制了豫陕两省主要地区。1925年12月孙岳离陕，段祺瑞执政府随即发布命令，分别任命李虎臣、井岳秀为陕西军务督办、帮办（井岳秀仍兼陕北镇守使，未来西安）。[①]获知此项任命后，1月13日，于右任致电李虎臣：

虎臣老弟鉴密：

老弟晋绥节钺，以壮年有用之身，作西北干城之寄，欣慰良深。吾陕频年出师，为国戡乱，地方所蒙之痛苦，较他省尤烈。吾弟既有全省军务之责，务希淬厉精神，寓辑睦于整饬之中，祓气稷于祥和之外，俾之秦垂死之父老子弟少舒残喘。盖地方绥靖，而后有干国御侮之可能。仆所望于弟者至深且远，故不以寻常之贺词进。时方多难，诸惟珍卫。[②]

在此之前，由于国民二军在山东作战失利，岳维峻已令李虎臣赴前线支援，故于右任对省内军事力量空虚、分散的局面十分担忧，盼望李虎臣尽快返回西安，厚集兵力，以免根本之地为敌人所乘，造成桑梓重遭兵燹之忧。可惜，于右任的苦口良言，岳维峻、李虎臣和国民二军并未采纳。除李虎臣外，驻扎乾县、邠县等处之丑俊彦部共四营，因接到留陕后方司令部命令，于2月5日前往支援。[③]2月7日，卫定一奉岳维峻电召，准备向豫西开动，除亲自率队前往外，亦"催促兴、醴、武、扶、凤等县各出兵一营，分驻关内渭华等处，并令克期开拔，不得延误"[④]。如果说岳维峻在河南的政治、军事政策，失误于前的话，调李虎臣和其他国民二军将领离开陕西，便又失误于后。因为，正如于右任所担忧的那样，大量军事力量离开陕西，势必导致作为国民二军战略后方的陕西，军事上处于极度空虚的状态，会为吴佩孚、刘镇华、吴新田等攻袭陕西提供难得的契机。

国民二军在主力离陕之后，时任陕西财政厅厅长朱子敏，兼任留守司令。

---

① 《井岳秀在榆林就帮办职》，《新秦日报》1926年2月5日，第3版。

② 张茂如：《坚守西安回忆录》，中国人民政治协商会议陕西省委员会文史和学习委员会：《陕西文史资料精编》第2卷《重大事件》，西安：陕西人民出版社，2010年，第100页。

③ 《丑俊彦部整备出发》，《新秦日报》1926年2月8日，第3版。

④ 《卫旅续开五营》，《新秦日报》1926年2月8日，第3版。

据时任留守司令部文书处科长王佑民回忆，当时，朱子敏“商同姜伯范（名宏谋）、韩绾青等，出组国民二军留守司令部于西安，借以安定人心，设司令部于财政厅内，并即分电豫督岳西峰、陕督李虎臣，以及在陕豫各将领即日成立。推朱为司令，姜为副司令兼城防司令，绾青仍为参谋长，副军长李逸民，参谋李藩侯，秘书范紫东”①。

关于留守司令部内部组织和人员情况，《新秦日报》报道更加详细：

二军在陕留守总司令部内部组织，共分参谋、副官、秘书、密电、书记等处。参谋处除以军署参谋长韩庆绶兼任参谋长外，又由三原后方司令部调来李润生，委为中校参谋，于靖伯、李藩侯均委为参谋。副官处除以军署副官长李逸兼任副官长外，又另调军署副官赵喜福，委为主任副官，由三原调来李钟岳，委为上尉副官，又另调军署稽查员刘俊明在该司令部办事。至密电处已委□□□主任；秘书处已委范凝绩为主任；书记处已委秦锡履为主任。此外又设立收发、传达、油印等数处，均分别委任专员分组办事。②

朱子敏（1873—1936），名思聪，以字行，陕西三原人，曾任靖国军胡景翼的军需处长，是其主要亲信之一。另一重要人物为参谋长韩绾青，西安人，辛亥革命后任陕西首位都督张凤翙的秘书，发起易俗社并曾任社长，创作剧本《齐云楼》《女英烈》《千里神交》等。③韩绾青长期在李虎臣手下供职，当过骑兵团长。据俞嗣如《坚守西安时的无名英雄》披露：“当刘镇华在潼关侵扰时，李虎臣尚在河南，关于军务布置，全由韩绾青以军务帮办公署参谋长的地位来主持。”④杨虎城来到西安之后，刘镇华围攻西安之时，“又任韩为国

① 王佑民：《西安围城回忆点滴》，中国人民政治协商会议陕西省委员会文史和学习委员会：《陕西文史资料精编》第2卷《重大事件》，西安：陕西人民出版社，2010年，第46页。

② 《二军留守司令部内部之组织》，《新秦日报》1926年3月4日，第3版。

③ 马宽厚：《陕西文学史稿》，中国文学出版社，2002年，第293页。

④ 俞嗣如：《坚守西安时的无名英雄》，中国人民政治协商会议陕西省委员会文史和学习委员会：《陕西文史资料精编》第2卷《重大事件》，西安：陕西人民出版社，2010年，第191页。俞嗣如（1898—？），西安人，佛教居士，创办西安济生会及济生小学，创办并长期主持《新秦日报》。西安围城之役期间，其主持的《新秦日报》是唯一一张坚持到守城结束的报纸。张志哲主编：《中华佛教人物大辞典》，黄山书社，2006，第1294页；俞嗣如遗稿：《〈新秦日报〉二十五年》，中国人民政治协商会议陕西省西安市委员会文史资料研究委员会：《西安文史资料》第2辑，1982年，第131页。

民二军第四路总司令，指挥二军在省各部，对韩甚为信任”[①]。尤其显著的功绩是：在镇嵩军攻至西安之前，他已经意识到西安局势危险，设法筹粮：

（韩绾青）与省府财厅准备军补筹集办法，决定在省城附近各县分派征送来省，存于西仓。长安为六千石，由县知事催征，急如星火。幸值丰收时期，到李虎臣回省，及刘军逼近渭南时，已入仓七成以上。其他邻县也交来不少，为守城时军补之需，打下基础。[②]

留守司令部的成立和运转，一定程度弥补了李虎臣等国民二军主要兵力离陕东下所造成的困难局面，使留守军队勉强得以统一指挥，“西安秩序得以维持，人心随之稍安”[③]。

由于陕西局势日渐紧张，李虎臣离开不久，1 月 30 日，陕西军务帮办公署便召开紧急会议，致电岳维峻，请其转电李虎臣，速回陕西主持军务。次日，陕西军务帮办公署致电潼关驻军十师第五混成旅旅长郭秉成，“请其就近派员二人，出关迎迓李督办回省”[④]。在此稍前，陕西总商会、律师公会、报界公会、省农会、省工会、实业会、自治协进会、长安教育会也致电岳维峻、李虎臣，要求李虎臣回陕。其致岳维峻电文为：

河南开封岳督办钧鉴：

自孙督办、李帮办相继出关，陕局无人镇慑，伏莽出没，焚杀淫掠，日有所闻。年关伊迩，谣啄繁兴，各法团鉴于时势迫切，特开联席会议，共同讨论。惟有公恳我公关怀桑梓，速电李督办克日回陕主持一切，以定人心而固根本，无任盼祷，谨此电闻。[⑤]

---

① 俞嗣如：《坚守西安时的无名英雄》，中国人民政治协商会议陕西省委员会文史和学习委员会：《陕西文史资料精编》第 2 卷《重大事件》，西安：陕西人民出版社，2010 年，第 191 页。

② 俞嗣如：《坚守西安时的无名英雄》，中国人民政治协商会议陕西省委员会文史和学习委员会：《陕西文史资料精编》第 2 卷《重大事件》，西安：陕西人民出版社，2010 年，第 191 页。

③ 王佑民：《西安围城回忆点滴》，中国人民政治协商会议陕西省委员会文史和学习委员会：《陕西文史资料精编》第 2 卷《重大事件》，西安：陕西人民出版社，2010 年，第 46—47 页。

④ 《各方电请李云龙归陕就职续志》，《新秦日报》1926 年 2 月 1 日，第 3 版。

⑤ 《各法团促请李云龙回陕电原文》，《新秦日报》1926 年 2 月 3 日，第 3 版。李虎臣出关前，只是陕西军务帮办，此电发出之时，李虎臣已为督办。

致李虎臣电文为：

李督办钧鉴：

自我公出关以后，伏莽蠢动。今日各处焚杀淫掠，笔难罄述，年关伊迩，人心尤为惶恐。各法团鉴于时势迫切，特开联席会议，惟有公恳我公克日启节回陕主持一切，以定人心，伏乞体察舆情，俯允所请，无任盼祷。①

虽有陕西帮办公署和各法团的坚请，李虎臣仍然没有率军回陕，实际上，随着战事的深入，李虎臣即使想回来，亦渐渐失去了机会。据《新秦日报》2月1日报道，因山东战事和平解决，“昨闻国民军第二军第三师师长田玉洁氏……业由鲁折回，拟不日返陕，闻现已行抵洛阳”②。这里所谓“和平解决”，不过是国民二军和《新秦日报》自欺欺人式宣传。因为，“岳令将二军主力集中15万人由李乾三指挥向曹州、济宁进攻，并与靳云鹗合作，拟取山东，令靳部向徐州进攻。靳表面合作，暗则与敌勾结，战争开始，即行叛变，致二军深入鲁西的主力，因两面受敌而败退”③。国民二军在山东一败涂地，敲响了其覆灭的警钟。

此时陕西军政两界，已经意识到了陕西局面的艰危。1926年2月5日，毛昌杰在日记中记载：“余因密告陕事终无所为，再视大局若何，不妨借故引退，《易》云：‘见几而作，不俟终日’，此言甚可味也，定五颇以为然，并云伊久有此意，相机行之。”④毛昌杰（1865—1932），字俊臣，一字俊丞，西安人，祖籍江苏扬州，早年师从陕西著名教育家刘古愚，主讲味经书院、关中书院、陕西高等学堂，担任陕西省图书馆第二任馆长，创办近代陕西最早的民间报纸《广通报》，门生有于右任、胡景翼、茹欲立、李元鼎、赵守钰、李仪祉、常铭卿等。西安围城期间，毛昌杰担任关中道尹之职。据其学生李元鼎在《围城吟》中有诗云：“吾师薄书自多暇，时事原不系职司；自顾去就更无

---

① 《各法团促请李云龙回陕电原文》，《新秦日报》1926年2月3日，第3版。

② 《田玉洁行将返陕》，《新秦日报》1926年2月1日，第3版。

③ 尹文堂：《镇嵩军始末》，中国人民政治协商会议洛阳市委员会文史资料委员会：《洛阳文史资料》第7辑《镇嵩军专辑》上册，1990年，第15页。

④ 毛昌杰：《君子馆类稿》附《君子馆日记》卷五，沈云龙主编：《近代中国史料丛刊》第1编第2辑，台北：文海出版社，1966年，第442页。

难，尽室侨居岂所宜？”[1]而毛昌杰在和李元鼎的诗中，亦有“战守不系于职司”[2]之说，则毛昌杰不过是帮助处理公文案牍而已，并不掌握实权。虽然如此，毛昌杰仍是陕西官场中消息灵通之人，既然他对陕西局势都不乐观，恐怕这种消极认识已成为当时西安各界的共识。

就在西安被失败的恐慌笼罩之时，2月6日，李虎臣宣布就任陕西省军务督办，为此致电北京执政府和各省主要军政人物。其致北京段祺瑞执政府电文为：

北京段执政钧鉴：

窃于本年一月十二日奉到钧令，特令李云龙督办陕西军务善后事宜，此令。等因，奉此，遵即于二月六日就任督办陕西军务善后事宜职。窃思陕西东邻晋豫，西界陇秦，北控蒙榆，南通汉沔，华岳腴九州之上，关河巩四塞之雄。云龙一介武夫，忝膺宠命，材辁智浅，深用兢惕。惟云龙以桑梓敬恭之怀，谬荷执政菲葑不弃之采，自当力图振奋，勉效驰驱，以期仰副我执政眷顾西陲之至意，所有就职任事日期暨感激下忱，理合电呈鉴核，祗候训示。[3]

2月21日，北京执政府发出对吴佩孚的讨伐令：

比年民力凋敝，元气摧残，前经饬令各军事长官，一律停止军事行动，务各绥靖地方，俾孑遗稍资休息。乃连日迭据报称，吴佩孚盘踞鄂疆，勾结土匪，侵扰陕、豫，所发伪军官委状关防，迭经破获有据。而其好乱性成，不惜残民以逞，鄂、陕、豫诸省人民何负于吴佩孚，竟倒行逆施，以至于此，殊辜本执政一再优容，曲予保全之至意。着卢金山、刘佐龙等立为遏止，以安地方，并责成岳维峻、李云龙督饬前队，会师进剿，勿稍宽纵，以期早戢凶残，出民水火，免致勾煽无已，为害地方。[4]

---

① 李元鼎：《围城吟》，李元鼎遗著、阎琦注释整理：《李元鼎诗文墨迹散拾》，西安：三秦出版社，2008年，第24页。据本书之《李元鼎生平简介》，李元鼎（1879—1944），字子彝，笔名顨空，号老曼、鲁曼，晚年自号漫西曼士，陕西蒲城人，早年加入中国同盟会。

② 毛昌杰：《和李子彝〈围城吟〉》，李元鼎遗著、阎琦注释整理：《李元鼎诗文墨迹散拾》，西安：三秦出版社，2008年，第28页。

③ 《李云龙昨日就职情形》，《新秦日报》1926年2月7日，第3版。

④ 《留守总司令部昨日发布之讨吴明令》，《新秦日报》1926年3月6日，第3版。

国民二军在陕留守总司令参谋处，亦于3月5日以国民二军总司令岳维峻的名义发出通告：

吴逆贪凶无厌，徒苦吾民。国民军夙以保国卫民为职志，似此国贼，应竭全力，早予扑灭。兹奉执政明令，益当奖励各军，讨伐凶顽，誓歼大憝，以奠中原。凡我官兵，务须努力杀贼，以期成功，是所至盼。①

此处“执政明令”，应即上述北京执政府2月21日所发讨伐令。

到1926年2月底，河南境内的国民二军已节节败退，然而，《新秦日报》2月27日犹有如下新闻：

留守总司令部昨接潼关来电报告云，李督办率大兵四旅以上，于阴历初八日由陕州出动，刻正向卢氏、虢州一带进剿嵩匪。其嵩匪窜出潼关者，已被我军数次攻剿。匪势大挫，拟向商洛窜去……总司令部接到此电后，随即下令，饬东南方面各地防军，由蓝、渭、二华分道入山截击，俾嵩匪腹背受敌，不能幸免，以为一劳永逸之计。②

据此消息，李虎臣所部国民二军，在卢氏、虢州一带取得了大胜，迫使镇嵩军向商洛一带逃窜，加之东南各地防军的截击，镇嵩军被消灭指日可待。然就在同日，张扶万日记记载：“同革农访财政厅朱子敏，使李虎臣退至陕州。”③以历史学者的后见之明，我们知道，张扶万的消息更加接近事实，即李虎臣国民二军不仅没有取得大胜，反而处于覆亡的危险之中。

《新秦日报》1926年3月1日有一篇《李云龙氏将抵潼关》：

---

① 《留守总司令部昨日发布之讨吴明令》，《新秦日报》1926年3月6日，第3版。

② 《陕豫夹攻嵩匪消息》，《新秦日报》1926年2月27日，第3版。

③ 张扶万：《在山草堂日记》，中国人民政治协商会议陕西省委员会文史和学习委员会：《陕西文史资料精编》第2卷《重大事件》，西安：陕西人民出版社，2010年，第244页。张扶万（1967—1943），名鹏一，字扶万，号一叟、壹翁、在山草堂主人等，以字行，陕西富平人，著名学者，有《颜李学考》《阿母河记》《太史公年谱》《唐代日本人来往长安考》《中国法制考》《苻秦疆域志补正》等学术著作50多种，另有《在山草堂诗存》《在山草堂日记》《在山草堂文稿》等传世，主编《关陇丛书》。西安围城之役期间，张扶万身在城中，直到9月25日逃出城，其《在山草堂日记》对研究西安围城之役具有极为重要的价值。参见杨怡鲁：《张扶万年谱》，《张扶万撰著出版与遗稿书目》，中国人民政治协商会议陕西省富平县委员会文史资料委员会：《富平文史资料》第17辑，内部资料，1993年，第86—115页。

昨得潼关来电报告云，李督已于二十六日进抵于潼关交界之阌乡县，共带步骑炮各军五旅，所有陕州、灵宝、阌乡三县之匪俱已肃清，交通恢复，照常通行。李氏将由阌起程至潼，督饬各部入山搜剿嵩匪余孽，以绝后患，一两日内即可抵关，在潼稍驻数日，俟布置就绪即行来省云云。又留守司令部参谋处昨（廿八）出通告云，顷接华阴庙王指挥来电话称，接宋锡侯团长潼关电话云，李督办昨日已至达子营并同田师长（二军第三师师长田玉洁）一路，共带兵六混成旅，今明两日即可到潼。①

可以肯定，此则新闻不过是安慰性新闻，不足采信。因为李虎臣和岳维峻在回兵陕西途中，所部在陕州、灵宝之间，正被镇嵩军层层围困，局面堪虞。

到了3月初，国民二军第三师师长田玉洁、驻扎潼关的国民二军第十师第五混成旅郭秉成部，都已陆续返回西安附近，前者于“二月廿日率部由洛阳西发，廿七日行抵关乡县，将与李云龙督办同行入关”②。后者已至渭南，3日内即可回到西安。另外，国民二军第三师甄士仁部，“已由军事当局发给军用物品，令甄率所部向商洛等县开动，与现驻该处队伍布置防务，以固边圉，甄于奉令之后业已整备妥协，今明日即可由蓝田出发”③。在此前后，“军事当局为巩固省防起见，日前令调驻扎三原之国民二军第八补充团开拔来省”④。这一切都说明，1926 年 2 月底至3月初，西安已经明显感受到镇嵩军的强大压力，各路军队纷纷被迫向西安附近集中。

3月5日，《新秦日报》刊登了一则新闻——《二军在潼关内外肃清嵩军残部之大计划》，当时，潼关境内陕军云集：

卫定一、刘一静、郭秉丞三旅，宋继祖独立团一团，华阴之康□邦旅、杨景春之骑兵团一团，及王铭几指挥之模范团一部分，并胡、王两团至关外阌乡一带，有陕督李云龙氏所带之赤炳文旅、邓全发旅、丁增华旅、潘占魁旅暨三师师长田玉洁氏所率之王文秀、党廷佐两旅，鲍贵堂、惠灏峰之两混成团，及炮兵、工兵、辎重、机关各团营。此外，尚有新田同属开到华阴之段懋功一团及

① 《李云龙氏将抵潼关》，《新秦日报》1926年3月1日，第3版。
② 《田玉洁由洛返陕》，《新秦日报》1926年3月1日，第3版。
③ 《甄士仁部向商洛开动》，《新秦日报》1926年3月4日，第3版。
④ 《二军三师第八补充团将由原来省》，《新秦日报》1926年3月4日，第3版。

新归王铭几之陶意诚旧部，综计约十五旅之谱。[①]

报道还说，李、田及各旅长已将镇嵩军残部赶入山中，行将大举包围，其计划为：

拟分由阌乡、卢氏、潼华三面夹击，至商洛、渭华、南山一带，业由省垣派遣甄士仁、姚震乾两部及已开抵渭南之三团并三师王团两营，令与原有驻军担任防堵，以免溃窜出山。前日曾由西面各军总攻击一次，结果毙敌旅长一人，营、连、排长及兵士数百名，并获长短枪四百余支，俘虏百余名。[②]

国民二军的探报，称"嵩军子弹异常缺乏，兵士俱有弃枪而去之势，且四面受敌，粮秣亦无从接济，一经夹击，内部定生重大变化，预料夏历正月内，东南方面陕豫两境即可完全平息"[③]。此处夏历正月内，系阳历2月13日至3月13日之间。由结果可知，此次"肃清"计划，根本归于失败，或者此消息亦是留守司令部故意捏造的假消息。

约3月初，刘镇华镇嵩军已进至潼关。自3月1日，"潼关受攻，双方用刺刀战"[④]。国民二军和镇嵩军在潼关展开激烈争夺，"潼关县城本月三日失守，四日即由驻扎关外之十师第二混成旅赤炳文部由阌乡西进返攻，结果将嵩军击败，向山内退去，赤部遂完全恢复潼城"[⑤]。3月8日，国民二军在陕留守司令部参谋处发布通告，"顷据潼关电局专人报告，赤旅长带大兵于四日晨由间道入潼关，匪军正在掠抢之时，立被击溃出城，又经我军伏南原之兵夹击，纷纷向山内退去，刻正在追击中"[⑥]。当然不能据此认为，在潼关争夺战中国民二军取得了胜利，仅可认为国民二军一度控制了潼关，但最终仍被镇嵩军击败。

3月9日，张扶万得到消息："东路消息险恶，市上遍传知，人情惶恐，有

① 《二军在潼关内外肃清嵩军残部之大计划》，《新秦日报》1926年3月5日，第3版。

② 《二军在潼关内外肃清嵩军残部之大计划》，《新秦日报》1926年3月5日，第3版。

③ 《二军在潼关内外肃清嵩军残部之大计划》，《新秦日报》1926年3月5日，第3版。

④ 张扶万：《在山草堂日记》，中国人民政治协商会议陕西省委员会文史和学习委员会：《陕西文史资料精编》第2卷《重大事件》，西安：陕西人民出版社，2010年，第244页。

⑤ 《潼关城失而复得》，《新秦日报》1926年3月8日，第3版。

⑥ 《留守总司令部发布之通告》，《新秦日报》1926年3月9日，第3版。

二军败至零口之说。”[①]据《新秦日报》3月10日消息，9日下午，李虎臣抵达潼关，“赤亚武（炳文）部克复潼关西十里之吊桥，镇嵩军已退至华阴庙一带，刻正在追击中”[②]。3月10日毛昌杰也得到消息：“□□旅克复潼关，西攻至吊桥。”[③]3月10日，“潼关专足绕道至省，送来赤炳文致军署之报告，谓已派张鸿远率潘占魁、任阁丞两部，由蒿岔峪入，由赤本人督率四旅向西进剿。军署方面得此报告后，立着甄士仁、李丰初、刘文德各部出省，会同临渭各军向东截击”[④]。3月12日，据张扶万描述：“今日昼夜闻城外枪声，在财政厅消息，闻潼关为何梦庚所占据。”[⑤]

潼关失陷，对省城陕西影响甚大，不仅西安城内十分混乱，省府与国民二军之间来往消息也已断绝：

正志局门前来马甚多，芩田、俊臣、蕴生、南右嵩、孙玉溪、王闰生俱在。以东路败军聚于东关，并无人管理，则入城哗变事畏。省中军令不一，须有主持，三人商定办法，即推王卓亭、王闰生、姜宏模商量。蕴生密［秘］闻吴佩孚至郑州，有电来，省城不敢发电。而省政府得河南电报消息，二军退到黄河以北，汴为豫军占领，则二军无路可归，以北有晋军，南有吴军，东有柴云升，陕西省吴新田、孔繁锦，皆仇视二军，又一败涂地。[⑥]

由于难以逆镇嵩军军锋，3月上半月，国民二军被迫继续后撤，有些已经撤回到西安。11日，国民二军十师第五混成旅旅长郭秉丞所部人员，“由东路陆续回省，在东大街端履门十字秦太旅馆内暂设第五混成旅司令部，以资办公”[⑦]。12日，“第八补充团第三营营长张某……带领步兵五连，又骑

---

① 张扶万：《在山草堂日记》，中国人民政治协商会议陕西省委员会文史和学习委员会：《陕西文史资料精编》第2卷《重大事件》，西安：陕西人民出版社，2010年，第244页。

② 《赤炳文又克复吊桥》，《新秦日报》1926年3月10日，第3版。

③ 毛昌杰：《君子馆类稿·附文钞、诗钞、日记》，沈云龙主编：《近代中国史料丛刊》第1编第2辑，台北：文海出版社，1966年，第445—446页。

④ 《当局应付东路战事之办法》，《新秦日报》1926年3月11日，第3版。

⑤ 张扶万：《在山草堂日记》，中国人民政治协商会议陕西省委员会文史和学习委员会：《陕西文史资料精编》第2卷《重大事件》，西安：陕西人民出版社，2010年，第244页。

⑥ 张扶万：《在山草堂日记》，中国人民政治协商会议陕西省委员会文史和学习委员会：《陕西文史资料精编》第2卷《重大事件》，西安：陕西人民出版社，2010年，第244页。

⑦ 《第五混成旅司令部移驻省城》，《新秦日报》1926年3月12日，第3版。

兵四十余名，由三原开抵省垣，驻扎于前所指定之西关外讲武堂内留守总司令部”①。

据《新秦日报》3月12日消息：

陕督李云龙派其亲近仆人，由阌乡绕道山西来省送信，通知本人于四日已到阌乡，因闻潼关县城为嵩军所袭，一面令驻阌底镇之赤炳文率队向潼城进攻，一面派该仆来省送信，嘱由省城派队向东进击。此仆过河后，次日行至潼关对岸，闻吊桥一带枪炮之声隆隆震耳，惟因过河绕路，种种耽延，昨日始行抵省。②

从此资料可知，送信之人前往西安应在3月4日，至12日，此消息始得以见报。则其回到西安最晚当在11日，这意味着此时李虎臣已经身不由己，难以通过正常途径回到西安了。

3月12日，留守总司令部召开会议，议决统一军事办法四大项，其中第一项为军事方面：

统一军令，分担负责。省城方面，由朱思聪、姜宏模两总司令完全负责，东路以卫定一、刘一静为总司令，姚振乾为左翼司令，甄士仁为右翼司令。西路以杨虎城为总司令，何毓斌为左翼司令，党毓崐为右翼司令，分别负责办理。③

第二项为后勤补给方面，即“饷械粮秣对于各路平均分配，设法接济，俱不使有缺乏之虞。”④

虽然，国民二军在和镇嵩军的局部战争中，并非总是一败涂地，但暂时、局部的胜利，难以挽救整体的溃势。因为此时，刘镇华镇嵩军已经行将推进到省城西安，迫使留守军队进行四关防务之布置：

军事当局对省城四关防务，业已分别派定，东关系由冉营担任，北关系由

① 《第八补充团张营昨日抵省》，《新秦日报》1926年3月13日，第3版。
② 《李云龙派人到陕》，《新秦日报》1926年3月12日，第3版。
③ 《昨日留守总司令部之重要会议》，《新秦日报》1926年3月13日，第3版。
④ 《昨日留守总司令部之重要会议》，《新秦日报》1926年3月13日，第3版。

米营担任，南关则由前日新由三原开抵省垣之第八补充团张营担任（张营现驻西关外讲武堂，将于一二日内移住南关），至西关防务，将由姜营担任。[①]

据《新秦日报》3月16日消息，由于国民二军第十二混成旅旅长卫定一战绩卓著，升为师长，所部扩编为师：

二军第十二混成旅旅长卫定一，此次率兵出关，在豫西击溃股匪，及返回潼关，与嵩、麻各军屡次激战，颇著功绩。特将卫编升为暂编陕西陆军第六师师长，业于前日发表。派该部参谋席梧轩，将委状送往零口镇交卫收受。[②]

卫定一所部军队，成为稍后西安围城之役中，守城三支军队的其中一支。

3月20日，国民二军第十师李虎臣所部各旅云集河南阌乡。此前，有约三旅之众在由灵宝西进途中，遭遇镇嵩军和红枪会，他们占据函谷关，阻断关口。国民二军沉着应战，“用大炮猛烈攻击匪众，恃险死守”，并“分兵一支向南进至虢州街，又绕至函谷关后始将匪击溃，占领函谷关，梗阻既去，道路始通，现已开抵阌乡”[③]。

另据3月26日二十旅军医周奉天所述：

现在岳、李两督办均到灵宝前线函谷关。我军连日战胜，嵩军大败，退进南山。潼关南原连日炮声未息，纷纷传说丁旅、赤旅两部绕出攻潼。潼城内何梦庚仅有兵一营，多在城外南原原沿布置。初三、四日，我军将嵩匪追至大子营。该逆炸弹队剩人不多，退至山西赵村，何梦庚身受有伤，刘镇华到潼，系住永盛源、万盛源两字号内。潼关商民被其抢掳一空，装船二十余只运送黄河北。[④]

函谷关一战，对国民二军第十师而言，是一次生死存亡的战斗。此次所言胜利，与事实严重不符。事实是，国民二军一片混乱，指挥失灵，几致全军覆

---

① 《省城四关防务之布置》，《新秦日报》1926年3月14日，第3版。

② 《卫定一编升师长》，《新秦日报》1926年3月16日，第3版。席梧轩，字凤鸣，长安人，早年留学日本，陕西辛亥革命元老，1912年任长安地方审判厅厅长，后曾任卫定一部参谋，西安被围期间一度担任长安县知事，在《新秦日报》上发表了大量诗作。

③ 《十师各旅部队云集阌乡》，《新秦日报》1926年3月20日，第3版。

④ 《总司令部发出之第十六号通告》，《新秦日报》1926年3月26日，第3版。

没，以致李、岳二人只能化装，混在如鸟兽散的乱兵之中，希望侥幸逃回陕西。岳维峻逃至山西境内，被阎锡山士兵抓获囚禁，直到西安围城之役结束方被放归。李虎臣幸运得以回来，这才有后来的二胡守长安。

据西安围城之役期间身处城内的张俊青回忆：

当时国民军二军在河南的大势已失，全部遂向陕西撤退。到了陕州，被刘镇华的镇嵩军和红枪会包围了，无法通过。这时一部分毁坏武器逃进山西，一部分被缴械，或牺牲，情状极为惨烈。当时陕西军事善后督办李虎臣，从包围中逃入山西，化装成推炭工人，推上炭车由安邑一带混过黄河，于 1926 年 3 月 27 日夜间到达西安。到了西安以后，还是神魂不定，打算放弃西安，退过渭北，再造成靖国军和陈伯生隔河相持的局势，等待国内变化，起来再干。①

显然，张俊青所说，更符合历史事实。当此之时，西安城内也面临危险局面：

这时真是硝烟弥漫，黑云压城，西安人心惶惶，一日数惊。城内一些过去和刘镇华、柴老八等有僚属的朋友、亲戚关系的，以褚筱毖、刘乐天及一些所谓大老之流，据他们当时的谈话和信件中，左一个“雪督”，右一个“柴司令”，不仅叫得又响亮又亲热，而且已组织了和平期成会，专等李虎臣一旦离开西安，便前往夹道欢迎刘镇华。刘镇华和柴老八等也派了代表前来西安从事要挟威吓等活动。他们认为获得西安已成定局，送往迎来的军乐队（当时一般称这些送往迎来的所谓大老之流叫军乐队）再一欢迎，更是体面。所以进攻到灞桥一带，便停留下来，专等城内出城十里郊迎他们了。②

种种迹象表明，国民二军已经很难组织起有力的抵抗，刘镇华镇嵩军拿下西安已经指日可待了。

毛昌杰、张扶万的日记也佐证了 1926 年春国民二军失败至惨的状况。早在 3 月 14 日，毛昌杰便得到消息：“汴梁确为吴军所得，岳西峰、李虎臣均被困

① 张俊青：《西安围城回忆录》，中国人民政治协商会议陕西省委员会文史和学习委员会：《陕西文史资料精编》第 2 卷《重大事件》，西安：陕西人民出版社，2010 年，第 90 页。

② 张俊青：《西安围城回忆录》，中国人民政治协商会议陕西省委员会文史和学习委员会：《陕西文史资料精编》第 2 卷《重大事件》，西安：陕西人民出版社，2010 年，第 90 页。

陕州。”[①]3 月 16 日，省城即闻“开封于上月十七日失守”，靳云鹗所部田益民占领开封城，“田生春、杨瑞轩、蒋朗亭所部枪械，皆为人所收”[②]。此时，“岳、李近在渑池，意在回陕，为镇嵩军所阻”[③]，行动困难。至 3 月 26 日，“有孙文伯自日本回，言正月十五日岳西峰弃开封，退至郑州，并退洛阳，同行者胡云、李虎臣、冯子明、田润、康子靖，军队约三四万人，齐集火车站，车不能行，以致红枪会二百人乘之，溃败至陕州”[④]。张扶万 3 月 29 日日记所记更为夸张：

> 刘海山在志局言，李虎臣十四日晚由潼关到省。前在陕州行乞，绕潼关南原，始得入陕境，对人言下野之事。今日赴三原晤田润初，看以后办法。午至警厅，见史仲游，言岳西峰由外围二人在陕州保离河南境。同行之邓宝珊、胡老三亦在陕州分散。冯子明在洛阳为张治公、寇英杰所破，单身逃去。随行之文人死者甚多，其地红枪会纷起，冯部受害最重。[⑤]

则由豫回陕之国民二军，几乎全军覆没，李虎臣仅以身免。

至3月27日，毛昌杰得到消息：“虎臣今日回省，省长已往东关相迎，少时省长回云，今晚住临潼，大约明后日方归。”[⑥]当日张扶万在日记中也提到：“渭南电话来，李虎臣明日入省城。”[⑦]实际上，据毛昌杰3月28日日记，“李督昨晚回省，省长已见面”[⑧]。即是说，3 月 27 日晚上，李虎臣即已回到

---

① 毛昌杰：《君子馆类稿（附文钞·诗钞·日记）》，沈云龙主编：《近代中国史料丛刊》第 1 编第 2 辑，台北：文海出版社，1966 年，第 447 页。

② 张扶万：《在山草堂日记》，中国人民政治协商会议陕西省委员会文史和学习委员会：《陕西文史资料精编》第 2 卷《重大事件》，西安：陕西人民出版社，2010 年，第 244 页。

③ 张扶万：《在山草堂日记》，中国人民政治协商会议陕西省委员会文史和学习委员会：《陕西文史资料精编》第 2 卷《重大事件》，西安：陕西人民出版社，2010 年，第 244 页。

④ 张扶万：《在山草堂日记》，中国人民政治协商会议陕西省委员会文史和学习委员会：《陕西文史资料精编》第 2 卷《重大事件》，西安：陕西人民出版社，2010 年，第 244 页。

⑤ 张扶万：《在山草堂日记》，中国人民政治协商会议陕西省委员会文史和学习委员会：《陕西文史资料精编》第 2 卷《重大事件》，西安：陕西人民出版社，2010 年，第 244—245 页。

⑥ 毛昌杰：《君子馆类稿（附文钞·诗钞·日记）》，沈云龙主编：《近代中国史料丛刊》第 1 编第 2 辑，台北：文海出版社，1966 年，第 449 页。

⑦ 张扶万：《在山草堂日记》，中国人民政治协商会议陕西省委员会文史和学习委员会：《陕西文史资料精编》第 2 卷《重大事件》，西安：陕西人民出版社，2010 年，第 244 页。

⑧ 毛昌杰：《君子馆类稿（附文钞·诗钞·日记）》，沈云龙主编：《近代中国史料丛刊》第 1 编第 2 辑，台北：文海出版社，1966 年，第 449 页。

西安。李虎臣回到西安后，稍事休息，29 日一早便前往三原，会晤杨虎城、田玉洁等陕军将领，讨论战守之策，4 月 3 日方由三原返回。

第二节 萧墙之忧

据西安围城之役期间担任国民二军将领的李定五回忆：

> 1926 年初，国民二军在豫西失败溃退西安时，曾为李虎臣收编的镇嵩军旧部何梦庚、王锡山、张万胜、李益三以及曾受刘镇华收编，后又复归国民二军的麻振武、缑保杰等部相继叛变。镇嵩军柴云升师于是年正月二十日已占据潼关。盘据［踞］汉中的吴新田又出兵进犯省西各县。国民二军由河南阌乡退回之部队在潼关受挫，撤退至渭南一带，正与麻振武、缑保杰等对峙中。杨虎城部（属国民三军）正在省西与吴新田部作战。①

则此时的陕西境内，不仅有刘镇华镇嵩军大军压境，还面临叛军的压力和西路吴新田军队的侵扰。为争取麻振武、缑保杰等叛军反正归来，共同抵御刘镇华镇嵩军，1926 年 3 月 7 日，陕西留守司令部发表委任令：

> 将驻扎回、郃、朝、韩、澄一带之二军第十一混成旅长麻振武编升为暂编陕西陆军第四师师长，其七八两旅旅长，俟得麻氏以某人任某旅之呈报后，即可下令委任。又驻蒲城一带之陕北国民军第一混成旅旅长缑保杰，编升为暂编陕西陆军第五师师长，其九、十两旅旅长由缑于其团长中指请委任。②

麻振武（1893—1927），陕西商县人，早年参加陕西辛亥革命、靖国军，隶郭坚部。1921 年郭坚被杀后，转投刘镇华，所部被改编为游击第一支队，驻韩城。在 1925 年胡憨战争后转投国民二军，任第十一混成旅旅长。③缑保杰（1878—1926），又名章保、俊卿，蒲城人，刀客出身。早年追随陈树藩部李天佐，历任连、营、团长，李天佐死后，自立门户，驻蒲城；陈树藩兵败后，复投

---

① 李定五：《坚守西安纪实》，中国人民政治协商会议陕西省委员会文史和学习委员会：《陕西文史资料精编》第 2 卷《重大事件》，西安：陕西人民出版社，2010 年，第 119 页。

② 《麻振武、缑保杰俱升师长》，《新秦日报》1926 年 3 月 9 日，第 3 版。

③ 王新生、孙启泰：《中国军阀史词典》，北京：国防大学出版社，1992 年，第 606 页。

刘镇华，任第七路统领，仍驻蒲城。在1925年胡憨战争后，投国民二军，任第五师师长。[①]此次刘镇华镇嵩军大举压境之时，麻、缑又重新投靠镇嵩军，分别担任讨贼联军陕甘军第一师师长、镇嵩军第三师师长。张扶万在日记中记述道："刘镇华入关，与麻振武会面，委以豫陕剿匪联军陕军总司令，刘即率队出豫西。今陕军在省者商量与麻战，两军相持新丰戏、零河之间也"[②]。3 月 11 日，"渭华一带之缑保杰部，业于日前仍由渭河过河，开回蒲城原防"[③]。由于麻、缑毕竟是陕西人，陕军上下希望对之进行争取，才会有上述委任的举动。

当然，陕军内部也深知麻、缑很难为之所动，是故一直没有停止诱降麻振武和缑保杰部下。比如，国民二军在陕留守司令部 3 月 8 日接到岳维峻当月 1 日电，令"委段懋功为本军第二十二混成旅旅长，耿庄为本军第二十三混成旅旅长，姜福寿为本军第二十四混成旅旅长"[④]。

《新秦日报》3 月 12 日消息：

某军事机关昨得谍报，谓驻扎澄城、朝邑两县麻振武部之团长姜青海、耿庄两人，因种种关系，与麻振武意见不合，对于麻之此次动作，早已表示不满，决计与麻分离。现姜、耿已知岳军长将其编为混成旅长，将与麻脱离关系。[⑤]

在此期间，麻振武致电留守总司令部，劝说留守陕军投降刘镇华，虽具体内容不得而知，然从 1926 年 3 月 11 日《新秦日报》中，可见留守总司令部的回电：

大荔麻师长允文兄鉴：

江电奉悉，语重心长，闻之甚感。惟大局情形，兄处所闻，恐未尽实。虑受人愚，致堕令名，殊非至计。此间得西峰兄歌、铣通电，信阳以南已无吴部之迹，寇英杰初败免职，孙建业继之又败，共得机关枪六十余尊，大炮四十余门，枪五千余支，俘虏总指挥谢子猷、杨森等并兵士数千人。樊、邓各师已会

① 张仲毅：《记者心路》，西安：陕西旅游出版社，2004 年，第 106 页。

② 张扶万：《在山草堂日记》，中国人民政治协商会议陕西省委员会文史和学习委员会：《陕西文史资料精编》第 2 卷《重大事件》，西安：陕西人民出版社，2010 年，第 244 页。

③ 《缑保杰部开回原防》，《新秦日报》1926 年 3 月 12 日，第 3 版。

④ 《岳维峻电委三混成旅长》，《新秦日报》1926 年 3 月 9 日，第 3 版。

⑤ 《姜青海、耿庄与麻振武分裂》，《新秦日报》1926 年 3 月 12 日，第 3 版。

齐武胜，进剿鄂吴正在进行，东路润初为总指挥。此间得青日、个日各电，靳云鹗初犯豫东，经孙馨帅武力制止。吴佩孚姑令毅民指挥，刻已同润初在归德东晤面，接洽一切，此豫中二十以前之情形也。

昨接京号电，段同国奉合作，已明令讨伐吴佩孚，于马日下令，并任命毕庶澄督鲁，田毅民长鲁，褚玉璞帮办。是国、奉合作已见朕兆，润、毅携手并已证明，又任命卢金山督鄂，刘佐龙长鄂。吴毒萧珩珊后，鄂军恨入骨髓，卢、刘已起兵驱吴，吴自顾不暇，焉能入豫？纵西峰之言不足见信，段合肥岂能盲从。况见赖德祥由川来函，段派党自新到川预备出兵，已备五师十余混成旅，由赖、刘督率，分道援陕伐鄂，此前月十日前后之函。则鄂省内变发生，可断言也。豫攻其北，川扰其西，按之时日，想早已驱逐净尽。晋阎果已出正太、风凌，岂能坐视？其为谣惑，不足一哂。此月来大局情形，揆与吾兄所闻适得其反，此中作用，以兄明达，当能见及承示厚爱，敢不从命。

惟吾陕在豫十余万人，总［纵］使不幸，最低限度，无非失豫而已，全军势必归陕，刘、柴等决难支持，不待蓍龟已可明见。此同人等一虑之得，未敢以自爱，而贻吾陕八百万生灵于万劫不复之地。既蒙吾兄不弃，故敢掬诚奉商，兄高瞩远虑，智机沉敏，当能明察时局，内决睿谋，有以处吾陕并吾兄地位，不待弟等鳃鳃过虑也。来示虚与委蛇，暂应如斯，即恳速决办法，速定大计，即为教示，以便遵循，同人幸甚，陕局幸甚。①

细读留守司令部的回复，可知麻振武在电文中所述，至少包括以下几个方面：

其一，历数国民军种种作战不利，特别指出国民二军因遭到刘镇华镇嵩军的攻击，已濒临崩溃，劝告仍然顽抗的陕军莫再做无谓抗争，和自己一样投降刘镇华。其二，吴佩孚此时已与奉军捐弃前嫌，双方合作，一致对冯玉祥和国民军一军作战，且国民军一军作战失利，早晚将被消灭。其三，吴佩孚的确在经营河南，而且开封、郑州、洛阳等重要地区已经落入其手，岳维峻、李虎臣等所率国民二军一败再败，不得已图谋退保陕西，处境十分凶险。其四，在退回陕西的过程中，国民二军遭到镇嵩军围追堵截，在豫西陕州、灵宝间被包

① 《军事当局复麻振武之一电》，《新秦日报》1926年3月11日，第3版。

围，几近全军覆没，一般士兵缴械始得返陕，岳维峻被囚，李虎臣仅以身免。其五，刘镇华镇嵩军兵锋所至，国民二军无力抵抗，战火必然会烧到西安，陕军必然失败，刘镇华必然重新控制陕西。

以上信息，留守总司令部未必完全不知，只是倘若将之公布于众，必然会使城内军民成为惊弓之鸟，丧失斗志，严重的话，还可能造成刘镇华镇嵩军兵不血刃，占领西安，从而使大局根本破裂。留守司令部公开回复麻振武的通电，虽然或许仍对麻振武反正归来心存幻想，根本目的应是安抚西安及其附近的陕军力量和城内外行将无辜受祸的普通民众。

《新秦日报》中涉及麻振武的消息所在多有。比如，3 月 12 日，二军十二混成旅解送麻部俘虏 1 名。当天的《新秦日报》还谈到了麻振武的兵力：

此次麻部过河，军队号称一团，其实只有兵士六七百人，多无战斗能力，所持枪械均系杂色，且多系蒲城本地制造，运用不灵，机件常坏，兵士对此殊觉寒心，大有弃枪逃走之势。至于子弹更形缺乏，每人仅带子弹三排，即本人（俘虏自称）在前线打仗者，亦只有子弹三排，因不敷应用，故而被擒。①

据留守总司令部 3 月 13 日晚发出的第十号通告：

本军今日拂晓，向戏河桥麻部施行攻击，激战十余分钟，敌势不支，向后退却，我军继进猛攻。敌正退时，王营长周臣早不赞同麻振武此举，乘其纷退，拦腰夹击，敌大败，向东北鼠窜，已过零口。是役计击毙敌营长二人，官兵三百余人，俘虏官佐数十人，得枪三百余支，军用品甚伙。②

关于战利品，另一消息源所言更为详细，“计毙敌马兵一百五十余名，获快枪、盒子枪二百余支，马五十余匹，俘虏麻军一连，为数仅六十余人，又收编一营”③。除此之外，麻振武部余众溃退，已过渭河而去。

留守司令部 14 日发出了第十一号通告，13 日晚，“顷接榆林井帮办四日来函云，此间得麻部变乱消息以后，即派高旅长立卿为左翼指挥，向韩、郃、

① 《二军十二混成旅解送麻部俘虏》，《新秦日报》1926 年 3 月 13 日，第 3 版。
② 《军署昨得之东路捷报》，《新秦日报》1926 年 3 月 14 日，第 3 版。
③ 《军署昨得之东路捷报》，《新秦日报》1926 年 3 月 14 日，第 3 版。

朝、大进攻，又派人赴蒲城，催令缑俊卿率部相机进剿”[①]。又据《新秦日报》15 日报道：“前日（十三）东路战事擒获麻军俘虏六十余人一节，已见昨报，昨日下午五时许，由东路将该俘虏六十余人解送来省，有某旅骑兵若干名押解。”[②]

据留守司令部 15 日第十二号通告，卫定一由零口报告，14 日早晨，我军“进剿匪逆，相持少时，匪即行后退，我军先头已过量天坡，耿庄现在确与麻逆脱离关系，向东引退，其余麻部多已自由分散，麻逆之败，不卜可知”[③]。耿、麻脱离关系后，“一面决定派人来省谒见军事当局，接洽一切，现在所派之人业已启程，日内即可抵省；一面督饬所部队伍返攻麻军，以收左右夹击之效”[④]。

井岳秀对麻振武投靠镇嵩军，对陕军反戈一击的行为，十分愤怒，不惜以全力扑灭之。为此，他命令国民三军第三师师长杨虎城担任讨麻总司令，并以马芳伯为左翼司令、缑保杰为右翼司令，“杨已率其部属两旅向东开动，缑部之在渭南者，于麻之溃军由新丰退下时一律收其枪械，故段懋功之部完全消灭，段已受伤身死，耿庄又与麻脱离，故渭河以南之麻军已不成问题”[⑤]。

3 月 18 日，《新秦日报》又有一篇《甄士仁率部讨麻》。先是，国民二军留守总司令朱思聪赴渭北视察防务之时，已在布置讨麻计划，此时已安置就绪。“甄士仁旅在渭北之一部及由临潼抽调数营，已加入战队，杨虎城本人亦于十六日已抵三原，前队业已行近同属大、郃一带，不日即有激烈战事。”[⑥]

《新秦日报》刊登如此种种消息，似乎意味着争取麻振武“反正归来”，已经不太可能。3 月 14 日至 15 日，《新秦日报》以《郃人宣布麻振武虐待情形》为题，刊登署名为“郃阳合县受灾难民”的《请看麻允文虐待郃民之暴动》一文如下：

麻氏两攻郃阳，闾阎为墟，残民虐政，罄竹难书。然前次所施于郃民□，

① 《留守总司令部昨日发出之十一、十二两号通告》，《新秦日报》1926 年 3 月 15 日，第 3 版。

② 《东路解送麻军俘虏来省》，《新秦日报》1926 年 3 月 15 日，第 3 版。

③ 《留守总司令部昨日发出之十一、十二两号通告》，《新秦日报》1926 年 3 月 15 日，第 3 版。

④ 《耿庄与麻振武分裂后之举动》，《新秦日报》1926 年 3 月 15 日，第 3 版。

⑤ 《陕北方面讨麻之布置》，《新秦日报》1926 年 3 月 18 日，第 3 版。

⑥ 《甄士仁率部讨麻》，《新秦日报》1926 年 3 月 18 日，第 3 版。

尚不过苛派勒捐，重征暴敛，民虽困穷，犹复卖妻鬻子，拆房典地，竭蹶供应，惟恐触彼之怒，延企贤者，稍苏民困。不意兵连祸结，频年不解，迨至郃防退让而后，麻氏重莅郃土，乃大肆其虐待郃民之残暴手段。每日派兵四出，以催科拉车为名，到处奸淫，烧杀掳掠，巷间滋扰，民不聊生。迫于万分无法，民始集团，联结保甲，乡愚何知，不过暂为目前自卫计。讵意竟逢彼怒，而郃民之大难作矣。麻氏不谅，竟以乡人集团为抗兵，即派劲卒数营，与民宣战，到郃而后，布满巷衢。该贼所过之处，任意烧杀，村堡丘墟，遂致老弱丧于沟壑，少壮死于锋刃，妻离子散，窜伏山谷，女哭儿号，声达蔓野，悲惨之状，目不忍视。郃民何辜，遭此荼毒？[①]该贼犹未厌其欲，尚复大言，不剿尽郃民不止。近乃驻大军队于东乡坊镇一带，每日纵兵四出，实行该贼烧杀淫掠之政策。呜呼，惨矣！何异昔时流贼张、李，乃复现于今日。乱世之民，等于犬马，砧上之肉，任人宰割。彼苍高远，入地无门，尚望当道诸贤，略施恻隐，哀此穷黎，拯民水火，登于衽席，郃民之感戴鸿恩，不啻生死人而肉白骨。[②]

3月18日，二军在陕留守总司令部又发布布告，宣布麻振武罪状：

麻逆振武者，蕞尔小丑，蠕然蠢动，作伥为鬼，祸陕兴妖，乘嵩匪攻潼之交，兴同室操戈之举，倒行逆施，张联军之匪帜，翻云覆雨，弃客岁之誓言，遂潜渡渭河，盘据［踞］渭华。本部慨念同舟，曲尽忠告，既由各方面情势陈明其利害后，就彼此间关系剖折其顺逆。稍具天良，当能悔改自新，谓非病狂即遽，荒谬若此，岂其别有肺腑，斯真全无心肝者矣。

我驻潼军队，与嵩匪激战二十余日夜，探悉该逆之态度，即变守潼之方针，缩短战线，设防戏下，张挞伐之威棱，伸关辅之义愤。连日进攻，迭获胜利，一战而至零口，再战而取梁天，三战而入渭南。生擒数十，击毙数百，枪械炮弹，所获无算。洛同高、左两部，又复进剿韩、郃，捣其巢穴。该逆部下之明大义、知大局者颇多，弃逆归顺，为我前驱。二华之间，指日当可肃清，青牍

① 《郃人宣布麻振武虐待情形》，《新秦日报》1926年3月14日，第3版。
② 《郃人宣布麻振武虐待情形（续）》，《新秦日报》1926年3月15日，第3版。

之魁，不日即可就擒矣。[①]

《请看麻允文虐待部民之暴动》和留守总司令部宣布麻振武罪状，意味着此时的留守总司令部，对麻振武的反正归来已经不再抱有幻想，在事实上放弃了招抚政策。

3月下旬，《新秦日报》报道宋继祖在姚家城与麻军交战取胜：

当麻振武部在零口以东时，曾由二军十师第九团团长宋继祖，率领所部队伍，在姚家城地方与麻军激战约一夜之久。宋军士气愈奋，进攻愈急，麻部不支，纷纷溃退。被宋军击毙麻之连长六人，兵士三百余名，夺获长短枪三百余支。麻部经此巨创，纷纷溃逃，人心恐惶［慌］，次日即被省军逐至量天坡一带。[②]

《新秦日报》1926年3月26日报道，同州麻军残部已被包围：

同属各县，刻已大军云集，麻振武残部已成四面楚歌之势。除澄城之姜青海团早已与麻脱离关系外，郃阳、韩城又为杨军占领。麻部现只守大荔、朝邑两县外，则三面包围。北面有井岳秀所派之高双成旅全部，与驻澄城姜青海团协力防堵，以防他窜。西面有杨虎城部之姬慧［汇］伯、强亦乾两团暨新由西路开去之王保民骑兵团，纯取攻势，不时派队攻击。南面又有省军甄士仁、姚震乾两旅所派出之部队，从事截堵。麻军外受包围，内部又饷弹两缺，兵士时出怨言，已成水尽山穷之势，同属问题不久即可完全解决。[③]

《新秦日报》刊登如许众多战胜麻振武的消息，似乎在向陕西军民明示，麻振武不足为患，将之打败指日可待。但实际上，麻振武的存在，对镇嵩军起到莫大助益，对陕军始终如同噩梦一般。而且，直至西安围城之役结束，在对麻振武的战争中，陕军虽获得过一些胜仗，却没有真正将之消灭。

3 月下旬，留守总司令部从深知姜青海与麻振武内幕者那里，得到姜青海脱离麻振武的确切消息。“现在姜之兵力约四营有奇，其第一营营长系姜自

① 《二军在陕留守总司令部宣布麻振武罪状之布告》，《新秦日报》1926年3月18日，第3版。

② 《宋继祖在姚家城战胜麻军之经过》，《新秦日报》1926年3月24日，第3版。

③ 《同州麻军残部已被各军包围》，《新秦日报》1926年3月26日，第3版。

兼，第二营营长为孙彦武，第三营营长为王耀武，又有补充营一营有奇，系姜新收编者。此四营人数充足，枪械亦均精良，姜既内向，麻之势力已销去大半。”[①]姜青海原属郭坚旧部简吉顺部，简吉顺死后，姜青海投靠麻振武，与其同受当时陕西督军陈树藩节制。麻振武移驻同州后，姜青海对其已颇不满意；麻振武也深知他并非自己心腹，对之常存歧视之心。1925 年，杨虎城部第二支队李子高团进攻澄城之时，姜青海亦驻在此地，两部之间有过交往，姜青海承诺李子高，将归其改编为第二支队第八团。麻振武发现此事后，派段懋功率部前往监视，致姜青海未敢投靠。在这之后，两人关系不仅没有改善，反而更加互相嫌恶。此次麻振武投靠刘镇华，“姜青海以陕西土著，不愿叛陕，遂乘机与麻脱离关系”[②]。

镇嵩军大举来犯之时，缑保杰不仅拒不听从井岳秀的命令，还派兵袭击国民二军，遂致李丰初率兵与之作战，于 18 日完全占领渭南：

渭南电话报告，本军十三日得零口后，进至渭南五里铺。因城内驻有缑保杰部队，数次派人交涉，请其让防，尊重井帮办命令，速攻麻逆。缑覆函支吾，延缓时日，不听命令。本军再四警告，执意不让渭南，并且袭我前哨，时机急迫，忍无可忍，不能不施攻击。于本日四时，命李团长丰初，会同各团，一致进攻缑部。相持二小时，缑不支，向东北油河口退却，渭南完全为我军占领。[③]

在此情况下，井岳秀通过策反其部下缑天相等人，将之杀死，瓦解了这支附刘队伍（参见第一章“虎狼之师”）。

第三节　西路斗争

吴新田（1876—1955），字芑荪，安徽合肥人，早年就读于保定陆军速成武备学堂。1919 年隶皖系张敬尧，为其第七师旅长。1920 年投靠直系，代理第七师师长，次年 10 月实授。[④]1921 年阎相文入陕，吴新田亦取道荆紫

---

① 《姜青海确与麻振武脱离关系》，《新秦日报》1926 年 3 月 26 日，第 3 版。

② 《姜青海确与麻振武脱离关系》，《新秦日报》1926 年 3 月 26 日，第 3 版。

③ 《总司令部十四号通电占领渭南》，《新秦日报》1926 年 3 月 19 日，第 3 版。

④ 《关于任命吴新田为第七师师长令电》，《政府公报》1921 年 10 月 8 日，第 2019 号。

关、商州而来，不久驱逐陈树藩，占据陕南，任陕南边防军总司令、陕西省军务帮办。1922年任陕南镇守使。直到1928年离开，吴新田控制陕南约七年之久。1925年胡憨战争期间，吴新田曾短暂担任陕西省督军，旋被孙岳、李虎臣驱逐西窜，孙岳派杨虎城“追至宝鸡，吴又率主力逃汉中，仅留一连兵于（宝鸡）县西南太寅顽守”[①]。但这一连兵力不久即被击溃，杨虎城的师部得以进驻虢镇。

吴新田既份属直系，又思染指陕西军政大权，并报前些初逐的一箭之仇，与刘镇华有共同利益，是以愿受吴佩孚驱使攻陕。《新鲁旬刊》有一份刘镇华、吴新田领衔的讨伐岳维峻、李云龙的通电：

各报馆钧鉴：

时局不靖，全国纠纷，扰攘干戈，迄无宁岁。幸豫为天下中心，陕为西陲门户，经年以来，未至十分破坏。近以拱卫京畿，远以绾毂南北，匪惟地方之福，实全国安宁之所寄也。讵料岳维峻、李云龙辈包藏祸心，巧取兵柄，戈操同室，毒肆中原，擅兴河洛之师，进据关陕之险。镇华等久历戎行，饱经忧患，或息影于津沽，或避地于汉皋，方期与人为善，共维和平，岂知纵贼殃民，贻误家国。大权既揽，凶焰大张，率兽食人，纵兵肆虐，横征暴敛，干犯天地之和，倒行逆施，紊乱货泉之制。以致市廛萧索，居民荡析，野辍耕耘，户停弦诵。老弱转乎沟壑，少壮尝于锋镝。甚且扰乱畿南，犯兵山左，三晋宁宇，亦被侵陵，两河生民，胥遭涂炭。乡曲父老，既群起而责言，共事袍泽，乃同声以起义。镇华在豫，则谊关桑梓，在陕则与共休戚；新田在陕，则五载治军，在豫则两次宣抚。人民之怨望如此，我辈之责任如此，岳、李之罪状又如此，中流击楫，涕泣兴师，遐迩从风，山谷应响。谨步玉帅之后，共张挞伐之师，所向无前，连战皆捷。刻下中路以次肃清，山阳镇柞及商县洛南，进占潼关，一同向东发展……一面向西进行，取得二华、蓝、宁。恢复凤、宝，进抵周、鄠，克期复我汉京。东路汝宛一带，次第恢复，直趋洛阳。举凡拉朽摧枯，感由发乎义愤，深恐汲长绠短，致中患夫覆餗，敢乞各省列帅，海内明达，南针

① 贾福荫遗作：《杨虎城与吴新田宝鸡之战》，中国人民政治协商会议陕西省宝鸡市委员会文史资料研究委员会：《宝鸡文史资料》第3辑，内部资料，1985年，第96页。

时锡，韦佩藉资，不第镇华等有所遵从，豫陕数千万同胞，实受无疆之赐也。临电神驰，伫候明教。[①]

按照约定，吴新田出汉中，进攻宝鸡，然后由宝鸡趋东，与刘镇华会攻西安。为响应号召，吴新田派顾琢堂率领第七师，“由凤、宝向西安会师”[②]，在虢镇与杨虎城国民三军第三师遭遇。据《杨虎城与吴新田宝鸡之战》载：

（1926 年 1 月 28 日）冯一安营长率部速往黄牛铺堵击，激战中，冯受重伤，寡不敌众，向后撤退。杨部旅长李志高火速率部来宝增援，亦败。于十八日（1 月 31 日）退到益门镇后，李旅长派两个营从东、西两面山地剿吴部后路，又遭失败。西路军由太寅退过渭河，防守县西十多里之赵家坡；东路军由石鼓山（即石嘴头）退过渭河，驻十里铺。[③]

这与《新秦日报》2月2日的报道，吴新田所部运动至益门镇山口，与第三师杨虎城部发生遭遇战，杨部军队曾对之三面包围的说法基本相同。[④]

此时，除数团开赴前线并有小败外，杨虎城尚有冯钦哉、姬汇伯、王雨亭超过5团兵力，虽然失败，主力未损，仍可再战。[⑤]1月30日，吴新田部由宝鸡口出兵袭击杨军，被击退。2 月 1 日下午至夜间，吴新田部猛攻宝鸡县城，得手。3 日，顾琢堂来到宝鸡。4 日，顾琢堂派两个团攻打虢镇。在虢镇至斗鸡台之间，双方曾发生多次拉锯战，“杨部士兵作战勇敢，猛冲猛打，夺取不少武器，缴获许多辎重；吴部损失甚重，暂退出宝鸡城”[⑥]。但《新秦日报》的报道略有不同。5 日，杨虎城“将吴新田部诱出山外，并将宝鸡、虢镇空城腾出，俟吴军开入后，正在劫掠时，复用大兵四面环攻，是役

① 《刘镇华、吴新田讨岳通电》，《新鲁旬刊》1926 年第 3 期，第 63—64 页。

② 李于一：《吴新田祸陕拾遗》，中国人民政治协商会议陕西省汉中市委员会文史资料研究委员会：《汉中市文史资料》第 3 辑，1985，第 160 页。据此则资料，李于一曾在陕西军务帮办公署工作六年，对陕事知悉颇详。

③ 贾福荫遗作：《杨虎城与吴新田宝鸡之战》，中国人民政治协商会议陕西省宝鸡市委员会文史资料研究委员会：《宝鸡文史资料》第 3 辑，内部资料，1985 年，第 97 页。

④ 《杨虎城已由虢镇赴益门镇督战》，《新秦日报》1926 年 2 月 2 日，第 3 版。

⑤ 《虢镇杨军势力之雄厚》，《新秦日报》1926 年 2 月 3 日，第 3 版。

⑥ 贾福荫遗作：《杨虎城与吴新田宝鸡之战》，中国人民政治协商会议陕西省宝鸡市委员会文史资料研究委员会：《宝鸡文史资料》第 3 辑，内部资料，1985 年，第 98 页。

击毙吴军千余人，夺获枪械炮马不可胜计”[1]。虽不知此后双方战争情况如何，据贾福荫言：“这场恶战的结果，宝鸡完全为吴新田占据。”[2]留守总司令部何时得到宝鸡被占的准确消息，不得而知，但毛昌杰 2 月 8 日在日记中记述道：“宝鸡确为吴军所得，杨军专守虢镇、郿县，亦有战事。”[3]也就是说，虽然杨虎城国民三军第三师在战斗中取得过一些胜利，仍没能守住宝鸡，被迫后退。

据《新秦日报》1926 年 3 月 7 日报道：

> 嗣于二月八、九两日即阴历将近年关，杨师未作准备，吴军猛出大队三面攻击，因将陈村、虢镇同时失守，杨部大军移向岐山驻扎。吴军初至凤翔边境秦家汉一带，继复移往他处，以致土匪蜂起，各乡时有烤掠之事。后由十二混成旅团长党毓崐派队两连……血战两昼夜始将陈村夺回，并伤亡吴军不少。而吴军不时派队欲袭陈村、彪角各处，均经党军击退。迩来战事愈形紧迫，所有陈村左近塬上、坡下第四村、第五村均有吴军驻扎。[4]

2 月 23 日，张扶万在日记中也记述道：“自吴新田出军，到凤翔之陈村、宝鸡之虢镇，杨虎城退守岐山。”[5]则至2月上旬，吴新田不仅巩固了对宝鸡的占领，还占领了杨虎城师部所在地虢镇。这对吴新田来说是一次重大胜利；对杨虎城来说是一次重大失败。

吴新田占宝鸡、虢镇，对陕军造成巨大威胁。面对这种威胁，陕军方面，除了杨虎城国民三军第三师进行抵抗外，亦试图运动四川方面进攻汉中，以收“围魏救赵”之效。这也佐证了在西路吴新田的骚扰下，杨虎城国民三军第三师没有战而胜之的实力。据 1926 年 2 月 26 日国民三军第三师李德叔函报：“吴

---

① 《吴新田部退却入山消息》，《新秦日报》1926 年 2 月 8 日，第 3 版。

② 贾福荫遗作：《杨虎城与吴新田宝鸡之战》，中国人民政治协商会议陕西省宝鸡市委员会文史资料研究委员会：《宝鸡文史资料》第 3 辑，内部资料，1985 年，第 99 页。

③ 毛昌杰：《君子馆类稿（附文钞・诗钞・日记）》，沈云龙主编：《近代中国史料丛刊》第 3 辑，台北：文海出版社，1966 年，第 442—443 页。

④ 《凤翔昨来之战事汇报》，《新秦日报》1926 年 3 月 7 日，第 3 版。

⑤ 张扶万：《在山草堂日记》，中国人民政治协商会议陕西省委员会文史和学习委员会：《陕西文史资料精编》第 2 卷《重大事件》，西安：陕西人民出版社，2010 年，第 244 页。

新田占宝鸡后正拟分扰，忽得川军袭入汉南之耗，刻正撤队回顾汉南。”[①]先是，岳维峻与川军刘存厚取得联系，诱其于吴新田出汉中之机，攻打汉中，迫使其回军。但是，吴佩孚亦十分关注四川方面的动向，当时有一种传言，川军将领田颂尧有“助刘入陕”之说，1926 年 5 月，他被吴佩孚委任为四川军务帮办兼川西北屯垦使，似佐证此说非虚。[②]

进至虢镇之后，吴新田没有止步不前。据 3 月 1 日国民三军第三师司令部参谋处发出的第九号战报：

敌人约一团之众，于昨（廿八）日午后三时，由阳平向我老虎城、蔡坡附近骑团之第一营攻击，激战至午后七时，敌始不支，纷向西退。午后五时半，本部接得该团报告，即令第五旅李旅长，率队向老虎城、楼底一带增援，并一面准备总攻。[③]

本次战斗，国民三军第三师“共获步枪一千五百余支；机关枪一架，子弹数万发；俘虏官兵百余名”[④]。当日拂晓，杨虎城亲率五、六两旅和骑、炮各团并机关营向阳平镇一带进行攻击，“敌约四团之众，激战至午后四时半，我军三面围攻，敌始不支，纷纷溃退……是役计击毙及俘虏敌官兵八百余，夺获长短枪一千二百余支，战利品甚伙。”[⑤]而第三师仅“伤官三员，兵五十余名，阵亡官兵二十余名”[⑥]，与吴军相比，要少了许多。

据 3 月 2 日三师司令部参谋处发出的第十号战报：

（1）敌人约三团之众，于本日拂晓由阳平向我楼底、苏家堡攻击，经我军迎头痛击，激战至十一时，敌始向原下退去，我军追击十余里，夺获长枪二百余支，毙敌营长二员，兵百五十余名。

（2）午后二时顷，敌由虢镇开来生力军约二团之谱，向我右翼猛烈扑攻，

① 《西路军事将告结束》，《新秦日报》1926 年 2 月 27 日，第 3 版。

②《绵阳市志》编纂委员会编：《绵阳市志（1840—2000）》下册，成都：四川人民出版社，2007 年，第 2135 页。

③ 《三军三师驻省办公处送来之九、十两号战报》，《新秦日报》1926 年 3 月 6 日，第 3 版。

④ 《杨虎城战胜吴军之又一捷报》，《新秦日报》1926 年 3 月 4 日，第 3 版。

⑤ 《三军三师办公处送来之战事报告》，《新秦日报》1926 年 3 月 5 日，第 3 版。

⑥ 《三军三师驻省办公处送来之九、十两号战报》，《新秦日报》1926 年 3 月 6 日，第 3 版。

同时退往原下之敌，亦攻击我正面。激战至午后五时，敌始不支，仍向原下退去。我军因天黑，未克远追。是役计夺敌步枪百余支，骆驼数十头，战利品甚伙。

（3）晚十一时，敌人约一团之众，袭击苏家堡，经我军抵拒约二小时，敌仍向西退去。我军以夜黑未追，拟明早向该敌施行总攻。①

此战之后，“吴新田部均已分别退却入山”②，杨虎城第三军第三师部还拟进山追击。

3月3日发出的第十一号战报：

本日拂晓，我军以主力向蔡家坡南营一带之敌施行攻击，以一部由侧方向敌人右翼老虎寨、司马台一带包抄。激战四小时，敌遂不支，纷纷向原［塬］下退却，我军正追击间，适大雨倾盆，泥泞非常，前进甚感困难，遂在原［塬］棱暂取守势。是役计击毙及俘虏敌人约三百余名，夺获步枪三百余支，骆驼一十余头，我军伤亡官兵二十余名。③

3月5日发出的第十二号战报，报告了4日战斗情况：

四日拂晓，敌以主力约两团之众，向我省王苏家一带猛烈攻击，复以一部绕袭我军右翼，窥其意旨，系欲解司马台及老虎寨之围。嗣经我军迎头痛击，敌不支而退。我军因雪雨甚大，动作困难，亦未追击。④

3月5日，因雨雪甚大，双方没有战斗。

此次战斗，《民国日报》3月8日的报道可为佐证：3月3日，杨虎城师将吴新田军队诱至山外，将之四面包围，致其大溃，“截止四日晚，杨师除追追至大散（关）外，并得机关枪三架、大炮一尊、步枪五百余支，马匹辎重甚伙，俘虏营长一连人排长十余人，兵士无算”⑤。

正是由于西路战事吃紧，十二混成旅陈发荣团亦加入了战斗：

---

① 《三军三师驻省办公处送来之九、十两号战报》，《新秦日报》1926年3月6日，第3版。

② 《杨虎城部准备入山追击吴军》，《新秦日报》1926年3月3日，第3版。

③ 《三军三师驻省办公处昨日送来之十一号战报》，《新秦日报》1926年3月8日，第3版。

④ 《西路三军杨师及十二混成旅陈团之战报》，《新秦日报》1926年3月9日，第3版。

⑤ 《吴新田大溃入山》，《民国日报》1926年3月8日，第3版。

本月三日下午四时，在南段三家庄东西谢家一带与吴逆开火。激战数小时，敌势不支，向东南退去。我军颇得胜利，现驻北段田家庄一带。一面由陈村、贾村原各路实行进剿，闻吴逆大有撤退消息云云。又副官韩占亭由凤来函报称，我团杨营长梓星于本月二日晚十一钟奉令出发，经彪角以南江潮村九甲、四甲，虢王村及南北段家、东西王家原上一带逐村搜索，敌人均已肃清，敝团刻已加入战团。[①]

据《新秦日报》3月11日所载国民三军三师3月7日发出的第十三号战报：

（1）六日拂晓，我军分两路向敌人两翼同时攻击，因敌方布置严密，防御坚固，故激战终日，始攻克南段家、宁家等处要隘，时已傍晚，且兵士疲劳，未能远追。是役计毙敌二百余名，获枪七十余支。

（2）本日（三日）复分三路进攻，以左翼为佯。攻战至午后四时，连克何家庄、楼底、田家庄等处，拟定明日续行攻击，务期克复阳蔡两镇，歼灭余寇。敌经我军数次痛击，受创甚巨，凶焰大挫，想不难指日荡平。是役计毙敌三百余名，俘虏百余名，获枪百余支，击坏敌人机关枪两架，我军伤亡九十余名。[②]

则在3月6、7两日，国民三军第三师攻克了南段家、宁家、何家庄、田家庄等村堡。

据《新秦日报》3月12日所载国民三军三师3月8日发出的第十四号战报：

（1）今日拂晓，我军施行总攻击后，敌人负隅顽抗，激战六小时之久。幸我官兵奋勇争先，短兵相接，当场毙敌甚伙，敌始不支，纷纷向西南溃逃。

（2）我军乘胜尾追至阳平北原，敌人援兵大至，复极力抗拒。经我军官兵猛勇扑攻，搏战数小时，适我军左翼一团赶至，夹攻敌人侧面，敌复不支，如鸟兽窜。我军跟踪追击数里，时已黄昏，遂收队。即在原上宿营，预备明日再行续攻，灭兹丑虏。

（3）是役克复蔡坡、阳平二镇及老虎寨、司马台等要隘，毙敌及俘虏四百

① 《西路三军杨师及十二混成旅陈团之战报》，《新秦日报》1926年3月9日，第3版。

② 《岐山杨师之十三号战报》，《新秦日报》1926年3月11日，第3版。

余名，获步枪三百余支，手枪二十余支，战利品无算。我军伤亡官兵计一百三十余名。①

据《民国日报》1926 年 3 月 15 日报道，3 月 14 日，国民三军第三师在陈村与吴新田遭遇：

陈村一战，杨师第二游击支队，因陈村人烟稠密，不易作战，遂诱敌至陈村以东约二十余里，适遇杨师张自强团长率该部前来，遂猛烈攻击，冯钦哉旅长率该旅炮兵由左翼进攻，董瑞生副官长率骑兵营由右翼进攻，吴军遂大败。此次杨师共获步枪三百余枝，机关枪子弹万余粒，步枪子弹二万余粒，马匹辎重无算。②

这一阶段，杨虎城不仅要和吴新田接仗，还与麻振武部发生冲突，据《新秦日报》3 月 11 日报道：

三军第三师杨虎城所部，前在澄、郃一带与麻振武军队因防地问题致起冲突，激战颇烈，麻军几不能支。后经某要人以同室操戈，兄弟阋墙，甚属无谓，出面调解，战事始息。而杨军各部对麻之忿恨，至今未已。现闻麻忽反戈，自残桑梓，遂又大举讨伐。除强亦乾、姬慧［汇］伯两团就近已向麻攻击外，北山开出之高双成旅亦在澄与麻部接触，复又令调王保民骑兵团全部开往同属，与强、姬两团及高旅会合，并与缑、王各部联络，一致共讨麻军。③

外有刘镇华、吴新田进攻，内有麻振武、缑保杰等陕西军队祸起肘腋，杨虎城苦战不支，再退保岐山。当时外界不明真相，生出种种揣测之词，以为杨虎城是有意后退，卫定一亦来电婉劝以大局为重。为此杨虎城有宥电一通致卫定一，以释其疑：

总成兄鉴：

马电敬悉。兄回援潼关陕豫要隘，保全巩固，既佩且慰。惟来电云："虎

① 《岐山杨师之第十四号战报》，《新秦日报》1926 年 3 月 12 日，第 3 版。

② 《吴新田又在陈村大败》，《民国日报》1926 年 3 月 15 日，第 3 版。

③ 《杨虎城报告派兵东开之真电》，《新秦日报》1926 年 3 月 17 日，第 3 版。

城有意徘徊，置身事外，着弟婉劝”等语。不意明达如兄，亦为庸俗无稽之言所惑，此真所谓以曾参之贤不能见信于其母也。此次陕局要变化到如何境况，在数月前虎城与弟早已看透，故对外极力主让汧陇防地，以示诚意，与兄修好。对内积极整饬部署，补充军实，以资防御，而便进攻。不意事未实行，陕局即生变化，在他人容或不知，在兄则尽在洞鉴中。虎城素讲主义，最重人格，靖国军往事，尽人皆知。此次讨伐吴佩孚之支电，又在冯焕章未出动以前，各方对吴表示尚好之际。人之怀疑，是对于过去事实多未留心之故，而在吾兄，谅必有所印证，当不至轻听发言，误于人之谮诉也。况虎城之为人，爱惜名誉，较一般自好者，有过之而无不及，实无待弟之代为辩白，亦无须弟之婉劝，而始顾全大局也。日前宝鸡退防，原系战略作用，虢镇一役已足大明心迹，后因陈村之战为敌暗袭，损失甚巨，始退岐山稍作休养。冀省方接济充足，即合兄留陕各部痛剿，期收一举歼灭之效也。计自开火以来，大小战十数次，伤亡官兵数百名，谓为有意，未免令人心灰意冷。总之，事后方见人心，愿与兄拭目视之。[①]

毛昌杰在《君子馆日记》提到，这段时间，“杨虎臣西边战事颇得手，惟子弹缺乏。”[②]这种情况，导致杨虎城再度退却至三原。杨虎城的退却，应使留守总司令部颇感不安，“杨虎城氏到三原后，二军后方总司令朱思聪氏已为杨筹军饷三万元，子弹数万粒，又由省垣送去六生七大炮弹数百发，杨氏决定今（廿三）晨由原起身，其前队已过钉字坊、羌白等处，朱氏俟杨离原后，即行回省”[③]。朱思聪的举动，显然有督促杨虎城用心与吴心田作战之意，而此前可能因为种种原因，留守总司令部没有及时为国民三军第三师补充枪械弹药，这亦可能是其作战不力之原因之一。

当然，这段时间，不仅国民三军第三师处于困难之中，吴新田亦缺枪少弹。据《新秦日报》1926年3月19日报道：

吴佩孚曾于二月二十二日电令吴新田，率军由陕南入豫，惟吴新田于二十

---

① 《杨虎城部退驻岐山真象［相］补志》，《新秦日报》1926年3月17日，第3版。

② 毛昌杰：《君子馆类稿（附文钞·诗钞·日记）》，沈云龙主编：《近代中国史料丛刊》第3辑，台北：文海出版社，1966年，第447页。

③ 《杨虎城今日由三原东上》，《新秦日报》1926年3月23日，第3版。

四日覆电至汉，只允抽调一旅，并称职部弹械异常缺乏，请令鄂省发给一二口径快枪一千支，子弹五万粒，以备应敌云云。按吴仅七师一部，若再抽去一旅，则西路吴军为数更少矣。①

这段时间，吴新田似乎与吴佩孚在战略上发生矛盾，吴佩孚希望吴新田能够率军援豫，和刘镇华一道对滞留豫西的国民二军作战，吴新田则不愿意放弃对陕西的争夺。

处于此种艰危局面，加入战团的党毓崐部，于3月6日夜派军队袭击虢镇，但因吴军增援，不支而退。3月10日，党军又攻入虢镇，仍未能得手：

此次吴逆攻杨十分猛烈，崐于春正二十二日调我部杨、徐、吕三营长，各挑带精锐若干，袭击虢镇，分敌兵力，作杨后盾。我部扑进虢城，巷战三时之久，击毙吴逆参谋、营长各一员，士兵百余名。旋因吴逆宝鸡、底店两处援兵麇集，众寡悬殊，我部整旆退出，仍回原上。是役也，惟因巷战，我兵亦有死伤，惟惊破敌胆，辎重移过渭水，作逃亡计，差强人意耳。②

3月17日，党毓昆部与吴新田遭遇，并战而胜之：

我部许、杨、吕、贺等营分兵三路，攻击南乡第二村、第三村、第五村之敌。于拂晓时勇力攻击约四时之久，敌势溃败，向阳平镇等处退却。击毙敌官兵四十余名，得获枪械十余支，军用品甚伙，骆驼两头。又十八日晨刻，我军分途进击周家崖、秦家沟之敌，激战三时之久，击毙敌人五十余名，得获洋抬十余支，步枪无算。又本（十八）日午后，我军猛攻阳平镇，敌人势穷，尽弃辎重，窜入虢镇、宝鸡一带，击毙敌人营长一名，连、排长三名，兵士扑河者甚多。我军乘势追击，已抵虢镇，适留守司令党宝珊，亲率机关枪两连并手枪队，亦往虢镇奋勇攻击，现正在激战中。③

虽然杨虎城第三军第三师并非孤军奋战，仍一败于宝鸡，再败于虢镇，三败于岐山，而退至三原，表明杨虎城没能阻挡住吴新田在西路的进

---

① 《吴新田弹械两缺》，《新秦日报》1926年3月19日，第3版。

② 《党毓崐攻入虢镇之报告》，《新秦日报》1926年3月16日，第3版。

③ 《党毓琨击退吴军之又一捷报》，《新秦日报》1926年3月25日，第3版。

攻。至3月下旬，吴新田的军队已经攻至盩厔、鄠县附近，对西安以西构成了强大威胁。

综上，至1926年3月下旬，在刘镇华镇嵩军、吴新田等频繁围攻下，国民二军、国民三军第三师虽然在具体战斗中常有小胜，但总体看来，仍是节节败退。西安周围虽然没有完全为刘镇华镇嵩军占领，但回旋余地越来越小，刘镇华镇嵩军正在逐步包围西安城，西安围城之役即将正式打响。

第三章　古都鏖兵

面对刘镇华镇嵩军咄咄逼人的进攻，国民二、三军无力抵抗，节节败退。尤其是国民二军，在豫西和镇嵩军作战中，几至全军覆没。李虎臣逃回西安之第三日，即在三原与杨虎城见面，获得其协同守城的口头保证。随着镇嵩军到来，以及杨虎城之国民三军第三师加入守城队伍，攻守双方鏖战近八个月，演绎出一段旷日持久、曲折反复、惨状空前的悲剧。

本章将延续第二章内容，主要利用《新秦日报》《陕西文史资料精编》《君子馆日记》《在山草堂日记》等陕西方面所留下的史料，以守城一方的视角，从围城之初、统一指挥、城围之后三个方面，讨论在刘镇华镇嵩军来到西安之后，直到其败逃期间，守城陕军的政治、军事斗争和对城内的管控。

第一节　围城之初

1926年3月18日，李虎臣只身逃回渭南后，即开始为守城做准备，他下令：

卫定一仍回兴平（出关前原驻兴平），其余在省东的部队，一律撤至西安东十里铺，北至渭河，南至终南山麓一线和城内四关等地。……宋锡侯团驻守光台庙，李定五团驻守东十里铺，韩子祥骑兵团驻守高桥，归李定五指挥（因韩团长在潼关负伤），其余部队驻守四关和城内，担任城防。①

当刘镇华镇嵩军陆续攻至西安近郊之时，据党晴梵回忆，卫定一派其亲信团长安家迪（卫、安二人皆党氏在陕西省立第二师范学生），前来西安与之会面，询问城内情况，征询其对时局的主张。党晴梵将安家迪引荐给李虎臣的旅长丁增华、姜宏模、秘书史江浦等人，这些将领皆主张守城，并要求卫定一尽速来援：

因李云龙系原靖国军第一路司令郭坚部下之营长，后方转入靖国军第四路，与卫定一和我的关系都比较接近，所以才有召卫来援之意。紧接着卫定一又派他的参谋席凤鸣正式代表他和我接头后，去会见李云龙，情愿拣选精锐部队，亲自带来西安，并建议李云龙再邀请杨虎城也带队来一同守城。②

李虎臣回到西安之后，稍事休息，因形势险峻，3 月 29 日一早，他便前往三原。4月1日，原国民二军、国民三军第三师部分将领在三原召开军事会议，李虎臣、杨虎城、朱子敏、邓宝珊、卫定一、田玉洁、冯子明、胡景荃、甄寿山等将领参加。会议议决：

在政治上，本着国民军成立初旨，拥护孙中山先生革命政策。在军事上，国民二、三军联合起来，抗击刘镇华，保卫关中；由李虎臣、杨虎城两部，守卫西安；由田玉洁负责指挥渭北一带防守任务，并相机支援西安；由卫定一部负责兴、武一带防务；并派兵维持咸阳与西安交通，全力支援西安守军。③

---

① 李定五：《坚守西安纪实》，中国人民政治协商会议陕西省委员会文史和学习委员会：《陕西文史资料精编》第 2 卷《重大事件》，西安：陕西人民出版社，2010 年，第 119 页。

② 党晴梵：《西安城围记》，中国人民政治协商会议陕西省委员会文史和学习委员会：《陕西文史资料精编》第 2 卷《重大事件》，西安：陕西人民出版社，2010 年，第 39 页。党晴梵（1885—1966），名沄，字晴梵，以字行，别署待庐、又号邻泉村人，陕西合阳人，早年毕业于中国公学，入同盟会。辛亥革命后任秦陇复汉军东路大都督参谋，靖国军时期，任靖国军总部秘书、第一路秘书长、参谋长等职，1926 年西安围城之役期间协助李虎臣、杨虎城守城。西安市档案馆编：《西安辛亥记忆：西安辛亥革命百年纪念文集》，西安：西安：三秦出版社，2011 年年，第 428 页；王德荣：《党晴梵先生事略》，王德荣等主编：《党晴梵先生遗墨》，西安：陕西人民出版社，2012 年，第 205 页。

③ 王达生、冯幼青：《卫定一部坚守西安前后的回忆》，中国人民政治协商会议陕西省委员会文史和学习委员会：《陕西文史资料精编》第 2 卷《重大事件》，西安：陕西人民出版社，2010 年，第 136—137 页。据此则资料，西安围城期间，王达生是卫定一部卫队连连长，兼管主要函电；冯幼青（青又作清，不知何者为是）是卫定一部沈仲斐团连长，亲身参加了围城中的一些战斗。

据张扶万日记，4 月 3 日李虎臣由三原回到省署，“仍居督办地位”①。当天，李虎臣“又以耆绅名电吴新田，请勿进兵攻进西安”②。次日，又有“吴新田为陕督办，麻老九为帮办，柴云升为省长”③之说。然则此消息应该是陕军的让步条件或诱惑条件，即通过以上条件，诱使刘镇华退军，他对三原会议内容，应不十分了解。这种让步或诱惑条件，对于一心奄有陕西的刘镇华而言，当然无法接受，故而李虎臣、杨虎城等人认为，稳健考虑，应是杨虎城率军入城，和李虎臣一道坚守西安。只是，虽有三原会议的承诺，李虎臣对杨虎城是否真能前来仍然疑虑重重，故已做好了让城别走的准备。这便是 4 月 6 日张扶万所看到的景象：“今日街上兵队纷纷出西门，或云拒西来攻城兵也，一云将弃城潜逃也。”④

三原会议之后，杨虎城在三原召开了国民三军第三师团以上军官参加的军事会议。杨虎城表示，“只留少数部队驻扎三原、富平、耀县一带，作相呼应的力量，大部分主力应立即开赴西安，同李虎臣的军队配合作战，坚守西安”⑤。大家虽基本表示同意，也有人担心进入西安之后，难以与李虎臣及其国民二军和平相处。为了澄清上述困难，杨虎城复致信李虎臣，其大意为：

刘镇华部开进陕西进攻西安为了什么，你的军队力量薄弱，一旦刘镇华占领西安，陕西的大局就不堪设想了。现在陕西的部队，只有你和我两部分还比较硬棒。我愿将全部军队开进西安，与你们的部队配合作战，同刘镇华作坚强的斗争，希望不要纠缠过去的利害关系，把陕西拱手送人。刘镇华占领西安，

① 张扶万：《在山草堂日记》，中国人民政治协商会议陕西省委员会文史和学习委员会：《陕西文史资料精编》第 2 卷《重大事件》，西安：陕西人民出版社，2010 年，第 245 页。

② 张扶万：《在山草堂日记》，中国人民政治协商会议陕西省委员会文史和学习委员会：《陕西文史资料精编》第 2 卷《重大事件》，西安：陕西人民出版社，2010 年，第 245 页。

③ 张扶万：《在山草堂日记》，中国人民政治协商会议陕西省委员会文史和学习委员会：《陕西文史资料精编》第 2 卷《重大事件》，西安：陕西人民出版社，2010 年，第 245 页。

④ 张扶万：《在山草堂日记》，中国人民政治协商会议陕西省委员会文史和学习委员会：《陕西文史资料精编》第 2 卷《重大事件》，西安：陕西人民出版社，2010 年，第 245 页。

⑤ 窦荫三：《西安围城回忆》，中国人民政治协商会议陕西省委员会文史和学习委员会：《陕西文史资料精编》第2卷《重大事件》，西安：陕西人民出版社，2010年，第35页。窦荫三（1889—1990），字树槐，陕西蒲城人，早年入同盟会，参加辛亥革命，西安围城期间任杨虎城军需主任、处长（西安市地方志编纂委员会：《西安市志》第七卷《社会、人物》，西安：西安出版社，2006 年，第 516 页）。

消灭了你的部队，陕西的军事力量非同归于尽不可。[①]

对卷土重来的刘镇华镇嵩军，杨虎城始终坚持武力抵抗。早在1926年2月1日，杨虎城便以国民三军第三师师长的名义，发表《首讨吴佩孚勾结刘镇华、吴新田、孔繁锦乱陕》檄文：

吴佩孚逆反潮流，迷信武力，殃民祸国，罪恶昭彰。今又联奉图豫，助刘攻陕，摧残真正民意，袒护贿选余孽，倒行逆施，意图骚扰。不去庆父，鲁难未已，城为人类和平计，为社会安宁计，不能不声罪致讨，力除恶魔，主义所在，百折不回。现刘镇华、吴新田、孔繁锦受吴嗾使，扰乱陕局，除率所部克日进剿外，所冀凡我同胞一致声讨。[②]

在檄文中，杨虎城将吴佩孚描述为“殃民祸国，罪恶昭彰”的罪魁，刘镇华和吴新田、孔繁锦等地方武装一起成了供其驱策的跳梁小丑。

3月11日，杨虎城又发表致国民军系统诸将领，如向冯玉祥、孙岳、岳维峻、刘郁芬、李虎臣、井岳秀、于右任等人通电：

刘镇华、吴新田同时蠢动，扰乱陕局，麻振武、何梦庚又复相继变乱，占据潼关，为刘、吴内应。吴逆七、八两师经忠率队痛剿，激战月余，敌人缴械者约两团之多，伤亡尤众，刻已不能成军，深沟高垒，纯取守势。除乘势围攻外，并抽劲兵两旅，即日东开，肃清麻、何，为釜底抽薪之计。内患既平，刘、吴均不足虑矣。[③]

从“扰乱陕局”“相继变乱”“率队痛剿”“肃清”等用词可以看出，杨虎城非常希望引起国民军系统官兵的同仇敌忾之心，使大家联合起来，一致抵抗刘镇华镇嵩军、吴新田的进攻。

当月30日，杨虎城领衔，卫定一、田玉洁以及部分陕军旅长，姜鸿模、缑

---

① 窦荫三：《西安围城回忆》，中国人民政治协商会议陕西省委员会文史和学习委员会：《陕西文史资料精编》第2卷《重大事件》，西安：陕西人民出版社，2010年，第35—36页。

② 杨虎城：《首讨吴佩孚勾结刘镇华、吴新田、孔繁锦乱陕（1926年2月1日）》，西安事变研究会：《杨虎城文集》，北京：中国文史出版社，2013年，第7页。

③ 杨虎城：《通电反对刘镇华、吴新田扰乱陕局（1926年3月11日）》，西安事变研究会：《杨虎城文集》，北京：中国文史出版社，2013年，第8页。

保杰、何毓斌、甄士仁、王建勋、王彦俊、姚震乾、党毓昆、陈发荣、党海楼、刘一敬、高双成、高世秀、李德升、冯钦哉、姬汇伯、王保民等署名，又发表了一封通电，以反对吴佩孚、刘镇华侵陕：

天祸中国，同种相残，循环战争，愈演愈烈。此次国联两方，兵连不解，师出无名，民受实祸。国家有灭亡之日，军阀无觉悟之时，兴言及此，忧心如焚。虎城等无术排解，安忍效尤？兹为维持一省和平计，公推陕军务帮办兼陕北镇守使井岳秀，维持全省治安，并守中立，实行保境安民主义。所有在陕各军队，自通电之日起，一律归井帮办节制。除对于扰乱陕局侵犯陕境者，立即讨伐外，决不参加任何方面军事行动，特电声明。尚祈亮察，伫候明教。①

从第一句可以知，杨虎城等陕军将领应该知道此次战争的本质，是不同军事力量之间的混战，战争的基本目标仍是争夺地盘而非革命。也就是说，战争的双方均是“师出无名”，战争的进行和结果，必然是“民实受祸”。陕西军队，此前在山东、河南境内连吃败仗，有覆亡之虞。刘镇华镇嵩军虽是乌合之众，却势如破竹，在灵宝、陕州等地击败岳维峻、李虎臣等率领的国民二军，正向西安进攻。当此之时，此份通电，实是希望陕西系统军队联合起来，一起对付如狼似虎的镇嵩军。当然，所谓“一律归井帮办节制”，不过是一时的权宜之计，不可当真。因为陕军系统内部极为复杂，互相争端、利益纠葛不断，统一起来本无可能，井岳秀虽有一定威望，恐亦难以为大家一致接受。但是，此次受到镇嵩军的压力，为保卫陕西免受屠戮，只有大家团结起来，一致对外，方有可能。杨虎城等将领希望通过这种宣称和姿态，使刘镇华镇嵩军知难而退，从而保存陕西，尤其是西安。奈何这种图谋，并无内部基础，而刘镇华镇嵩军占领西安意志甚坚，不可能收到实质效果。

李虎臣深知，自己兵力单薄，仅凭自己之力，无法与刘镇华镇嵩军抗衡；杨虎城能否真能前来与自己一道守城，仍是疑问。李虎臣的此时心态，匡厚生有很到位的揭示：

十五年三月末……据言灞桥已经不守，姜百范（姜宏模字）早退咸阳，李

---

① 杨虎城：《领衔通电反对吴佩孚刘镇华侵陕（1926 年 3 月 30 日）》，西安事变研究会：《杨虎城文集》，北京：中国文史出版社，2013 年，第 9 页。

虎臣亦预备出走。盖其时镇嵩军共有七八万之众，正由东进。汉中镇守使吴心［新］田之兵又约五千，正由西攻。而陕北镇守使井岳秀，形势隔绝，未能来援。陇东镇守使张兆钾、陇南镇守使孔繁锦，复明目张胆为刘镇华助。而刘氏饷械，复有河南、山西二省为之接济，不虞缺乏。李虎臣以区区不满一旅之兵，当此二省、三镇守使、七八万镇嵩军之四面包围，不退何待？予闻之惟有唤奈何而已！虽然，犹甚盼杨虎城之来援也。①

故而，李虎臣已经做了两手安排：

第一，先将姜宏模第二十旅、骑兵团和一部辎重撤至咸阳，并急催杨虎城部赶快开来西安，共同防守。

第二，如杨部不来，姜旅即在咸阳掩护本军各部队向邠、乾、淳化一带撤退，等待时局转变，再图反攻。同时利用和平期成会及几个外籍牧师，向刘假谈和平，表示愿让出西安，撤至邠、乾、淳一带，听候改编。②

又据《申报》披露：“李云龙、刘治洲鉴于时事日非，不欲再战，已于十一日宣告下野，推井岳秀统理各军，在井未抵省以前，由韩庆绶以陕军总司令名义，暂为维持。”③当时，韩绾青“力主守御，建议请杨虎城来省共御刘军，以西安坚固城垣可以保存实力，若到西路，即陷入吴新田、刘镇华东西夹攻，绝难苟延残喘，况杨虎城新胜吴军，实力充足，锐气正盛，一定可以抵住刘镇华乌合之众”④。正因为如此，才有前述三原军事会议。

在镇嵩军已经到达十里铺、行将攻城之际，李虎臣除督促韩绾青迅请杨虎城前来之外，也做好了退兵打算，“在4月14日以前，即已把我军用器材、弹药和重要的东西，陆续向西路各县如咸阳、乾县和礼泉等地搬运。14日这天下午，李虎臣督办又下命令给所属的各部队和单位，准备于当日

① 匡厚生：《长安围城纪事诗百首》第四首自注，刘迈主编：《西安围城诗注》，西安：陕西人民出版社，1992年，第13页。

② 李定五：《坚守西安纪实》，中国人民政治协商会议陕西省委员会文史和学习委员会：《陕西文史资料精编》第2卷《重大事件》，西安：陕西人民出版社，2010年，第119页。

③ 《陕西国民军已失败》，《申报》1926年5月4日，第5版。

④ 俞嗣如：《坚守西安时的无名英雄》，中国人民政治协商会议陕西省委员会文史和学习委员会：《陕西文史资料精编》第2卷《重大事件》，西安：陕西人民出版社，2010年，第191页。

晚西撤”[①]。

接到杨虎城来信，李虎臣大喜过望，立即回信表示欢迎，这或许是李虎臣虽已做好逃离西安的准备，但 14 日未离开西安之因。杨虎城 4 月 12 日接到李虎臣回信，13 日凌晨便命姬汇伯率军先行前往，自己次日亦出发。

这段时间，各种消息纷纭复杂，让人莫衷一是，如张扶万当日日记云：

智辉来言，雪亚驻潼关，以耿庄为前驱。陕军如姜宏模、何经纬、卫定一、姚震乾皆通陕归降，已派使来城中，言李虎臣不退出省城，即来围城，今日有杨虎城入城之信，窜身无所，警事频闻，哀哉！[②]

正当镇嵩军逐步从北、东、南三面包围西安之际，杨虎城所部姬汇伯的援军于 13 日下午 5 时到达西安，带来了杨虎城必来西安的消息。“当时，李虎臣把行李都捆扎妥当，准备立即撤离西安，见了姬汇伯，高兴地拉住姬的手说，你来了好，我已经准备撤退了，你看我行李都捆好了。”[③]此时，镇嵩军已经兵临城下，姬汇伯即率军与之展开一天一夜激战，也使刘镇华意识到，和平入城之望已经基本破灭。14 日下午，杨虎城也率领国民三军第三师主力到达西安，暂时打消了李虎臣让城别走的念头。

在 4 月 17 日日记中，张扶万对随后的战斗亦有记载：

昨晚上灯时，东方时有炮声。今早闻枪炮声俱茂，约在十里铺，午后枪声近城边，有挑水人言卫定一部在十里铺与东来之兵开战，死伤甚多。或云战地已在江苏义园，距城三四里。盖杨部入城后，镇嵩军以和平无成，追之前来也。[④]

---

① 任阁臣：《回忆我在坚守西安期间曾参加的几次战斗》，中国人民政治协商会议陕西省委员会文史和学习委员会：《陕西文史资料精编》第 2 卷《重大事件》，西安：陕西人民出版社，2010 年，第 110 页。据此则资料，任阁臣在西安围城之役期间担任总司令部第二预备支队长，驻钟楼西边的老民政厅。

② 张扶万：《在山草堂日记》，中国人民政治协商会议陕西省委员会文史和学习委员会：《陕西文史资料精编》第 2 卷《重大事件》，西安：陕西人民出版社，2010 年，第 245 页。

③ 窦荫三：《西安围城回忆》，中国人民政治协商会议陕西省委员会文史和学习委员会：《陕西文史资料精编》第 2 卷《重大事件》，西安：陕西人民出版社，2010 年，第 36 页。

④ 张扶万：《在山草堂日记》，中国人民政治协商会议陕西省委员会文史和学习委员会：《陕西文史资料精编》第 2 卷《重大事件》，西安：陕西人民出版社，2010 年，第 245 页。

据张扶万 19 日日记记载，“昨晚城外大炮之声频闻”[①]，则初次攻城从 13 日一直持续到 18 日夜间，守城陕军阻挡住了镇嵩军最初一轮攻击。既然镇嵩军已经陈兵东关、雁塔诸处，且与陕军发生激战，则受战争影响，“城外避难妇女无有入城，仓皇之至，十五年以来所未有也”[②]。

尽管首战未能攻入城中，刘镇华镇嵩军亦完成了对东、南、北三面的包围，仅留下西门尚可通往咸阳。当时，“城内工作极忙，人心紧张之至，知豫陕两军决不能一战即走也”[③]。西安城久围之势，已经初显。

26日上午10时许，镇嵩军向火烧碑、张家村等阵地发动猛烈攻击，很快攻占了火烧碑。之后，李定五受命支援，“官兵一鼓作气，不但阻止了敌人前进，并攻占了火烧碑、西营盘之间的大冢，遂乘敌人在火烧碑立足未稳，将部队略加整理，又调来两连生力军……敌力不支，纷纷向北溃退”[④]。据李定五回忆，是役缴枪 180 余支，俘敌 60 余名，迫使残敌撤回大白杨以东地区。[⑤]

5 月 2 日，为激励将士，杨虎城发布布告：

为布告事。照得嵩匪连日扑城，俱未得利。昨晚大集匪党，施行总攻，经我部姬旅在北门外与敌激战通夜，直至今早敌始不支，向东溃退，计毙敌官兵二百余名，俘虏五十余名，夺获步枪二百三十余支及团营旗各数面。东南城各匪党亦被我刘旅、冯旅、黑团、卫队营各部分途猛攻，毙敌官兵数十名，夺获步枪五十余支，追击十余里。合亟布告，仰尔各界人等一体周知，其各安居，勿惊。[⑥]

---

① 张扶万：《在山草堂日记》，中国人民政治协商会议陕西省委员会文史和学习委员会：《陕西文史资料精编》第 2 卷《重大事件》，西安：陕西人民出版社，2010 年，第 245 页。

② 张扶万：《在山草堂日记》，中国人民政治协商会议陕西省委员会文史和学习委员会：《陕西文史资料精编》第 2 卷《重大事件》，西安：陕西人民出版社，2010 年，第 245 页。

③ 匡厚生：《长安围城纪事诗百首》第九首自注，刘迈主编：《西安围城诗注》，西安：陕西人民出版社，1992 年，第 17 页。

④ 李定五：《坚守西安纪实》，中国人民政治协商会议陕西省委员会文史和学习委员会：《陕西文史资料精编》第 2 卷《重大事件》，西安：陕西人民出版社，2010 年，第 122 页。

⑤ 李定五：《坚守西安纪实》，中国人民政治协商会议陕西省委员会文史和学习委员会：《陕西文史资料精编》第 2 卷《重大事件》，西安：陕西人民出版社，2010 年，第 122 页。

⑥ 杨虎城：《布告守城一日战绩（1926 年 5 月 2 日）》，西安事变研究会：《杨虎城文集》，北京：中国文史出版社，2013 年，第 10 页。据该书注释，“刘旅”指刘一敬旅，“冯旅”指冯钦哉旅，“黑团”指黑宪章团。

5月3日以后，杨虎城对被动员前来参战的三民军官学校学生发表讲话。在讲话中杨虎城表达了三层意思：

第一层，就是成立本校的意义。因为现在一般普通军队都是军阀式的，对于民众不关痛痒，所以本校长完全采照广东黄埔陆军军官学校的那种办法，为西北上作个国民革命的先锋，在耀县设立这个学校，以谋彻底地改造一般军阀式的军队，来教育成一种有主义的军队。

第二层，就是本校长因军事旁骛，未能亲身莅校，校中一切内容，多不十分完备。但诸位同志、学生能在此最艰苦的环境里面，下非常的决心，忍耐到底，总算有牺牲的真精神，团结的真毅力，才到这样程度。

第三层，就是你们此次参加战争，一方面可以表现我们革命军人的工作，一方面对于你们的学识上，也有实地的经验。①

杨虎城透露了其讲话目的，即希望大家“尽忠职务，努力革命，奋斗牺牲，始终勿懈”②，不惜牺牲，参加守城。在讲话中，杨虎城多次使用了“牺牲”“革命”等词，向学生强调此次守城的正义性。

据《西安血战中之和平运动》披露：

四日晚八时许，西安城中忽然狂风四起，吼声如雷，大雨随至，北方之枪声炸弹声亦滔滔不绝。至黎明，大炮之声仍连续不已，但距城稍远南东两面，仅枪声连响。五日拂晓，嵩军约两团之众，向红庙坡所驻之陕军第九团袭击。该团张营出而应战，结果嵩军死三四十人，遂退。五日晚，城外枪声稍息，实为嵩军攻城以来第一日之安息状态。六日下午，嵩军约数连各带炸弹二枚由正东直扑东稍门东城，经陕军第六旅之第一营率兵数十人由地洞冲出，猛力射击，嵩军不支，向后退却。是役嵩军死四十余名，陕军夺得炸弹数十枚，营旗一面，红枪会咒符数张……是日午后，驻扎北门外二府庄之嵩军，又用大炮向驻扎红庙坡一带之陕军射击，炮弹均落在红庙坡附近。七日，城中某军事机关接得课

① 杨虎城：《对三民军官学校学生的讲话（1926年5月5日）》，西安事变研究会：《杨虎城文集》，北京：中国文史出版社，2013年，第11页。

② 杨虎城：《对三民军官学校学生的讲话（1926年5月5日）》，西安事变研究会：《杨虎城文集》，北京：中国文史出版社，2013年，第11页。

报，谓城外嵩军已向东北方面移动，由新筑镇起沿坝河向东各村，或一连或一排，均有嵩军驻扎，多无枪械，各持木杆刀矛等物。六日晚间枪炮声，比较前数日已减少，仅北方一面较多，七日晨又有三四十之激烈枪声，此外则仅北方隐隐闻有枪炮声，就其远近测之，当在十余里以外。①

5月9日，卫定一“从兴平率领沈澄团（不足一团）、逆松生游击支队（约一营）和两个补充营，由咸阳渡河来西安参加守城时，刘镇华令驻大白杨一带之姜明玉部、驻西郊甘家寨之李干青部进行阻击”②。李定五团负责接应卫定一部进城。9日至11日，双方在三桥附近又发生激战，结果虽然卫定一部得以进城，镇嵩军也得以约于5月17日封堵住西门。从此以后，直至11月28日，西安城陷入四面被围之中。

虽然李虎臣、杨虎城、卫定一三部协同守城，但力量毕竟相当单薄。西安城内有关人士认为如此仍不足以与刘镇华镇嵩军相抗，主张所有陕西军队团结起来。当时，原陕西靖国军中仍有麻振武依附于刘镇华，大家以为麻振武或有反正归来的可能，便公推党晴梵、席悟轩和李藩侯代表李虎臣前往致意：

此时刘镇华的围城部队已兵临城下，只有西门尚能通行，我们三人冒险出城，先至三原岳维凤留守处，由牟文卿招待住一宿，即东行至临潼栎阳镇，住甄寿山团部，派人与麻振武送信，并探测可通行之路径。待其转回，谓东行不远，秩序凌乱异常，已无法通过。我们迫不得已，遄返西安，联麻目的，未能达到，仍由西门进城。相隔两三日，敌军竟已合围。③

但是劝麻振武反正归来之事，已经实施多次，均没有取得成功。此次失败，李、杨、卫等人亦意识到，争取麻振武不切实际，当前最重要的工作便是团结现有军事力量。

刘镇华镇嵩军围攻西安一月有余，初以为唾手可得，却遇到陕军的誓死防守，难奏肤功，据《新秦日报》转载国民三军所办《青天白日报》消息：

---

① 《西安血战中之和平运动》，《申报》1926年5月29日，第10版。

② 李定五：《坚守西安纪实》，中国人民政治协商会议陕西省委员会文史和学习委员会：《陕西文史资料精编》第2卷《重大事件》，西安：陕西人民出版社，2010年，第122页。

③ 党晴梵：《西安城围记》，中国人民政治协商会议陕西省委员会文史和学习委员会：《陕西文史资料精编》第2卷《重大事件》，西安：陕西人民出版社，2010年，第39页。

嵩匪首刘镇华因攻西安节节失利，损兵折将已有千余人之多，而省城仍如故。现在已一月功夫，枪声日日不绝。刘镇华自度不能奏功，遂屡向和平会老函达，用威吓手段，意欲夺取西安。陕军虽对军事学识不讲，然多年经验，恐有时亦非军事学者所能及。昨闻刘镇华复又致函于和平会老，述及如城内陕军不走，便用大炮向城内轰击。并云，自嵩军占十里铺左右后，本即用大炮射击，后因老母拦挡，未得如愿以做。兼之前在陕已有六七年感情，对城内商民亦不忍用此手段……实则兵尽力穷，无法再战。军事消息所云敌人大炮子弹不能使用，亦是刘镇华用威吓手段的一最大原因。①

据此，面对刘镇华镇嵩军的军事进攻，守城陕军意志坚定，多次击败敌人。而此时的刘镇华镇嵩军，既没有大炮等重型攻击性武器，对坚固的西安城墙束手无策，只好采取诱降办法。

第二节 统一指挥

杨虎城虽然已经来到西安，但他与李虎臣关系尚未能够厘清，这显然不利于团结各方力量，一致对刘镇华镇嵩军作战。为此，卫定一“亲自进省，周旋于李、杨之间，以团结桥梁自处。其后陕军总司令部之成立，各军番号之划一，卫在中间都起了一定的作用”②。当然，除了卫定一之外，杨虎城亦提议组织统一的军事总指挥部。“为了消除李虎臣疑心（第三军借困难夺去他的督军职位，抓到军政大权），团结一致，共御强敌，杨虎城向李虎臣声明，一切政治、财政由李虎臣派员负责，第三师只负责军事责任。”③这样，便易消除李虎臣和一些国民二军系统将领的疑虑，团结一切可以团结的力量，坚守西安城。

在此背景下，5月19日，陕军各部在西安召开军事会议。开会之时，原督

---

① 《军事消息四则》，《新秦日报》1926年5月17日，第3版。

② 王达生、冯幼青：《卫定一部坚守西安前后的回忆》，中国人民政治协商会议陕西省委员会文史和学习委员会：《陕西文史资料精编》第2卷《重大事件》，西安：陕西人民出版社，2010年，第137页。

③ 窦荫三：《西安围城回忆》，中国人民政治协商会议陕西省委员会文史和学习委员会：《陕西文史资料精编》第2卷《重大事件》，西安：陕西人民出版社，2010年，第36页。

军李虎臣和省长刘治洲均有发言。据郭孟圻回忆，李虎臣发言为：

刘镇华这次侵犯西安，说是为报豫西战败之仇，雪憨玉琨自杀和豫西健儿伤亡惨重之耻，岂不知豫西大战是他刘镇华侵犯河南，胡督办行使督办职权剿灭他镇嵩军，与陕西人民毫无关系。这次他又来犯陕西，我们要行使陕西督办的职权剿灭他，必胜之券操在我们手里。他这次来侵犯是不得人心的，非正义的。正义属于我们，请大家认清这个大是大非，胜败不难预料。①

刘治洲发言为：

刘镇华在陕西督军任内，用搜括所得陕西人民血汗换来的金钱装备和发展起来镇嵩军，来攻打和毒杀陕西人民，良心何安，天理何容。我看他是为他军阀的私利和个人的政治野心而来侵犯陕西，我看他是犯了陕西人民的众怒。众怒难犯，众怒难平，古人这话很对。我们陕西革命军人，保卫乡土是义不容辞的神圣职责。现在只有把本省革命的武装力量，紧密地团结起来，组织成联合统一的战线，同心协力，共同杀敌。况且我们有古老的三丈六尺高和宽的城墙，固若金汤，这就是胜利的保证。②

李虎臣和刘治洲的发言，各有侧重点。李虎臣强调，在 1925 年胡憨战争中，刘镇华并非正义一方，陕军才是。这种说法，似乎有些于理不合。虽然可以认为在胡憨战争中，刘镇华和憨玉琨一方，未必具有正义性，但似乎胡景翼、岳维峻、李虎臣一方也未必具有正义性。如本书第一章所述，胡憨战争前后，以胡景翼、岳维峻为首的国民二军对河南百姓的残酷统治，在一定程度上埋下了镇嵩军重新崛起和国民二军在 1926 年春崩溃的种子。当然，刘治洲所言刘镇华镇嵩军进攻陕西，残杀陕西人民，不具有正义性，也是没有问题的。

会议之后，李虎臣宣誓就职，并由卫定一、杨虎城领衔，包括田玉洁、冯毓东、原后方留守司令朱思聪、西安城防司令史铸、旅长何毓斌、姚震乾、姜宏模、刘一敬、丁增华、党毓琨、党海楼、陈发荣、李德升、冯钦哉、姬汇

---

① 郭孟圻：《西安围城回忆》，中国人民政治协商会议陕西省委员会文史和学习委员会：《陕西文史资料精编》第 2 卷《重大事件》，西安：陕西人民出版社，2010 年，第 25 页。

② 郭孟圻：《西安围城回忆》，中国人民政治协商会议陕西省委员会文史和学习委员会：《陕西文史资料精编》第 2 卷《重大事件》，西安：陕西人民出版社，2010 年，第 25—26 页。

伯、王保民、甄士仁、石象仪、薛宝荃、张菖、胡景铨，游击司令黑子斌、孙蔚如，警备司令左协中等共同发表通电：

频年以来，内争不息，无名之战，徒苦吾民。此次时局变化，定一等深恐战事扩大，危及乡邦，当经公推井帮办维持陕局，实行保境安民，通电全国，严守中立。乃刘镇华野心未戢，啸聚红枪会匪数万之众，长驰犯陕，围攻西安，烧杀淫掠，所至为墟，似此残民以逞，实为人类公敌。定一等保护桑梓，责无旁贷，坚守省城，已逾匝月，万众一心，人自为战。兹因井帮办迄未南下，军事急待进展，爰于五月十九日开各方联席会议，共同决定，恭推李公云龙为陕军总司令，并公推田公玉洁、杨公虓为副总司令，邓公宝珊为总指挥，卫公定一为副总指挥，所有队伍一律改编（为）陕西陆军，一致声讨。除恭请总司令即于五月二十日就职外，定一等对总司令绝对服从，对原有主张，坚持到底，誓歼嵩匪，以期恢复吾陕父老子弟之安全而后已。①

之所以屡屡公推井岳秀维持陕西大局，是因为此刻井岳秀并未与刘镇华、阎锡山、吴佩孚等破脸，在陕军的谋算，是希望可以依此缓解，甚至使刘镇华退军。但据本书第一章所述，刘镇华、阎锡山、吴佩孚等对井岳秀十分不信任，并严密防范，陕军的如意算盘根本行不通。在井氏远在陕北且鞭长莫及的情况下，城内守军推举李虎臣为陕军总司令，以统一指挥，消除内部矛盾，方算是务实之举。

会议议决各部队放弃原有番号，一律改称陕西陆军，重新编制。除主要领导外，其他领导人员如下：

委安世臣（一作丞——笔者注）为参谋长（卫部），鱼浪仙为秘书长（李部）

李天五为军需处长（杨部），张念祖为长安县长（杨部），惠春波为财政厅长（士绅），王子坤为省商会会长（商界），徐烈卿为警察厅长，军警联合处长丁增华，粮食总办吉希文（原有未动）。②

---

① 杨虎城：《通电绝对服从陕军总司令（1926年5月20日）》，西安事变研究会：《杨虎城文集》，北京：中国文史出版社，2013年，第12页。

② 张茂如：《坚守西安回忆录》，中国人民政治协商会议陕西省委员会文史和学习委员会：《陕西文史资料精编》第2卷《重大事件》，西安：陕西人民出版社，2010年，第101页。

另据段绍岩回忆，除以上委任外，“粮台总办高小云、吉希文，帮办郭文卿……省署所属政务厅长陈素子（9月兼总秘书长）……教育厅长郑立丞，实业厅长蔡祥甫，警务厅长徐烈青、史仲容、关中道尹毛俊丞、长安县长先后有白绍虞、张念祖、鱼浪仙（字金波）、席梧轩等四人”[①]。可知，高小云[②]曾任粮食总办，之后方是吉希文；鱼浪仙除了任秘书长外，还曾担任长安县县长；围城期间有四任长安县县长，除了张念祖和鱼浪仙外，尚有白绍虞、席梧轩两人。又据党晴梵回忆，杨虎城推荐的蒙浚僧担任秘书长。[③]

既然已经统一指挥，则各部番号亦须重新更定。但不知为何，延至6月18日，杨虎城所部始改变原来国民三军第三师番号为陕军第三师：

为布告事。案奉陕军总司令训令内开：现值军事吃紧，凡我陕军非划一名称，不足以资团结而御外侮。兹查该师长所部素称精锐，惟名称不一，殊于军事进行诸多不便，特将该师改编为陕西陆军第三师，以归划一，而资整顿。委状附发，并发给关防一颗，文曰：陕西陆军第三师师长之关防，着即克日就职。等因，奉此，本师长准于十八日就职视事，启用关防。除呈报并咨行外，合行布告，仰军民人等一体周知。[④]

由于仅见一则资料，提及原国民三军第三师改编情况，未见原国民二军各部改编情况，但此后再未见李虎臣、卫定一所部沿用原来番号，应在6月18日前后，陕军诸部都更换了番号。

---

① 段绍岩：《坚守西安的片断回忆》，中国人民政治协商会议陕西省委员会文史和学习委员会：《陕西文史资料精编》第2卷《重大事件》，西安：陕西人民出版社，2010年，第168页。段绍岩（1889—1964），本名民达，陕西岐山人，早年入北京政法学堂，参加陕西辛亥革命，参与筹建西北大学。西安围城之役前曾任长安县知事，期间任陕西省长公署秘书。中国人民政治协商会议陕西省岐山县委员会文史资料研究委员会：《岐山文史资料》第3辑，1988年，第108页。

② 高小云，名士龙，以字行，韩城人（袁增华遗稿：《西安围城时的见闻》，中国人民政治协商会议西安市委员会文史资料研究委员会编：《西安文史资料》第11辑，内部资料，1987年，第82页）。

③ 据党晴梵回忆，除了以上职务外，“还有段祺瑞执政所委任的陕西省长刘治洲，刘初到任，李云龙幕府中人不大欢迎。围解后，即以陕军代表负联系冯玉祥之责。又有刘治洲所委任之关中道尹毛俊臣，只不过备位而已。其发生极大作用的则为长安县县长席凤鸣，席由卫定一推荐任此职。在李、杨、卫之间作联系工作，十分周到，极为三方面所倚重。”党晴梵：《西安城围记》，中国人民政治协商会议陕西省委员会文史和学习委员会：《陕西文史资料精编》第2卷《重大事件》，西安：陕西人民出版社，2010年，第40—41页。

④ 杨虎城：《就任陕西陆军第三师师长布告（1926年6月18日）》，西安事变研究会：《杨虎城文集》，北京：中国文史出版社，2013年，第13页。

统一组织陕军司令部，未必所有人都会满意。如曾任军务帮办公署参谋长、国民二军第四路总司令的韩缙青，在坚守西安之初，发挥了重要作用。但因为编制改变，他失去总司令职务，参谋长又委安国柱担任，他只能担任新编制下的陕军第一师参谋长。为此，韩缙青态度消极，曾托病多日，后因李虎臣促劝，“他也醒悟，正在共守危城之时，岂可以个人问题为念，他振奋精神，照常办事”①。经过一番波折，在西安城内终于实现了陕西军队的大团结。

据党晴梵回忆，参与守城的三支军队，“李云龙原驻在督办公署（北院，即现在之西安市人委）；卫定一带精锐两团入城后，驻于陕西实业厅（地址举院巷）；杨虎城带姬汇伯一旅，还有些直辖部队，驻于新城”②。三部军队情况如下：

李部刘文伯混成旅：

丁增华混成团、李定五团、王子茂团、宋西侯团、张明轩团、孙孝先策卫一队、任阁臣策卫二队；

杨部姬汇伯旅、黑子斌旅、冯钦哉旅、孙辅臣营、孙蔚如游击司令、王宗山三民军官队；

卫部沈仲裴团。③

会议之后，陕军司令部对各部任务重新部署：“杨虎城担任东北城关和城门楼的防守任务；李部担任南城门楼和南城关防守任务；卫部担任西城城关门楼和西城防守任务。”④具体如下：

第三师冯钦哉旅与第一游击支队黑子斌部，担任东城和东关防务，姬汇伯旅担任北城和北关及郊外黑女坟防务。

第一师刘文伯旅李定五团驻守黄雁村、三秦公学（今西北大学）之线，宋

① 俞嗣如：《坚守西安时的无名英雄》，中国人民政治协商会议陕西省委员会文史和学习委员会：《陕西文史资料精编》第2卷《重大事件》，西安：陕西人民出版社，2010年，第191页。

② 党晴梵：《西安城围记》，中国人民政治协商会议陕西省委员会文史和学习委员会：《陕西文史资料精编》第2卷《重大事件》，西安：陕西人民出版社，2010年，第40页。

③ 张茂如：《坚守西安回忆录》，中国人民政治协商会议陕西省委员会文史和学习委员会：《陕西文史资料精编》第2卷《重大事件》，西安：陕西人民出版社，2010年，第101页。

④ 郭孟圻：《西安围城回忆》，中国人民政治协商会议陕西省委员会文史和学习委员会：《陕西文史资料精编》第2卷《重大事件》，西安：陕西人民出版社，2010年，第27页。

锡侯团防守小雁塔、焦家村之线，王志茂团派兵一营防守焦家村至东南城角之线，其余各营分守南城和南关，韩子祥团驻守南门及钟楼，机关枪营驻守鼓楼、左公祠。

第四师全部驻守西关。

西安城防司令派史铸（仲容）担任。[①]

落伍者的回忆更加详细。防守东城及东关者，为原国民三军第三师军队，其兵力为：

一、国民三军三师第六旅，旅长冯钦哉；

二、国民三军三师第六旅第十一团，团长冯钦哉兼；

三、国民三军三师第六旅第十一团一营，营长王集生；

四、国民三军三师第六旅第十一团二营，营长曹国华；

五、国民三军三师第六旅第十一团三营，营长王勤轩；

六、国民三军三师第一游击支队，司令黑宪章；

七、国民三军三师第一游击支队第一营，营长呼延立人；

八、国民三军三师第一游击支队第二营，营长白德明；

九、国民三军三师第一游击支队第三营，营长薛光汉。[②]

防守北城及北关者，亦为原国民三军第三师军队，其兵力为：

一、国民三军三师补充第一旅，旅长姬汇伯；

二、国民三军三师第五旅第九团，团长张自强；

三、国民三军三师第二游击支队，司令孙蔚如；

四、国民三军三师第二游击支队第一营，营长仲兴哉；

五、国民三军三师第二游击支队第二营，营长赵寿山；

六、国民三军三师第二游击支队第三营，营长任子杰；

七、国民三军三师第五旅第九团第一营，营长杜葆田；

---

① 李定五：《坚守西安纪实》，中国人民政治协商会议陕西省委员会文史和学习委员会：《陕西文史资料精编》第2卷《重大事件》，西安：陕西人民出版社，2010年，第121页。

② 落伍者：《坚守西安之兵力调查》，讨逆军第十七路军《军事周刊》编辑委员会：《军事周刊（坚守西安胜利专号）》，1931年，第27—28页。落伍者应系笔名，本名、生平事迹不详。

八、国民三军三师第五旅第九团第二营，营长冯义安；
九、国民三军三师第五旅第九团第三营，营长刘天佑；
十、国民三军三师补充第一旅第一团，团长姬汇伯兼；
十一、国民三军三师补充第一旅第一团第一营，营长韩世本；
十二、国民三军三师补充第一旅第一团第二营，营长党澄清；
十三、国民三军三师补充第一旅第一团第三营，营长姬云山；
十四、国民三军三师补充第一旅补充营，营长母百堂。[①]

需要指出的是，“东、北两方敌距城既近，地形很高，为敌进攻之重点”[②]。即是说，杨虎城所部军队由于人数较多，战斗力较强，承担了守城的主要任务。

防守西城及西关者，为原陕西陆军暂编第六师卫定一所部军队，其兵力为第一团团长沈仲斐、补充团团长齐松山。[③]该师原驻兴平，负责保证西路与西安的联系，在镇嵩军合围之后，该师亦退守西安，与李虎臣、杨虎城合力守城。

防守南城及南关者，为原国民二军李虎臣所部军队，其兵力为：

一、国民二军第四混成旅，旅长刘文伯；
二、国民二军十师一团，团长宋锡候；
三、国民二军十师二团，团长王子茂；
四、国民二军十师三团，团长李定五；
五、国民二军十师骑兵团，团长韩子祥。[④]

除国民二军第四混成旅刘文伯外，其他均为李虎臣原国民二军第十师军队。

另有一部军队，如“一、西安城防司令史铸、副司令董瑞生，二、西安军

① 落伍者：《坚守西安之兵力调查》，讨逆军第十七路军《军事周刊》编辑委员会：《军事周刊（坚守西安胜利专号）》，1931年，第28页。

② 仲兴哉：《坚守西安八个月回忆》，中国人民政治协商会议陕西省委员会文史和学习委员会：《陕西文史资料精编》第2卷《重大事件》，西安：陕西人民出版社，2010年，第115页。

③ 落伍者：《坚守西安之兵力调查》，讨逆军第十七路军《军事周刊》编辑委员会：《军事周刊（坚守西安胜利专号）》，1931年，第29页。

④ 落伍者：《坚守西安之兵力调查》，讨逆军第十七路军《军事周刊》编辑委员会：《军事周刊（坚守西安胜利专号）》，1931年，第29页。

警联合处处长丁增华，三、国民三军三师卫队营营长孙友仁，四、国民三军三师骑兵营营长李杰三”[①]，应属于机动部队。除了对西安城的防守外，另由“何经纬（师长）守户县，姜宏模（团长）守杜城（南郊，距西安约十五里），以抗击刘镇华军的围攻”[②]。

但此兵力部署并非一成不变。到了6月份，由于小雁塔三失三得，守城军队意识到此据点的重要性，便对刘文伯旅进行了调整：

①宋锡侯团移驻城内防守南城；

②王志茂团防守南关；

③李定五团放弃三秦公学、黄雁村等处，团部移驻小雁塔，防守小雁塔及东西夏家庄、焦家村等处至东南城角之线。[③]

除上述简单调整外，整个部署大致坚持到国民联军前来解围之时，没有发生大的变化。

至于守城兵力，据仲兴哉估计，三部兵力有 10 000 余人。[④]落伍者回忆，“合国民二、三军各部，计不过八团之众，且当时各团营制，尚不足额”[⑤]。民国时期，一团人数一般1000余人，则八团兵力，当有10 000人左右。曹希进认为：“杨虎城部名义上是一师，实数五六千人；李虎臣在城里的部队约两旅，有四五千人；卫定一部约两千余人”[⑥]，总数应有 11 000 人至 13 000 人。作为攻城一方刘茂恩记述，“此时城内敌军，计有李云龙部两三千人，杨虎臣

---

① 落伍者：《坚守西安之兵力调查》，讨逆军第十七路军《军事周刊》编辑委员会：《军事周刊（坚守西安胜利专号）》，1931年，第29页。

② 曹希进：《关于坚守西安的一些材料》，中国人民政治协商会议陕西省委员会文史和学习委员会：《陕西文史资料精编》第2卷《重大事件》，西安：陕西人民出版社，2010年，第183页。据此则资料，西安围城之役期间曹希进一直身在城中。

③ 李定五：《坚守西安纪实》，中国人民政治协商会议陕西省委员会文史和学习委员会：《陕西文史资料精编》第2卷《重大事件》，西安：陕西人民出版社，2010年，第121—122页。

④ 仲兴哉：《坚守西安八个月回忆》，中国人民政治协商会议陕西省委员会文史和学习委员会：《陕西文史资料精编》第2卷《重大事件》，西安：陕西人民出版社，2010年，第115页。

⑤ 落伍者：《坚守西安之兵力调查》，讨逆军第十七路军《军事周刊》编辑委员会：《军事周刊（坚守西安胜利专号）》，1931年，第29页。

⑥ 曹希进：《关于坚守西安的一些材料》，中国人民政治协商会议陕西省委员会文史和学习委员会：《陕西文史资料精编》第2卷《重大事件》，西安：陕西人民出版社，2010年，第183页。

部五六千人，卫定一部一二千人，枪械共约六七千枝。”①

又据段绍岩回忆，“每日领粮兵数九千余人，领秣马数一千二百四十二匹”②。郭文卿 5 月 21 日记载，5 月 15 日，杨虎城“召集各部队面谕，减少人马数目，规定官兵八千五百零九员名，马一千二百四十二匹”③。但此后领粮秣者增加甚多，遂致函蒙浚僧参谋长询问应如何发放粮食。至 5 月 21 日晚核实，“尚有九千零十余人之多，而许多公共机关及临时各部队所招民夫不与焉，此后发粮，即以九千数百人，马一千二百四十二匹为标准”④。这应该算是守城陕军的官方数字了，具有较大权威性。

可见，仲兴哉、落伍者、曹希进、刘茂恩、郭文卿的记述相仿，李虎臣、杨虎城、卫定一三部兵力，应该在 9000—13 000 人。不同的是，郭孟圻认为：“杨虎城有一万多人，李虎臣只有五六千人，卫定一不过四五千人，合计起来两万多人，不到三万。”⑤与前述诸位的忆述相较，偏差明显，或不可信。但假设若郭孟圻所述，包括分布于陕西各地的陕军，未始没有一定道理。

守城陕军不仅人数有限，武器亦落后奇缺。据落伍者回忆，“枪械难足，而弹药尤成困难；山野炮仅四门，因炮弹缺乏，亦不堪用”⑥。张茂如亦认为：“杨部人多枪枝［支］不大好，李部人少枪枝［支］比较好，大炮只有一尊，缺拴，交通工具卡车一辆，步枪子弹用清制铜元作弹头，机枪无多，而有枪无子弹。”⑦6 月 6 日，国民军三军第三师司令部发布六言布告，“兵民拾得弹壳，原属无用之物；本部定价收买，每壳馒（头）十五个；有

① 刘茂恩口述、程玉凤撰著：《刘茂恩回忆录》上册，台北：学生书局，1996 年，第 140 页。

② 段绍岩：《坚守西安的片断回忆》，中国人民政治协商会议陕西省委员会文史和学习委员会：《陕西文史资料精编》第 2 卷《重大事件》，西安：陕西人民出版社，2010 年，第 166 页。

③ 郭文卿：《西安围城日记之片断》，中共西安市委党史研究室：《坚守西安》，内部资料，1993 年，第 249 页。据该日记，郭文卿是杨虎城国民三军第三师总兵站长，西安围城期间负责城内粮秣供应。

④ 郭文卿：《西安围城日记之片断》，中共西安市委党史研究室：《坚守西安》，内部资料，1993 年，第 249—250 页。

⑤ 郭孟圻：《西安围城回忆》，中国人民政治协商会议陕西省委员会文史和学习委员会：《陕西文史资料精编》第 2 卷《重大事件》，西安：陕西人民出版社，2010 年，第 27 页。

⑥ 落伍者：《坚守西安之兵力调查》，讨逆军第十七路军《军事周刊》编辑委员会：《军事周刊（坚守西安胜利专号）》，1931 年，第 29 页。

⑦ 张茂如：《坚守西安回忆录》，中国人民政治协商会议陕西省委员会文史和学习委员会：《陕西文史资料精编》第 2 卷《重大事件》，西安：陕西人民出版社，2010 年，第 101 页。

则速送来辕，不论或寡与多；点数付给现钱，并无丝毫差错。”[①]发布这种奇怪布告，表明城内守军面临子弹奇缺的困难局面。虽然如此，正如匡厚生所言：“然秦军……子弹虽绌，而砖石可用，不以此而灰心也”[②]，仍然坚持战斗到底。

第三节　城 围 之 后

一、围城之后的军事斗争

西安被四面包围之后，5 月下旬至 8 月上旬之间，攻守双方进行了多次战斗，双方各有胜负，均有损失，刘镇华镇嵩军没有实现攻入西安城的既定目标，守城陕军也没能突破包围，打通与城外陕军的联系。

5 月 25 日，“镇嵩军以大炮二十多门，分攻东、北两关，激战约五小时，敌未得逞，死伤甚重，退去”[③]。但因史料失载，此次战斗具体情况不详。镇嵩军以佯攻不成，便秘密挖掘地道，在其中放置大量炸药，希望以之轰倒城墙，乘机攻入城中。第一次在东关先农坛北面，但刚挖至土城壕边，便被守军发现制止。5 月 20 日，有一地道内火药突然爆炸，亦告失败。5 月 30 日，“国民党人正在易俗社剧园［院］中开会，忽东关外地雷爆发，土城陡陷，［镇］嵩军多数正欲攀援而上，适援军赶到，死力抵拒，城乃无恙，然亦幸彼地道未掘至城根以下，不然殆矣”[④]。6 月 9 日晨，只听轰然两声，“东郭城墙尘土飞扬，城上小垛震裂四五垛，［镇］嵩军约两营之兵，乘势猛扑，城上用大炮连放四五响，并以炸弹步机关枪同时射击，镇嵩军死伤甚

① 杨虎城：《坚守西安布告（1926 年）》，西安事变研究会：《杨虎城文集》，北京：中国文史出版社，2013 年，第 14 页。

② 匡厚生：《长安围城纪事诗百首》第三十六首自注，刘迈主编：《西安围城诗注》，西安：陕西人民出版社，1992 年，第 35 页。

③ 赵文杰：《西安城坚守记》，中国人民政治协商会议西安市委员会文史资料研究委员会编：《西安文史资料》第 11 辑，内部资料厂，1987 年，第 4 页。赵文杰生平事迹不详。

④ 匡厚生：《长安围城纪事诗百首》第十三首自注，刘迈主编：《西安围城诗注》，西安：陕西人民出版社，1992 年年，第 20 页。

多，始行退去”[①]。据赵文杰回忆，此次战斗，进行约三小时，“毙敌官兵数百人，缴获长短枪数十支，红枪会符号无数，守城官兵伤十余人”[②]。此后，镇嵩军“利用东关靠近关墙的几家骡马店和几个砖瓦窑隐蔽地形，挖掘了两处地洞，于6月中旬一个夜间，从两个洞内送进装着炸药的棺木，燃着后只把北稍门偏北的城墙轰塌一小部分，另外一处虽然爆炸，城墙未伤，计又未得逞”[③]。

镇嵩军包围西安后，城外陕军多退入城内，但并未放弃小雁塔，这里成了守城陕军在西南面最突出的前沿阵地。当时，小雁塔由李虎臣所部张莹驻守，任阁臣认为：“因敌众而我们兵力单薄，所以……曾经先后由张莹屡失而屡夺回，就有六七次之多。”[④]李定五认为镇嵩军“进行过无数次的进攻，前后三失三得”[⑤]。争夺小雁塔的战斗，究竟进行了多少次，具体情况如何，因史料缺乏，难以尽窥，但必定十分激烈。如6月15日，镇嵩军攻占小雁塔，守城陕军旋即“急调杨部孙辅丞营和李部的一、二两支队，飞驰急援”[⑥]，又将之夺回。

6月22日，“守军各将领决议出击北关之敌，以通粮道，藉与三原联络，并护送部分居民出城”[⑦]。本次战斗由姬汇伯担任总指挥，参加战斗的有张自强、冯钦哉、丁增华等部，双方在红庙坡一带相持20余日，以守军失败告终。在此期间的6月27日，镇嵩军以精锐之师，猛攻西关，冯钦哉、丁增华、曹国华等与之战斗。7月4日，镇嵩军趁城内守军迎战西关，东关守军较弱之机，猛

① 俞嗣如：《杨、李坚守西安经过》，中国人民政治协商会议陕西省委员会文史和学习委员会：《陕西文史资料精编》第2卷《重大事件》，西安：陕西人民出版社，2010年，第69页。

② 赵文杰：《西安城坚守记》，中国人民政治协商会议西安市委员会文史资料研究委员会编：《西安文史资料》第11辑，内部资料，1987年，第4页。

③ 李定五：《坚守西安纪实》，中国人民政治协商会议陕西省委员会文史和学习委员会：《陕西文史资料精编》第2卷《重大事件》，西安：陕西人民出版社，2010年，第123页。

④ 任阁臣：《回忆我在坚守西安期间曾参加的几次战斗》，中国人民政治协商会议陕西省委员会文史和学习委员会：《陕西文史资料精编》第2卷《重大事件》，西安：陕西人民出版社，2010年，第112页。

⑤ 李定五：《坚守西安纪实》，中国人民政治协商会议陕西省委员会文史和学习委员会：《陕西文史资料精编》第2卷《重大事件》，西安：陕西人民出版社，2010年，第122页。

⑥ 任阁臣：《回忆我在坚守西安期间曾参加的几次战斗》，中国人民政治协商会议陕西省委员会文史和学习委员会：《陕西文史资料精编》第2卷《重大事件》，西安：陕西人民出版社，2010年，第112页。

⑦ 赵文杰：《西安城坚守记》，中国人民政治协商会议西安市委员会文史资料研究委员会编：《西安文史资料》第11辑，内部资料，1987年，第4页。

攻东关，激战半日始退。

7 月 22 日夜间，镇嵩军猛攻东北城角，“以十多门大炮火力压迫城上守军，一面以敢死队架云梯爬城”[①]。战斗持续至 23 日下午，镇嵩军因伤亡太大，被迫撤退。此役守城军队之“姬部参谋长王俊僧阵亡，游击司令孙蔚如受伤。”[②]但镇嵩军不甘于失败，稍后数日内，即在东十里铺召集会议，策划进攻。王振第四师自告奋勇，愿意担任攻城任务。8月2日，王振率师攻城，当时情势十分紧张：

幸杨师长所辖补充第一混成旅旅长姬汇伯赶至，督令反攻，所带卫队数十名亦一律加上，于是城头之敌遂纷纷颠落也。然刘雪亚部下甘肃督办兼镇嵩军师长王振仍督队不退。此时若非杨师长复派援至，恐姬汇伯亦无法支持。盖战斗过久，枪弹、炸弹皆已用尽，守兵之所恃，只砖石也。[③]

此后，又有 8 月 6 日夜，镇嵩军间谍在南院门第一商场纵火，与此同时，“南关外嵩军亦乘机反扑，一时人心大震，秩序几乱，幸城防军一面救火，一面抵住来扑之敌”[④]。双方战斗到次日天明，镇嵩军不支而退，而第一商场也被烧成一片焦土。

8月2日之战，已经是攻守双方最后一次大规模的战斗了，此后攻守双方均无力再发动大规模战斗。从刘镇华镇嵩军一方来看，兵强马壮、士气旺盛之时，对西安城的几次猛攻，尚且不能打破缺口，随着师老兵疲，士气低下，内部矛盾日益显现，攻入西安城的可能便越来越小。从守城陕军一方来看，虽然诸将领基本上团结一致，坚欲抗击镇嵩军，但他们可资利用的兵力十分有限，用于防守尚且捉襟见肘，遑论出城野战。

当然，即使如此，9 月之后，守城陕军仍然组织了一些进攻。如据冯幼清

① 赵文杰：《西安城坚守记》，中国人民政治协商会议西安市委员会文史资料研究委员会编：《西安文史资料》第 11 辑，内部资料，1987 年，第 5 页。

② 李定五：《坚守西安纪实》，中国人民政治协商会议陕西省委员会文史和学习委员会：《陕西文史资料精编》第 2 卷《重大事件》，西安：陕西人民出版社，2010 年，第 123 页。

③ 匡厚生：《长安围城纪事诗百首》第十五首自注，刘迈主编：《西安围城诗注》，西安：陕西人民出版社，1992 年，第 21 页。

④ 匡厚生：《长安围城纪事诗百首》第十七首自注，刘迈主编：《西安围城诗注》，西安：陕西人民出版社，1992 年，第 21—22 页。

回忆，这一时期，守城陕军发动过三次突围战。

第一次为大白杨之战，失败：

9月20日，由城内部队挑选精锐约一千人，李、杨总、副司令移驻城内西北角广仁寺内，统一指挥，卫定一师长亲临前线督战，激战三日，占领了潘家村、红庙坡、火烧壁、大白杨等村庄。攻击大白杨，是十分困难的，敌人阵地居高临下，我军攻击时，伤亡颇众，虽然终于击溃了敌人，占领了大白杨，但敌人集中强大兵力，进行反攻，我军遭受惨重牺牲后，被迫退却。①

第二次为小雁塔突围战，亦以失败告终：

约在10月间的一个晚上，又以精锐兵力，从南稍门小雁塔附近突围，我连打先锋，以迅雷之势，猛扑直冲，敌人哨兵仓皇退却，未及抽掉桥板，攻占了敌人防线。约一小时，敌人集中火力反攻，我军后面部队，接续不上，因而退过敌壕，当我问及刘总指挥时，才知其他各军贻误时机。若二次攻击，谅敌必有充分准备，经研究后，各回原防。②

第三次为大雁塔突围战，也是城内陕军最后一次主动出城战斗：

敌军杨全团长的某卫兵（他和卫定一的卫士是亲兄弟），在11月26日晚，给我们送来敌人一星期的口令。27日下午三时，沈仲斐团长把我叫上城墙，对我说："今晚突围，地点是大雁塔方向，我们的任务是担任攻壕，过壕后，掩护后面部队前进。"他说："你们带上五十把自来德手枪，突击冲过敌人战壕，出发的时间是下午六点，路线是由西关进城，走南马道，经甜水井，绕小湘子庙街，出南门。"……天黑以后，我们出南稍门，城外荒草，一人多高，我们先挺身而走，后来伛偻而行，最后爬行，不时小心地雷。当敌人发觉时，我们已快到敌人壕边，以密集火力，猛烈攻击，突破敌人防线，掩护全军过壕。当时，李部由东向西，杨部由西向南，分路追敌。我追到敌壕附近一个村庄，听说敌

---

① 冯幼清：《我对坚守西安的回忆》，中国人民政治协商会议陕西省委员会文史和学习委员会：《陕西文史资料精编》第2卷《重大事件》，西安：陕西人民出版社，2010年，第87页。

② 冯幼清：《我对坚守西安的回忆》，中国人民政治协商会议陕西省委员会文史和学习委员会：《陕西文史资料精编》第2卷《重大事件》，西安：陕西人民出版社，2010年，第87—88页。

军石旅长原住在村上，人马已全部逃走，检查该旅长的衣物行李手枪等，整个未及带走，此外，还有两大包棉花和百余石小麦。①

据冯幼清回忆，此次突围战，守城陕军不知道冯玉祥国民联军已经前来解围。但此说似未确，因为孙良诚等已经在城外战斗多时，城内守军似不可能不知道。当然，由于城围严密，城内守军或许不知他们的具体部署，很难说此次突围是为了配合解围军队，但倘无解围军队的任何消息，此时陕军似已无力冒险突围。

据李定五回忆，9 月中旬到 10 月初，镇嵩军曾向城内散发大量传单，“扬言我某处守军投降，某处守军缴械，以打击我军斗志，还说什么兰州被张兆钾、孔繁锦包围，指日可下，援甘陕军，被阻平凉，进退维谷，西安已成死城”②。

不仅如此，刘镇华还对城内发出威胁：

本军近由山西运来重型大炮（名曰扫地平），如果大举进攻，难免玉石俱焚。本司令主陕多年，不忍出此，深知城内军民，对李、杨不顾军民忍饥受饿、惨痛牺牲，一意坚持守城错误主张，均怀不满，近日官兵携械投诚者，络绎不绝。且有很多官兵，暗中与我联系，要枪杀李、杨。坚守罪魁，只李、杨二人，其余官兵一律优遇，如枪杀李、杨者，偿五万元，献首级者，偿十万元。③

正如李定五的回忆，镇嵩军此时是企图“淆乱人心，制造混乱”，以攻心方式，迫使守城军队投降，但收效甚微。

在回忆中，李定五还提到了 9 月下旬镇嵩军的一次蛊惑行为。当时，镇嵩军利用驻西关的卫定一所部团长沈澄（仲斐）和他们几个高级将领有同学关系，诱沈至其西营盘，殷勤招待，捏造了冯玉祥援军失败的谣言。沈将消息报告卫定一，于是卫、李、杨进行商议：

---

① 冯幼清：《我对坚守西安的回忆》，中国人民政治协商会议陕西省委员会文史和学习委员会：《陕西文史资料精编》第 2 卷《重大事件》，西安：陕西人民出版社，2010 年，第 88 页。

② 李定五：《坚守西安纪实》，中国人民政治协商会议陕西省委员会文史和学习委员会：《陕西文史资料精编》第 2 卷《重大事件》，西安：陕西人民出版社，2010 年，第 127 页。

③ 李定五：《坚守西安纪实》，中国人民政治协商会议陕西省委员会文史和学习委员会：《陕西文史资料精编》第 2 卷《重大事件》，西安：陕西人民出版社，2010 年，第 127 页。

杨知此事后，为了防止敌人破坏团结及奸人的乘机挑拨，杜绝一些不必要的接触，防止发生误会，遂与李共同移住喇嘛寺。旋李将我召至寺内，没等我开口，便说："'我对点'叫你，他现在寺外谷子地睡觉，你去吧。"我到寺外约百米的谷子深处，见到杨虎城（当时喇嘛寺外空地，全是军队种的谷子）。他问我近日听到些什么消息。我说驻在小雁塔，很少进城，没听见什么消息。他即将沈澄事告诉我，并一再叮咛，要严守秘密。当时指示我抽出两连兵移住城内，晚间移住西门城楼，万一卫部撤离西关，立即进行抢占，假如时机不许，务须守住西门，决不能让敌人冲进城来。又说："事关重大，你敢负这一重大责任吗？能不能负此重任，你可慎重考虑。"我即表示，保证完成任务，如有贻误，请杀我头！他冷笑一声说："很好，赶快回去安排。"①

正是因为李虎臣、杨虎城对卫定一亦有防备，刘镇华的蛊惑行为才会在一定程度上起到了效果。随后，李虎臣、杨虎城两人秘密讨论后，决定召开一次团以上将领会议，以防备刘镇华镇嵩军阴谋得逞：

卫定一当时在会议上痛哭流涕，慷慨激昂地拍着胸膛说："我卫某从不背信弃义，卖友求荣，做万人唾骂之事！"对敌蛊惑，其所以没有即时拒绝，为的是要商讨个万全之策。并郑重表示，愿与城共存亡，与大家共生死。②

经此事件，"李、杨见其如此诚恳，疑虑尽释，敌之阴谋，不但未逞，反进一步增强了我军的团结，使各级将领，更提高了警惕"③，守城陕军主要将领之间的裂痕得以及时修复。

二、城围之后城内的社会控制

为避免被刘镇华镇嵩军离间，围城期间，陕西军政当局对城内进行严厉管控。

---

① 李定五：《坚守西安纪实》，中国人民政治协商会议陕西省委员会文史和学习委员会：《陕西文史资料精编》第2卷《重大事件》，西安：陕西人民出版社，2010年，第127页。

② 李定五：《坚守西安纪实》，中国人民政治协商会议陕西省委员会文史和学习委员会：《陕西文史资料精编》第2卷《重大事件》，西安：陕西人民出版社，2010年，第127页。

③ 李定五：《坚守西安纪实》，中国人民政治协商会议陕西省委员会文史和学习委员会：《陕西文史资料精编》第2卷《重大事件》，西安：陕西人民出版社，2010年，第127页。

其一，治安管控。早在1926年3月2日，虽然镇嵩军主力部队尚未围攻西安，城内已有草木皆兵、风声鹤唳之感。为控制局面，城防司令部发布布告，对城内各种流言严厉禁止：

为严禁事，照得时局不靖，谣诼频兴，流言惑煽，必系奸人。若不严行禁止，诚不足以息风说而维治安。除派员暗地密查，随时拿办外，为此布告，仰军民人等一体周知。自此布告之后，务即各安生业，倘再有造作种种谣言，希图摇惑人心，扰乱治安者，一经查获，定以军法从事。本司令言出法随，决不姑宽，勿谓言之不预也！[①]

约在3月上旬，督办陕西军务公署发布戒严布告，因史料缺乏，未见原文。但3月10日，督办陕西军务公署要求警察厅执行命令，次日，警察厅厅长史铸发布布告：

为布告周知事，本月十日奉督办陕西军务善后事宜公署训令五二号内开，为令遵事，现在省城治安极关重要，若不严加防范，深恐混有奸人，发生意外。兹由本月十一日起，每晚八钟，所有商民人等，不准街巷行走，以示肃静，而便稽查。除布告并分行外，合亟令仰该厅长转饬各区警署，传谕各岗警，遵照办理外，合行布告，仰商民人等，一体知悉，毋得违误，干咎为要，切切此布。[②]

如此，则从3月11日起，西安城夜间实行宵禁。制定和实施这一政策，表明督办陕西军务公署已经意识到问题的严重性。

西安被四面包围之后，守城陕军加强了对城内的全面控制。5月17日，杨虎城以国民军三军第三师师长、陕北国民军前敌总指挥名义，颁发了六言布告，“现值戒严期间，禁止造谣生事，倘敢明知故犯，拿办决不宽恕”[③]。稍后，省会警察厅也秉承六言布告的精神，表示“已饬岗警查禁，力保地面治安，谕尔商民人等，切勿妄听妄谈，倘敢故意违犯，查出重办不宽，合亟申令

---

① 《城防司令查禁谣言之布告》，《新秦日报》1926年3月2日，第3版。

② 《警厅之戒严布告》，《新秦日报》1926年3月13日，第3版。

③ 杨虎城：《坚守西安布告（1926年）》，西安事变研究会：《杨虎城文集》，北京：中国文史出版社，2013年，第14页。

布告，其各一体凛旃”[①]。

对搜查到的土匪和镇嵩军间谍，陕西军政当局采取严厉惩处态度。如5月16日，军警联合稽查处将四名匪犯枭首示众，为发出布告：

为布告事，案于本年五月十五夜约十一钟时，据本城内东涝巷秦晋客店商民雷凌霄报称，是晚有冒充军人蓝孟良、田复雷、刘常清、申风和等执持枪械，在伊店内强迫威劫，急恳缉究等情到处。据此，当即派队前往提拿，该匪等仍未远扬，立即提获到处。并查获六轮手枪一支，子弹四粒；折腰手枪一支，子弹五粒。随提问质询，该匪等无可狡抵，供认持枪行劫各等情不讳。查该匪等竟敢结伙行劫，持枪威诈，罪不容诛，应触犯《惩治盗匪法》第三条第一款之罪，处以死刑。除将该匪等绑赴刑场，立予斩决，以昭炯戒，即安良懦，并奉杨师长面谕，令即斩决。一面呈报备案外，合行布告。为此仰合邑军民人等，一体知悉。[②]

5月25日，国民三军第三师补充第一旅姬汇伯司令部枪决了镇嵩军的坐探阎官森。阎官森为河南洛阳人，25岁，在围城期间，他暗中与镇嵩军相联络，“连日以来屡献我军秘密，当由本旅长派弁往拿提案严讯，该逆供认不讳，似此强徒，敢于军事戒严期间图谋不轨，破坏治安，实属罪不可逭，若不惩办，何以儆效尤？”[③]

7月31日，陕军某团在粉巷菩萨庙内，“拿获敌军侦探一名，当即解送某军事机关严讯，据供称姓马名凤岐，临潼县人，由大雁塔万老七后村熊麻子带伊来城侦探军情”[④]。讯毕，便被关押进了长安县署。

对围城期间的市面，陕西军政当局也进行严格管控。5月19日，国民军三军第三师司令部颁发了六言布告：“照得街头小贩，全赖贸易营生，亟应加意保护，毋得擅拉作工，谕尔各部兵士，务须一体遵听，倘敢故意违犯，惩办决

① 《警厅禁止谣言之布告》，《新秦日报》1926年5月24日，第2版。

② 《军警稽查处昨日正法匪犯》，《新秦日报》1926年5月17日，第3版。此四名匪犯中，蓝孟良30岁，直隶人；刘常清32岁，河南人；田复雷28岁，长安人，申风和22岁，湖北人。

③ 《姬旅昨日枪决坐探之布告》，《新秦日报》1926年5月26日，第2版。

④ 《省军在粉巷内拿获敌探》，《新秦日报》1926年8月2日，第2—3版。

不从轻。”[①]

西安被围之时，陕西军政当局对城内的物资流通，进行强制管理：

凡饮食品或出售或运送，均须倚赖军人为之保险，不然中途即被军队抢劫。不惟劫掠商民粮物，即军队遇军队，亦以众欺寡，强凌弱而篡取之。二军之粮，三军抢之，三军之秣，二军抢之。其抢劫之事，不仅限于粮秣，亦不限于僻巷，即大街通衢之间。军械子弹之属，亦莫不彼抢此夺。[②]

5 月 28 日，长安县署发布维持市面的六言布告：

照得军务倥偬，亟应维持市面，所有麦米炭薪，统宜公□运贩，乃有嗜利奸商，格外居奇垄断，或者高抬市价，或者匿货不现，若不实行禁止，公私均感不便，特此明白布告，其各一体凛旃。[③]

6月3日，据城内保吉巷王恒炳呈报，山西人阎云山被捕处决。他“竟敢串军诈财，实属目无法纪，罪不容诛，若不从严重办，何以安良善而保闾阎，应依军法从事，处以死刑，即由本处验明正身，绑赴刑场，立予斩决，以昭炯戒，而快人心。”[④]

6 月 14 日，财政厅发布《拟定银币价值》布告，“照得银币价值，须有一定准衡，兹定现洋一元，折银七钱五分，出入按此折合，不许任意减增，为此出示布告，仰即一律恪遵”[⑤]。

7 月 1 日，陕西陆军第三师司令部发布布告，查禁招摇敲诈：

为布告事，照得省会地方，人烟稠密，良莠不齐。近查僻街小巷，往往发生事端。自非严行查禁，殊与省会治安大有妨碍。合行布告，仰各色人等一体知照。嗣后倘有假借本军名义，或假冒本军符号，在外招摇敲诈者，准即指名

---

① 杨虎城：《坚守西安布告（1926 年）》，西安事变研究会：《杨虎城文集》，北京：中国文史出版社，2013 年，第 14 页。

② 黄成垙：《西安围城记》，1927 年，第 31 页。

③ 《长安县署维持市面之布告》，《新秦日报》1926 年 5 月 29 日，第 2 版。

④ 《军警稽查处前日正法勾军诈财人犯》，《新秦日报》1926 年 6 月 7 日，第 2 版。

⑤ 《财厅拟定银币价值之布告》，《新秦日报》1926 年 6 月 16 日，第 2 版。

来部报告，以严究办，决不姑宽。[①]

又据《新秦日报》7月6日消息，围城期间，为防止敌人趁夜进攻，城防司令部“每晚特派副官及稽查员多人，督同兵士轮流巡城，循环不已，直至天晓始止，并由司令史铸亲自上城抽查一次，以重防务”[②]。7月5日，城防司令部又委派多名稽查员，分赴各区查拿奸宄，不仅如此，还“分令东西南北及东关各警署，认真稽查盗匪，以保公安”[③]。

围城期间，陕西陆军总司令部还发布六言布告，严禁赌博：“现值军事吃紧，兵士纪律为先。竟有不肖之徒，暗地聚众赌钱。精神疲倦误事，输赢更滋事端。已派多员密查，犯者重惩难宽。特先出示严禁，兵士宜各凛焉。”[④]如果遇到有违反赌博禁令者，“定即从重惩办”[⑤]。

为弹压城内军队恶行，总司令部对作奸犯科的军人严刑峻法。针对守城陕军搜粮风气横行的局面，李虎臣、杨虎城颇为警觉，他们“令姬汇伯、丁增华负责整顿城内秩序和搜粮风气，在南院门和西门口逮捕两名搜粮兵，遂即时枪决，而搜粮风气大减矣”[⑥]。依此，则李虎臣、杨虎城对士兵搜粮之事，未必支持。据张茂如回忆，围城期间，“李虎臣部王营长（名字记不起了）当时充差官长，私将南华公司某人拉票，经杨虎城与李虎臣报告调查属实，当晚枪决，叫我付给三百元，着他的儿子成殓埋葬。杨虎城部黑旅亦有同样事故发生，杨虎城也是立即枪决”[⑦]。但奈何面临严重乏食的局面，城内在一定程度上处于失控状态，杜绝士兵违法乱纪，实属不易。

其二，粮赋管控。陕西军政当局深知，和镇嵩军的斗争，虽然直接体现在

---

① 杨虎城：《坚守西安布告（1926年）》，西安事变研究会：《杨虎城文集》，北京：中国文史出版社，2013年，第15页。

② 《城防司令部稽查盗匪情形》，《新秦日报》1926年7月6日，第2版。

③ 《城防司令部稽查盗匪情形》，《新秦日报》1926年7月6日，第2版。

④ 杨虎城：《坚守西安布告（1926年）》，西安事变研究会：《杨虎城文集》，北京：中国文史出版社，2013年，第14—15页。

⑤ 《军事当局积极禁止赌博》，《新秦日报》1926年6月6日，第2版。

⑥ 张茂如：《坚守西安回忆录》，中国人民政治协商会议陕西省委员会文史和学习委员会：《陕西文史资料精编》第2卷《重大事件》，西安：陕西人民出版社，2010年，第102—103页。

⑦ 张茂如：《坚守西安回忆录》，中国人民政治协商会议陕西省委员会文史和学习委员会：《陕西文史资料精编》第2卷《重大事件》，西安：陕西人民出版社，2010年，第103页。

军事实力对比、守城意志上，但粮食似乎更为关键。西安城墙高大、坚固异常，仅恃士气低沉的镇嵩军，想攻下绝非易事。如果能够保证城内军民的粮食供应，则阻止刘镇华镇嵩军进攻，当有更大希望。是以早在1926年3月，镇嵩军还没有兵临城下，李虎臣、杨虎城等还没有退入西安之时，督办陕西军务公署便催促时任长安县知事张念祖，征收1930年六成粮赋：

现在省垣大军云集，需用粮秣、柴草异常浩繁，刻日筹办现洋一十万元，按日拨交全省总粮台二千元，以便应用。复奉第三师前敌总指挥部令开，城内筹备麸料，应由长安县知事担负责任。嗣后于经手城内筹备麸料事宜，亟应积极筹办。各等因，奉此，查前任办理各项粮秣，专指预征粮赋以备供支。此次奉文筹办巨款，应征各项粮赋散在四乡，已属缓不济急。再杂税一项，经前任照额传令，预交数月。况时□戒严期内，罗掘已空，已将困难情形，呈报各宪。准由城关各商户房租，照上月开造花名各册，继续□收一月，以备急需。其不敷之数，由本知事另行设法外，合行布告。为此布仰城关商户人等，一体周知，赶将应交房东每月房租银洋，踊跃输纳。仍以六年债票抵还，毋得借口街市滞塞，退缩不前。倘至期不交，及有短交情事，一经查出，定即加罚不贷。特此布告。[①]

不详张念祖是否完成任务，但仅半月后，当陕西督署催交1930年余下四成粮赋时，长安县知事已经由段民达担任。不久，据陕西督署要求，“将下欠之四成，限日扫数征齐，以济军需，该署业已通知各仓廒绅约，并严限粮差及包纳民王军各粮粮铺，限期扫数以应提拨，仍系票现各半征收”[②]。为了保证长安县知事能够如数征收到粮赋，军署委派粮台总办吉希文和许笃儒前往长安县坐等，收到之后即行提去。

至5月下旬，随着战事的绵延，征集粮赋以供军需越来越难，“月余以来，交通梗塞，省外各县既无款可费挹注，一切需用，惟恃商家之筹借与富室之捐助，粮赋房租，罗掘俱穷”[③]。为此，时任长安县知事与商会会长磋

① 《长安十九年粮赋先纳六成》，《新秦日报》1926年3月2日，第3版。
② 《长安县署催征十九年四成粮赋》，《新秦日报》1926年3月17日，第3版。
③ 《长安县署布告发行兑换券》，《新秦日报》1926年5月31日，第2版。

商，认为只有发行兑换券，方可以解此燃眉之急。如《长安县发行兑换券暂行章程》：

（1）本署为维持市面、流通金融，呈准列宪，并经商务会全体通过，发行兑换券。

（2）此项兑换券，金额共十万元。

（3）此项兑换券，即以本县征收粮赋及杂税等作抵。

（4）凡下列各项用途，在本县境内一律得通用此项兑换券：

（甲）完纳地丁钱粮及各项地方税凡属本县管辖者；

（乙）一切官款出纳及商民交易。

（5）此项兑换券样式由本公署订定之。

（6）此项兑换券共分三种分列于下：

（甲）一元；（乙）二元；（丙）五元。

（7）此项兑换券在本县境内，凡属上列第四条所列各款用途者，不得有拒不收受及折扣贴水等情。

（8）本署为便利交易起见，特就本署设立兑换所，惟每人每次兑现不得逾五元。

（9）兑换钟点：每日自十二钟起至一点止，过时停止兑现。

（10）如有伪造及行使伪造此项兑换券者，经人告发，或被察觉，依法律重惩办之。

（11）本章程自奉令核准，公布之日施行。①

此后，相关史料再未有涉及兑换券者，不详其施行情况，但倘使考虑到西安城内情况此后越变越糟，兑换券的施行应难以进行。

5月31日，陕军总司令部以总司令李云龙，副司令杨虎、田玉洁名义发布“维持民食布告”两则，其一为：

照得军食民粮，两事均关重要。本部设有粮台，筹备军用食料。

所有商民存麦，一概不准私号。倘有不肖之徒，假借搜粮胡闹。

① 《长安县署布告发行兑换券》，《新秦日报》1926年5月31日，第2版。

准尔商民人等，立即来部喊告。本部言出法随，其各一体遵照。[①]

其二为：

照得前次查麦，原为筹备军粮。现由粟商担任，每日备价平量。
调查业经完竣，市面籴粜依常。闻有不法之徒，假借名义张狂。
任意藉端敲诈，实于秩序有妨。谕尔商民知晓，随时审察宜详。
如有私充假冒，准其喊告警岗。决定按法惩治，庶以除暴安良。[②]

陕西全省总粮台曾对城内存麦数量进行调查，但早已告一段落，时至 6 月初，“有不逞之徒，仍假名义肆行骚扰”，为此，总粮台发布六言布告：

照得会同查麦，本台早经停止。近有不逞之徒，胆敢假冒名义。
肆行招摇骚扰，藉指号麦渔利。为此出示布告，俾尔商民知悉。
再有上项情事，即报本台得知。一经讯问确切，严惩决不宽恕。[③]

7 月 5 日，全省总粮台为派员查麦事，又发布六言布告：

照得军食民食，两者均关重要。本处派员查麦，原为取多留少。
凡属面房营业，本来供给食料。欲得本处不查，须早来台报告。
所有派出人员，执单并不查扰。居户商民人等，亦宜照常买粜。
为此明白宣示，其各一体知照。[④]

至 8 月 1 日，粮秣处和总粮台鉴于以往采取办法弊端甚多，准备发布新办法：

对于城围商民，按户摊派军粮，共分甲、乙、丙、丁、戊五种。甲：每户派麦一石五斗，乙：每户派麦七斗半，丙、每户派麦三斗，丁、每户派麦一斗，戊、每户派麦五升，由县及两处派员，会同各街街长、编查员调查情形，酌量分配数目多寡。商民户有大小，量力共同分担，则轻而易举。且经此次派收之

① 《陕军总司令部维持民食之两布告》，《新秦日报》1926 年 5 月 31 日，第 2 版。
② 《陕军总司令部维持民食之两布告》，《新秦日报》1926 年 5 月 31 日，第 2 版。
③ 《总粮台布告防止假名号麦》，《新秦日报》1926 年 6 月 7 日，第 2 版。
④ 《总粮台派员查麦之布告》，《新秦日报》1926 年 7 月 6 日，第 2 版。

后，可供全军两月有余之粮，即可取消号粮办法，以除扰累。①

虽言“不日即可见诸实行”，但以时至8月份，城内缺粮现象已经十分严重，不仅贫民难民，甚至富户绅士也已接近断粮，当然无法应付“新办法”。此种政策，不过是加重了城内百姓负担，不能有效解决军粮短缺问题。

又，8月11日，“总粮台以派麦一举关系军食至为重要，不可不积极催缴，以应急需”，故“派人分赴各区警署，传知派粮委员，赶即催促各坊编查员、乡约，转令各花户速将粮食缴台，以免延误”②。和发行兑换券、按户摊派军粮、换领地方公债票一样，由于西安长期不得解围，陕西军政当局为了维持军食供应，只能想方设法对城内百姓进行盘剥掠夺了。

① 《粮秣处与总粮台筹商之派粮办法》，《新秦日报》1926年8月2日，第2版。同条资料提到，以往采取的办法为“就大宗囤户号购”，但是，“号粮之人贤愚具有，不免有上下其手之弊，或仅存数斗者亦行装去，若或稍得利益，即行舍而之他。其余种种情形，不一而足，又加之以假冒招摇，弊端百出。近则大宗囤户日少，即所拟之现款购买办法，亦多有人不肯将粮持出，仍属于事无济”。

② 《总粮台派赴各区催麦》，《新秦日报》1926年8月12日，第2版。

第四章 万 里 戎 机

直接参加西安围城之役战斗的相关方中，除攻城的刘镇华镇嵩军，守城的李虎臣、杨虎城等所统率的陕军（原国民军二、三军）之外，还有前来解围的冯玉祥国民联军。虽然是最后加入战团的一方，国民联军在西安围城之役的最终走向上却发挥了至关重要的作用。当攻守双方鏖战数月有余，均已筋疲力尽，处在攻者无功，守亦无力的胶着状态之时，忽然有一支生力军加入战团，立即打乱了攻守双方原有的力量平衡，使战争的天平迅速发生根本性转折。“鹬蚌相争，渔翁得利”，冯玉祥国民联军成为真正得利的一方。以下笔者主要依据《冯玉祥日记》、解围一方相关人员的回忆性史料，以解围一方的视角，对冯玉祥国民联军前来解围及解围之后的作为进行研究。

第一节 旧 雨 故 知

先是，冯玉祥国民联军与西安围城之役中的攻守双方均曾有一些渊源。1921 年，冯玉祥追随二十师长阎相文来到西安，在阎相文自杀后继任陕西督军。此时，刘镇华已由皖系转投直系，继续担任陕西省省长之职。冯玉祥当上陕西督军之后，刘镇华着意与之结交：

刘镇华对冯采取了以柔克刚的办法，表面上对冯非常恭顺，尽说些冯喜欢听的话，表示唯命是从；实际上却在竭力拉拢阎治堂、吴新田等，企图造成一种反冯的势力。他在冯的面前，处处表示艰苦朴素，以迎合冯的生活作风；而在冯的背后，则又与阎治堂、吴新田等混在一起，常常是三日一小宴，五日一大宴，酒席之后，继以打牌、嫖妓，吸鸦片。刘在这种场合，时常挑拨离间他们与冯的关系。①

冯玉祥渐渐亦听闻刘镇华的所作所为，似乎对之甚为不满。与冯玉祥关系密切的刘骥②，记述有冯玉祥谈及刘镇华的一番言语：

刘镇华真算得是官僚中的典型，小人中的标本，让这种人担当一省的行政长官，政治怎能会不败坏。

我们为什么这么困难呢？主要的症结所在，就是刘省长把持刁难。他身绾民、财两政，他既不顾人民的痛苦，又不顾军队的困难，我不能像阎督军那样任凭摆布，我偏要斗斗这个一省之长。③

这种不满应该是私下的。据《冯玉祥日记》载，1922年4月15日，因参加第一次直奉战争准备离开陕西前夕，冯玉祥与刘镇华一起观看工兵营演放电雷时，冯玉祥邀请刘镇华讲话，“刘讲毕，余谓省长奖饰，愧不敢当，望大家与在省军队，相亲相爱，联络感情，勿信谣，勿猜忌”④。冯玉祥遵吴佩孚之命离开后，督军之职交给了刘镇华，自此刘便以省长兼任督军，独掌陕西军政大权。

冯玉祥入陕之后，即与时任陕西靖国军总指挥胡景翼联络，合作讨伐皖系军人陈树藩。冯玉祥当上陕西督军之后，积极收编陕西靖国军，获得胡景翼同意。当年10月8日，冯玉祥致电北京政府大总统、国务院、陆军部：

万急，北京大总统、国务院、陆军部钧鉴：

---

① 刘骥：《阎相文的自杀和冯玉祥督陕》，中国人民政治协商会议陕西省委员会文史资料研究委员会：《冯玉祥在陕西》，西安：陕西人民出版社，1988年年，第87页。

② 刘骥（1888—1964），字谷生，又号菊村，湖北钟祥人，1921年任广东军政府军务参事，后投靠冯玉祥，参加北京政变，1925年冯玉祥下野赴苏联时，刘骥陪同前往，后任国民联军代表赴广州与国民政府联系，颇得冯玉祥信任。王俯民主编：《民国军人志》，北京：中国广播电视出版社，1992年，第110页。

③ 刘骥：《阎相文的自杀和冯玉祥督陕》，中国人民政治协商会议陕西省委员会文史资料研究委员会：《冯玉祥在陕西》，西安：陕西人民出版社，1988年年，第87—88页。

④ 中国第二历史档案馆：《冯玉祥日记》第2册，南京：江苏古籍出版社，1992年，第117页。

自定陕军入陕，陈树藩败退后，靖国军总司令于右任、总指挥胡景翼等迭派代表到省，表示服从，愿受编制，并请两湖吴巡阅使主持，将该部改编为师，以资收束。业奉吴巡阅使令，准照陆军章制，改编为陕西暂编第一师，饷由陕出，并任胡景翼为师长。该部队伍尚在编制中，惟于上月有日已通电取消靖国军名义矣。[①]

稍后，国务院以2075号函回复冯玉祥，表示同意。此时胡景翼所部约8000人，改编情况如冯玉祥当月13日致北京电文，除以胡景翼为陕第一师师长外，以岳维峻为第一旅旅长、田玉洁为第二旅旅长。[②]并表示："一俟该师收编就绪，即令其开往兴安，捍卫陕南，兼顾鄂北，实于统一陕局利益匪浅。"[③]

接受改编后，胡景翼未受到吴佩孚重用。1922年4月，冯玉祥离陕之前致信胡景翼，大意谓："你若为了作官，可将刘镇华赶走，取而代之；你若是愿意参加讨伐媚日祸国的张作霖，就一同出关东下。"[④]胡景翼旋响应冯玉祥召唤，出关东下。

第二次直奉战争中，冯玉祥与胡景翼、孙岳一起，发动了北京政变。政变成功后，为争夺地盘，冯玉祥派国民二军和国民三军一部，前往河南。据《冯玉祥日记》1925年1月7日：

今之河南，可谓乱省，奸淫掳掠，无所不至。而胡至开封，一睡辄五日不起，委任财政厅长三人，至于动殴。胡之室内有二三十人围坐，一事不作，只是捣乱，盖胡、孙交人太滥也。张锡元之实业厅长郭惟一，一至保定，而孙即任以旅长，真怪事也。孙极淡泊，但其用人太滥。而胡又非孙不能约束，胡之不愿孙至河南者，盖惧孙约束之。[⑤]

---

① 《冯玉祥鱼电（1921年10月8日）》，中国人民政治协商会议陕西省委员会文史资料研究委员会：《冯玉祥在陕西》，西安：陕西人民出版社，1988年，第290页。

② 《西安冯玉祥来电（1921年10月13日）》，中国人民政治协商会议陕西省委员会文史资料研究委员会：《冯玉祥在陕西》，西安：陕西人民出版社，1988年，第291页。

③ 《保定曹锟来电（1921年10月15日）》，中国人民政治协商会议陕西省委员会文史资料研究委员会：《冯玉祥在陕西》，西安：陕西人民出版社，1988年，第292页。

④ 刘骥：《阎相文的自杀和冯玉祥督陕》，中国人民政治协商会议陕西省委员会文史资料研究委员会：《冯玉祥在陕西》，西安：陕西人民出版社，1988年，第89页。

⑤ 中国第二历史档案馆：《冯玉祥日记》第2册，南京：江苏古籍出版社，1992年，第4—5页。

可见，冯玉祥对胡景翼在河南的作为并不满意。据《冯玉祥日记》，1925年2月4日上午，冯玉祥与在西安围城之役期间担任陕西省省长的刘治洲有一段较长谈话：

一、吾与笠僧写几条应办之事，如物色人才、亲看队伍、补充枪械、严治军纪等项，派王乃模、张树声亲去，请笠僧看完签字，我方真信。笠僧阅之，非常感激，并来电致谢。

二、吾前往河南时，用赵倜旧作子弹，因铜壳太坏，一经射击，就坏于枪膛之内，笠僧须买好铜，多造子弹。

三、笠僧对于刘雪亚当加防备，因阎百川曾检出彼之捣乱电报甚多，惟彼只嗾使憨玉琨进攻，自己并不敢动。

四、我与张雨亭言，历来失败者，都是过河拆桥，现在你我不可如此。孙、胡直接是效力国家，间接是助吾二人也。

五、此次奉军南下，吾极不赞成，盖因奉军失败与国民军有绝大影响也。

六、我送胡督办之《曾胡治兵语录》一书，无论如何，其营长以上官长非读不可，盖人必读书，方知进退也。①

1925年3月26日下午八时，冯玉祥与山西代表林逸谈话，谈及他与孙岳、胡景翼、岳维峻的关系：

从前我出陕西，本为国民除害计，不意张、赵败后，政治日坏，民生日窘。此次直奉再战，纯为个人之私仇，而兴全国之刀兵。临出发时，吾与孙禹行、胡笠僧、岳西峰言，我等死后，若革命党人物相见九泉，问予等何以死，殊觉无辞以对。与言至此，不觉大哭失声。而孙禹行则含泪曰：吾等可答以为人作走狗而死，所以决意再不为人之走狗也。②

如此，则冯玉祥与孙岳、胡景翼、岳维峻之间似乎有一种牢不可破的友谊。这种友谊一方面是基于大致相同的革命理想；另一方面也是维持自身生存，甚至壮大自己的需要。在强敌环伺，危机四伏之际，国民军一、二、三军

---

① 中国第二历史档案馆：《冯玉祥日记》第2册，南京：江苏古籍出版社，1992年，第13页。
② 中国第二历史档案馆：《冯玉祥日记》第2册，南京：江苏古籍出版社，1992年，第43页。

的生存都受到严重挑战，唯有抱团取暖，方有可能打败敌人，以谋发展。

胡景翼在病逝之前，推举岳维峻继任己职。4 月 13 日，冯玉祥接到胡景翼病逝之讯："田报告笠僧病状并死后情况，继谓笠僧死时嘱岳西峰，以后关于军国大事，当听冯总司令指挥，练兵带兵，亦当遵冯总司令之办法。余闻之，虽愧不敢当，然益痛伤笠僧之死也。"①伤痛持续甚久，次月1日，冯玉祥会见刘治洲时，"谈胡笠僧遗嘱，中心感伤，大哭不已"②，表明冯玉祥对胡景翼之死，十分惋惜，亦表明此时冯玉祥对国民二军，具有相当的约束能力。胡景翼、岳维峻虽然未必事事均对冯玉祥言听计从，但仍然承认冯玉祥对国民二军的领导地位，并在战略上与冯玉祥和国民一军保持一致。

北京政变之后，侦知吴佩孚确已失败的刘镇华，亦思染指河南，达到同时控制豫陕两省的野心。于是，刘镇华便派早想收河南督军于囊中的憨玉琨率领所部前往河南，与胡景翼展开激烈争夺。胡景翼和刘镇华的关系本就十分微妙，此前虽然表面保持和平，但面对尖锐的利益之争，加之北京政府挑拨离间，双方战争遂不可避免。在胡憨战争中，作为始作俑者之一，冯玉祥于公于私，当然支持岳维峻国民二军，如据《冯玉祥日记》1925 年 1 月 12 日所言，"现在孙、胡与奉作战，主动者是刘雪亚，刘于七日内，言讨冯者三，讨吴者亦三，今又挑拨是非，不乱何待。"③实际上，这场战争是典型的一个巴掌拍不响，双方都有责任，或者说，双方都想通过战争来夺取河南。

胡憨战争失败后不久，刘镇华先是经太原逃往天津，后取得吴佩孚谅解，重新投靠东山再起的吴佩孚。为报第二次直奉战争的一箭之仇，争夺天下，吴佩孚与奉军达成谅解，联合发动了对国民军的战争。由于受到双方夹攻，冯玉祥势弱下野，前赴苏联访问。④在此期间，刘镇华重新武装，发起了对陕西的进攻，浸成西安围城之役。

冯玉祥一直悬心河南局势。1925 年 9 月 10 日，"刘参谋长来，即命当晚赴河南，并亲笔与岳督办书五事如下：一、谋定后动，二、待时后动，三、陕西队

---

① 中国第二历史档案馆：《冯玉祥日记》第 2 册，南京：江苏古籍出版社，1992 年，第 50 页。

② 中国第二历史档案馆：《冯玉祥日记》第 2 册，南京：江苏古籍出版社，1992 年，第 59 页。

③ 中国第二历史档案馆：《冯玉祥日记》第 2 册，南京：江苏古籍出版社，1992 年，第 6 页。

④ 冯玉祥下野，还图谋以退为进，激化吴佩孚和张作霖之间因为联合进攻国民军暂时搁置的种种矛盾。

伍，不可出关，四、兵凶战危，不可大意，五、统一节制”①。冯玉祥对岳维峻与吴佩孚之间的互动十分敏感，担心岳维峻倒向吴佩孚，或者虽然没有倒向吴佩孚，也易受到吴佩孚蛊惑，与自己疏离，以致破坏大局。次月 6 日，冯玉祥“与张之江谈岳维峻对吴佩孚之情形，及种种之误会”②。10 月 25 日，“田局长自河南来，报告岳督办对时局之态度”③。11 月 15 日，“令魏秘书长电岳西峰，告以时局之情形，及奉军精锐完全未用”④。11 月 19 日，“电岳西峰，保定须多增兵，以资防备”⑤。11 月 22 日，“派丁参议代表往河南，告以见岳西峰应言之事：一、请孙传芳由津浦路前进，二、现在奉军精锐未动，我部勿因小胜而骄，三、保定须多驻军队，待机而动，四、将与郭松龄接洽之情形告知”⑥。

综上，冯玉祥与刘镇华之间，虽然曾经关系密切，但当初不过是利益结合，各取所需，后又有严重的利益冲突，且冯玉祥对刘镇华为人处事甚为厌恶。冯玉祥与胡景翼、岳维峻之间，当初即志同道合，后又有同志之谊，有共同利益，处于同一战线上，虽然有过误会，但旋即修复，并未影响他们的关系。加之刘镇华投靠吴佩孚，进攻被国民军视为后方基地的陕甘两省，此乃冯玉祥的必争之地。所以，冯玉祥从苏联回国之后，为支援友军、保护后方基地、逐鹿中原起见，毅然派兵赴援西安。

第二节 解围西安

于右任（1879—1964），陕西三原人，中国近现代著名政治家、教育家、书法家。1906 年加入中国同盟会，1918 年任陕西靖国军总司令，在 1924 年国民党第一次全国代表大会上，当选为中央执行委员。作为陕西人，于右任对桑梓一直颇为关心。1926 年春，因国民二军与直系军队作战失利，刘镇华镇嵩军得以大举攻入陕西，于右任以“西北革命基地不可失，欲收旧部援

① 中国第二历史档案馆：《冯玉祥日记》第 2 册，南京：江苏古籍出版社，1992 年，第 102 页。
② 中国第二历史档案馆：《冯玉祥日记》第 2 册，南京：江苏古籍出版社，1992 年，第 114 页。
③ 中国第二历史档案馆：《冯玉祥日记》第 2 册，南京：江苏古籍出版社，1992 年，第 122 日。
④ 中国第二历史档案馆：《冯玉祥日记》第 2 册，南京：江苏古籍出版社，1992 年，第 134 日。
⑤ 中国第二历史档案馆：《冯玉祥日记》第 2 册，南京：江苏古籍出版社，1992 年，第 136 日。
⑥ 中国第二历史档案馆：《冯玉祥日记》第 2 册，南京：江苏古籍出版社，1992 年，第 137—138 日。

陕，中央遂以北方革命事相委……乃由沪遵海，假道苏俄西伯利亚，并走莫斯科约冯玉祥”①。

据《冯玉祥日记》1926年7月9日所言，冯玉祥“又接于右任电，均劝余归国也”②，则此前于右任已经至少一次致电冯玉祥，敦促其回国。次月9日上午十一时，“于右任先生来，言援陕事当与国民革命军一致，但宜缓不宜急，须斟酌情形规［决］定，此言深为有见”③。冯玉祥回国后，于1926年9月17日在五原召集会议，“议定国民联军总司令名义，于右任、孙禹行、方振武、史可轩诸人，均推余担任，且均有演说，余迫于众议允之”④。稍后，冯玉祥宣誓就职，这便是近代史上具有深远影响的五原誓师。

据马文彦⑤回忆，五原誓师之后，“冯接受了李大钊先生提出的‘进军西北，解西安围，出兵潼关，策应北伐’的意见，挥军西进”⑥。关于国民联军进兵陕西的方略，李大钊在《守常政治报告》中有所提及，即“出兵陕西，经富（府）谷县、葭县、延川、洛川、耀县，攻取同州，直扑潼关，一可以阻吴败退入陕之路，一则可以解西安、三原之围”⑦。关于冯玉祥出兵西安的原因，1926年11月21日，冯玉祥致电援陕前方各军，详细阐释援陕意义：

（一）甘肃为我军之根据地，甘陕毗连，表里相衷，唇亡齿寒，关系綦重，故解西安之围，即以解甘肃之围，亦即所以巩固我军根据之地。

（二）嵩军受吴指挥，围困西安数月于兹，秦民何辜，遭此荼毒，本己饥己饿之怀，慰陕人云霓之望，爰兴挞打，义不容辞。

（三）邪正分途，势难并立，我不驱彼，彼必攻甘；我不杀敌，敌必杀我，

---

① 刘延涛：《于右任先生年谱》，台北：商务印书馆，1981年，第51页。

② 中国第二历史档案馆：《冯玉祥日记》第2册，南京：江苏古籍出版社，1992年，第200页。

③ 中国第二历史档案馆：《冯玉祥日记》第2册，南京：江苏古籍出版社，1992年，第213页。

④ 中国第二历史档案馆：《冯玉祥日记》第2册，南京：江苏古籍出版社，1992年，第226页。

⑤ 马文彦（1902—1983），陕西三原人，1923年加入中国共产党，1926年5月受李大钊派遣，担任于右任的俄文翻译，陪同前往苏联敦促冯玉祥回国。西安市地方志编纂委员会：《西安市志》第七卷《社会、人物》，西安：西安出版社，2006年，第442页。

⑥ 马文彦：《李大钊派于右任赴苏联敦促冯玉祥回国的经过》，中国人民政治协商会议陕西省委员会文史资料研究委员会：《冯玉祥在陕西》，西安：陕西人民出版社，1988年，第163页。

⑦ 李大钊：《守常政治报告（1926年9月8日）》，《中央政治通讯》1926年第3号。

是为救国救民计，为自卫、卫关中父老计，均应同仇敌忾，灭此朝食。①

分析此电，可见冯玉祥援陕之目的，首先在于固甘援陕。控制陕西之后，国民联军将可以获得一块巩固的后方根据地，掌握大量的财源、兵源，摆脱南口之役失败所造成的恶劣影响，重新崛起。然后，再联晋图豫，整军出关，参加北伐，方望进可攻，退可守，立于不败之地。最后，才是解西安民众之倒悬。在冯玉祥那里，解西安之围，显然是其出兵南下冠冕堂皇的理由，既可以实现自己逐鹿天下的雄心，又可以打着正义之师、解民倒悬的旗号，一举两得。况且，此时冯玉祥既已加入国民党，投入国民革命的洪流之中，“遑计目前安危，望我官兵，共明此义，虽身处艰困之中，应益奋英武之气，亟与陕中二、三两军勠力同心，迅扫敌氛，庶可与党军联络声援，告成大业也”②。

这次军事行动，虽然可能会有丰厚回报，但国民联军亦有难处，前途艰险，成败利钝，难以预知，仍需要排除万难，尤其是团结各支军队，坚决与敌人周旋，方望达到目标。

至于具体安排，据马文彦回忆，“冯把孙良诚、吉鸿昌、孙连仲、方振武、马鸿逵、刘汝明部共25000多人（号称10万），拨给于右任指挥，并派孙良诚为援陕总指挥。孙、吉率部自甘先行出发，其余各部依次跟进”③。王赞亭的回忆与之稍有不同，“驻平凉的孙良诚为援陕第一路司令，宋哲元为第二路司令，韩复榘为第三路司令，石友三为第四路司令，方振武为第五路司令，各由自己的防地出发援陕”④。王赞亭的另一回忆为十路大军援陕，分别为：

孙良诚为第一路司令兼前敌总指挥，孙连仲为第二路司令，韩复榘为第三路司令，石友三为第四路司令，方振武为第五路司令，宋哲元为第六路司令，

① 冯玉祥：《令马鸿逵、刘汝明速攻长安电（1926年11月21日）》，《冯玉祥军事要电汇编》第1编，北平：东方学社，1933年，第3—4页。

② 冯玉祥：《令马鸿逵、刘汝明速攻长安电（1926年11月21日）》，《冯玉祥军事要电汇编》第1编，北平：东方学社，1933年，第4页。

③ 马文彦：《李大钊派于右任赴苏联敦促冯玉祥回国的经过》，中国人民政治协商会议陕西省委员会文史资料研究委员会：《冯玉祥在陕西》，西安：陕西人民出版社，1988年，第164页。

④ 王赞亭：《冯玉祥部入甘援陕的经过及西安解围》，中国人民政治协商会议陕西省委员会文史资料研究委员会：《冯玉祥在陕西》，西安：陕西人民出版社，1988年，第173页。王赞亭，山东荷泽人，原名王丕襄，1920年投靠冯玉祥，先后担任手枪队长、营长、团长、旅长、副师长等职，前后达24年。王赞亭亲身经历了西安解围之战，对于前线战斗情况较为熟悉。

张维玺为第七路司令，其他三路分别为国民二军、国民三军和国民六军。①

另外，简又文有七路大军的说法：

第一路方振武（五军），第二路弓富魁（原属二军，因与他将领不合，新编为第六军），第三路孙良诚，第四路马鸿逵（本宁夏军），第五路石友三，第六路韩复榘，第七路陈希圣、刘汝明、韩占元、韩德元各师及郑大章、张万庆等旅。孙良诚为援陕总指挥，方振武为副总指挥。②

尽管这几种说法有一定出入，但都以孙良诚第二师为援陕主力。如此安排，乃是冯玉祥审时度势所作出的正确决定。先是，国民一军各部大多参加了南口战役，损失惨重。但孙良诚所部第二师因经营甘肃，没有参加，实力不仅没有受损，反而有所壮大。尤其是第二师所辖第三旅久经战阵，乃是冯玉祥国民联军中的精锐之师。该师师长原为刘郁芬，1925 年秋开赴兰州，肃清甘肃原有军队李长清师和鲍玉祥旅，刘郁芬升署甘肃督办后，孙良诚升任第二师师长。1926 年夏，“张兆钾部附以韩有禄、黄得贵两旅；孔繁锦部附以宋有才旅，两部号称有四师之众，张由东面，孔由南面，会攻兰州”③。孙良诚担任防守总指挥，“以张维玺旅防守南面，据守兰州以南瓦岗镇左近之线；梁冠英旅由定西退守兰州以东响水子，赵登禹团据守桑园子”④。稍后，孙良诚反攻，打败张兆钾，占领平凉。第二师亦扩编为三个旅，“梁冠英为第四混成旅旅长，吉鸿昌为第五混成旅旅长，安树德为第八混成旅旅长”⑤。至冯玉祥五原誓师之时，孙良诚所部第二师离西安不仅较近，而且兵强马壮、战斗力强，正堪使用。

① 王赞亭：《跟随冯玉祥二十余年》，济南：济南：山东人民出版社，1983 年，第 50 页。

② 简又文：《冯玉祥传》，长沙：岳麓书社，2016 年，第 212 页。简又文（1896—1978），字永真，号驭繁，广东新会人，基督教牧师，岭南大学毕业，曾赴美国留学，归国后任上海基督教青年会干事，简氏还是历史学家，擅长太平天国史研究，1926 年任国民革命军第二集团军总司令部外交处处长。顾明远主编：《中国教育大系·历代教育名人志》，武汉：湖北教育出版社，2015 年，第 736 页。

③ 李悦农：《冯玉祥部第二师援陕解围经过》，中国人民政治协商会议陕西省委员会文史和学习委员会：《陕西文史资料精编》第 2 卷《重大事件》，西安：陕西人民出版社，2010 年，第 193 页。据此则资料，李悦农于 1925 年参加国民军，在第二师第三旅担任参谋，追随孙良诚左右，入甘援陕。

④ 李悦农：《冯玉祥部第二师援陕解围经过》，中国人民政治协商会议陕西省委员会文史和学习委员会：《陕西文史资料精编》第 2 卷《重大事件》，西安：陕西人民出版社，2010 年，第 193 页。

⑤ 李悦农：《冯玉祥部第二师援陕解围经过》，中国人民政治协商会议陕西省委员会文史和学习委员会：《陕西文史资料精编》第 2 卷《重大事件》，西安：陕西人民出版社，2010 年，第 193 页。

在此之前，守城陕军诸部也意识到孙良诚之第二师可以成为援陕生力军，必须尽力争取。据段绍岩回忆，9 月上旬，陕西省省长刘治洲接到其派赴甘肃的代表王子元来信，得知冯玉祥即将从苏联归国，将派兵援陕，时任陕西省省长刘治洲便委托段绍岩起草致冯玉祥电文如下：

冯总司令勋鉴：

重围之困，隔绝电邮，驰慕之怀，与日俱积。溯自本年四月上旬，刘镇华受吴子［之］伪命，率领镇嵩军残部，并纠合豫陕匪徒数万，长驱入关，夺我省会，所过之处，烧杀淫掠，惨不忍闻。治洲等痛切虑之已中，怀于遗靡，存悬恐陕疆一失，西北全局随之危殆，遂与李虎臣督办、杨虎城总指挥、卫定一师长等决定坚守城垣，以挫敌锋，以待援师。数月以来，巨炮轰城，昼夜不息，飞机旋绕，炸弹横抛，哀我商民，惨罹非命。同时，渭北富平、三原、咸阳等县，敌人分兵围攻，省西眉县第七师吴新田所部众，复助纣为虐，互相策应，虎臣、虎城等迎战频重，誓死防御。吴布置严密，顿挫预谋，而围守孤城，时将半载，饷械枪储踌，饿殍盈于街衢，揆之唐代张巡、许远共守睢阳，士多饿死，至罗雀掘鼠，殆有甚焉。若再迁延时日，敌方后援增加，则全城性命，不堪设想矣。万年本救襄拯溺之精神，迅派大军，不分昼夜，兼程来援，以保陕疆、保全局，无任迫切待命之至。①

但当时西安城通信已断，只好派专人投送甘肃，至于冯玉祥是否收到，史料缺乏，不好臆测。9月下旬，陕西军政当局收到王子元来信，得知孙良诚战胜张兆钾，段绍岩又帮刘治洲起草致孙良诚电文一件：

绍雩仁兄师长勋鉴：

顷接王君子元来函，藉悉大军东指，迭奏虏［肤］功。奉十三篇兵法，本家学而运以精心，俾西北隅苍黎，出水火而重登衽席，先声寒敌匪之胆，同泽赋秦风之诗，两省福星，万家生佛，重风引企，额手拜嘉。敝省自嵩匪西来，尽力防守。虽有（省）会城关布置严密，已挫敌谋，而外加一旅支援，时历五月之久。重围四匝，困守孤城，罗掘已穷，粮秣告罄，军士无饱腾之重，人民

① 段绍岩：《坚守西安的片断回忆》，中国人民政治协商会议陕西省委员会文史和学习委员会：《陕西文史资料精编》第 2 卷《重大事件》，西安：陕西人民出版社，2010 年，第 167 页。

有饿殍之忧。若再旷日持久，敌方兵力增加，则全城生命财产，势必同归于尽。予仰屋兴嗟，焦灼万状，至祈乘战唇威，为缨冠之枚，念唇齿之谊，解焚溺之危。定知帐麾所至，虺毒潜销，秦中之腹心获安，陇上三门户始固，大旱云霓，未足以喻翘重私枕也。①

虽然不清楚孙良诚是否接到电文，但至9月下旬，孙良诚已经接到冯玉祥命令，启程援陕了。

除了致电外，守城陕军还多次派人前往游说。据刘昌卿、上官子明回忆，早在西安被围之初，李虎臣、杨虎城便派范伯特、史江浦为全权代表，前往兰州、张家口等处向国民一军求援：

范、史代表由西安出发，路过甘肃平凉，被陇东镇守使张兆钾扣留，多方设法，始及通过。到达兰州后向刘郁芬主席力陈陕西情况，关系重要，请出兵援助。刘郁芬主席答以宁夏马鸿逵、陇南孔繁锦，陇东张兆钾对兰州反抗最烈，兰州兵仅一师，不但无兵可调，即分兵亦不易通过。范、史代表不得要领，为了尽到请援解围的责任，不避艰险，又到张垣向张立［之］江司令陈明西北局势，陕西可起核心作用……如果陕西可保，不但西北局势稳定，而兵出潼关，亦可左右中原。张立［之］江司令亦表示肯定出援，曾通知全军将领认清当前局势，但……迄无具体决定。范、史代表从此专住张垣，不断呼吁，虽未效申包胥之哭秦廷，却必须要求援兵解围西安。直到冯玉祥总司令从库伦回国后，集合全军将领，誓师五原，下动员令，取道宁夏甘肃，进军陕西。②

又据杨文轩回忆，约 9 月初甘肃军斗争事基本告一段落，守城陕军公推杨文轩为代表前往平凉。“先见到姜宏模，也就同他住在一起（姜宏模、李可亭，都是代表李虎臣先到平凉），我同姜、李三人去见孙良诚，在过去张兆钾

① 段绍岩：《坚守西安的片断回忆》，中国人民政治协商会议陕西省委员会文史和学习委员会：《陕西文史资料精编》第2卷《重大事件》，西安：陕西人民出版社，2010年，第167页。

② 刘昌卿、上官子明：《坚守西安纪要》，中国人民政治协商会议陕西省委员会文史和学习委员会：《陕西文史资料精编》第 2 卷《重大事件》，西安：陕西人民出版社，2010 年，第 106 页。刘昌卿、上官子明，均系陕西乾县人，生卒年月皆不详。刘昌卿早年参加辛亥革命；上官子明于 1938、1939 年在乾县组织施粥会、乾阳慈善会。乾县县志编纂委员会：《乾县志》，西安：陕西人民出版社，2003 年，第 498 页。

的镇守使署三层楼内，磋商援陕事宜。”[①]未见到孙良诚以前，杨文轩已知道：“陕军中不但各部都有派来代表，向孙要求弹药，甚至还有的营、连也派人来乞求子弹，均未达到目的。”[②]这意味着守城陕军内部常在互不知会的情况下各行其是，未必十分团结，也说明守城陕军压力越来越重，对求援之事至为迫切，是以如热锅上的蚂蚁，一窝蜂地病急乱投医。但当杨文轩表示不要弹药，只要请援时，孙良诚表示：“甘肃五马初平，陇东张兆钾才跑到陇州，所以这里虽然不需要你们派军队前来协助，但甘肃目下也不能抽调军力远途援陕。”[③]孙良诚的态度，令杨文轩大失所望。实际上，孙良诚如此表示，是因为他没有接到冯玉祥的命令，不能派兵援陕。

过了一些天，孙良诚派人请杨文轩、姜宏模等前往司令部：

> 到后，孙即告诉我们说：“冯总司令由五原来电说，我们已决定要出兵援陕……”当时也把援陕的路线、计划，大概说了一下，准备兵分两路出发，一路从长武、乾县，到咸阳；一路走南路，并会合四师卫部党毓琨旅出动，配合“一军”夹击陇县的张兆钾、孔繁锦残部后，再从凤、郿等地东进。[④]

孙良诚接到冯玉祥的命令后，便即出发，于9月底到达咸阳附近。到达咸阳之前，该部在乾州东街的三间瓦房内召开军事会议，据马文彦回忆，“出席会议的有孙良诚、吉鸿昌、军事顾问团团长赛福林、西林、邓宝珊和我，还有孙、吉部的一些旅团长。会上对解西安围的军事部署进行了检查和调整，决定由兴平迂回渭河，直攻东进”[⑤]。

---

① 杨文轩：《关于坚守西安的点滴回忆》，中国人民政治协商会议陕西省委员会文史和学习委员会：《陕西文史资料精编》第2卷《重大事件》，西安：陕西人民出版社，2010年，第171页。据此则资料，杨文轩初系陕西陆军第四师卫定一部参议，1926年5月被派往咸阳料理军务，以参议名义协助布置咸阳、泾阳、三原守城事宜，后被派赴平凉求援。

② 杨文轩：《关于坚守西安的点滴回忆》，中国人民政治协商会议陕西省委员会文史和学习委员会：《陕西文史资料精编》第2卷《重大事件》，西安：陕西人民出版社，2010年，第171页。

③ 杨文轩：《关于坚守西安的点滴回忆》，中国人民政治协商会议陕西省委员会文史和学习委员会：《陕西文史资料精编》第2卷《重大事件》，西安：陕西人民出版社，2010年，第172页。

④ 杨文轩：《关于坚守西安的点滴回忆》，中国人民政治协商会议陕西省委员会文史和学习委员会：《陕西文史资料精编》第2卷《重大事件》，西安：陕西人民出版社，2010年，第172页。

⑤ 马文彦：《李大钊派于右任赴苏联敦促冯玉祥回国的经过》，中国人民政治协商会议陕西省委员会文史资料研究委员会：《冯玉祥在陕西》，西安：陕西人民出版社，1988年，第166页。

会议之后，孙良诚、吉鸿昌向前推进甚快，以致他们有所轻敌，以为可以一鼓而下咸阳，遂改变原定计划，进攻咸阳。孰料，“及军抵咸阳，敌人坚兵固守，便不能前进一步”[①]。在此情况下，马文彦、邓宝珊急电孙良诚，要其按照乾州会议决议办，“讵意孙仍坚持按其中途改变的计划指挥作战，因此拖延了时间，失去了战机，最后还是照原来决议，由兴平过河，咸阳敌军才撤走了”[②]。

虽然进军大体顺利，但孙良诚所部军队亦有“兵力不够，后续部队未到，战线过长，兵力分散，地理不熟”[③]的弱点。攻下咸阳之后，孙良诚所部在西安周围与刘镇华镇嵩军展开激战，双方互有胜负。由于孙良诚孤军深入，战斗力有限，在与刘镇华镇嵩军作战中不占优势，遑论解围。迁延到11月，正在欲进不能，欲退不可之际，“从咸阳传来消息说，冯玉祥派来的后援部队即将到达，援军到达的顺序是刘汝明、孙连仲、方振武以及马鸿逵等部”[④]。援军虽然多从南口败退而来，武器缺乏，兵员不齐，加之千里赴援，战斗力有限，比如刘汝明部，“名为一师，实则只有三千余人，多数士兵有枪无刺刀，也没有大刀，每人身上只有十几粒子弹，而且都相当疲困”[⑤]。但他们士气都甚旺盛，以之对战刘镇华的疲敝之师，仍可发挥出相对强大的战斗力。

虽然如此，援陕军队内部，随之又出现了一些新问题。如冯玉祥认为进入陕西的国民联军越来越多，来电表示渭河以北军队归方振武指挥，渭河以南军队归孙良诚指挥。当时苏联顾问赛夫林认为，如此做法，必致战争失败，于是向冯玉祥致电，建议冯玉祥在方振武和孙良诚中选择一位，负责对援陕军队的统一指挥，以免造成指挥混乱，影响军队的战斗力。冯玉祥不久也意识到如此安排的隐患，即表示“凡入陕的国民军，完全归孙良诚指挥”[⑥]。指挥权问题

---

① 马文彦：《李大钊派于右任赴苏联敦促冯玉祥回国的经过》，中国人民政治协商会议陕西省委员会文史资料研究委员会：《冯玉祥在陕西》，西安：陕西人民出版社，1988年，第167页。

② 马文彦：《李大钊派于右任赴苏联敦促冯玉祥回国的经过》，中国人民政治协商会议陕西省委员会文史资料研究委员会：《冯玉祥在陕西》，西安：陕西人民出版社，1988年，第167页。

③ 马文彦：《李大钊派于右任赴苏联敦促冯玉祥回国的经过》，中国人民政治协商会议陕西省委员会文史资料研究委员会：《冯玉祥在陕西》，西安：陕西人民出版社，1988年，第167页。

④ 王赞亭：《跟随冯玉祥二十余年》，济南：山东人民出版社，1983年，第53页。

⑤ 王赞亭：《跟随冯玉祥二十余年》，济南：山东人民出版社，1983年，第53—54页。

⑥ 李悦农：《冯玉祥部第二师援陕解围经过》，中国人民政治协商会议陕西省委员会文史和学习委员会：《陕西文史资料精编》第2卷《重大事件》，西安：陕西人民出版社，2010年，第197页。

理顺之后，11 月下旬，孙良诚决定向镇嵩军发起全面总攻。其作战计划为：“以刘汝明部为左路，孙连仲部为右路，担负两面包抄袭扰，孙良诚部则从正面出击，三方面同时发动进攻，势如疾风骤雨，使刘镇华无法招架，只得下令退缺。”[①]经此一役，终于打败了刘镇华镇嵩军，解除了西安城被围近8个月的被围状态。

在战斗中，虽然援陕军队总数不过一万余人，远少于号称十万的镇嵩军，且“野战炮兵较少，所谓‘大将军’、‘二将军’炮，虽能勉强射击，炮弹亦能开花，但发射迟钝，射距又短”[②]，但由于他们有统一的指挥，且作战英勇，与镇嵩军作战，仍有一定优势。

援陕军队之所以能够取得成功，与沿途百姓大力支持也是分不开的。据杨钰山回忆：

（农历十月）二十三日早晨进至南郊距城二十余里少陵原的时候，当地的二十几个村的老百姓（红枪会）对镇嵩军恨入骨髓，自动起来赤身大刀，（他们）熟悉情况，把镇嵩军杀得伤死遍地。后边有冯军的枪炮掩护，杀得镇嵩军闻风丧胆，全城溃败，直向东逃，于二十四日天未明城围即解。[③]

在冯幼清的回忆中，除肯定冯玉祥国民联军在解围西安中的作用之外，也指出不应忽视守城陕军和活动于潼关、渭南、新丰一带陕军的作用。因为，“冯由五原南下，路途遥远，兵力也不算厚，若非陕军的抵抗、坚守，万一刘镇华攻进西安，休养扩充，在吴佩孚的幌子下，收集豫西的各路兵力，与革命军对垒，则冯玉祥未必能够顺利入陕，一、二集团军未必能够迅速会师中原”[④]。此种认知，不仅强调了守城陕军的作用，尤其注意到了城外陕军的努力，是符合事实的。

---

① 王赞亭：《跟随冯玉祥二十余年》，济南：山东人民出版社，1983 年，第 54 页。

② 李悦农：《冯玉祥部第二师援陕解围经过》，中国人民政治协商会议陕西省委员会文史和学习委员会：《陕西文史资料精编》第 2 卷《重大事件》，西安：陕西人民出版社，2010 年，第 195 页。

③ 杨钰山：《坚守西安》，中国人民政治协商会议陕西省委员会文史和学习委员会：《陕西文史资料精编》第 2 卷《重大事件》，西安：陕西人民出版社，2010 年，第 109 页。据此则资料，杨钰山乃西安市民，围城期间住在南院门街，与友人合作做印刷材料的生意。

④ 冯幼清：《我对坚守西安的回忆》，中国人民政治协商会议陕西省委员会文史和学习委员会：《陕西文史资料精编》第 2 卷《重大事件》，西安：陕西人民出版社，2010 年，第 88 页。

对前方战事，冯玉祥一直十分关心，据《冯玉祥日记》1926 年 10 月 13 日，“接孙良诚电，为长安事，心殊为之不快。”[①]10 月 25 日，“接电知孙良诚已于二十二日到邠县，于右任亦于是日到乾县矣”[②]。“我方军队，已至咸阳，刘镇华军队东退”[③]。11 月 1 日，“刘郁芬来电，谓孙良诚已于上月二十六日占咸阳，二十八日向河南攻击，而该电今日始到”[④]。11 月 5 日，“刘郁芬转来孙良诚电，谓西安敌人约有五六万云云，或其先进而后退，先胜而后败耶？孙良诚勇有余而智欠足，余又因事难以前行，是可虑也”[⑤]。当日晚上 9 时，冯玉祥即嘱“何秘书长电告刘督办郁芬，要稳扎稳打，能攻则攻，否则静待大军之至，万勿轻敌”[⑥]。11 月 6 日，“高参议明志来，谈陕西战况，余曰：闻第二军有一部分在陕西，奸淫抢掠，无所不为，何以对关中父老也”[⑦]。11 月 7 日，“连日因孙良诚在陕作战，心殊悬念，以故恒夜十二点就寝，三点即醒，精神极困疲”[⑧]。11 月 13 日，“接孙良诚电，报告战胜敌人，掳获枪炮无算”[⑨]。11 月 14 日，“接刘郁芬电，报告陕西战况极佳，惟兵力尚不厚，现此间韩部尚未开到，余亦不能即时赴陕，急甚急甚！又思昨日三军、胡刘军衣被匪劫去，是亦创闻也”[⑩]。11 月 17 日，“振堂兄来，告以此次不可冒然出关，须将陕局肃清为要。韩复榘则谓应早到潼关，联络河南各部，余两是之”[⑪]。

庞齐对冯玉祥国民联军在西安围城之役中的作用，有过一番评论：

他采取了先解西安之围的战略，不惜绕道数千里，经过不少沙漠、荒凉、贫穷的地区，处于极为不利——敌人是以逸待劳，自己是劳师袭远——的态势下，经过艰苦的战斗，始解了西安之围。

否则，西安被陷，陕西全省人民将重陷于水深火热之中，或者说，将陷于

① 中国第二历史档案馆：《冯玉祥日记》第 2 册，南京：江苏古籍出版社，1992 年，第 234 页。
② 中国第二历史档案馆：《冯玉祥日记》第 2 册，南京：江苏古籍出版社，1992 年，第 240 页。
③ 中国第二历史档案馆：《冯玉祥日记》第 2 册，南京：江苏古籍出版社，1992 年，第 242 页。
④ 中国第二历史档案馆：《冯玉祥日记》第 2 册，南京：江苏古籍出版社，1992 年，第 243 页。
⑤ 中国第二历史档案馆：《冯玉祥日记》第 2 册，南京：江苏古籍出版社，1992 年，第 246 页。
⑥ 中国第二历史档案馆：《冯玉祥日记》第 2 册，南京：江苏古籍出版社，1992 年，第 246 页。
⑦ 中国第二历史档案馆：《冯玉祥日记》第 2 册，南京：江苏古籍出版社，1992 年，第 247 页。
⑧ 中国第二历史档案馆：《冯玉祥日记》第 2 册，南京：江苏古籍出版社，1992 年，第 247—248 页。
⑨ 中国第二历史档案馆：《冯玉祥日记》第 2 册，南京：江苏古籍出版社，1992 年，第 250 页。
⑩ 中国第二历史档案馆：《冯玉祥日记》第 2 册，南京：江苏古籍出版社，1992 年，第 251 页。
⑪ 中国第二历史档案馆：《冯玉祥日记》第 2 册，南京：江苏古籍出版社，1992 年，第 252—253 页。

万劫不复的地步！何以言之？围西安者，系大军阀刘镇华，他从做陕西省长到督军，是掌军政大权时间颇长的一个大贪官污吏，劣迹比之陆建章有过之而无不及。设西安城破，什么“三天不收兵”的罪恶行为，会对全城百姓，特别是妇女蹂躏到什么程度？现在想起来，还令人不寒而栗。出于报复心理——久围不下——而会把杨虎城、李虎臣所仅有的陕西武装斩尽杀绝。然后他重掌陕西军政大权，陕人一点反抗力量也无，他更可肆意妄为，陕西人民的苦难还堪设想吗？如果说冯先生对陕西人民（不仅限于西安）有好处而应怀念的话，这应是值得大书而特书的历史事件。①

用兵西安，对冯玉祥国民联军而言，是一次十分大胆的军事冒险，其艰难险阻，非今人所可以想象。其解西安之围，对陷于围城之中的西安民众而言，不啻是云霓之于大旱，其丰功伟绩，确实可以大书特书，庞齐的评论似较公允。

第三节 解围之后

西安解围之后，于右任、冯玉祥先后来到西安，杨虎城出走，李虎臣、卫定一、刘治洲等西安围城之役中的中坚分子，也被迫离开。不仅西安，陕西大部分地区也逐渐落入了国民联军控制之下。冯玉祥对那些愿意归顺者，则招纳之；对那些不愿意归顺者，则武力攻灭之。很快，陕西便成为国民联军用兵中原的后方基地，继续深陷于战争的漩涡之中无法自拔。

一、西安解围之后的政局

西安解围之后，陕西政局也面临剧烈变化。围解次日，杨虎城即率领守城残军退往渭北，自己则潜离部队，隐居富平，对外宣称不问世事。据毛昌杰在日记中记述，12月2日，李虎臣、刘治洲亦表示让位：

李虎臣有电宣告下野，请冯来主陕事，即日响应，便不灵矣。定五拟即日

① 庞齐：《一九二七年冯玉祥在陕西》，中国人民政治协商会议陕西省委员会文史资料研究委员会：《冯玉祥在陕西》，西安：陕西人民出版社，1988年，第192页。庞齐（1910—1990），原名庞锷，字蕴铎，陕西安康人，曾入冯玉祥创办的西北军官学校、西北军无线电学校。李厚之等：《安康历代名人录》，西安：三秦出版社，2010年，第481页。

回籍，省长印交余护理。布告由段少岩拟就，始与余商。余即婉告，精力万难担任，果如是，则朝受事而夕死矣。卓亭亦在座，并为余言之，始收回成命。随为代拟电稿一致冯焕帅，请其速遴良才，来主陕局。①

则时任陕西省省长刘治洲亦表示辞职，并急欲离开是非之地。但当日他离开的打算未能成行。12月13日，毛昌杰帮助刘治洲起草了一通致孙良诚的电文：

绍雩仁兄总司令勋鉴：

庚电敬悉。陕局纷纭，十有余岁，更经大乱，元气弥伤，毖后惩前，挽回劫运，非根本觉悟，改弦更张，发扬民治之精力，铲除一切旧弊，外患虽去，内乱仍无已时。我公主张开全陕国民大会，改造陕局，崇论宏识，实所钦崇。第兹事体大，经纬万端，筹画［划］进行，必须大力相助。并祈电恳焕帅，早日莅陕，毅力相持，成功较速。不敏愿以国民资格，从诸同志之后，勉竭棉［绵］薄，效力乡邦，无任欣幸。回思吾国纷乱连年，考厥祸源，盖由只有共和虚言，曾无合法之政府。陕局既经改造，指日削平河洛，奠定幽燕，全国一致，翻然革新，民气伸，内乱弥，外患亦无自而生。瞻望神州，馨香以祝。②

观此电文，则孙良诚曾主张召开全陕国民大会。孙乃一介军人，虽在解围西安之战中功劳甚大，但仍受命于冯玉祥。不难想象，其召开全陕国民大会的主张，应经冯玉祥首肯后，方始发出；而召开大会的用意，自然是陕西军政大权。

12 月 17 日，毛昌杰在日记中记述道："定五出外养病，省长职务令余代行，三辞未解决。"③因为知道此时陕西省省长之职乃是烫手山芋，毛昌杰亦不愿蹚此浑水，当然坚辞不就。12月18日，"早写定五信，辞代行省长委，十钟写就，遣马维德送去……午后二钟，素子要蕴生同来，劝我权代省长事原委

---

① 毛昌杰：《君子馆类稿（附文钞·诗钞·日记）》，沈云龙主编：《近代中国史料丛刊》第1编第2辑，台北：文海出版社，1966年，第506页。

② 毛昌杰：《君子馆类稿（附文钞·诗钞·日记）》，沈云龙主编：《近代中国史料丛刊》第1编第2辑，台北：文海出版社，1966年，第507—508页。

③ 毛昌杰：《君子馆类稿（附文钞·诗钞·日记）》，沈云龙主编：《近代中国史料丛刊》第1编第2辑，台北：文海出版社，1966年，第509页。

携来，只好留下，约明日十一钟到省署，与同事会话”[①]。12 月 19 日，毛昌杰访问刘治洲，所谈应该就是不愿代理省长之事。

当时，刘氏给其看了一封来自北京的电文：

本月十日，政局陡变，中枢政务关系极重，不容一日中断。在政局未定以前，自应暂维现状，亟盼迅定国是，俾息仔肩，特电奉达。外交总长胡维德、财政总长贺德霖、司法总长卢信、教育胡仁厚海次，吴纫礼文印。[②]

在国民联军解围西安之后，杨虎城出走，李虎臣辞职的情况下，作为一个本就不掌握实权的省长，在国民联军控制西安的时局下，刘治洲当然无力控制陕西局面。不管他主观上是否愿意，此时除了坚决请辞之外，已无其他出路。他应该意识到，若不主动请辞，也会被逼退职，甚至可能有杀身之祸。是以，刘治洲属意在陕西颇有影响的毛昌杰代理陕西省省长，但毛氏同样也意识到陕西省省长一职为冯玉祥国民联军紧盯着，必定视为禁脔，充满危险，是以坚决不同意。

12 月 19 日，毛昌杰收到消息，于右任 12 月 20 日将会来到西安。12 月 21 日下午，“右任于三时到省，住旧皇城邓宝珊处。”[③]12 月 22 日，“右任就总司令职”[④]。于右任之就职，意味着李虎臣的陕西督办一职，自然失效，虽然由于于右任手中没有军权，此时亦无力控制陕西局面。12 月 24 日，“右任派魏宝仁至省署点查家具，云即日迁居省署。定五因令素子往询情形，坐候之，以定办法，因为拟电稿一。少时电话传言素子回署，余即到省署，函招子彝来，令向右任说明，令顺手续办理”[⑤]。毛昌杰既然不愿意代理陕西省省长，对于解围之后的局面，也就失去掌控之能力。12 月 25 日，于右任访问毛昌杰，“午

① 毛昌杰：《君子馆类稿（附文钞·诗钞·日记）》，沈云龙主编：《近代中国史料丛刊》第 1 编第 2 辑，台北：文海出版社，1966 年，第 509—510 页。

② 毛昌杰：《君子馆类稿（附文钞·诗钞·日记）》，沈云龙主编：《近代中国史料丛刊》第 1 编第 2 辑，台北：文海出版社，1966 年，第 510 页。

③ 毛昌杰：《君子馆类稿（附文钞·诗钞·日记）》，沈云龙主编：《近代中国史料丛刊》第 1 编第 2 辑，台北：文海出版社，1966 年，第 511 页。

④ 毛昌杰：《君子馆类稿（附文钞·诗钞·日记）》，沈云龙主编：《近代中国史料丛刊》第 1 编第 2 辑，台北：文海出版社，1966 年，第 511 页。

⑤ 毛昌杰：《君子馆类稿（附文钞·诗钞·日记）》，沈云龙主编：《近代中国史料丛刊》第 1 编第 2 辑，台北：文海出版社，1966 年，第 511—512 页。

后二钟，右任差人在家相询何时回家，由电话告以四时在家相候。三时看公事数十件，四时回家。少时右任来谈，并约蕴生来，告以诸事须由收束军队下手，然仍需用和平，不可激烈云。省署当时亦不迁移，将来仍用作民政厅，七时去。素子来略谈，即将晤于情形转告定五”[①]。

12月27日，“到省署，李虎臣自乡归来，谈伊被困杜城亦四十余日，饱受惊恐，但未受饿耳”[②]。此时距西安解围只有1个月，不知李虎臣何以到了杜城。但他似只可能在解围之后方至杜城。此时，控制西安周边局势者，只有国民联军。如此可以推想，李虎臣虽然宣布下野，但他的存在，对国民联军控制陕西局势而言，仍是一大威胁，因此才会被软困于杜城，无法脱身。

12月28日，“早八钟薛子良省长（笃弼）来见余，尚未起床，既来又不便挡驾，因即请入。正谈顷，张文穆亦来。少谈去，文穆仍留。据其谈话口气，似外人尚未了解定五进退之意。余告以退志已决，绝无更变”[③]。薛笃弼乃冯玉祥亲信，他之访问毛昌杰，绝不会是一般拜访那样简单。观其与毛昌杰的谈话内容，可知国民联军此时所惦念的，就是陕西军政大权。

二、陕西革命大祭

于右任来到西安之后不久，即筹谋纪念在围城战争中死难的军民。1927年1月14日，国民联军驻陕总司令部召开会议，讨论召开追悼大会，作“招魂之祭”，以纪念西安围城之役，这便是陕西革命大祭。讨论结果，决定办法六条：

一、定名为陕西追悼暨公葬国民全军阵亡将士与死难人民大会；

二、时间：二月十六日（阴历丁卯年正月十五）；

三、地址：古皇城；

四、经费：由总部拨；

---

① 毛昌杰：《君子馆类稿（附文钞·诗钞·日记）》，沈云龙主编：《近代中国史料丛刊》第1编第2辑，台北：文海出版社，1966年，第512页。

② 毛昌杰：《君子馆类稿（附文钞·诗钞·日记）》，沈云龙主编：《近代中国史料丛刊》第1编第2辑，台北：文海出版社，1966年，第512—513页。

③ 毛昌杰：《君子馆类稿（附文钞·诗钞·日记）》，沈云龙主编：《近代中国史料丛刊》第1编第2辑，台北：文海出版社，1966年，第513页。

五、组织：分总务处、宣传处、文书股、庶务股、会计股、招待股、设备股、收发股、工程股；

六、筹备会地址：设于公安局。①

但举办时间可能未获得冯玉祥首肯，是以 1927 年 2 月 26 日，陕西革命大祭未能如期举行。虽然如此，冯玉祥也同意于右任的大祭想法。据庞齐记述：

解围后，在冯玉祥的倡议下，组成“陕西省革命大祭筹备委员会”……由西安各界负土掩埋五万死难军民，修起两个冢，名为“负土冢”。在两冢之间建亭一座，高达十五米，占地 169 平方米，命名为“革命亭”，以作纪念。并将周围一百五十余亩地辟建公园，命名为“革命公园”。②

这两个“负土冢”，又称义冢，“东边是殉难人民冢，西边是阵亡将士冢，都砌有围墙，种植翠柏，在殉难人民冢前嵌有一联，是‘林木表千秋名节，园花献一瓣馨香’，在阵亡将士冢前嵌有一联是‘四塞河山□□□；一园春色荐忠魂’”。冯玉祥又拨款 3 万元，“修建了忠烈祠、革命纪念亭和门前牌坊，并定名为革命公园。”③

3 月 12 日，陕西革命大祭举行。据《于右任先生年谱》载：“先生于是日在西安举行革命大祭，并建革命公园，公葬殉难军民骸骨万具，东西两冢，各竖丰碑，以昭丕烈。”④这一天，同时也是孙中山逝世两周年纪念日，时间的选择，显然具有纪念孙中山，继承其革命思想，宣传北伐的用意，因为这样至少在形式上，可以将西安围城之役与北伐联系在一起。

按照于右任的最初设想，对西安围城之役死难的将士和百姓，应举办一次追悼大会，以资纪念。但稍后于右任便意识到，此次围城之役，死难者数万，

---

① 《总部筹备追悼阵亡将士及死难人民》，《新秦日报》1927 年 1 月 14 日，第 2 版。

② 庞齐：《一九二七年冯玉祥在陕西》，中国人民政治协商会议陕西省委员会文史资料研究委员会：《冯玉祥在陕西》，西安：陕西人民出版社，1988 年，第 189 页。

③ 张俊青：《西安围城回忆录》，中国人民政治协商会议陕西省委员会文史和学习委员会：《陕西文史资料精编》第 2 卷《重大事件》，西安：陕西人民出版社，2010 年，第 96 页。

④ 刘延涛主编：《民国于右任先生年谱》，台北：商务印书馆，1980 年，第 52 页。曾参加西北军的庞齐，亦认为“大祭典礼大概是 3 月 12 日，与孙中山先生逝世纪念同时举行的。”庞齐：《1927 年冯玉祥在陕西》，中国人民政治协商会议陕西省委员会文史资料研究委员会：《冯玉祥在陕西》，西安：陕西人民出版社，1988 年，第 184 页。

对陕西百姓来说，是一次巨大灾难，应“举行负土公葬，保留刘镇华祸陕纪念”①，然后再举办一次大祭活动，以纪念国民军战功。

这一点，从《陕西革命大祭筹备处之公告》中可以概见：

斯时幽燕陷落，河朔分崩，举三十万之秦兵，还撄众怒；有八九年之战绩，莫救垂危。谁归崤谷之师，可抛黄河之指，丧元先轸，洒血王琳；信怨毒之难堪，遂丧亡之不少矣。乃若居庸关下，往日岩疆；永定河头，去年高垒；列长城为战格，横大漠为军台，抵抗东胡，支持南口。望神京不远旋师，则拯掖生民；弃张此以行改道，则迂回宁武。贺兰山畔，有阵如云，霸水军前，鏖骑若电；保长安于重破，解八月之重围，累累国殃，哀哀战友。②

《陕西革命大祭筹备处之公告》重点宣扬国民联军的战功。在于右任看来，西安围城 8 个月是有意义的，“西北之安危，生死共东南之战伐，虫沙化尽，换来一片红城，猿鸣伤多，始见中天白日”③。即是说，西安围城之役与北伐战争是一体的，不仅成功换来了西北革命形势的高涨，还与南方的北伐战争遥相呼应，牵制了吴佩孚等北洋军阀的势力，功不可没。

1926 年，于右任亲赴苏联，敦请冯玉祥回国。其心思用意，除了解西安之围之外，便希望拉拢冯军，以作为南方革命力量举行北伐的策应。作为国民党的一员，于右任是孙中山联俄、联共政策的坚定支持者和践行者。欲达成此目的，联冯便成为关键选择。这不仅因为冯玉祥及其军队表现出较强的革命性，为自身生存计，冯玉祥也有联合南方革命势力，以打倒吴佩孚、张作霖所代表的北洋军阀势力之需要。从结果来看，冯玉祥回国之后，网聚残众，誓师五原，出兵西北，解西安围，确实起到了策应北伐的战略目标。

西安解围之时，冯玉祥虽未在场，但对陕西局势颇为关心。他接到刘郁芬报告后，有过一番感慨：“噫！长安人民被困八月，易子而食，析骸而爨，今

① 《总部筹备追悼阵亡将士及死难人民》，《新秦日报》1927 年 1 月 14 日，第 2 版。

② 《革命大祭通电》，陕西革命先烈褒恤委员会：《西北革命史征稿》下册，上海：上海书店，1949 年，第 82 页。

③ 《革命大祭通电》，陕西革命先烈褒恤委员会：《西北革命史征稿》下册，上海：上海书店，1949 年，第 82 页。

庆得更生矣！闻电后，不仅为军事胜利喜，尤为陕民贺也。”[①]对冯玉祥来说，解西安之围，是其固甘援陕，出兵潼关，策应北伐既定战略的关键步骤。1927年1月26日，冯玉祥来到西安以后，便以之为基地，积极准备逐鹿中原。经过3个多月的准备，冯玉祥出兵河南，与北伐军、晋军一道，对吴佩孚、张作霖等北洋系军队作战。

毋庸讳言，西安之解围，主要确是冯玉祥国民联军的功劳，但李虎臣、杨虎城等死守西安，牵制了吴佩孚、刘镇华的大量军队，同样有利于北伐战争顺利开展，也为冯玉祥回国后从容布置，赢得了宝贵时间，同样值得纪念。令人费解的是，通览整个公告，没有提到李虎臣、杨虎城等人的守城之功。

1944 年，时当抗战胜利前夕，于右任作《中吕·醉高歌》，追忆西安围城之役。其中，第八首云：“名城高挂残晖，燕子犹寻故垒；兵民负土坟前泪，争祭当年饿鬼。”[②]可以感受到于氏所纪念的，除了前述战死的士兵，还包括那些在围城之役中，因饥饿而死难的百姓。不过，1927 年初，举办陕西革命大祭之时，西安城内饿毙的普通百姓，似乎不是于右任关注的重点。

为纪念解围成功，冯玉祥撰有《西安革命公园国殇墓碑》。在碑铭首句，冯氏陈义甚高：“昔唐太宗既平群雄定天下，乃诏建议以来，交兵之处，为义士勇夫殒身戎阵者，各立一寺，命虞世南、李百药、颜师古、朱子奢等为碑铭纪之。”[③]冯玉祥认为，那些为李唐王室战死者，“不过致身一人，效忠一姓耳”，然而，在功成治定之后，犹能“缅彼前劳”，立寺祭祀，以为追念。[④]他所领导的革命健儿，“出万死不顾一生一计，深入枪林弹雨之中，为国家争存亡，为万众谋幸福者，其可敬可爱可哀可伤”[⑤]之处，当然远超唐太宗的军队。言下之意，陕西革命大祭的举办，便是对那些跟随自己建功立业的革命健

① 中国第二历史档案馆：《冯玉祥日记》第2册，南京：江苏古籍出版社，1992年，第258页。

② 于右任：《中吕·醉高歌·追忆陕西靖国军及围城之役诸事，凄然有作（其八）》，于媛：《于右任诗词曲全集》，西安：世界图书出版公司，2014年，第241页。

③ 冯玉祥：《西安革命公园国殇墓碑》，中共西安市委党史研究室：《坚守西安》，1993 年，第362页。

④ 冯玉祥：《西安革命公园国殇墓碑》，中共西安市委党史研究室：《坚守西安》，1993 年，第362页。

⑤ 冯玉祥：《西安革命公园国殇墓碑》，中共西安市委党史研究室：《坚守西安》，1993 年，第362页。

儿的纪念，是为了激励将士们建立更大功勋的纪念。同时也可以看到，此时的冯玉祥，已经流露出了接踵唐太宗之功绩，逐鹿中原、平定天下的勃勃雄心。

在碑铭中，冯玉祥详细忆述了解西安之围的艰辛和建立革命公园的意义：

前岁西安被围八月，城食尽，死者日以千计。余命师长孙良诚率师来援，士卒奋身肉搏，不避险难，接战数十，历时月余城围解。敌军伤亡，无可统计，吾军之死者，盖五千人矣。此五千人，皆吾多年训成之劲旅，深知革命宗旨，为国家为人民而牺牲，非为一人一姓而战者也。一旦膏血原野，暴骨中路，痛也何如？因于新城东北隅，辟地为革命公园，遵公家之典礼，聚诸国殇，丛葬两冢，并开追悼会三日。与会者万人空巷，罔弗咨嗟太息，且有泣下者。呜呼，诸君可以不死矣！[①]

在碑铭最后，冯玉祥又说："敌军阵亡及民间无主之丧，并附葬焉，爱敌若友，亦仍唐太宗情，均被我恩，洽同异之旨也。"[②]也就是说，革命大祭的举办，革命公园的建设，其首先需要祭祀的，不是李虎臣、杨虎城等所带领的陕军将士和在围城中死难的百姓，而是他所带领的为解围死难的5000将士。然后，基于"爱敌若友"的原则，也应该纪念那些阵亡的敌军将士，最后才是那些"民间无主之丧"。这似乎提示我们，冯玉祥纪念西安围城之役之目的，首先，在于旌扬国民联军之功，以安抚、激励将士，使之奋死效忠。其次，在于设法示好刘镇华及其镇嵩军，招抚他们以为已用。最后，或许是最不重要的，才是纪念因为围城之役而死难的百姓。

在碑铭中，冯玉祥没有专门提及李虎臣、杨虎城的守城之功。不提之原因，除了夸矜己功外，或有两方面因素。其一，杨虎城所统军队为原孙岳之国民三军一部，李虎臣所统军队为原胡景冀国民二军残部。它们与冯玉祥所统辖的国民一军合称国民军，且名义上还由冯玉祥统辖，即是说，它们在名义上与冯玉祥所部军队是一体的，在纪念时没有必要专门提及。其二，西安解围之后，西安形势陡变，刘镇华及其所属镇嵩军既已退出陕西，杨、李所部军队又

① 冯玉祥：《西安革命公园国殇墓碑》，中共西安市委党史研究室编：《坚守西安》，1993 年，第362 页。

② 冯玉祥：《西安革命公园国殇墓碑》，中共西安市委党史研究室编：《坚守西安》，1993 年，第362 页。

损失惨重。此时，冯玉祥及其所部军队，成为西安乃至陕西的实际控制者，杨、李亦不得不倒向冯玉祥。既然杨、李所部军队已被招抚，他们的功劳同是冯军的功劳，在祭祀时不专门提及，亦属合适。再说，在碑铭中，冯玉祥没有明说，纪念的是哪一支国民军，故亦可认为杨、李之守城功劳是包括在内的。不过，在碑铭中，冯玉祥大量铺陈了解围军队的艰苦卓绝，忽略守城军队的努力，仍然表明他的纪念是有侧重点的。

这一偏向在冯部干将刘郁芬所作《陕西革命死难军民合冢铭》中，亦有反映。在《合冢铭》中，刘郁芬首先回述了辛亥以来孙中山领导革命斗争的艰辛，重点宣扬了冯玉祥的功劳："我总司令冯公，怀裹尸之壮，宏掩骸之仁，躬督三军，垒成大圹，刑牲致祭，绣虎征文，永奠重泉，用镌之石。"[①]在刘郁芬这里，其所宣扬的已完全是冯玉祥之功，所着眼的已是逐鹿中原，踵效唐太宗功绩了。

守城主将之一杨虎城在西安解围之后，即率领疲军移驻渭北，自己则潜离部队，隐居富平。对于潜离部队之事，杨虎城自己表示："我这样一个人，率领着这样的部队，实际上等于废物，以这样的废物，而勉强完成坚守西安的政治任务，已经算最大限度地发挥了作用，到此时不能不就此下台了。"[②]尽管在西安革命大祭之前，杨虎城在冯玉祥、于右任一再敦请下，已经回到西安，但他仍然没有参加大祭活动。不过，他让亲信蒙浚僧代送一联："生也千古，死也千古；功满三秦，怨满三秦。"[③]从中可以曲折地感受到杨虎城的复杂心态，其中包括对自己功劳的中肯评价，对围城战争中死难将士和百姓的内疚之情，也有对功劳为他人为所夺的无奈之状。

三、冯玉祥与于右任的关系

早在1921年初，冯玉祥和于右任即发生交集。当时，于右任担任陕西靖国军总司令，冯玉祥随阎相文入陕。在陕西，冯玉祥诱杀靖国军第一路司令郭

---

① 刘郁芬：《陕西革命死难军民合冢铭》，中共西安市委党史研究室：《坚守西安》，1993年，第364页。

② 米暂沉：《杨虎城将军》，北京：中国青年出版社，1998年，第34—35页。

③ 贾自新：《杨虎城年谱》，北京：中国文史出版社，2007年，第87页。

坚，此时二人关系似难和谐。[①]西安围城事起后，乡梓蒙难，于右任心如刀割，急谋解救。在李大钊帮助下，他远赴苏联，动员冯玉祥回国整合所部军队，以解西安之围。冯玉祥在五原誓师，也是于右任代表国民党和国民政府授旗、监誓的。[②]

1927 年，冯玉祥占领西安后，李大钊致冯玉祥密函。在密函中，除详述张作霖、张宗昌、孙传芳兵力布置外，还建议冯“出长安，会师郑州”[③]。冯玉祥在西安，正是按照李大钊的建议开展工作的，“一面百般设法打破财政的难关，一面加紧训练部队，积极筹划出兵潼关”[④]。

于右任动员冯玉祥解西安之围，除了关心桑梓之外，也有策应北伐之意。在冯玉祥的支持下，于右任以国民联军陕西总司令的身份，号召陕西国民军，与冯部将领一道，率军解了西安之围。所以，冯、于关系，至少在西安解围过程中和解围初期，是相对和谐的。

1927 年 1 月 26 日，冯玉祥来到西安时，于右任亲自到距西安约 12 千米的三桥镇迎接。次日早晨，冯玉祥便前往于右任住处回礼。从《冯玉祥日记》可知，此后 1 月 28 日，次月 3、18、22、28 等日，二人均在各种场合见面，举凡政治、经济、军事、党务等各项政策的制定与实施，冯玉祥均征求于右任的意见。[⑤]

据《我的生活》一书，冯玉祥到达西安后，首先便与于右任见面，谈及治理陕西问题：

（于右任）和我详谈陕西军政党各方情形，讨论今后治标治本的对策和办法。于先生对此颇有顾虑，我就请他以驻陕军总司令名义负责办理一切，只管放手做去，我决不干预。至此，他方拟出一个方策，和我斟酌决定。方案是极周妥而切合实际的，可惜还是老毛病，没有兵权在手，尽有好办法，各方面都阳奉阴违，不肯照办。最显著的就是二军、三军如田玉洁、麻老九等许多人，对之完全不听，使全部好的办法、好的条款，都成废纸。也曾召开一次会议，各部分首脑都经到场，我郑重地说明当前的状况及调整一切的决议与方案。他

---

① 高拜石：《古春风楼琐记》，台北：台湾新生报，1981 年，第 281 页，

② 朱凯：《于右任传》，西安：陕西人民出版社，2016 年，第 158 页。

③ 于志恭：《关于冯玉祥吊李大钊诗》，《人物》1980 年第 4 辑。

④ 冯玉祥：《冯玉祥自述》，南京：江苏文艺出版社，2011 年，第 180 页。

⑤ 中国第二历史档案馆：《冯玉祥日记》第 2 册，南京：江苏古籍出版社，1992 年，第 262 页。

们当场一口不开，好像完全不成问题似的，可是散会后他们回去，谁也没有笑脸，算能照着办的，是极少数中之少数。①

在《冯玉祥自述》另一处，冯玉祥也表达了相似意思：

到西安不久，我和于右任先生遵照国民政府发下的命令，设立了政治分会；同时把驻陕司令部也成立了起来。一切组织与规章定妥之后，于先生向我要人帮忙，我即派李兴中为其参谋长。从此关于陕西政治方面的事，均交请于先生全权负责，遇着有什么困难，我再从旁相助。他没有兵权在手，办起事来未免常常感到棘手，而大军云集，地方过于穷困，彼此若不通力合作是无法办事的。②

从这两段记述中，似可读到如下信息：

第一，解围之初，冯玉祥和于右任有共同诉求。对冯玉祥来说，陕西是其逐鹿中原的后方基地，要特别重视；于右任在陕西军民中有巨大威望，仍是其控制陕西局势的不二人选。但由于右任手中没有兵权，对陕西局势的控制能力十分有限，冯玉祥不能不对之提供必要帮助。于右任是陕西人，在当地物望甚隆，对其来说，贡献桑梓，责无旁贷。而且，陕西局势稳定，冯玉祥出兵中原，实现会师中原的战略目标，也是实现北伐大计的既定方针。

冯玉祥未到西安之前，即对陕西局势颇为关心。12 月 2 日下午八时，“思及长安虽已解围，而人民困苦万分，其因饥寒而死者，不知凡几，当即电刘督办郁芬弟拨交于右任洋二万元，专发急赈”③。当知道西安大量饿死人后，便设法筹措资金、物资，以为救济，兹“因李兴中到前方犒劳，乃令在犒赏洋十万元中，先提出二万急赈长安百姓，当此经济困难之秋，队伍固仰给于甘肃，而陕西人民亦不能不由甘肃设法筹赈也”④。

自从 1926 年 11 月 30 日，于右任来到西安之后，所推行的各项政策似不顺利。当时，于右任对原国民军二、三军的军纪毫无办法，甚至对他们哀告道：

---

① 冯玉祥：《我的生活》，北京：中国青年出版社，2015 年，第 447 页。

② 冯玉祥：《冯玉祥自述》，南京：江苏文艺出版社，2011 年，第 178 页。

③ 中国第二历史档案馆：《冯玉祥日记》第 2 册，南京：江苏古籍出版社，1992 年，第 260 页。

④ 中国第二历史档案馆：《冯玉祥日记》第 2 册，南京：江苏古籍出版社，1992 年，第 262 页。

当没有解围的时候，你们的部队饿得没法，跑到孤儿院去借粮，最后只剩一袋了，全院的孤儿向你们跪求，你们才没有把那一袋粮食拿走。现在的陕西人民，已经穷得和只剩一袋粮食的孤儿相同了，你们给他们留下这最后一袋粮吧！[①]

由于无法控制西安局势，于右任被迫隐居乾县药王山。根据于右任亲信王陆一记述："先生初宣言城围解后，即谢军事，耀县药王山之游，即为实践宣言也。"[②]于右任上药王山后，冯玉祥即派魏野畴前往劝解。到12月22日，于右任方回到西安，就任国民联军驻陕总司令之职，兼行全省行政事务。于右任进入西安之后，冯玉祥十分担心其对陕西局势的控制能力。除冯玉祥在《冯玉祥自述》中指出于氏无兵权之外，在日记中，冯玉祥也提到"陕西军队各霸一方，形同割据，于右任不能统一"[③]。1926年12月1日，冯玉祥委托孙良诚之父嘱咐身处前线的孙良诚："长安之围虽解，不可自居有功，对于右任要尊敬。"[④]这恰恰暗示了冯玉祥所部将士对于右任的态度。1927年5月1日，冯玉祥接任第二集团军总司令，5 日赴潼关督师。行次渭南，冯氏"虑驻陕各将领对于革命道理，或有不甚明瞭者"，因电以四事，其第一事为：

于总司令为党国所信托，作西北之屏障，其对于革命之精诚勇敢，历数十年如一日，历史具在，不自今日始。凡我居留在西北的同志，不做革命则已，要做革命，必须竭诚拥戴这极可信赖之首领，以巩固陕局，推动革命工作。目前陈逆树藩入豫，企图再祸关中，一时渭河以北，暗涛甚烈。及玉祥将出关会师，一般人又以后防为虑，若将有大乱发生的隐忧。此固由于许多人不明白玉祥与于总司令对后防已有切实的计划。而另一方面，实有人尚未能完全信赖于总司令，故易为流言所动。望我后防全体将士，一致爱戴于总司令，视之如慈母，敬之如良师，后防自无可虑，前敌胜利，必有把握。[⑤]

冯玉祥当然知道，于右任没有实权，其部下对之颇有微词，甚至阳奉阴

---

① 朱凯：《于右任传》，西安：陕西人民出版社，2016年，第159页。
② 刘延涛：《民国于右任先生年谱》，台北：商务印书馆，1980年，第52页。
③ 中国第二历史档案馆：《冯玉祥日记》第2册，南京：江苏古籍出版社，1992年，第275页。
④ 中国第二历史档案馆：《冯玉祥日记》第2册，南京：江苏古籍出版社，1992年，第259页。
⑤ 冯玉祥：《冯玉祥自传》，北京：军事科学出版社，1988年，第102—103页。

违。但冯玉祥也知道，在其将赴前线之时，利用于右任的威望，使其坐镇后方，对后方大局的维持、前方军事的推进，仍有不可或缺的重要作用。是以直到1927年5月，冯玉祥对于右任仍表示尊重。

第二，冯玉祥对陕西大局的操纵，似也使于右任颇为忌惮。无论是前引资料的“顾虑”，还是向冯玉祥“要人帮忙”，都可以认为是于右任对冯玉祥控制陕西大局、干涉其职权的试探。冯玉祥的表态，对于右任来说，也意味着没有冯玉祥的支持，其在陕西将寸步难行。这一切，当然反映了于右任对冯玉祥操纵陕西大局的不满和曲折抗议。不唯如此，李大钊所得到的消息，亦印证了冯、于关系不甚和谐的一面。“最近于、冯的关系，听说也不大好，三军、六军对于一军也有同样感觉，我们认为这是极危险的现象。”①其中，最“不大好”的地方，“就是冯不满意于不推冯，而于亦不愿在冯之下做事”②。甚至，在国民党内部有部分人，“如张静江等，正利用冯、于之冲突，想法使二、三、五军另成一个系统，与冯对抗，使冯遇事不能顺利进行，同时使整个的国民军亦不易发展”③。

1927年6月，冯玉祥与武汉方面在郑州召开会议，因传闻冯、蒋结合，欲对参加会议的武汉方面成员不利，致使武汉方面成员草率结束会议，匆匆南下。于右任亦感到冯玉祥将不利于自己，遂决定与武汉方面成员一道南下。对此，《民国于右任先生年谱》中有一段非常情境化的描述：

会前先生语冯，谓欲随团南下。冯声色俱变，曰：“你下得去！”盖冯此时之心意，与南军合作与否尚未有定，而欲挟先生以自重也。先生但微笑以对，及会后该团登火车南返，先生与众送行者皆登车握别。车鸣笛也，送者皆竞下车，先生独留。迨冯于众中不见先生，始望见先生在车窗向之招手。时车已离站，冯当众视之下，虽气愤，但亦不便有作为矣！④

---

① 李大钊：《国民二军中工作应注意的事项——致魏野畴（1926年12月5日）》，《中央政治通讯》1926年第13期。

② 李大钊：《白和对于陕西问题的意见》，《中央政治通讯》1927年第15期。

③ 李大钊：《国民二军中工作应注意的事项——致魏野畴（1926年12月5日）》，《中央政治通讯》1926年第13期。

④ 刘延涛：《民国于右任先生年谱》，台北：商务印书馆，1980年，第52页。

后来冯玉祥在其自述中提到：

我到车站送行，问他们何以来去如此匆忙，都说武汉有要紧事亟待料理，故不能耽搁。我心真是有点纳闷……后来才知道是因为陈某拍给他们一个电报，说我已与蒋先生勾结好了，此次要在郑州扣留他们。唉！这话哪里说起！①

冯玉祥要扣留武汉方面代表之说，恐未必是真，但武汉方面对冯玉祥的担心，也未必是空穴来风，因为稍后冯玉祥即赴徐州与蒋介石会面，主动担任起调和宁汉双方的角色。至此，冯玉祥、于右任正式分道扬镳了。

四、冯玉祥、于右任与杨虎城的关系

镇嵩军包围西安之时，杨虎城与李虎臣等陕军将士一起并肩战斗，坚持了近八个月，虽面临罗雀掘鼠、易子而食的危困境地，仍坚不投降，这才等到冯玉祥国民联军的解围，使西安免落刘镇华、吴佩孚之手。在西安围城之役中，杨虎城虽在职位上，次于李虎臣，但若论统领兵力之众，守城意志之坚，所起作用之大，李虎臣亦不能与之相提并论。可以说，经此一役，杨虎城已经一跃成为陕西政界、军界实力派人物之一。无论是冯玉祥，还是于右任，若想稳定陕局，逐鹿中原，杨虎城都是需要争取和拉拢的对象。

对于杨虎城来说，冯玉祥所统领的军队，是解西安之围的关键救援力量。冯玉祥在五原誓师之后，守城陕军得到消息，请冯来援，“这正适合冯玉祥南下陕甘之企图”②。1926年11月15日，冯玉祥转给刘汝明的杨、李求救电文：“西安被围已经八个月了，刻已到了山穷水尽的地步，每天有上千的人饿死，骡马猪狗都早已吃光，就要人吃人了，祈速发大军救援”③，并电令刘部将士，“速向西安前进，并受孙总指挥良诚指挥”④。

西安刚刚解围，冯玉祥便希望能与杨虎城合作，而杨虎城对冯玉祥并非没有顾虑。据 1942 年孙蔚如回忆，“城围解二日，虎城潜离部队，虑不容于冯

① 冯玉祥：《冯玉祥自述》，南京：江苏文艺出版社，2012 年，第 184 页。

② 党晴梵：《西安城围记》，中国人民政治协商会议陕西省委员会文史和学习委员会：《陕西文史资料精编》第 2 卷《重大事件》，西安：陕西人民出版社，2010 年，第 43 页。

③ 刘汝明：《刘汝明回忆录》，台北：传记文学出版社，1979 年，第 77 页。

④ 刘汝明：《刘汝明回忆录》，台北：传记文学出版社，1979 年，第 77 页。

公。”[1]1920 年，冯玉祥诱杀陕西靖国军将领郭坚之事，不能不令杨虎城心有余悸。再说，虽然勉强守住了城池，功劳巨大，但西安围城之役，杨虎城所属军队死伤惨重，已失去再战之力，无法与人多势众，又以逸待劳的国民联军相提并论。冯玉祥及其所部国民联军虽然解了西安之围，此时也反客为主，杨虎城却反主为客，一时亦令人难以接受。且因战、饿而死者达数万人之众，杨虎城也不可避免地受到一些民众交章指摘。1926年12月1日、17日，杨虎城“两电冯玉祥，愿意下野养疴”[2]，暗示了杨虎城的复杂心境。

据《冯玉祥年谱》，1926 年 12 月 27 日，冯玉祥致电杨虎城，希望他能够回到西安，协助于右任主持陕西大政：

我同志养疴离职，惦念殊深。惟陕局敉平，百symbol待理，务为党为乡，勿遽离省，以助右任同志早拯陕西民俗，而利吾党大计之进行，是所至盼。当此非常之时，办此非常之事，困难障碍，多在意中。我辈矢志于国民革命之途，自当彻底奋斗，想同志明达，当不河汉吾言。[3]

细味“河汉吾言”一语，冯玉祥应该知道杨虎城对其顾虑重重，甚不信任，因此对杨虎城能否响应他们召唤，受其招抚，回到西安，并无把握。果不其然，杨虎城回以东电、筱电[4]，虽不详其具体内容，却可知对冯玉祥的邀请表示婉拒。1927 年元旦，冯玉祥通过于右任转电杨虎城：

我兄以新聚之卒，守久困之城，苦心若揭。当此陕局初定，正军民教训之时，务勉效初衷，同济艰巨。况国难未已，万非高蹈之期，我兄血性毅力，至祈为国民革命努力奋斗，是所跂祷。[5]

但杨虎城不为所动，仍未出山。1927年1月15日，冯玉祥又致电杨虎城：

虎城同志惠鉴：

睽隔千里，驰系为劳，比维勋猷日懋，骏望崇隆，式为颂慰！嵩匪祸陕，

① 贾自新：《杨虎城年谱》，北京：中国文史出版社，2007 年，第 67 页。
② 贾自新：《杨虎城年谱》，北京：中国文史出版社，2007 年，第 66—67 页。
③ 蒋铁生：《冯玉祥年谱》，济南：齐鲁书社，2003 年，第 67 页。
④ 蒋铁生：《冯玉祥年谱》，济南：齐鲁书社，2003 年，第 68 页。
⑤ 蒋铁生：《冯玉祥年谱》，济南：齐鲁书社，2003 年，第 68 页。

荼毒生灵，围绕长安，阅时数月，我同志孤城力守，坚忍撑持，卒获解围，远逐丑虏，功高劳苦，至深欢服。惟是目今匪众虽溃，元气已伤，诸资整饬，是用迭电奉请，担任联军第十路总司令，以期早日削平逆贼，完成革命大功。务望继续努力，协同右任、宝珊诸同志，一致奋斗，益用猛进，党国前途，实深利赖。兹派姚维藩同志代谒台阶，面致敬佩，祈赐接洽。不尽之意，统由姚同志代达。专此布臆，顺颂勋绥！冯玉祥拜启。①

此次电文，虽和前数次一样，都有一个不变的目标——招抚杨虎城，但也有明显不同。前数次电文所述，主要是力邀杨虎城出山，以辅助处理陕西政务。此次电文，却回溯了杨虎城守城8个月的艰辛，赞扬了其卓越功勋，希望其担任联军第十路总司令，既有恭维，又有实惠。

在冯玉祥试图招抚杨虎城前后，于右任亦设法请回杨虎城。于右任进入西安城之时，杨虎城已经潜离部队。于氏对杨虎城的离开，似甚惋惜，故屡屡设法将之请回。1926年12月26日晚，于右任致函杨虎城：

虎城老弟麾下：

兹派周诚前来请弟回省，望即日命驾，共商一切。如弟不归，我即前来，此时非碰死在你面前不可。陕民痛苦极矣！此千载一时之机会，教我伶仃老弱之人做去，如何能改良，能进行？弟（如）是爱我者，弟应当速归；弟如是怜我者，弟更当速归。我四万里外舍命回来，竟不能见弟一面；弟任我老而翻筋斗，心中安耶，否耶？老天助我，杨虎归来。临书吁嗟，欲言不尽。②

早在1918年，于右任担任陕西靖国军总司令，杨虎城为该军第三路第一支队司令，归于右任领导。1922年3月，杨虎城迎于右任至其驻地武功，于此建靖国军总司令行营。5月，杨虎城被任命为靖国军第三路总司令。由于靖国军陷入四面重围，杨虎城撤往陕北保存实力，于右任远赴广东，寻求帮助。在于右任的认知，“杨虎城是本党中坚，始终如一的忠实信徒”③。既有此渊源，则

① 陈溥、陈晴：《杨虎城交往录》，北京：中国文史出版社，2008年，第68页。

② 陈溥、陈晴：《杨虎城交往录》，北京：中国文史出版社，2008年，第67页。

③ 张平和等：《于右任与杨虎城的友谊》，中国人民政治协商会议陕西省委员会文史和学习委员会：《陕西文史资料精编》第九卷《人物专辑》中册，西安：陕西人民出版社，2010年，第99页。

于右任之信，情理互见。他鉴于“陕民痛苦极矣”，亟切希望杨虎城能回到西安，与他合作，共同纾解陕西困局，但杨虎城并无回音。次月 4 日于右任复致一函：

虎城老弟同志：

兹再请秋轩来原迎驾，如弟再以闭门羹饷秋轩，则我二人绝交可也。大局如此之急，国民盼我们如此之切，而弟竟漠然如此，真所谓忍人而已。今日之大问题，即是“西北革命党怎样完成工作，怎样对得起陕西人民。”啼饥号寒之声，遍于关内外，三原何乐，竟卧一虎，真是怪事。然则秦民尤罪孽深重矣。秋轩之便，送上拙诗一本，赠英雄而想做诗人者，见诗如见老朽。并送上拙书《遗嘱》一纸，是此《遗嘱》催弟出山，与我无涉也。[1]

于右任此次致函目的，仍是力邀杨虎城出山，为此甚至还说出绝交之言。随信，于右任将自己写的一份遗嘱送给杨虎城，希望以之促其出山。遗嘱内容虽不详，但观于右任两封信，应知其邀请杨虎城出山之念，十分强烈，且是出于至诚。

没有翔实资料证明，冯玉祥、于右任历次邀请杨虎城出山，私下均有沟通，但冯玉祥 1927 年元旦电文是通过于右任转交的，这说明此次邀请，二人应有充分沟通和共识。分析冯玉祥、于右任连番邀请杨虎城出山之目的，在利用杨虎城影响力控制陕西局势方面应是共同的。

当然，二人也各有目的。冯玉祥进入陕西之后，迅速反客为主，收编了陕西境内大量军队，并以之为根据地，行将逐鹿中原。对于右任等陕西本地军民来说，解围固然是好，但再次卷入战争之中，应该不是他们所愿意看到的。邀请一战成名的杨虎城出山，或许有助于利用他在西安围城之役中建立起来的威望，增加陕西本地人的实力，冲淡冯系军队的影响，勉强维持“陕人治陕”的局面。在冯玉祥那里，招抚杨虎城，将有助于招抚、控制陕西军队，以牢牢地控制住陕西，并壮大自己的队伍，可谓一举两得。正是在这一背景下，冯玉祥决定授予杨虎城第十路军总司令之职。

在冯玉祥、于右任一再邀请下，2月2日，杨虎城发表通电宣布就任第十路

---

① 陈溥、陈晴：《杨虎城交往录》，北京：中国文史出版社，2008 年，第 68 页。

军总司令之职。[1]2月9日，杨虎城回到西安。4月，冯玉祥发布褒奖令：

> 第十路总司令杨，前当长安被围之际，坚持保民御寇之心，粮绝兵疲，亘时八月，激励将士，不渝始终，斩使却和，尤为壮烈。用能固西北革命之势力，免顽敌得手以横行，完此巨瓯，功在党国。除选择嘉奖外，杨着予以革命奖章，益昭劳勋，而资矜式。[2]

对杨虎城守城功劳的肯定和嘉奖，可以认为是冯玉祥对杨虎城归来的友好举动，但这也不免成为网罗杨虎城的牢笼，从此，杨虎城终于可以供其驱使了。

此后，冯玉祥出兵北伐，杨虎城所部亦奉命开赴前线，参加作战。据1927年7月11日中共陕西省委给中共中央的报告，“杨虎臣心欲骗冯，冯之诡计多端，未必受骗”[3]，另外，当年8月10日，冯玉祥委任杨虎城为东路总指挥及归德镇守使二职，为杨虎城所拒绝。这些情况，意味着杨虎城对冯玉祥始终有所顾虑，且留有后手，没有心悦诚服地为其所用。

冯玉祥与刘镇华的暧昧关系，亦易激起以杨虎城为首的陕西将领不满。冯玉祥对刘镇华镇嵩军，不仅有前述“爱敌若友”的论调，还有收编的企图。1927年2月23日，“镇嵩军代表吴鸿翰及国民革命军豫西总指挥部周代表来见”[4]，次日，冯玉祥又同张之江商谈收编刘镇华军队的办法。此后，奉军褚玉璞部威胁杨军驻地河南归德，冯竟委派曾经包围西安达8个月之久的刘镇华驰援，杨虎城遂下定决心背叛冯玉祥。

杨虎城已转投蒋介石之后的1927年冬，蒋介石、冯玉祥在徐州会面之时，冯玉祥对蒋介石表示：“虎城是我一员虎将，我不能让他离开，还要叫他回去。”[5]对杨虎城之叛，冯玉祥并不死心，这似可认为冯玉祥对杨虎城的拉拢，不完全是利用，也有爱才之意。而从杨虎城潜离部队，到勉强受职，再到决心背叛，似表明其自始至终对冯玉祥都心存疑虑。

---

① 杨虎城：《通电就任国民军联军第十路总司令》，《陕西国民日报》1927年2月18日。
② 贾自新：《杨虎城年谱》，北京：中国文史出版社，2007年，第80页。
③ 贾自新：《杨虎城年谱》，北京：中国文史出版社，2007年，第91页。
④ 中国第二历史档案馆：《冯玉祥日记》第2册，南京：江苏古籍出版社，1992年，第296页。
⑤ 陈溥、陈晴：《杨虎城交往录》，北京：中国文史出版社，2008年，第35页。

五、镇压拒绝听命的陕军

虽对于右任、杨虎城尽量拉拢、利用，但冯玉祥对陕西其他军事将领和军队的态度，却有很大不同。1927年3月30日，在对陕西省政府各部、处、司长讲话时，冯玉祥强调："陕西军队，除何玉斌、杨虎城等明白主义外，余均为虱子臭虫，拼命吃喝地方，至死不去。"[①]然则，另两位守城功臣李虎臣、卫定一以及他们所属军队，也被冯玉祥归入"虱子臭虫"之列。这就决定了冯玉祥对待其他军队的态度，迥异于杨虎城。2月6日，冯玉祥接见李虎臣，"嘱其整顿队伍"[②]。稍后，虽任命他为国民联军第二集团军第八路总司令，但"以李之纪律太坏，为国民军之玷，又以陕人环吁，乃调李氏入南山中"[③]。此"南山中"，据党晴梵回忆，应指商洛一带。[④]

也就是说，冯玉祥将李虎臣调离西安，一方面是厌恶其人及其军队；另一方面也担心"陕人环吁"，可能对其控制西安造成不利影响。这种做法，自然使李虎臣及其部属愤抑不平，十分不满，"隐存反戈之心"[⑤]。另外，卫定一亦返回兴平原防，未受重用。后来，"国民革命军第二集团军驻陕总司令部"被解散，激起陕西军队同仇敌忾之心。李虎臣以不堪忍受，于 1928 年起而反抗，"围攻西安，经过旬日，被冯击退"[⑥]。

对李虎臣等陕西将领来说，接受冯玉祥任命本就是权宜之计，并非意味着对其宣誓效忠。冯玉祥不仅对大部分陕西军队强烈排斥，还以解围之师控制了陕西军政大权，轻易摘取西安围城之役的胜利果实，自然易使陕西将领和军队心生怨望。冯玉祥也应该意识到必须迅速收服陕西军民之望，方可化除可能的危机，并以之为根据地，出兵潼关，逐鹿中原。其主持陕西革命大祭、建设革命公园、筹集资金纾解陕民之困、尊重于右任、拉拢杨虎城等动作，应均有此

---

① 中国第二历史档案馆：《冯玉祥日记》第2册，南京：江苏古籍出版社，1992年，第311页。何玉斌，又作何毓斌，未知何者为是，生平事迹不详，仅知其在1926年3月曾任西路军左翼司令。

② 中国第二历史档案馆：《冯玉祥日记》第2册，南京：江苏古籍出版社，1992年，第291页。

③ 尤卓厂：《李虎臣笑史（上）》，《联益之友》1928年第87期，第3版。

④ 党晴梵：《西安城围记》，中国人民政治协商会议陕西省委员会文史和学习委员会：《陕西文史资料精编》第2卷《重大事件》，西安：陕西人民出版社，2010年，第43页。

⑤ 尤卓厂：《李虎臣笑史（上）》，《联益之友》1928年第87期，第3版。

⑥ 党晴梵：《西安城围记》，中国人民政治协商会议陕西省委员会文史和学习委员会：《陕西文史资料精编》第2卷《重大事件》，西安：陕西人民出版社，2010年，第43页。

用意。然而，冯玉祥以往和当时的种种作为，加之时人对冯玉祥人品的强烈怀疑，使于右任、杨虎城等所代表的陕西将士，对之不能完全信任，其逐鹿中原的战略目标，也不可避免地出现了种种麻烦。

除了招降那些愿意归顺的各地陕军将士之外，那些拒不归顺者，便以武力消灭之。据当时担任张维玺第十三军手枪营代理营长的张宣武回忆：

（西安解围后）陕西省的土著军阀，却依旧各自霸占地盘，把持财政，他们认为冯部无暇兼顾、无力对付，因而既不听调遣，也不听宣招。及至冯部派兵收拾他们时，就据守城池，负隅顽抗。在 1927 及 1928 两年当中，陕西境内的守城战，先后发生不下一二十起之多。如旅长麻振武的守同州（今大荔县），旅长黄德贵、韩有禄等的守富平，师长田玉洁、卫定一、薛某（叫个薛什么斋？）和旅长耿景惠等的先后守三原、泾阳、高陵，旅长耿庄的守朝邑、韩城、郃阳，旅长缑天相的守蒲城和旅长党玉琨的守凤翔等等，都是最生动的事例。其中又以同州、凤翔两城的攻守战进行的最惨烈，时间最长，费劲最大和死伤最多。①

无独有偶，党晴梵也回忆道：

李、杨、卫各部固守西安时，本不知冯玉祥有五原之举动，后来消息一到，才请冯来援，这正适合冯玉祥南下陕甘之企图。但冯玉祥之手段残酷，许多人都领略过的，而为了解围，也就只得饮鸩止渴，大加表示欢迎。杨虎城很有敏感，随托病避居富平他所认识之孙五洲家中。卫定一亦返回兴平原防。冯军陆续前来，于是陕西之军政大权乃转入其手。其初宋哲元驻守西安，孙良诚驻守潼关，一方面他们威迫与他们接洽过之李、杨、卫部须接受他们的改编，开出西安；一方面便逐次剿灭与他未接洽之部队。最先攻打大荔，消灭了麻振武部；继又攻泾阳，消灭了田玉洁所留之部队；又其次消灭了驻扎凤翔之党玉琨部。②

前已述及，麻振武乃首鼠两端、反复无常且无恶不作的地方军事力量，

① 张宣武：《宋哲元杀戮陕军俘虏五千人目击记》，中国人民政治协商会议全国委员会文史资料研究委员会：《文史资料选辑》第 51 辑，北京：文史资料出版社，1986 年，第 163 页。

② 党晴梵：《西安城围记》，中国人民政治协商会议陕西省委员会文史和学习委员会：《陕西文史资料精编》第 2 卷《重大事件》，西安：陕西人民出版社，2010 年，第 43 页。

1925 年起，就盘踞在同州。该部军纪极差，在地方上作威作福，无恶不作，民怨极深。西安围城期间，麻振武投靠刘镇华，助纣为虐，帮助镇嵩军一起残害桑梓。西安刚刚解围，刘镇华镇嵩军腹背受敌之际，麻振武又背叛了刘镇华，除对镇嵩军围追堵截，以收渔利之外，还坚守同州，意图称霸一方。冯玉祥国民联军来到陕西后，麻振武阳奉阴违。“冯军抵汴后，麻振武军即渐恣肆，不遵命令，颇有仇视国民军之势。当局曾迭电劝其就范，努力国民革命事业之完成，麻终不省。”①冯玉祥感到陕西局势严重，遂决定攻打麻振武。

为了消灭麻振武，冯玉祥先后派遣方振武、石友三、韩复榘等部攻打同州，均不能成功。1927 年 7 月，冯玉祥加派张维玺第十三军，并以之为围攻同州所有军队的总司令，刘汝明为副，严令 1 个月之内攻克。但 1 个月期限已过，仍未成功，张维玺、刘汝明被撤职留任，戴罪立功。

自 8 月初开始，四面同时挖掘了十条坑道，但其中有九条都在接近城脚时，功亏一篑，被麻部守城部队发觉而予以破坏阻绝。只有靠近北城门西侧的一条坑道，虽然也曾遭到许多波折，却幸未被阻绝，终于在 8 月 25 日挖掘成功，在对准城墙的下面埋了三千公斤炸药。8 月 26 日下午 4 时，坑道炸药爆发，轰开同州城墙的一角，张维玺部的冲锋部队从豁口突入城内。刘汝明部亦在同时冲锋猛扑，爬梯登城，巷战约一小时后，麻部五千余众，除战死近两千外，其余全数被俘缴械。麻振武本人，当城破时曾亲临豁口督战，身受四创，乔装难民，混出城去，走到同州东南的仓头铺，终因伤重毙命。②

攻克同州之后，时任第四方面军总指挥兼陕西省政府主席宋哲元，急电张维玺，建议其将所有麻部俘虏斩尽杀绝，以儆效尤，“冀使其他土著军阀闻风丧胆，知所畏惧，不敢再有守城抗拒的举动”③。但张维玺并未听从，给资将之遣散。

麻振武虽被消灭，仍有一些小军事力量盘踞陕西各地，拒不归顺。1928 年

---

① 《冯军平定陕乱之经过》，《兴华》1927 年第 37 期，第 40 页。

② 张宣武：《宋哲元杀戮陕军俘虏五千人目击记》，中国人民政治协商会议全国委员会文史资料研究委员会：《文史资料选辑》第 51 辑，北京：文史资料出版社，1986 年，第 164—165 页。

③ 张宣武：《宋哲元杀戮陕军俘虏五千人目击记》，中国人民政治协商会议全国委员会文史资料研究委员会：《文史资料选辑》第 51 辑，北京：文史资料出版社，1986 年，第 165 页。

上半年，国民联军又先后占领三原、泾阳、富平、高陵、朝邑、韩城、郃阳、蒲城等地，这些地方的军队，或覆没，或溃逃，或投降。

但负隅顽抗的党毓琨部仍未被消灭。党毓琨和麻振武同为郭坚旧部，此人长期盘踞凤翔府，残忍好杀，无恶不作，其恶劣程度比麻振武有过之而无不及。1928 年，时任陕西省政府主席宋哲元率领三师约 3 万之众，攻打凤翔府，历时半年，仍未攻下，不得已请求冯玉祥加派张维玺第十三军前往助战。到是年 8 月 25 日，凤翔城破，党毓琨被击毙。据张宣武回忆，攻克凤翔之后的第三天，在宋哲元执意坚持下，张维玺同意将党毓琨部俘虏 5000 余人全部杀掉。宋哲元的理由是：

去年你打开同州时，我曾请你把“麻老九”的那几千俘虏斩尽杀绝，而你却把他们一个个地都放走。假若你那时听我的话，把他们都杀掉，其他那些土匪就可能没人再敢于守城，负隅顽抗，我们也不会在凤翔再费这样大的气力。现在甄士仁、张九才等人还霸占着陇州、郃阳、宝鸡、郿县。我们若是把“党拐子”的这些俘虏一齐杀掉，他们就将为之胆寒，不敢再战，而我们也可能少死多少人，少费多少事。①

大屠杀发生于 8 月 28 日上午 8 时顷，刑场设在凤翔城东八里纸坊镇东头关帝庙前，宋哲元、张维玺坐在关帝庙门口，边喝茶边监斩：

每两个手枪队的大刀兵架着一名俘虏的两只胳膊，从关帝庙西侧院子里飞快地跑到那眼枯井的边沿，喝令俘虏跪下。在枯井旁边早已预先排列好五十名刽子手的大刀兵，由最前边的一名开始执行，手起刀落，人头立即滚入井中。行刑的人跟着又是一脚，把死者的尸体踢进井里。前面的一个刚完事，后面的一个跟着又架上来，照样又是一刀之后再踢一脚，好像走马灯一般，一个接连一个地不断投进枯井。在前面执刀行刑的刽子手，每逢杀上十个八个，就已血溅满身，刀钝臂酸，手都软了，接着再由后面预备的刽子手挨次轮番上前接替。有的俘虏被架到井旁喝令跪下时，为了避免挨刀断头之苦，连跪也不跪就活生生地扑进井去。有的俘虏被架到井边时，早已神魂离窍像泥块一般，使刽子手

① 张宣武：《宋哲元杀戮陕军俘虏五千人目击记》，中国人民政治协商会议全国委员会文史资料研究委员会：《文史资料选辑》第 51 辑，北京：文史资料出版社，1986 年，第 170 页。

无法下手，也就只好一脚，不死不活地把俘虏踢入井中。有的俘虏跪下之后，脖子挺得较硬，只消一刀即可人头落地，立时毕命。而有的俘虏由于吓的［得］魂不附体，脖子挺不起来，一刀不能断气，以致连砍数刀，因疼嚎叫，那种怪声使人惨不忍闻。有些刽子手，手法比较干净利落，一刀下去，就身首异处。而有些刽子手则是初次杀人，当手举刀落时，手腕忽而软下来，只能砍进个三两分深，这就使被杀的人遭到了最大的痛苦，当然会哀嚎乱叫起来。①

杀完500名俘虏后，宋哲元命令："在各师、旅、团拘押的俘虏，限令你们都在今天夜里一齐［起］把他们杀掉，一个也不许留，一个也不许放！"② 当夜便有3000余名俘虏被杀。

唯独第十三军的第十七师赵凤林师长，认为这种搞法不仅太惨无人道，而且也违反古今中外所共同遵守的"优遇已无战力的俘虏"人道主义准则。但他不敢公然抗拒宋哲元的命令，只好背地里私自对他所属的旅、团长们说："宋主席的命令谁也不敢不听，你们如果忍心愿意把这些人都杀掉，那就照着命令行事；如果你们愿意积一点德的话，那就可以酌量办理。"旅、团长们问道："所谓酌量办理，到底是应该怎样办呢?"这位赵师长说："多少杀几个应付一下，其余的趁着夜深人静悄悄地都把他们放走，不就得了嘛！但这只是我个人的意见，你们如果愿意照着我的意见行事，就必须严守秘密，不能走漏一点儿风声，如果被宋主席知晓，我们谁都会吃不消。"在这种紧急情况下的结果是：被分配在这个师中应杀的俘虏，实际上倒霉被杀的不到一百个老弱残兵，而一千数百个青壮年都幸运地得到虎口余生。③

残酷的屠杀之后，"盘踞在陇州、郃阳、宝鸡、郿县等地的残余土著军阀，师长甄士仁和旅长张九才等人，在这种尸肉横飞、血泪淋漓的威胁下，个个心惊肉跳，不可终日，果然都在几天之后，自动地单骑来归，五体投地地跪

① 张宣武：《宋哲元杀戮陕军俘虏五千人目击记》，中国人民政治协商会议全国委员会文史资料研究委员会：《文史资料选辑》第51辑，北京：文史资料出版社，1986年，第171页。

② 张宣武：《宋哲元杀戮陕军俘虏五千人目击记》，中国人民政治协商会议全国委员会文史资料研究委员会：《文史资料选辑》第51辑，北京：文史资料出版社，1986年，第173页。

③ 张宣武：《宋哲元杀戮陕军俘虏五千人目击记》，中国人民政治协商会议全国委员会文史资料研究委员会：《文史资料选辑》第51辑，北京：文史资料出版社，1986年，第173页。

着恳求宋哲元说：‘只要开恩不杀，甘愿缴械，献出城池。’”[①]至此陕西土著军事力量全部被肃清，冯玉祥国民联军得以牢牢地控制了陕西。

冯玉祥国民联军用此种残酷办法，陆续消灭那些拒不投降的陕军。这一举动，客观上说，结束了陕西境内自辛亥革命以来，大小军事力量盘踞的混乱局面，对陕西政治的澄清、百姓的生命安全都有一定好处。但是，冯玉祥国民联军所用手段之残酷，这不禁使陕军将士意识到，冯玉祥解围西安，并非为解民倒悬而来，而是为遂其控制陕西、逐鹿中原的政治野心而来。

党晴梵便认为国民联军诸部在陕西杀戮过重，他说：

攻大荔时，麻振武阵亡，冯军进城，还杀戮了麻之参谋长郭海楼及麻之部属多人，尤其是人民惨死者达七百余人，有的人家竟至杀绝。破泾阳后，亦复如此，逮捕参加守军之国会议员李含芳，带回西安杀害。攻凤翔时，党玉琨亦阵亡，冯军入城后，也杀戮了原靖国军第一路军官研究所教务长、保定一期学生雷赤城，及原来郭坚之部属曹耀南、杨云栋等多人。甚至将缴械之官兵三百余人，驱至纸坊村凤女台畔用机枪扫射，尚有未死者，均一律掩埋，凤翔人至今呼之为“杀人坑”。而李云龙之两师长赤亚武、何经纬与冯言和后，亦诱至西安杀戮。并将李云龙之参谋长刘季衡，将其衡字改为红字，同时杀害。[②]

党晴梵对冯玉祥极为痛恨，他认为：“至此，李、杨、卫往往千辛万苦坚守西安经年，竟成为前门拒狼、后门引虎之结果。并从此陕军非被消灭，即被改编，或被逐出陕境。”[③]迅速控制陕西的冯玉祥，将之作为培植自己势力的后方基地，开始走上了敛财、练兵的道路，其后出兵潼关，进兵中原，而与南方的北伐军分庭抗礼了。

---

① 张宣武：《宋哲元杀戮陕军俘虏五千人目击记》，中国人民政治协商会议全国委员会文史资料研究委员会：《文史资料选辑》第51辑，北京：文史资料出版社，1986年，第173页。

② 党晴梵：《西安城围记》，中国人民政治协商会议陕西省委员会文史和学习委员会：《陕西文史资料精编》第2卷《重大事件》，西安：陕西人民出版社，2010年，第43页。

③ 党晴梵：《西安城围记》，中国人民政治协商会议陕西省委员会文史和学习委员会：《陕西文史资料精编》第2卷《重大事件》，西安：陕西人民出版社，2010年，第43页。

第五章 敲骨吸髓

1927 年 4 月，时任教于东北大学，曾在西安围城之役期间任教于西北大学，亲历围城惨状的蒙古文学教授黄成垙，出版了《西安围城记》。在该书中，作者就“所确知而记忆者，合为十章，都三万余言，举凡围城之始末，军队之动作，人民之困苦，社会之状况，莫不殚述”[①]。书成之后，黄成垙邀请同样曾经身陷围城之中的西北大学同事，时亦已任教于东北大学的著名诗人，重庆江津人吴芳吉（字碧柳）为之作序。吴芳吉序文如下：

长安居民二十万，死于丙寅之役者三之一。自民国以来，残民以逞之事，史不绝书，无如此役之惨且甚矣。著者与我，皆此劫余之人，当其秕糠不饱，犬马皆烹，凄然相对，不知死期之在何日。既势有可死，而终不至于死者，非天之默佑吾人为独厚哉！夫死者已矣，死者之含冤地下则未已也。著者与我，既亲见吾民之枉死无告，吾不为之纪载昭雪，以诉之天下后世，则吾之幸得苟生，为虚逝而可愧。著者今于痛定之余，追思往事，沥其血泪，发为文词，虽自庆生还，不忘长安，如此可谓能尽师儒之责矣。抑思是非以偏蔽不明，毁誉惟折衷所试。长安之役，攻者、守者，其罪惟均。攻者谓守者为陕匪，而守者亦以嵩匪呼之。迹其所为，等匪耳。倘非来者解厄之力，则著者与我不为长安

① 黄成垙：《西安围城记·自序》，1927 年。

枯骨者几何。是以贼吾民者，诛伐无所忌，德吾民者，讴歌而不嫌也。[①]

在序文中，吴芳吉将1926年西安围城之役定性为“残民以逞之事”，他认为自己和黄成垚都有责任为那些在围城中“枉死无告”者“纪载昭雪”，借此“以诉之天下后世”。这表明吴芳吉和黄成垚是站在民众的立场上的。正是在此前提下，吴芳吉认为，攻守双方都对人民犯下了不可饶恕的罪过。这和攻城一方所宣传的打倒陕军，解放合城百姓，和守城一方所宣传的抵抗嵩匪、保卫合城百姓、支援革命的立场完全不同。

黄成垚《西安围城记》一书，除序言和附录外分为十章，其中，围城原因一章，守城经过一章，解围一章，解围后状况一章，结论一章，其他五章所述均是围城之下的惨状，但即使前述记述其他部分的章节，也大量充斥着有关围城之下惨状的描写。可知黄成垚在写作之时，和吴芳吉所写序言一样，具有非常明显的倾向性，即站在城内百姓的立场上，对攻城一方、守城一方、解围一方进行评价。

黄成垚相信，“此次刘镇华围城，所争者督办耳，而抵死不肯相让者，李、杨二人也，彼此为争踞地盘，全城人民何辜，惨遭空前祸难，已属冤痛之极”[②]。时任关中道尹毛昌杰亦将攻守双方的斗争描述为：“蚌鹬相持两弗舍，一城坐困同囚羁。”[③]攻守的双方，均不具有正义性。刘镇华镇嵩军进攻西安时，“士卒怀报复之私心，盖去岁二军李云龙在豫西一带，焚淫抢掠，有甚于匪”[④]。刘镇华镇嵩军此次死灰复燃，乃是为了报1925年岳维峻、李虎臣所统率的国民二军“焚淫抢掠”豫西之仇，同时还意图重新统治陕西。

和吴芳吉稍有不同，黄成垚虽也称扬冯玉祥国民联军的解围之攻，但对他们对陕西百姓可能带来的伤害，亦有较为清醒的认识。以下以黄成垚《西安围城记》为主要史料，参酌吴芳吉的诗歌和《新秦日报》中涉及民众的史料，以及张亚雄、王伯材、李德福、赵华堂等一些围城中民众的回忆性史料，讨论围城之中民众对进攻一方、守城一方、解围一方的认知。

---

① 黄成垚：《西安围城记·吴芳吉序》，1927年，第1页。

② 黄成垚：《西安围城记》，1927年，第53—54页。

③ 毛昌杰：《和李子彝〈围城吟〉》，李元鼎遗著、阎琦注释整理：《李元鼎诗文墨迹散拾》，西安：三秦出版社，2008年，第25页。

④ 黄成垚：《西安围城记》，1927年，第10页。

第一节　攻城一方

作为进攻一方，在4月至5月上旬，刘镇华镇嵩军逐步对西安城展开包围。当此之时，“沿西安省城附近二十里以内人民，闻风逃入省城者，纷如也”①。这种情况，极大程度上增加了西安的压力，使之一步步陷入绝境。镇嵩军到达西安之后，最初展开猛攻，希望尽快占领西安城，奄有陕西全境。但初攻不利，又遭遇杨虎城所部突击进城，增强守城力量，以及“二虎”利用和平期成会的和平活动拖延时间（参见第八章“委曲求全”），从而弄巧成拙，使其尽快占领西安城的梦想化为泡影。在此情况下，刘镇华不得已变更计划，“取久困主义，不即猛烈攻城”②，形成了西安城长久被围的局面。

在《长安围城纪事诗百首》第六首中，匡厚生写道：“前度刘郎重入秦，烟花三月正浓春；梦中蝴蝶庄周影，眼底衣冠文叔臣。”③并在自注中对之进行解释：

刘镇华……前曾督陕，对于陕人，不知爱护，经济不知发展，教育不知改良，文化不知提倡，交通不知设备，水利农田不知整理，唯对于财政一门，颇知剥削，以是由一家无担石之贫汉，突变而为富有千万之富翁，陕人恨之。因此，离职后辗转关东，见无其他地盘可图，时生回陕之想，然莫可措手也。刻值时局陡变，遂借柴老八、王老五等之力，露刃入秦。又恰逢秦兵因岳西峰在豫之败，心胆俱寒，避不与抗，彼遂得长驱直入，置酒华清，日与其舞女妖姬为笑乐也。④

观匡厚生之自注，所记并不客观。前已述及，刘镇华在治陕之时，虽然劣迹斑斑，但还是有一定作为的。然面对刘镇华镇嵩军长驱入陕的新形势，陕军

① 黄成垙：《西安围城记》，1927年，第10—11页。

② 黄成垙：《西安围城记》，1927年，第14页。

③ 匡厚生：《长安围城纪事诗百首》第六首，刘迈主编：《西安围城诗注》，西安：陕西人民出版社，1992年，第14页。

④ 匡厚生：《长安围城纪事诗百首》第六首自注，刘迈主编：《西安围城诗注》，西安：陕西人民出版社，1992年，第15页。

上下将刘镇华已往一切好处，都自动归零，而其一切坏处，则被无限放大。

在最初猛攻失败之后，镇嵩军无奈渐渐减少进攻，只“每日早晚向空中射击四五枪，以示其围城之兵尚未撤退耳”[①]，希望以此种疲敌战法，增加守城的困难，消灭敌人的守城意志，使他们力屈投降。倘从纯粹战略角度而论，在强攻受挫之后，此长期围城方略似乎无可厚非。但倘使站在城内百姓角度看，这种战略是以不顾合城百姓生命财产为前提的，用心实在阴险。

因为城围日久，城内的粮食供应渐渐成了问题，许多民众被迫寻求机会出城谋生。但刘镇华对之却断然拒绝，“彼平和人民，欲出城逃生，断无深闭固拒之理，可是刘镇华竟不许放行，不知其意何居”[②]。

在另一处，黄成垙分析了刘镇华镇嵩军拒绝放民众出城谋生的险恶用心：

在彼之心，以为城内食料有限，人愈多食料愈易告竭，若放百姓出城，腾出食料足敷军队十年之用，岂非须困十年乎？以争一人之督办，而不顾全城数十万人民之生命，如此居心，尚可问耶！[③]

从战略上考虑刘镇华拒绝难民出城，当然有其合理性，可对城内百姓而言，身处危城之中，缺衣少食，又受到守城军队的欺凌盘剥，身如累卵。如今逃生之希望也被刘镇华断绝，自然对之恨之入骨了。当时身在城中的王璜吉有《丙寅围城纪事诗》三十首，多散佚，《西安围城诗注》中仅录其八。其中第二首中有“万奈何引为副之翼，谁把妖魔纵入关？”[④]第八首云：“莫说八年为令尹，分明桀纣祸先胎。”[⑤]王璜吉将刘镇华镇嵩军比喻为“妖魔”“桀纣”，可见对其切齿痛恨。

不仅对城内百姓十分残酷，即使对待已经占领的地方，刘镇华镇嵩军“亦不知加意抚恤，听其部属骚扰，无能禁止，民心因之而失”[⑥]。因此，对于进

① 黄成垙：《西安围城记》，1927年，第14页。

② 黄成垙：《西安围城记》，1927年，第54页。

③ 黄成垙：《西安围城记》，1927年，第14—15页。

④ 王璜吉：《丙寅围城纪事诗（其二）》，刘迈主编：《西安围城诗注》，西安：陕西人民出版社，1992年，第171页。

⑤ 王璜吉：《丙寅围城纪事诗（其八）》，刘迈主编：《西安围城诗注》，西安：陕西人民出版社，1992年，第173页。

⑥ 黄成垙：《西安围城记》，1927年，第54页。

攻一方的刘镇华镇嵩军，黄成垙十分诟病：

此次镇嵩军重入陕西，沿途骚扰，以图泄忿，甚有无知士卒，到处奸淫妇女，以事报复。至若强占民房，劫取民财，催粮派捐，强拉民夫筑造战壕，犹其余事。军官既不严加约束，军士愈肆无忌惮……战事开始后，乡民入城逃难者尤日多一日。其到镇嵩军战壕必须检查一次，遇有携带米麦及银钱衣物者，一律扣留，妇女稍有姿色者，辄被兵士拉入战壕，遂其兽欲，至少亦须扣留一二夜始可释放。及出壕……与其父母兄弟夫子离散矣。[①]

黄成垙所述虽系概括之言，却十分有道理，因为在现存史料中，有许多都对刘镇华镇嵩军进行类似批评。据郭孟圻回忆，他被派前往寻找麻振武求和，没有找到麻振武，却落入了柴云升所部万选才旅之手。在临潼周家场师部稽查处，郭孟圻看到二十几名失去双手的青壮年。据他听稽查处人说：

（他们）是去年十一、腊月间，镇嵩军由豫南安康往关中道时拉的夫。为给官长抬轿子，在过冰天雪地的秦岭（时），把双手冻僵硬了。晚间到站，经大火一烤，手上筋肉脱落了。据有经验的人说，这种冻伤要用热水漫烫，不能用大火烤。这些青年人没有经验，惨遭致残。听说总部已有命令，每人发三十元，把他们遣送还乡。[②]

即是说，镇嵩军不仅到处拉夫，且对民夫的生命财产毫不在乎，以致酿成此种惨剧。

据杨钰山回忆：

镇嵩军向四乡的老百姓派粮、派草、派饭、派民夫挖战壕，伐树木棚战壕，拉骡马，拉民夫，这是一般的情况。另外还有奸淫、掳掠和拉票子的情况，其中唯王老五的军队最坏，到村外先打枪把村里的男人吓跑了，他们进村任意奸淫妇女，任意掳掠财物。镇嵩军跟随的乡亲很多，仗势作威，欺侮百姓，每一个据点都成了热闹街市，卖大烟的居多，完全是镇嵩军的世事，老百姓畏之如

① 黄成垙：《西安围城记》，1927 年，第 10—11 页。

② 郭孟圻：《西安围城回忆》，中国人民政治协商会议陕西省委员会文史和学习委员会：《陕西文史资料精编》第 2 卷《重大事件》，西安：陕西人民出版社，2010 年，第 26 页。

狼虎，恨之入骨髓，这些情况是乡间群众反映的。[①]

1926年4月24日，对刘镇华镇嵩军颇有好感的张扶万在日记中也转述了一些逃难进城的难民的话，“家中食皆为兵夺去，门板房椽毁为薪矣”[②]。

朱伯霞回忆道：

镇嵩军久驻西安四乡，农村群众不堪其扰，尤以拉民夫挖战壕为害不浅，因挖战壕而伤亡流弹者已不知多少，而门窗、家具、应用什物，俱被移置战壕之中，甚至有在战壕洞内陈设卧床帐被，悬挂字画的。迨城围解后，凡房屋门窗多被破坏，家具什物多被抢劫一空，而战壕遗迹，多年来尚可望见。[③]

据《新秦日报》5月28日载，5月27日，据东乡难民说，灞桥附近午庄的难民某姓，自从战争发生后，即将家中四位年轻妇人送到城内亲戚家中避难。5月下旬，此四人听闻东路战事稍缓，即觅推车二辆，回家探望。“早间由省出城，行至咸阳店附近某村外，忽遇土匪十余人，将车拦住，用枪托先将推车者两人打伤倒地，遂将少妇四人胁至某村内，至下午一时许，始行放出，乘车而去，其情形可想而知。”[④]从“可想而知”一词，不难推知，发布消息者暗示此四位妇女，应该被强奸了。刘镇华镇嵩军奸淫女子之事所在多有，据匡厚生《长安围城纪事诗百首》第六十五首自注，对镇嵩军来说，青年女子出城的唯一条件，即允许他们宣淫。“无如秦女多以失身为重，孰意不允，允者必其有父母之劝慰，有翁姑之哀恳，有丈夫之逼迫，而后然也。”[⑤]为此，匡厚生哀叹，当自己生命都无法保护之时，“何暇问节义也耶？”[⑥]

---

① 杨钰山：《坚守西安》，中国人民政治协商会议陕西省委员会文史和学习委员会：《陕西文史资料精编》第2卷《重大事件》，西安：陕西人民出版社，2010年，第109页。

② 张扶万：《在山草堂日记》，中国人民政治协商会议陕西省委员会文史和学习委员会：《陕西文史资料精编》第2卷《重大事件》，西安：陕西人民出版社，2010年，第245页。

③ 朱伯霞：《坚守西安的点滴回忆》，中国人民政治协商会议陕西省委员会文史和学习委员会：《陕西文史资料精编》第2卷《重大事件》，西安：陕西人民出版社，2010年，第98页。朱伯霞生平事迹不详。

④ 懒僧：《乡民惨遭蹂躏消息两则》其一《妇女回家途中遇匪》，《新秦日报》1926年5月28日，第2版。

⑤ 匡厚生：《长安围城纪事诗百首》第六十五首自注，刘迈主编：《西安围城诗注》，西安：陕西人民出版社，1992年，第53页。

⑥ 匡厚生：《长安围城纪事诗百首》第六十五首自注，刘迈主编：《西安围城诗注》，西安：陕西人民出版社，1992年，第53页。

5月28日《新秦日报》中又有《草堆中避祸又被焚死》一文，西乡罗家寨农民黄生龙家计充裕，因见镇嵩军和陕军交战，恐遭受战祸，便将家眷送到西安城中亲戚家暂时躲避，本人回家后，“在屋后麦草堆内剜开一洞，藉以藏身。乃日前晚间，突有嵩军多人来家搜检赀财，因毫无所得，遂迁怒向草堆放火，须臾，将柴草烧毁始去。次早伊子闻讯冒险回家，见此惨状，知其父确被烧毙，迅由灰中检出遗骨藁埋”[①]。

《长安围城纪事诗百首》其四十云：“房拢窈窕境幽深，杳杳金珠何处寻？欲学韦坚歌得宝，不凭蓍草凭人心。”[②]据匡厚生自注：

秦人藏金之法最多，而亦最妙，以是搜之者率难得手。近有人告我，嵩军有种妙术云：“以人心数枚，焙之使干，磨而为粉，杂于蜡烛中烧之。金钱藏在何处，烟即倾向何处，依其向而搜之，当百不爽一。”予曰：“子之心，活心也。活心尚且不能知金钱之所在，而谓死心能之乎？”彼曰：“活心纷，死心专，纷则为万事万物所牵引，而不能集中于一点；死则反是，故能知也。”予曰：“性理学子知之乎？”曰：“不知。”予曰：“不知则死心之作用，吾辈可不必谈也。”相与一笑而罢。[③]

如果此事属实，则镇嵩军为了攫取人民财产，无所不用其极，简直禽兽不如！

据西乡三桥附近难民刘思忠所述，灞桥附近镇嵩军无恶不作：

该村向来有一二小康之家，均用温语诱去，吊拷勒捐，或将铁条煅红烙死七人，老幼妇女多被轮奸。因此该村居民不遑宁处，尽弃其所有家产纷纷逃避，其颠沛流离之惨状不忍睹，且有已经逃出，又被敌军截回，迫挖战壕，待遇尤为残酷。[④]

---

① 懒僧：《乡民惨遭蹂躏消息两则》其二《草堆中避祸又被焚死》，《新秦日报》1926年5月28日，第2版。

② 匡厚生：《长安围城纪事诗百首》第四十首，刘迈主编：《西安围城诗注》，西安：陕西人民出版社，1992年，第37页。

③ 匡厚生：《长安围城纪事诗百首》第四十首自注，刘迈主编：《西安围城诗注》，西安：陕西人民出版社，1992年，第37页。

④ 《难民口述敌军在西路之残酷行为》，《新秦日报》1926年6月12日，第2版。

据《新秦日报》6月1日至3日报道，北乡方家村、西乡长里村都有村民被匪兵击毙。如北乡方家村乡约李忠给战壕军队送饭回来时，“突由村西大冢后拥出土匪六人，将李之衣履剥去，又掠去衣袋中钱票卅五千，最后一匪又放枪，射中李之左臂，呼哨而去。良久，村人出外探听，始悉原委，当即抬归村内，至夜半即行毙命”①。西乡长里村张金娃一家，在战争发生之后，除他一人在家看门外，其他家人均逃入城中。6 月 1 日晚，“忽来匪人数名，藉口觅车，将门打开，一面拦阻金娃，不准出门，遂将前后房屋搜检一过，并未寻出财物，遂迁怒金娃，百般拷打，结果竟持枪轰击，立将金娃击毙”②。

张扶万一家逃出城后，10月24日行至富平附近，看见许多前往富平贩麦之人又转回来了。他们对之询问后方知，“自麻军退出富平，驻都村东边吕村，每日晚出放哨，此地人民逃避不在家，凡物件尽抢取，逢人拷打，索纸钱、妇女”③。10 月 27 日，张扶万又听友人言，镇嵩军盘剥十分惊人，“庄里司令部马汉率师……派捐甚重，刚毅一团共二千一百元，声言借富户，不派地亩，今科派日加，孰为富户？保证只受押打而已”④。10 月 28 日，张扶万在日记中又记述道：“庄里司令部借本联二千一百元，派兵委催，鞭打时施，洋烟或纸烟、饮食，供给不赀，而乡民无中上户可以应付。”⑤

对于那些已经逃离西安城的难民，镇嵩军也极尽搜括之能事，“有多方留难，种种搜检，遇有银钱及珍贵衣物，辄携之以去，及剥削殆尽始行放过者，复有索贿留存战壕，经五六昼夜而仍不停者，则最劣分子也”⑥。

据王伯材回忆：

到了坚守最后时期，一些人可以买路出入，唯得经过事先谈好，约每人须交三四元不等。时间多由其规定，在夜晚人静后，据说常出城者趋至一处，经

---

① 非我：《北乡方家村乡约被匪击毙》，《新秦日报》1926年6月1日，第2版。

② 《西乡长里村匪毙乡民》，《新秦日报》1926年6月3日，第2版。

③ 张扶万：《在山草堂日记》，中国人民政治协商会议陕西省委员会文史和学习委员会：《陕西文史资料精编》第2卷《重大事件》，西安：陕西人民出版社，2010年，第253页。

④ 张扶万：《在山草堂日记》，中国人民政治协商会议陕西省委员会文史和学习委员会：《陕西文史资料精编》第2卷《重大事件》，西安：陕西人民出版社，2010年，第253—254页。

⑤ 张扶万：《在山草堂日记》，中国人民政治协商会议陕西省委员会文史和学习委员会：《陕西文史资料精编》第2卷《重大事件》，西安：陕西人民出版社，2010年，第254页。

⑥ 黄成垙：《西安围城记》，1927年，第13页。

过详细的搜检，更有欺凌和侮辱妇女情事。一般人宁愿受饿，都不愿冒这大险，不愿遭其蹂躏，故出城人数是有限的。[①]

王伯材有关“一般人不愿冒险出城”“出城人数有限”的说法，恐怕未必正确，可出城会冒巨大的危险，亦是事实。

据郭铁民所述，刘镇华在围攻西安期间，郭铁民随贾济川师，驻扎于城外西北八里之大白杨村。他常去东十里铺及砚坛村一带，有关城北之范家村、枣园、方家村、二府庄、含元殿等十几个村庄的景象是亲眼所见。郭铁民对此景象用了“十里蓬蒿十里兵”来评价：

记得十几个村里，除过部分刘军驻兵和满目荒凉的蓬篙而外，只看一个病老汉和一个华佗庙里的老尼姑。村村树木均被军队砍伐烧锅，我们二师驻的大白杨村也是砍伐树木做饭，有的部队拆毁民房当柴烧。有三四个村庄，没有一个驻兵，也无一个居民。村外村里院内，全是蓬蒿。院院打通，墙墙有孔（枪眼）。房屋以内全是大坑、小坑，房屋越大越烂，土坑越多越脏，气象阴森，如同鬼蜮。龙首原、半坡一带村庄，如红庙坡等处，房屋十九被拆，只剩断垣残壁和几堆瓦砾。我曾去东郊韩森寨、康家堡几次，西郊火烧碑一次，仍是蓬蒿满目，十室九空。唯韩森寨尚有几家小商店，逢集市有人买卖东西。[②]

对于郭铁民始终未去之南郊，郭氏指出：“据云惨况与北郊同。”由此，郭氏感慨道：“所谓刘军驻地掘地三尺，‘四大皆空’（人民空、房屋空、粮食空、衣物空），确非虚语。”[③]如此做法，自然会造成西安城内军民和城外百姓同仇敌忾之心，无形中增加了破城的难度。

在《刘茂恩回忆录》中，刘茂恩对黄成垙所述亦供认不讳：

在围城初期，城内有商民外逃，我军为防敌人诈出，多予射杀，而敌军为

---

① 王伯材：《坚守西安期间见闻散记》，中国人民政治协商会议陕西省委员会文史和学习委员会：《陕西文史资料精编》第 2 卷《重大事件》，西安：陕西人民出版社，2010 年，第 175 页。王伯材系西安城内居民，约于 1926 年 4—5 月回到西安。

② 郭铁民：《刘镇华祸陕围城见闻》，中国人民政治协商会议陕西省委员会文史和学习委员会：《陕西文史资料精编》第 2 卷《重大事件》，西安：陕西人民出版社，2010 年，第 15 页。

③ 郭铁民：《刘镇华祸陕围城见闻》，中国人民政治协商会议陕西省委员会文史和学习委员会：《陕西文史资料精编》第 2 卷《重大事件》，西安：陕西人民出版社，2010 年，第 15 页。

安定民心士气，亦改禁外逃。至是我军毁城郊农田，绝粮道，断樵汲，阻塞内外交通，期盼城内粮尽，敌必非降即走，于是围攻益急。城中李、杨二师及卫旅，已饥疲不支，犬马杀尽，居民饥饿之状，至走仆立死，甚且烟火无举，乔木亦绝，仅余文庙古柏，全城军民俱以油坊宿存之油渣为珍品，本作肥料用的，竟至得方寸以充饥，且兼金不易，可见城中已穷困至极。[①]

当然，一些文献的作者也承认，镇嵩军并非如此之坏。比如张扶万[②]在逃出城后就记述道："沿途军人，兼无讹客拉牲畜之事。余去年十月过此，乘车货为国民三军夺去，受兵队持枪威吓之辱。今耕者遍野，行人无惊，胜国民军多矣，私窃幸之。"[③]如果说张扶万毕竟与镇嵩军有一定关系，则黄成垙的记述便更加客观，他认为："刘军之中亦有优良份子，见城内逃出难民情状至为可悯，有啖以米面以济其饥，稍一检查即行放过者。"[④]

又据水利学家李仪祉之兄李约祉[⑤]回忆：

刘镇华部下大小军官学佛的人很多……辛亥革命以前，河南有一位老人石友三，是个革命者，也是个佛学者，他带有军队，参加过革命。辛亥革命成功，石老慨然有出世之思，不带军队了。刘镇华的镇嵩军直接间接地有石老的军队，刘镇华来陕以后，石老曾一度来西安，知道先伯（仲特公）是个佛学家，特来拜访我。因为迎合伯父的欢心，为备素席一桌，请石老吃饭。石老来了，偕同许多佛友，满满坐一圆桌，问起来都是镇嵩军军官。次日石老即摆盛宴，回敬伯父。此端一开，惹下其他各军官，今天这家来请，明天那家来请，伯父不耐

① 刘茂恩口述、程玉凤撰著：《刘茂恩回忆录》上册，台北：学生书局，1996年，第134页。

② 1926年4月19日《在山草堂日记》有言："午至局，蕴生言，杨虎对人言，战事出于不得已，唯望山西及一军有变化，解此间围也。杨虎不欲来省，有省议员韩城高小云，感激杨虎城的知遇（之恩），力劝杨来，助李虎臣之力，诚无识之妄人也。"张扶万：《在山草堂日记》，中国人民政治协商会议陕西省委员会文史和学习委员会：《陕西文史资料精编》第2卷《重大事件》，西安：陕西人民出版社，2010年，第245页，则张扶万虽系陕籍绅士，对刘镇华镇嵩军颇为好感。

③ 张扶万：《在山草堂日记》，中国人民政治协商会议陕西省委员会文史和学习委员会：《陕西文史资料精编》第2卷《重大事件》，西安：陕西人民出版社，2010年，第252页。

④ 黄成垙：《西安围城记》，1927年，第13页。

⑤ 李约祉（1870—1969），陕西江蒲城人，曾任易俗社社长。约祉父李桐轩（1860—1932），著名社会活动家，创办易俗社，主持修订《蒲城县志》，加入同盟会。桐轩兄长李仲特（1858—1937），数学家。桐轩有三子，约祉居长，次子仪祉（1882—1938）为中国近代著名水利专家，三子知祉（1887—？），均是近代陕西名人（谢艳春编著：《秦腔剧作家》，太白文艺出版社，2011年，第42页）。

烦了，很责备我多事，惹下这些麻烦。学佛人是有慈悲心的，围城中西南方有一所壕防，管理的是杨团长，有好多人都从他那里放出去，人称杨善人。像这样的善人，恐怕不是一个，而是很多，四城方圆都有。放出的人实繁有徒，成了秘密的公开［公开的秘密］。①

1926 年 7 月 9 日，卓敬亭去东关牛玉书营长处闲谈，得知对面敌人团长即为前述之杨泉，所属官兵多为陕西人。卓敬亭在国民军第三军充任支队司令时，曾收编杨泉为营长。于是他便去劝说杨泉，私放难民出城，杨虽表为难，仍答应了：

百姓得到通知后，黄昏之际即纷到火巷，由牛营长派兵送往祭台阵地，真是前拥后挤，踏平战壕约丈许，但走得鸦雀无声。若有小孩哭泣，大人立即用手巾将嘴捂住，不让出声，就这样平安地暗放了六个夜晚，事为刘茂恩查悉，向乃兄刘镇华作了汇报。刘闻报大怒，命令周近仁旅长率部接替杨泉团之防地。②

杨泉私放难民之事，刘镇华非常愤怒，但当时只是将之调换防地。镇嵩军被击溃时，除一营东逃外，杨泉其余两营投靠于右任，杨泉被任命为陕西商洛五县防区司令（卓敬亭为副司令），但不久李虎臣部何经纬师到达商县，将杨部缴械，杨被迫回到洛南景村家中，1928 年被刘镇华派人暗杀。

因为涉及攻城一方刘镇华镇嵩军的资料甚少，而守城一方的记述基本将攻城一方妖魔化了，难以窥见全豹。此处黄成垅、李约祉、张扶万、卓敬亭等有关镇嵩军的正面记述或回忆，在一定程度上还原了镇嵩军的另一面，难能可贵。

既然攻城一方已经民心丧尽，黄成垅相信，即使“无援军之来攻，刘已有败亡之兆；适有冯玉祥来援，刘遂不能立足于关中矣”③。这是黄成垅的希

① 李约祉：《刘镇华围城纪略》，中国人民政治协商会议陕西省委员会文史和学习委员会：《陕西文史资料精编》第 2 卷《重大事件》，西安：陕西人民出版社，2010 年，第 22 页。

② 卓敬亭口述、王云记录：《西安围城的两点回忆》，中国人民政治协商会议陕西省委员会文史和学习委员会：《陕西文史资料精编》第 2 卷《重大事件》，西安：陕西人民出版社，2010 年，第 51 页。卓敬亭原住三原东乡东里堡，因与杨虎城相熟，随同来到西安，西安围城期间是杨虎城的食客。

③ 黄成垅：《西安围城记》，1927 年，第 54 页。

望，亦可认为是合城民众和镇嵩军占领区民众的希望。

第二节 守城一方

和李虎臣、杨虎城及其相关人员所宣扬的守城意义完全不同，在黄成垙、吴芳吉等城内百姓看来，李虎臣、杨虎城守城不仅不具有正义性，其残暴程度，相较刘镇华镇嵩军，有过之而无不及。不唯如此，守城陕军军纪也令二人十分诟病。黄成垙甚至相信，城内大量民众死亡，两人不仅罪责难逃，甚至是罪魁祸首。陕西名绅毛昌杰、张扶万虽不像黄成垙、吴芳吉等那么极端，在日记中所记李虎臣、杨虎城及其守城陕军之劣迹，亦是斑斑可见。

一、对李虎臣、杨虎城的评价

在《长安围城纪事诗百首》第三十三首自注中，匡厚生对杨虎城坚守西安之功，有一番评价：

此次守长安，百事棘手，然彼不顾者，则以目注大局，谓必俟广州革命军北出武汉、东下长江，西北革命军统一甘凉，会师长安，令吴佩孚、刘镇华等为帝国主义作帐者，在西北无些小立足地，然后愿毕。否则，惟有城存与存，城亡与亡而已。闻者壮之。虎城长不逾中人，眉目疏朗，胆力雄伟，自民元以来，高标革命之旗，未曾一度为北洋军阀屈节。环顾关中大义凛然者，无过斯人。”①

在《长安围城纪事诗百首》第九十八首自注中，匡厚生对杨虎城和李虎城坚守长安之功，亦有一番评价：

李虎臣为人愚暗，喜听宵小之言。杨虎城为人高亢，颇缺服从之性。缺服从性，则易起争执；听宵小言则易滋猜忌，此其常态也。然今者守城，无论刘家党羽如何离间，而彼等不信。甚至李部不愿杨之别称国民第三军第三师，与

① 匡厚生：《长安围城纪事诗百首》第三十三首自注，刘迈主编：《西安围城诗注》，西安：陕西人民出版社，1992年，第33页。

其所出之党报，杨军亦不惜委曲取消之，以免隔阂，此非以大局为重者能之哉。长安城之得保，杨虎城固为首功，然如李亦不可过于轻视也。[1]

按照匡厚生的观点，杨虎城是当时关中第一人，在西安围城之役中厥功居首，而李虎臣亦起到重要作用，这可以认为是守城一方将领的自我评价。可是，城中百姓对他们二人的评价，与之却大相径庭。在《西安围城记》中，黄成垙概括了部分时人对李虎臣、杨虎城的评价：

李云龙、杨彪等以数千疲敝之众，当刘镇华十万乘胜之师，竟能保全西安，使刘氏功败垂成，不敢逗留关中，殊属出人意外。吾人若持成败之见，则李、杨似胜于陈嘉谟、刘玉春辈远矣。且功成不居，退师远引，其高尚恬淡之风，尤为当代所罕见，岂非一时物望哉！彼国民党人推其此举为大有造于西北革命，从而盛称其丰功伟烈，犹恐未足以尽之。[2]

依这种说法，李虎臣、杨虎城不愧为优秀战将，这也是今人对他们守城之功的基本评价。平心而论，若纯以战功和对时局影响而论，此二人，尤其是杨虎城是当得起此评价的。但在城中百姓看来，二人的功绩是有严重问题的。

李虎臣、杨虎城二人都有野心：

李、杨并力守城，非有共生死、捍患难之诚心，及有爱于西安人民也。盖各为其野心所驱使，以为刘镇华苟力竭溃去，则以姚苌、李茂贞自居，抚有三秦，无异关中王耳。孰料刘镇华亦挟此野心而来，大有不得不止之势。李、杨至此，方知奢望难偿，不得已而思其次，急求解围以自全。意谓与其去而让刘，毕竟难于自保，毋宁乞援于国民军，尚可以革命自豪。又知非献出地盘，不足以速其赴援，故决计忍痛让之，虽暂失地盘，亦足以向刘镇华一吐其气。所谓

① 匡厚生：《长安围城纪事诗百首》第九十八首自注，刘迈主编：《西安围城诗注》，西安：陕西人民出版社，1992年，第77页。

② 黄成垙：《西安围城记》，1927年，第67页。陈嘉谟（1874—1950），河北任丘人，字岘亭，早年入北洋速成武备学堂，历任排、连、营、团、师长，萧耀南死后继任湖北督军。此时正当国民军北伐，陈氏困守武昌40余天，兵败被俘（陈予欢编：《保定军校将帅录》，广州：广州出版社，2006年，第519页）。刘玉春（1878—1932），河北玉田人，字铁珊，早年入东北讲武堂，历任营、团、旅、师长，1926年任联军第八路军总司令，和陈嘉谟共守武昌，力尽被俘。王新生、孙启泰主编：《中国军阀史词典》，北京：国防大学出版社，1992年，第208页。

“鹬蚌相持，渔人得利”也。①

在黄成垙看来，李虎臣、杨虎城的守城动机，并非他们所宣扬的是为了革命，他们坚持不将西安城让给刘镇华，也不仅是为了自保起见，他们还希望割据关中，甚至西北，以建立不世功勋。他们乞援于国民军，并非为了解民之倒悬，而是迫不得已。因为相较于以地盘让刘，招冯前来，虽然暂失地盘，不仅可以为自己坚守西安城找到借口，而且可以对刘镇华出一口恶气。此番言论，虽未全为事实证明，以情理推之，未必全无道理。从此番言论中，亦可见黄成垙对李虎臣、杨虎城因守城而对城内百姓造成伤害的愤恨之情。

也正是在此认知前提下，黄成垙对李虎臣、杨虎城评价甚低：

李云龙、杨虤同为陕西人，西安其桑梓也。为个人争权利，竟殃及全城人民，使其受莫大之痛苦，最巨之惨灾。刘镇华固属忍心，而李、杨之罪，更浮于刘。何以言之？陕人夙富排外之思想，时申逐客之令，以为非本地人不能治本地事。外省人治陕，陕人必无幸福可享，故陈树藩驱李根源，李云龙驱吴新田。以予视之，李根源、吴新田尚无祸陕之事实，所祸陕者，即陕人之李云龙、杨虤耳。当李云龙之出师潼关，攻取西安也，守西安者，为皖人吴新田。吴虽懦弱，部属尚有万人，负固坚守，背城一战，胜败之数，正不可知。乃吴新田不忍以一人之去就，牵及全城之安危，遂于寅［夤］夜间，下令退却……然而吴新田卒能全部退至汉中，保全一部分势力，未始非存心忠厚之报。②

所以，黄成垙得出结论：

若李云龙、杨虤以陕西人而重祸陕西，贻桑梓以万劫不复之患，倘能获免天诛，保全首领以殁，吾不之信也。陕西同胞，试平心而论，当城围未解之时，全城人民对李、杨作何感想，追忆吴新田退让西安，又作何感想。须知祸陕者即为陕人，非客籍也。③

辛亥革命以来，陕西陷入各种军事力量混战之局，战乱频仍，灾荒连年，

---

① 黄成垙：《西安围城记》，1927年，第67—68页。
② 黄成垙：《西安围城记》，1927年，第26页。
③ 黄成垙：《西安围城记》，1927年，第26—27页。

人民流离失所，苦不堪言。而陕西军人，向来排斥外省人，主张陕人治陕，并以此相号召。故张凤翙、陆建章、陈树藩、阎相文、冯玉祥、刘镇华、吴新田等武装力量虽相继统治陕西，无一可以长久者。这里所涉之云南腾冲人李根源、安徽合肥人吴新田，和刘镇华一样，都是外省人，他们之被反对、驱离，表面看来与其外省人的身份有关，但亦与当时各派军事力量的内斗有关。李根源为黎元洪所任命，吴新田此时为新直系干将，而反对他们者为冯国璋等。陈树藩虽为陕西安康人，亦受到靖国军和阎相文、冯玉祥等直系势力所反对、打击，概因其背后的势力是段祺瑞所代表的皖系。吴新田之退出西安，盘踞陕南，恐因北京政变之后，吴佩孚泛海南逃，他自己力有不逮，未必是存心纯厚所致，不然便不会有1926年卷土重来，与刘镇华配合，攻掠宝鸡之事。1926年以前，陕西境内攻伐连年，战乱靡止之因，不仅与本省人争权夺利，互相倾轧有关，更与当时北洋政府的内斗、权力更迭有关，本质上与省长、督军是否陕人没有根本关系。正因为此，黄成垚所说“陕人祸陕”之论，虽未必一语中的，亦发前人所未言，未必全无道理。

当刘镇华镇嵩军抵达西安近郊，逐渐对西安城形成包围之时，黄成垚对李虎臣所作战略抉择颇为诟病：

当刘镇华兵抵灞桥时，为李云龙者，能战则战，不能战则和，或则走耳。乃一面促耆老议和，一面调杨虓守城，卒之西安久围不解，牺牲无数，生命孤注一掷，以争一己之地盘，是为爱护桑梓、造福地方之道耶？彼刘镇华为河南巩县人，对陕无情感，犹可说也，若李、杨二人，生于陕，长于陕，乃忍荼毒父母之邦，是何心理？①

黄成垚对李虎臣招杨虎城前来西安，参与守城之事，亦有分析：

李氏招杨时，动以权利，并未许以地盘，而总司令名义仍李自任之。杨氏入西安后，即将所有军权、财权攘为己有，其敛财招怨之事，则以总司令名义出之。被李以恶名，而自享其实利，二人之情，昭然若揭。②

---

① 黄成垚：《西安围城记》，1927年，第27页。
② 黄成垚：《西安围城记》，1927年，第68页。

即是说，招者未必诚招，守者未必诚守，二人均为自己私利而决定其战守方略，各具心肠。

依黄成垙分析，李虎臣、杨虎城多次出城与刘镇华镇嵩军鏖战，也各有隐衷：

杨彪狡黠，每战必推李率部前驱，己为后盾，胜固可喜，败亦良佳。而李既拥总司令之名，未始无任杨以前敌指挥之心，无如杨乃己所招来，究属客体，故义难出此，只得身先陷阵，功成则声势自大，届时可下逐客之令。讵屡战屡败，李之部众、子弹，伤损独多。于是李欲另辟蹊径，以偿其愿，迭议弃城而遁，杨则始终坚持挟制之，此二人之隐情也。迄解围之日，彼二人虽均未遂初志，而杨彪则实力无亏，饱载逸去，功不与闻，罪亦不属，有机则卷土重来，真谲矣哉。李云龙则名实俱非，且须听冯之命，率其残军往驱吴新田于汉口，为人作嫁，胜则归人，败将自灭。①

显然，黄成垙对李虎臣招引杨虎城前来守城之原因，以及二者关系的判断，多出一己之意，未必符合事实，但他如此表述，即认为二人在围城之中，战守投降与否的决策，都充满私利，亦未必是无根之言。

在西安围解之后，李虎臣、杨虎城二人均被冯玉祥收编。黄成垙认为，这种做法极为危险：

时过境迁，李、杨对刘之目标无存，徒感冯军纪律之拘束，匪性难遏，野心复萌。追念前此苦心孤诣，婴城固守之谓何，结果为人牺牲，当然深自懊悔。悔极生怨，怨积生忿，势将以冯玉祥与刘镇华等量齐观，共起而斥逐之，则陕祸复作矣，若辈岂知信义与爱民哉！况冯玉祥又有何恩威于彼辈而足令其驯伏耶？②

黄成垙的分析，也为后来的事情所证实。李虎臣、杨虎城投靠冯玉祥不久，先后复叛。他们复叛之因，当然可以从西安围城之役后陕西政局变化中寻找原因，似乎也可印证李、杨当初坚守西安，确实怀有争夺地盘的思想。

---

① 黄成垙：《西安围城记》，1927年，第69页。

② 黄成垙：《西安围城记》，1927年，第69页。

除对李虎臣、杨虎城之守城决策进行批评外，吴芳吉指出，守城主将作风亦有问题。自从西安城被重重包围之后，城内状况已十分严重，但“二虎”仍时有享乐之举。在《壮岁诗》中，吴芳吉描述道：“独有辕门乐事喧，烟灯锦褥管弦繁；侍宴中军娇粉队，鸣驺半夜降梨园；走卒马夫皆得意，虾蟆陵与开元寺。”[①]据吴芳吉自注：“二虎屡征市娼入营歌舞，每次二三十人；又夜间常命易俗社中子弟强起演戏，二虎驾高台于戏场中央观之，兵士环立台下，如法师登坛受戒者然。”[②]在吴芳吉看来，李虎臣和杨虎城的这种行为，与其宣扬的守城理念并不相符。

二、守城军队的军纪

匡厚生《长安围城纪事诗百首》第三十二有云：“巨寇何难一鼓擒，惜无重赏励军心。关中富贾知多少，慷慨谁输卜式金。”[③]匡氏对当时守城军队缺乏军饷，导致战斗力低下，而筹饷无着的困境发了一通牢骚。在自注中，匡厚生记载了他与长安城中一位富户的谈话：

记吾为此事曾与一富贾闲谈曰：“君以李杨二司令之抗刘雪亚为是乎？抑非乎？”彼曰：“是也，李杨二司令，盖为陕西争人格者也。”予曰：“君既以李杨为是，李杨现今所缺者在兵饷，君何不集合同人，助之十万二十万，俾得激励兵士，出与刘雪亚一决生死，不更显秦人之精神乎？”彼曰：“此乃国家之事，非吾辈小百姓所得与闻者也，愿先生勿复言。”[④]

据匡厚生自注，二人不欢而散后，他发了一通感慨：“呜呼！此中国乱臣贼子之所以敢于如此横行也；此富贾之死我所以劝人不必惋惜也。自弃其主人翁之资格，不死何待。”[⑤]按照匡厚生的理解，城中富户应当和守城陕军有同

---

① 《壮岁诗》，吴芳吉：《吴芳吉全集》，上海：华东师范大学出版社，2014年，第198页。

② 《壮岁诗》注，吴芳吉：《吴芳吉全集》，上海：华东师范大学出版社，2014年，第203页。

③ 匡厚生：《长安围城纪事诗百首》第三十二首，刘迈主编：《西安围城诗注》，西安：陕西人民出版社，1992年，第32页。

④ 匡厚生：《长安围城纪事诗百首》第三十二首自注，刘迈主编：《西安围城诗注》，西安：陕西人民出版社，1992年，第32页。

⑤ 匡厚生：《长安围城纪事诗百首》第三十二首自注，刘迈主编：《西安围城诗注》，西安：陕西人民出版社，1992年，第32页。

仇敌忾之心，有人出人，有力出力，大家团结起来，一起守城，将镇嵩军拒之城外，他不能理解为何有人偏偏不愿这么做。他对此富户十分恼愤，不唯将当时中国的动乱之因归之，还诅咒此富人“不死何待”。实际上，这则资料恰恰提示我们，或许城内有部分民众认为李虎臣、杨虎城之守城乃是“为陕西争人格”，而在心里希望他们赢，但钱粮乃是自家生存之本，如果交了出去，自己的生活便得不到保障。作为守城陕军阵营的一员，匡厚生虑不及此，似暗示我们，守城陕军为了自身计，此时已经无暇顾及城内民众的生命财产了。这一立场的逻辑延伸，便是为了争取最后的胜利，是可以对围城之中商人、民众进行盘剥的。

围城之中，守城陕军的盘剥十分惊人。除已在第三章“古都鏖兵”有所讨论外，黄成垙还提到：

验契税、铺户捐、富户捐、门牌捐、公家代收房租、派粮助饷，此明捐也，名目烦苛，不可殚述。若夫杂差之支应，胥役之勒索，军队之骚扰，杨彪之绑票，为数之巨，害人之深，是诚古今所未有，中外所罕见，虽著匪剧盗，其敲精吸髓之伎俩，亦恐无以复加。[①]

另据张俊青回忆，守城陕军还向城内商民征收百货税、烟酒税、印花税、房捐、灯油捐、禁烟专款等许多种税[②]，骇人听闻。以下从对商人的盘剥和对百姓的盘剥两个方面分述。其一，围城之内，守城军队盘剥商人富户甚为惊人：

今日向商会捐二十万，明日索三十万，捐自富户者，曰富户捐，捐自铺户者，曰铺户捐。既捐矣，而又按警厅之收灯油捐，按户抽收无遗。其代收铺户之房租，尝曰下不为例，而竟收至六次之多。租房者，如已出城，即可解除纳捐义务，乃仍向房主责令代纳，否则送长安县，押追夫房主应得之房租。既被公家代收，已属苦不堪言，若再责以代人纳捐，诛求无厌，非土匪而何耶？既捐款矣，又代收房租矣，则所需粮秣，应即自备，乃又责令人民按等纳粮，分

① 黄成垙：《西安围城记》，1927年，第25页。

② 张俊青：《西安围城回忆录》，中国人民政治协商会议陕西省委员会文史和学习委员会：《陕西文史资料精编》第2卷《重大事件》，西安：陕西人民出版社，2010年，第93页。

一二三四五等，其按第五等纳粮者，最贫之户也，尚需纳粮一升，富户有纳二石五斗者。城围食罄，斗米百元，自顾不暇，庸有余粒以纳粮乎。乃催粮派麦，急于星火，人民乃不得不自缢以求解脱，何不恤民艰，一至此极耶！①

据张茂如回忆，当时商会会长王子坤负责筹款。最初主要向商会筹借，“初期每日尚能收三四千元左右，逐日减少，出款者主要钱行，次要□□庄，其次各行业分担，在此情况生意萧条，力有不支”②。长安县长张念祖见筹款困难，便“私印纳粮流通券廿万，准备以此再向各商家借款，将来城开各商家拿流通券代交田赋，以顶现款”③，为李虎臣、杨虎城所不许，撤其职，委鱼浪仙代任。鱼浪仙到任未久，积劳而亡，遂改任席梧轩。席梧轩筹款手段颇为了得：

当时长安县请各士绅谢文卿、寇西之、闫［阎］甘园、马玉如等分认款项，各士绅富户都表示愿意筹借，但数目太大，筹措不易，要求以多减少，限期交款，没有抗拒不交者。富户派款实行以后，有个山西商人，在辛亥革命时期与回民马福恩等暴发满城旅籍，财富为数甚巨，因分赃不均，控告副司令部。还有李润民等暴富，经副司令部传讯处理，乃收罚款廿几万。④

在毛昌杰、张扶万的日记中，有大量守城陕军盘剥商民的记载。如李虎臣刚回西安，3 月 19 日即“向长安催烟款，限五日要三十万，并收房捐”⑤。张扶万日记中亦有类似记载。6月 2 日，“闻财政厅惠春波向大商号四十家筹四十万元，逼迫万分，商人有潜逃者。每日又有捐李、杨二牢军，各捐千五百元，麦二百石，日以为常，饷不在内。西安城关商六七千家，住户二万家，又有烟

① 黄成垙：《西安围城记》，1927 年，第 28 页。

② 张茂如：《坚守西安回忆录》，中国人民政治协商会议陕西省委员会文史和学习委员会：《陕西文史资料精编》第 2 卷《重大事件》，西安：陕西人民出版社，2010 年，第 103 页。

③ 张茂如：《坚守西安回忆录》，中国人民政治协商会议陕西省委员会文史和学习委员会：《陕西文史资料精编》第 2 卷《重大事件》，西安：陕西人民出版社，2010 年，第 103 页。

④ 张茂如：《坚守西安回忆录》，中国人民政治协商会议陕西省委员会文史和学习委员会：《陕西文史资料精编》第 2 卷《重大事件》，西安：陕西人民出版社，2010 年，第 103 页。

⑤ 毛昌杰：《君子馆类稿（附文钞 · 诗钞 · 日记）》，沈云龙主编：《近代中国史料丛刊》第 1 编第 2 辑，台北：文海出版社，1966 年，第 449 页。

户捐自一元至百元止，住户益不堪矣”[①]。甚至，城中箱柜屠店中的木料，“军人取之以为薪，又将伐城中树”[②]。6 日，“前借商号十万元，出城之发半饷，人得三元。商人向杨部军需傅某告艰难，其人心动，似有缓办之意，而财厅惠某、省署张某乐于筹饷，云不可缓，怪哉”[③]。14 日，“闻近日长安署催富绅捐甚急”[④]。

其二，盘剥普通民众。在《长安围城纪事诗百首》第六十八首自注中，匡厚生提到吏胥征粮之事：

若夫贫者，自身尚且难保，焉有余粮以应军需。然吏胥催索急于星火，不容不辗转借贷以应之也。吾见西九府街一带，有老妇手持一勺之麸，请求军吏赏收者，有全家拼死抵赖者，又有借老借幼转求军胥资助者，更有一家一见军吏之来，即横卧地上假作久饿欲死之状者。种种苦情，不一而足。[⑤]

既然匡厚生都已知道民众艰难，则陕西军政当局也肯定知道城中民众的生活十分艰难，自家吃食都成严重问题，哪有余粮、余钱上交，但即使如此，吏胥搜粮之事仍然所在多有：

军士三五成群，任意出入民宅，以搜粮及查户口为名，实则搜出粮食，即行充公。若有金银财物，亦即攘夺而去。稍不如意，辄以通敌罪名相加，生命莫保。夫人情孰不畏死而贪生，故虽猝遭横祸，亦宁忍受，勿敢宣布。若宣布而报告之，不惟无益，反招嫌怨，不免被其仇杀暗害。围城之中，军队杀人，曾不如鸡犬，敢自蹈白刃，以快意哉！[⑥]

---

① 张扶万：《在山草堂日记》，中国人民政治协商会议陕西省委员会文史和学习委员会：《陕西文史资料精编》第 2 卷《重大事件》，西安：陕西人民出版社，2010 年，第 247 页。

② 张扶万：《在山草堂日记》，中国人民政治协商会议陕西省委员会文史和学习委员会：《陕西文史资料精编》第 2 卷《重大事件》，西安：陕西人民出版社，2010 年，第 247 页。

③ 张扶万：《在山草堂日记》，中国人民政治协商会议陕西省委员会文史和学习委员会：《陕西文史资料精编》第 2 卷《重大事件》，西安：陕西人民出版社，2010 年，第 247 页。

④ 张扶万：《在山草堂日记》，中国人民政治协商会议陕西省委员会文史和学习委员会：《陕西文史资料精编》第 2 卷《重大事件》，西安：陕西人民出版社，2010 年，第 248 页。

⑤ 匡厚生：《长安围城纪事诗百首》第六十八首自注，刘迈主编：《西安围城诗注》，西安：陕西人民出版社，1992 年，第 55 页。

⑥ 黄成垅：《西安围城记》，1927 年，第 29 页。

当时身处围城之中的百姓李德福对守城军队搜粮、抢粮之事，记述特别详细，可为黄成垙所言之证：

守城军队到了粮食征购不到时，就开始搜抢、派粮。但是搜粮并不是挨门齐搜，而是有人检举，或了解到某家有存粮才进行搜查的。我们香米园那时共有四十八户人，只在姓咎的一家搜去一石多麦子。至于派粮，也是按照具体情况，多少不等，我们香米园最高的是一户派过一石五斗。但是有那些粮，也得防自己。到了粮台上的人和坊上的乡约、官人一再催追，无可推延时，缴上一升二升应付差事，大概最终了解，能够（上交）一斗的都不多。那时长安县每天还向坊上派两个扶子，由官人每日向每户收钱五百文，凑起来交到县（里）。①

另据张俊青回忆，当时除了摊派粮食外，粮台亦到处搜查，“像吴敬之家存米十八石，搜查出来后，由粮台运走十四石……粮台一面搜查粮食，一面还搜查燃料。这时煤是没有了，主要是靠树木代替，所以哪家有大树，经查实以后，就派人采伐”②。当年香米园种有谷子，李德福和杨姓人家预感事情不妙，在谷子只有七成熟时便收割了，其他人家到了谷子完全黄了才收割，却惹来了喇嘛寺的驻军：

他们对群众说，收下的谷穗，一齐［起］送到喇嘛寺前的广场上，各堆各的，将来也是各碾各的。但当群众碾完扬净后，他们却强迫群众送到喇嘛寺倒在一起，到此人们颗粒未得，才知上了大当。③

已经收割谷子的李、杨两家，也没有被放过，士兵勒令两家每亩上缴二斗谷子，只是由于两家与管理当地的官长魏连长相熟，只交一斗了事。李福德还记述：

---

① 李德福口述、韩俊生笔记：《西安被围亲历记》，中国人民政治协商会议陕西省委员会文史和学习委员会：《陕西文史资料精编》第2卷《重大事件》，西安：陕西人民出版社，2010年，第32页。据此则资料，李德福，西安香米园人，西安围城之役期间身处城中。

② 张俊青：《西安围城回忆录》，中国人民政治协商会议陕西省委员会文史和学习委员会：《陕西文史资料精编》第2卷《重大事件》，西安：陕西人民出版社，2010年，第94页。

③ 李德福口述、韩俊生笔记：《西安被围亲历记》，中国人民政治协商会议陕西省委员会文史和学习委员会：《陕西文史资料精编》第2卷《重大事件》，西安：陕西人民出版社，2010年，第33页。

在紧张时，人们都不敢白天做饭，生怕炊烟一起，被军队或粮台上的人发现，不是来吃，就是搜粮。人们不敢搭磨子，只好用手摇磨或杵臼来碎麦谷，就连糠麸，常日上下顿煮着不稀不稠的饭用以果腹。仅有的粮，都是分开着塞在不易发现的地方，如土地堂（敬土地神的地方）、屋瓦下等等。一次我家正在偷着吃饭，兵闯进来了，但一看是稀饭，因为饭里煮芥圪垯，抽身就走了。①

同样身处围城之中的王伯材对派粮、搜粮之事亦有记述：

坚守三四月之后，长安县开始向殷实商号派粮，折价交付即可。继而在街巷则有派有收，此时个别保长和编查员等，兴作威风，人人畏惧。最令人胆怯者，则为散兵游勇的光临。来者不一定走前门，后墙不能阻其飞越而渡，翻箱倒柜，常有见物携去者。大街小巷，军警巡逻队日夜穿梭，对不法士兵处理也严厉，处决常有，但结果抢劫事件仍在所不免。②

甚至，“搜粮者来，每每直趋厕所，检视家人大便，借以科学分辨出所吃食物，因吃油渣者粪便质粗深黑，菜食者色黄而稀”③。百姓当然也有对付之法，“多少有些面食的人家，已不存储在盆盆罐罐，而改藏于重墙、箱柜、衣物间、枕头、鞋袜内，更有的埋入地下，埋入水缸案板等之下，甚至藏于厕室之底”④。和黄成垙不同的是，王伯材认为：“虽至坚守最后时期，城内秩序始终未至如何混乱的程度。”⑤虽如此说，此判断与其回忆搜粮的记载大相径庭，未值一信。

守城军队对待入城难民亦极严苛：“入城后，省军又从多方留难，再三搜检，甚至妇女缠足之布，均须解开一看。拘聚难民至千数百人，始请命于李、

---

① 李德福口述、韩俊生笔记：《西安被围亲历记》，中国人民政治协商会议陕西省委员会文史和学习委员会：《陕西文史资料精编》第 2 卷《重大事件》，西安：陕西人民出版社，2010 年，第 33 页。

② 王伯材：《坚守西安期间见闻散记》，中国人民政治协商会议陕西省委员会文史和学习委员会：《陕西文史资料精编》第 2 卷《重大事件》，西安：陕西人民出版社，2010 年，第 174 页。

③ 王伯材：《坚守西安期间见闻散记》，中国人民政治协商会议陕西省委员会文史和学习委员会：《陕西文史资料精编》第 2 卷《重大事件》，西安：陕西人民出版社，2010 年，第 174 页。

④ 王伯材：《坚守西安期间见闻散记》，中国人民政治协商会议陕西省委员会文史和学习委员会：《陕西文史资料精编》第 2 卷《重大事件》，西安：陕西人民出版社，2010 年，第 174 页。

⑤ 王伯材：《坚守西安期间见闻散记》，中国人民政治协商会议陕西省委员会文史和学习委员会：《陕西文史资料精编》第 2 卷《重大事件》，西安：陕西人民出版社，2010 年，第 174 页。

杨二司令，经其许可方能进城。”[①]据《新秦日报》报道，8月9日，钟楼洞中有难民妇孺数人当街乞食，状极悲惨，他们自称：“入城之初，先居亲戚家中，藉以度命，近因亲戚家中，官人常常叩门催索粮款，急如星火，亲戚自顾不暇，何能顾及难妇，故不得已只得搬出外间居住，聊藉乞讨度日，以延残喘云云。言毕痛哭不已，睹者莫不动容。”[②]

陕军军纪向来甚差，如据张扶万记载，5月15日午后，“有自甘家寨来者，言卫定一队驻其地方半日，民人财物，以车搜载而去”[③]。围城之中，杨虎城设有军法处，专门负责搜求城内财产，强征而为军用：“闻杨彪司令部之军法处，直是阎罗殿，对富户之刑讯，与土匪被审无以异也。暴戾恣睢，达于极点，惨无人道，前所未闻。堂堂师长，且绑票勒赎，旅长、团长自亦尤而效之。”[④]为搜求财产，他们“竟多方张罗，严加侦察［查］，某人家资几何，不动产若干，即擒而缚之，押于军法处堂讯，公然索银若干，厌其欲壑，方得释放，时期一误，即以军法从事，或枭首，或枪决，随杨彪之喜怒而为之”[⑤]。

（洒金桥回民富户马某），杨彪向之勒索三万，已缴二万矣，仍不贷其一死。又某翁河北之巨富，杨彪之亲同乡也，避难来省，不啻自投陷阱，各处隐匿仍被杨彪查［察］觉，拘于军法处，婪索大洋数十万元。某虽巨富，而不动产均在河北城外，两军相持，又不能越雷池一步，如此巨款何能咄嗟立办，不得已在城内各亲友借洋十数万，已缴纳矣，智尽能索，苦难如数，而杨彪以相差尚远，恣其陵逼，某翁不胜棰楚之苦，仰药死。[⑥]

既然杨虎城如此作为，则其下属之旅长、团长，亦竞相效尤：

黑宪章为杨彪之游击队司令，残暴不仁，较杨尤甚。军队之野蛮，远过土

① 黄成垙：《西安围城记》，1927年，第11页。

② 《难民沿街乞讨惨状两则：钟楼洞难妇乞食》，《新秦日报》1926年8月12日，第2版。

③ 张扶万：《在山草堂日记》，中国人民政治协商会议陕西省委员会文史和学习委员会：《陕西文史资料精编》第2卷《重大事件》，西安：陕西人民出版社，2010年，第247页。

④ 黄成垙：《西安围城记》，1927年，第30页。

⑤ 黄成垙：《西安围城记》，1927年，第29—30页。

⑥ 黄成垙：《西安围城记》，1927年，第30页。

匪。其军驻扎何地，其地所有之财物，即为之一空，如山货店也，酱园也，海味店也，杂货铺也，若有军队驻扎其中，则货物不劳自售，驻军即为代卖，而本主一文不得也。军队驻扎之处，该处各种物品，不准本主搬取，所占房屋，房主亦不敢重回故室。[①]

甚至李虎臣、杨虎城手下士兵，随意放枪射人，时有所闻。据吴芳吉记载："陕西省立第一中学在城墙下，城上有兵士二人，其一人指校场内击球者曰：'若可击中此生之手，当酬以纸烟一盒。'其一人发枪中之，遂得纸烟。"[②]正因为如此，黄成垙对城内守军深恶痛绝：

呜呼！西安同胞以围城垂毙余生，备受军人鱼肉，不膏锋镝，即为饿殍，幸免于饥，仍不能逃于追呼与掠夺。民命轻于鸿毛，匪军烈于水火，夫聚多数猛虎毒蛇，与良民同处一隅，其搏噬蛊螫之残惨，尚堪问乎！[③]

在《长安围城纪事诗百首》第七十二首自注中，匡厚生提到了一种极为荒唐的现象："陕西军人此次在围城中，多娶妇人"[④]，当他对这种现象表示不以为然时，却有人对他进行了反驳：

军人寿命本来无定，一上沙场，即可陨［殒］身，暂时图欢似可优容也。且欧美、日本等国，皆不禁军人宿娼。因彼等年皆壮盛，不有妇人以调济［剂］之，势必至亢而成病，病则于军力有损，故特许之也。况围城中，女子正在饥饿待死之时，得彼等略事收容，于救济上亦似有小补。君何所见之不广乎？[⑤]

对这种奇谈怪论，匡厚生表示，"予不能否认其说"[⑥]，则匡厚生也认可军人寿命无定，需女人调剂之说，可见他所主要关注的，是守城陕军一方，而

① 黄成垙：《西安围城记》，1927年，第30—31页。

② 《壮岁诗》注，吴芳吉：《吴芳吉全集》，上海：华东师范大学出版社，2014年，第203页。

③ 黄成垙：《西安围城记》，1927年，第31页。

④ 匡厚生：《长安围城纪事诗百首》第七十二首自注，刘迈主编：《西安围城诗注》，西安：陕西人民出版社，1992年，第58页。

⑤ 匡厚生：《长安围城纪事诗百首》第七十二首自注，刘迈主编：《西安围城诗注》，西安：陕西人民出版社，1992年，第58页。

⑥ 匡厚生：《长安围城纪事诗百首》第七十二首自注，刘迈主编：《西安围城诗注》，西安：陕西人民出版社，1992年，第58页。

非普通民众。若以情理度之，那些“多娶妇人”之军人，有多少作奸犯科者，而又有多少人家被胁迫者！

三、围城中的兵灾

城围之后，身处围城之中的广大无辜百姓，“燕巢于飞幕之上，鱼游于沸鼎之中”，身家性命无时无刻不遭受兵灾的严重威胁，正如胡仲侯（文豹）在《战城南》中描述的那样：“前日战城南，流丸满塔钻；昨日战城北，妪死枕席侧。今日战城东，火云映酒红（弹落东大街酒店中）；何日城西战，屈指色先变。”[①]据黄成垅记载，1926 年 4 月 17 日天未破晓，突听到炮声隆隆，枪弹如雨，由远及近，知是镇嵩军由十里铺攻城，将抵东郭门：

遂即披衣正襟危坐，并促妻孥勿再酣睡，秉烛待旦，如度新年。而中心忐忑，彻夜无眠，非不知睡，不敢睡也。同院住户，无论男女，莫不如斯，足见人同此心，心同此理。[②]

直到次日天明，才听不到枪声。黄成垅一家人心中不胜沉闷，想出去看看，又怕遭受意外危险，“乃由后门翘首东望，见二三兵士荷枪实弹，凶气迫人，由蓬门荜户中抢出被褥二三具，持赴火线，并高唱其秦腔，竟无丝毫惧色。予睹此状，既恶其毫无纪律，而又壮其胆大不怕死”[③]。

在此情况下，黄成垅害怕一家人遭遇冷枪，无辜送命，又担心被褥为士兵所抢，“特请丁、保二君，将予之行囊持赴学校二三具，以备意外，陕军虽不讲纪律，然知学校清苦，尚可保全也”[④]。

之后，黄成垅到街上打听消息：

甫阅通告毕，即闻军士拉夫之呐喊声及苦力求饶之哀告声，人声嘈杂，不辨为何。最后忽闻砰拍之声，叠叠而起，即军士怒苦力之不愿从役，力批其两颊，予因疾驰而去。盖军队在街市拉夫往城外挖掘战壕，人民知有危险，哀请

---

①《西安围城诗录二·战城南》，《学衡》1926 年第 59 期，第 1 页。

② 黄成垅：《西安围城记》，1927 年，第 4—5 页。

③ 黄成垅：《西安围城记》，1927 年，第 5 页。

④ 黄成垅：《西安围城记》，1927 年，第 5 页。

释放而受挞也。[①]

为了支持旷日持久的战争，守城军队便到处拉夫服役。但普通百姓又有哪一个不怕死，哪一个会心甘情愿地去为之卖命呢！在反抗声中，黄成垙听到士兵击打苦力的声音，既然苦力不愿为之卖命，那便好好教训他们一番。黄成垙看到这种情况，“疾驰而去”，不失时机地逃跑了。只是，这尚不能证明守城军队军纪不好，因为此等事尚可解释是为了做好守城的充分准备，当然需要大量人力物力，寻找苦力似乎也是不得已的办法。

当日晚间，镇嵩军又攻打西安城，其结果亦与前次一样被击退。可以想见，黄成垙一家必定又度过了一个不眠之夜。虽然如此，4 月 18 日一早，黄成垙仍然要冒险赴学校上课：

翌晨，枪声阑然，予即赴校，见街上行人尚未完全断绝，不过比较常日稍见减少，知命者不立于严墙之下，值此枪林弹雨，孰肯铤而走险？惟吾侪执教鞭者，受人薪修，为职所限，不愿辍止工作，仍按时上课而已。将及校门，而枪声又作，且极猛烈，予即疾驰，由两旁街门绕入校内。枪声向南发，则沿道北驰，向北发，则沿南面而驰。及进讲室，喘息尚未定。学生到者寥寥，无心听讲，人人不安，授课亦属勉强。[②]

对普通百姓而言，生命安全已经无法保障，更何谈工作！但对黄成垙等教师来说，一方面要考虑自己的身家性命；另一方面，如果不给学生上课，便没有理由领取薪资，届时将无法生存。实际上，西北大学已经欠薪许久，黄成垙坚持上课，未尝没有奢望其尽快发放部分薪资，以维持最低生存资料的考虑。只是，在枪林弹雨之中，对老师和同学来说，前来上课随时可能丢掉性命，不得已之下，黄成垙与学生相约三事：“（一）枪声激烈时，停止上课。（二）到讲堂后，枪声激烈得随时散课。（三）若散课不为事势上所许，应即同伏地上，以免危险。”[③]

刀枪无眼，面对攻守双方不时发动的战争，城内百姓迫于无奈，只能考

① 黄成垙：《西安围城记》，1927 年，第 6 页。
② 黄成垙：《西安围城记》，1927 年，第 6 页。
③ 黄成垙：《西安围城记》，1927 年，第 6—7 页。

虑自救。4月18日下课之后，黄成垙前往西北大学教师家属院，遇到大家开会商议挖地洞以避炮弹，黄成垙当即表示赞同。既然人同此心，大家便一起干，“不数日间，即于后院掘成三洞，互相联络，以为有避难之处及求生之地矣”①。自西北大学老师们想出此主意后，广大商民住户也起而效尤，但为效甚微。因为，“洞距卧室均有四五十步，当炮声连连不断时，莫敢前去故也”②。黄成垙总结道：“如于卧室内掘一地洞，尚可避弹，吾人应注意者，炮弹横飞宜在屋外不宜在屋内，砖墙亦可避枪弹。”③《西安围城记》中并无明确记载，黄成垙一家或其他西安市民是否真在屋里挖地洞，以避飞来横祸。

镇嵩军围城之初一意攻城，往往能够攻至城下，有时甚至能够攀登到城墙之上，虽然都被击回，由于双方均以命相搏，流弹伤人事件便层出不穷。胡仲侯（文豹）有《寓中检得流弹三枚》，记述流弹之事：“十万生灵都畏汝，一宵电响渺愁余；多年乡国悲戎马，铜骨铁筋识面初。”④黄成垙记载，流弹伤人事件约有以下数起：

（一）东大街端履门一车夫，正由东门拉座向钟楼行走，突由东面来一流弹，将渠击伤身死。（二）骡马市一卖菜者，担挑小贩沿街喊卖，适中流弹身死。（三）某老人因城围日久，无法维持，曾手持旧衣，赴黑市贩卖，适无售主，怏怏而归，行至大街，突来一流弹，中入砖墙折回，伤及该老人脑部，脑浆迸出，登时身死。（四）小差市某姓之小孩兄弟二人，大者七八岁，小者四五岁，正在街上玩耍，突来炮弹，将该兄弟二人一并炸伤，尸骨无存。（五）某媪住中柳巷，突于飞机掷炸弹时身立院中，炸弹跌落，炸死无尸。（六）东五道巷某媪以洗衣为业，某日正在院内洗衣，突中流弹身死。（七）红埠街某姓之小孩未周岁，正在炕上眠睡，其母正为之抚背，突由窗外飞入流弹，中腰身死。（八）南院门某铺学徒正开门外出，迎面一弹飞来身死。（九）西大学生曾君人杰卧室，棹椅靠窗，床铺面窗，棹旁尚有一煤油空筒。曾君坐椅看书，

① 黄成垙：《西安围城记》，1927年，第7页。
② 黄成垙：《西安围城记》，1927年，第7页。
③ 黄成垙：《西安围城记》，1927年，第7页。
④《西安围城诗录二·寓中检得流弹三枚》，《学衡》1926年第59期，第1页。

突来一弹，由棹面穿过煤油筒，直落在床上，幸无损失。设使曾君卧床未起，不亦中弹而亡乎？闻吾校其他学生卧室内飞入流弹者颇多，均幸无恙。[①]

《新秦日报》中同样有大量百姓被流弹击中的记载，如5月18日，“流弹飞入城内青年会难民收容所，某难民正在院中吃饭，适一弹飞来击伤头部，又穿入一妇人腹部，立时血流不止”[②]。6月23日下午，“习武团外住户郑有吉幼子存娃与其姊菊英皆在门首戏耍，存娃陡中流弹，由左臂入，穿右胁而出，立时倒地乱滚，须臾殒命”[③]。7月中旬，“南油巷某姓小孩，日前途中拾得枪弹铜壳一枚，其中余药未尽，小孩不知危险，以斧击之，不料轰然一声，铜壳炸裂，击伤该孩腿部及足趾，血流满地，昏无知觉”[④]。8月10日左右，“大差市广仁医院内有一某姓产妇，生产以后业已满月，一两日内即可出院归家，不料前夜北门外镇嵩军之枪弹飞至该院，该产妇竟中弹而死”[⑤]。另外，张扶万日记中也有记述，如5月22日夜，“东北隅炮击城十余声，弹落于莲花池旁；王家、曹家二巷有炮弹穿屋毙人”[⑥]。

相对城内人口总数，被流弹击中者肯定十分有限。没有出现大量百姓伤亡的惨况，乃因城墙较高，加之房舍鳞次栉比，无形中对百姓的生命财产具有保护作用。只是，流弹伤人对百姓心理影响应该非常大。这类事件必会在城内民众中肆意传播，造成恐怖情绪，谁人不珍爱自己的生命，谁人又愿意受此无妄之灾！

黄成垙一家本住在校外，到了夏季，因战斗仍然十分激烈，已经严重影响全家人生命安全，无奈之下只好举家移入学校。即便如此，全家人仍担惊受怕：

某夜炮声与枪声均极猛烈，同事均已披衣而起，不敢高卧。予亦以室内非常危险，在卧室墙外站立片刻，倏有枪弹掠予头部而过，落至面前，触砖地，

① 黄成垙：《西安围城记》，1927年，第7—8页。

② 《关于难民消息两则》其一《飞弹击伤难民》，《新秦日报》1926年5月19日，第3版。

③ 懒氏：《习武团小孩中流弹殒命》，《新秦日报》1926年6月25日，第3版。

④ 《小儿戏玩子弹壳腿部被伤》，《新秦日报》1926年7月14日，第2版。

⑤ 《广仁医院产妇中弹》，《新秦日报》1926年8月12日，第3版。

⑥ 张扶万：《在山草堂日记》，中国人民政治协商会议陕西省委员会文史和学习委员会：《陕西文史资料精编》第2卷《重大事件》，西安：陕西人民出版社，2010年，第247页。

其声铿然。予俯拾视之，脱壳之子母颗也，假使中予头部，早已呜呼矣。[1]

因为幸运，黄成垙得以免受无妄之灾。假使他不幸中弹身死，全家恐亦难久活。围城之中，究竟有多少像黄成垙这样的幸运之人，无法统计。但不幸之人肯定众多，只是，不幸之人各有各的不幸，其个人甚至全家如何死法，如今不仅已难详考，恐亦无人记起了。

约7月初，黄成垙又幸运了一次。当时因其家中已接近绝粮，黄成垙便到其广仁寺朋友陈浪洲处借粮。当行至西五台，黄成垙"耳骤闻枪炮声齐作，其子母弹由予左肩过者有之，由予右肩过者有之，落予前面者有之，落予后面者亦有之，一若城外刘军发弹有意与予恶作剧者"[2]。当此之时，返回家中将面临绝粮的困境，继续前进可能中弹身亡。黄成垙再四筹思，"不幸中弹，仅死一人，一旦绝粮，则殃及妻子，宁前进勿后退也，遂鼓勇而前行"[3]。为了避免一家人不被饿死，只能不避流弹，硬着头皮继续前往了。

四、围城中的疫病

随着天气转暖，尤其是5月份以后，由于西安及其附近晴雨不定，致使疫病极易流行。匡厚生分析了围城之中疫病经常发生的原因："一、食品污秽，生熟杂进。二、眠无被褥，感受夜凉。三、时近两月，人近三十万，所有便遗，毫无运出，城中已变成一大堆粪场冲天，臭气刺鼻，故受此病者之所以多也。"[4]整个夏季，以疫病而死者，约有数千人。[5]

人们一旦被疫病传染，则"头痛头晕，呕吐腹痛，鼻血痢疾种种现象，不一而足，重者竟致不起，轻者急为治疗，幸可恢复健康"[6]。6月初，南区保吉巷一带发生时疫，犯者"头痛目眩寒热，时作呕吐不已，此症传染极速，三日

---

① 黄成垙：《西安围城记》，1927年，第9页。

② 黄成垙：《西安围城记》，1927年，第10页。

③ 黄成垙：《西安围城记》，1927年，第10页。

④ 匡厚生：《长安围城纪事诗百首》第四十九首自注，刘迈主编：《西安围城诗注》，西安：陕西人民出版社，1992年，第43页。

⑤ 匡厚生：《长安围城纪事诗百首》第八十四首自注，刘迈主编：《西安围城诗注》，西安：陕西人民出版社，1992年，第66页。

⑥ 《时疫流行之种种现象》，《新秦日报》1926年7月1日，第2—3版。

不愈，危险堪虞。据该巷人调查有病者已卅余家，病殁男妇大小十四人”[①]。

收容所是疫病高发区，“各救济所中，因人多空气不洁之故，患时症者甚多，各住户亦有感受流行症之苦，大率系头目晕眩，发烧口渴”[②]。据《新秦日报》记载，7 月中旬，“南院门附近某收容所难民，旬日以来，因患时症病亡者甚伙，前日该所难民刘姓小孩，年七岁，猝得痧症，经某医生诊治，服药无效，即行夭亡，随由刘姓购买芦席一页，卷而埋之”[③]。

不仅城内，城外也有疫症流行现象，如西安南郊为镇嵩军所占据的瓦胡同村：

每次前线交战带伤者，分抬至各民人家中养伤，责由村人供给饭食，其有因伤而死者，即于炕土挖开，颠倒埋之，每炕所埋尸体五六具不等，日来发生奇臭，令人不堪，村民因此多得疫症，近来天气炎熱，传染剧烈，已病殁男妇老幼十余人。[④]

为抵制疫病，《新秦日报》登载《急救时疫万应丸药方》：

制茅术四两，广藿香四两，酒白芍四两，生甘草一两，槟榔一两，去壳砂仁一两，酒炒赤芍三两，广反三两，升麻三两，炒白扁豆壳三两，大半夏（好醋煮透）三两，黑玉金三两，川栋肉三两，柴胡二两，制香附二两，荆芥穗二两，葛根二两，北细辛二两，玄胡索二两，去油乳香二两，去油没药二两，紫降香二两，独活二两，姜汁炒川厚朴二两，广木香一两，南滑石六两。[⑤]

药方之外，又注明其详细用途用法：

右药二十六味，共研细末，用神曲糊为丸，如桐子大，以辰砂为衣。此方见《叶天士秘方》，分两药，味毫无增减，历著奇效，专治时疫头痛、项强、一身尽痛、大热、斑疹不透，及白痢、红白痢、一切痧症、吐泻交作、四肢冰冷、冷汗如水，或欲吐不吐、欲泻不泻等症。每服三钱，葱汤或白开水送下均

---

① 懒民：《南区保吉巷一带发生时疫》，《新秦日报》1926 年 6 月 8 日，第 2 版。

② 《时疫极宜预防》，《新秦日报》1926 年 5 月 19 日，第 3 版。

③ 《各难民收容所消息五十三志》，《新秦日报》1926 年 7 月 16 日，第 2 版。

④ 《瓦胡同村疫症流行》，《新秦日报》1926 年 7 月 5 日，第 2—3 版。

⑤ 《急救时疫万应丸药方》，《新秦日报》1926 年 6 月 18 日，第 3 版。

可。如心腹痛，用阴水调服，其效如神。小儿只服一钱，孕妇不忌，惟服后忌食米汤耳。[①]

因药方是在报纸上刊发的，其传布范围必定甚广，或会对控制时疫起到一定作用，但城中一日三餐都已成为问题之时，又何来资金买药呢，又到哪儿买药呢！又，观此药方的治疗范围，几乎所有时疫都不在话下，令人惊叹的同时，也给人一种病急乱用药的感觉。

为应付时疫暴发，省会警察厅还拟定了疫情药方两种，油印之后，广为散发。其一为防疫散：

牙皂三钱五分、北细辛二钱五分、硃砂二钱五分、明雄二钱五分、广藿香三钱、枯矾一钱、白芷一钱、枯梗一钱、防风一钱、广木香一钱、贯众目□陈皮一钱、苏薄荷二钱、法夏一钱、甘草一钱、川生军一钱半，共研极细末。

此散专治时疫，并治忽然腹痛、手足厥逆、面色青黑并上吐下泻、霍乱以及一切痧症。此药宜装置瓶内，带在身旁，凡遇急症，取二三分吸入鼻中，再用二钱姜汤冲服后，安卧片时，汗出而愈。

其二为升降散：

白僵蚕二钱、酒炒全蝉蜕一钱、去土广姜黄五分、去皮不用片黄川大黄四钱，生用。各药共为细末，初起病轻者分四次空心服，每服用冷黄酒一杯、蜂蜜五钱，调匀冷服，一服不愈，再服以愈。为度重者，分三次空心服，引用黄酒一杯半、蜂蜜七钱五分，再重分二次空心服，引用黄酒二杯、蜂蜜一两，调匀冷服，均以退热宽胸为度。服药后，忌半日不食茶水烟酒，愈后尤忌饮食过饱，只宜稀粥四五分饱，永不再发，并忌荤腥。凡患瘟症未曾服药，一二日或七八日未愈；但服此药无不愈者，若先服发汗药者，忌服此药。[②]

虽然如此，奈何卫生条件太差，难民死后不及掩埋，或根本无人掩埋，以致尸体暴露，成为疫病的重要传染源，“黄城东北隅附近桑园之地所掩埋之死

① 《急救时疫万应丸药方》，《新秦日报》1926年6月18日，第3版。
② 《警厅发布之防疫要方》，《新秦日报》1926年5月28日，第2版。

尸多暴露于地面以外，以致臭气熏人，实有害于公众卫生”[①]。

第三节 解围一方

西安被围近八个月之中，百姓生活困苦，因饥饿、疫病、兵灾等原因而死亡者不计其数，所以百姓“日夜翘望围城之速解，庶得更生，固无论镇嵩军之攻入，或国民军之援救，只求其能解围，他非所计也”[②]。就连时任关中道尹毛昌杰亦有类似观点：“日昨消息榆塞来，将士登陴望旌旗。万一重围克解去，危城载色喜可期。公私得暇相过从，且莫问自今政柄谁操持！”[③]在城内民众的心理，若坚城仍然无法打开，势必瘐死城中，故民众往往无感于李虎臣、杨虎城等守城将领一再宣称的守城意义，当然也不愿意为之付出自己的生命。甚至，尽管百姓十分痛恨刘镇华，但真正长久直接困扰城内百姓的是李虎臣、杨虎城及其守城陕军，即使西安城被刘镇华攻破，未必不能接受。因为局面既然已经不可收拾，似乎任何情势的改变，都可成为转机。至于城破之后，是否会有更为严重的情况，比如屠城的发生，已经不遑计及了。

也正是在这种状况下，西安城内民众非常欢迎冯玉祥国民联军的到来，当时西安城中甚至流行一些有关冯玉祥的民谣，如“不盼爹，不盼娘，单盼来个冯玉祥”“冯玉祥，我的娘，你比杨虎、李虎，真是强；冯玉祥，我的哥，你比杨虎、李虎好的多。”[④]因此，“卒得冯玉祥之国民一军前来援解，人心欣然，若宣告大赦”[⑤]。城内民众对冯玉祥国民联军心存感激之情当然是有道理的，因为若没有他们前来解围，他们必定会加速死亡，人死之后，一切希望当然都将变得毫无意义。所以，城解之后，守城百姓十分欣幸，“吾辈从此可免饿毙之忧，精神上之愉快，不能形容”[⑥]。

---

① 《皇城东北隅暴露死尸亟宜掩埋》，《新秦日报》1926年6月12日，第2版。

② 黄成垗：《西安围城记》，1927年，第52页。

③ 李元鼎：《围城吟》，李元鼎遗著、阎琦注释整理：《李元鼎诗文墨迹散拾》，西安：三秦出版社，2008年，第25页。

④ 王赞亭：《冯玉祥部入甘援陕的经过及西安解围》，中国人民政治协商会议陕西省委员会文史资料研究委员会编：《冯玉祥在陕西》，西安：陕西人民出版社，1988年，第176页。

⑤ 黄成垗：《西安围城记》，1927年，第52页。

⑥ 黄成垗：《西安围城记》，1927年，第56页。

解围之初，在冯玉祥尚未来到西安之前，国民联军便制定了一系列措施，改变一些推行已久的不合理制度。据《新秦日报》报道，1927年1月11日，国民联军驻陕总司令部发布了三种布告，分别涉及军律、盐务和官产。

军律方面，颁布《简明军律》九条：

一、反革命有证据者枪决，二、擅占民房者枪决，三、奸淫妇女者枪决，四、抢掠民财者枪决，五、私派款项者枪决，六、私征粮秣者枪决，七、私通敌人及泄漏军情者枪决，八、临阵潜逃者枪决，九、勾引友军、带枪潜逃者枪决。①

盐务方面，取消盐务保运局。按照已往习惯，陕西各地方的盐向来官办，禁止人民贩卖，“以致利权垄断，此等不平营业，实沿专制习惯，盐价因之日高，人民几至食淡”，为此，新政府宣布取消盐务官卖，允许“一律自由运贩，务期有无相通，到处人民方便”②。

官产方面，在国民联军来到西安，政府行将改组之际，发生了一些变卖官产公物之事，为此，总司令部规定禁止变卖官产公物，如有此等情事，“一经查出，或被告发，定行严惩不贷”③。

冯玉祥到来之后，其风格与已往军事力量颇不相同，以致西安民众对之颇有好感。

其一，与以往军阀政客日常表现完全不同，冯玉祥办事认真、着装朴素、平易近人：

冯每晨五钟起床，办理部内要公，或对员属训话，数年如一日。其出入司令部，或因公外出也，向不禁街，亦不多带马弁，随从之兵三五人而已。冯亦戎装，不著肩章，不知者则以为普通之军官耳。无论任何人士，只要有事赴司令部请谒，冯无不立时出见，传达人等亦无代为挡驾之事，甚至乡间愚夫愚妇请谒，亦决无不见者。④

---

① 《总部昨出之三种布告》，《新秦日报》1927年1月11日，第2版。
② 《总部昨出之三种布告》，《新秦日报》1927年1月11日，第2版。
③ 《总部昨出之三种布告》，《新秦日报》1927年1月11日，第2版。
④ 黄成垙：《西安围城记》，1927年，第58—59页。

与攻守双方将领相比，冯玉祥完全不同的表现，自然使民众欢欣鼓舞、心悦诚服。当然，黄成垝毕竟是一大学教授，其对冯玉祥的认知，显然仍有高出普通民众之处。他对冯玉祥之做派评价道："此冯玉祥之笼络民心，可谓深得其术者也。"[①]当然，在各种军事力量混战年代里，像冯玉祥这样的一方诸侯，即便是假装，能够装到这种程度，也十分了不起了。

其二，与已往统治陕西的军队完全不同，冯玉祥国民联军军纪严明，令合城居民耳目一新：

冯之治军，纪律最为严明。西安警备司令韩德元亦能认真办事，察诘奸宄，不顾情面。曾有李云龙之参谋宋某，霸占民妻，经其夫呈控警备司令部。李闻之，亦曾为之向韩缓颊，韩不为动，即派兵严拿。次日审讯属实，即行枪决。其军队对人和平，向无骚扰之事，以冯军之纪律比之陕军，奚啻霄壤。[②]

陕军纪律向来糟糕，具体情况已如前述，围城之中，百姓对之深恶痛绝。冯玉祥属下西安警备司令韩德元遇到李虎臣参谋霸占民众妻子之事，能够不顾情面，坚决予以枪决，这在围城之中，甚至在围城之前的陕军那里，是不可想象的，自易增加百姓对冯玉祥国民联军的好感。

当此之时，百姓对冯玉祥国民联军解西安之围，是否有其勃勃野心，不十分了解，也不愿计较。但这不意味着所有百姓都对冯玉祥完全相信，或者将之与李虎臣、杨虎城、刘镇华区别看待。在《西安围城记》中，黄成垝就对冯玉祥充满警惕，认为"冯玉祥尤谲矣哉"[③]，他相信：

西安围城结果乃为其所奄有，是刘镇华之攻，无异为冯氏当冲锋，李云龙等之守，亦即为冯氏保地盘也。于是秦陇连成一气，以为西北革命之根据地。北由宁夏通外蒙，以直达俄罗斯，东则俯瞰河洛，进窥中原，以遥应长江之党军，于大局关系颇巨。[④]

作为一位大学教授，黄成垝的见解显然高出一般百姓一筹。"鹬蚌相争，

① 黄成垝：《西安围城记》，1927 年，第 59 页。
② 黄成垝：《西安围城记》，1927 年，第 58 页。
③ 黄成垝：《西安围城记》，1927 年，第 69 页。
④ 黄成垝：《西安围城记》，1927 年，第 70 页。

渔翁得利”，冯玉祥显然成了西安围城之役的真正得利者。当攻守双方拼尽全力，均疲惫不堪，九死一生一时，结果一方将胜利果实全然让出，一方功败垂成，铩羽而逃，均不免为他人作嫁衣裳。

既然已经奄有西安，拥有联结秦陇、进窥中原之利，冯玉祥自不会局限于陕西一隅。黄成垙预见到：“冯氏倘能再起，必自今日之得关中始，可断言也……彼绝非抱关而守抑，将谋乘机进取也。”[①]由于冯玉祥所部军队众多，且缺粮少钱，“故对于殷商富户捐目繁苛、甚至一粮一秣，无不就地征发，陕人负担之重，并不减于围城之时。时所不同者，从前李、杨、刘辈纯以暴力强括，行同盗匪，冯氏则捐募征取，不用刑迫势耳”[②]。从本质上讲，黄成垙认为冯玉祥国民联军与守城陕军、刘镇华镇嵩军并无二致：

陕西兵燹之余，现状萧条，差徭繁重，民不聊生，其物质上之残破如此，至其精神文明上，亦将摧陷而廓清之，代以赤色主义。冯氏在陕，既有待于财力之充实，因暂停军事之动作，于是从事宣传赤化，鼓煽共产毒焰，以实行社会革命之工作，致令文化高民，每［民］风醇厚之关中，渐被其蛊毒，为之丕变，四维荡然，人心将死。太史公曰：“哀莫大于心死”，痛哉言乎！人心若死，国曷能存？吾谓陕西物资上之残破，休养生息数年，尚可回复，若将数千年精神文明扫地以尽，恐非四五十年所能回复。盖必待此一代染化心死之人淘汰净尽，勿令谬种流传而后可也。[③]

是故黄成垙虽对解围之时的冯玉祥充满好感，却对之将会掀起的更大“祸患”感到无奈。在黄成垙眼里，只要天下纷争一日不结束，百姓便一日无好日子过，这确是当时民众心理的生动反映，但是，黄成垙却将社会主义、共产主义思想诬蔑为“赤化”“毒焰”，反映其对五四运动以来风起云涌的社会主义、共产主义革命思潮和运动的隔膜，对历史大势懵然无知。

冯玉祥到陕西之后，不仅没有按照黄成垙的意愿，对李虎臣、杨虎城、卫定一等守城陕军将领明正典刑，反而设法对之进行招抚，予以重用，亦令黄成

① 黄成垙：《西安围城记》，1927 年，第 70 页。

② 黄成垙：《西安围城记》，1927 年，第 70 页。

③ 黄成垙：《西安围城记》，1927 年，第 71 页。“文化高民，每风醇厚”，疑误，然原文如此，权且录之。

垙颇为失望：

今冯玉祥到陕，于陕西祸首李、杨，不惟不明正其罪，而反代表国民政府授予陆军上将，崇衔是奖，暴而劝乱，天壤间尚有理性欤？请问李云龙、杨彪果何所为而守城？或曰：李为陕西军务督办，受中央之命来守此土、治此民，不得不与西安之城共存亡耳。试问吴新田之督陕，非中央之命吏乎，何为而驱逐之耶？刘镇华之野心勃勃，正由李云龙之驱吴有以启之。现今国体，五族共和之民主国也，宁有置主人于死地，而徒守空城者乎？[①]

冯玉祥之招抚李虎臣、杨虎城，显系为了控制陕西，出兵潼关，逐鹿中原，所考虑的当然纯粹是自己的军事利益，其曲折原委参见第四章“万里戎机”。具有讽刺意味的是，冯玉祥同样也招抚了作为进攻一方的刘镇华镇嵩军，这不仅印证了黄成垙关于冯玉祥野心勃勃的推论，也令李虎臣、杨虎城等陕军将领情难以堪。山雨欲来风满楼，刚刚在围城之役中被围八月，经历九死一生的西安，甚至整个陕西民众，刚出虎口，又入狼窝，不知不觉，已经深深地陷入了另外一场规模更大、持续时间更长、受害人数更多的祸乱之中了。

① 黄成垙：《西安围城记》，1927年，第27页。

第六章　罗雀掘鼠

西安围城之役期间，城内民众生活备极艰难，“洋圆价格涨落无定，小本营业大受其害，其为大资本家乘机暗中操纵以图渔利，可想而知，故跌落未久，前日（7月1日——笔者注）已涨至廿六串上下，及昨日行市，又涨至二十七串五百文”①。至7月中旬，居然出现马粪大涨价奇观，“省垣贫苦居民，因围城日久，燃料昂贵，多购买晒干马粪，以代薪炭”，当时，“每小笼马粪售票钱三四串之多，然较之每百斤售钱四十余串之干柴，其节省颇多”②。其他物品即已如此，关系城内军民生命的粮食问题，当然更加严重。本章延续第五章“敲骨吸髓”的民众视角，从围城期间西安城内的粮食问题、收麦问题、死亡人数三个方面，继续讨论围城期间城内民众艰难的生活状况。

第一节　粮食问题

一、围城之中的粮食状况

围城之初，西安城内粮食储量丰富，粮食市场上米面涨价现象并不严重。如此局面的出现，乃因1925年关中地区粮食大丰收，且在围城之前，以各种原

① 《洋价昨又见涨》，《新秦日报》1926年7月3日，第2版。
② 《马粪大涨价》，《新秦日报》1926年7月13日，第1版。

因，城内囤积了大量粮食。

其一，地方战乱导致一些有力之家将粮食运往西安。由于连年以来，陕西各地战争频仍，“财阀、地主多移入西安城内，遂附带运入外县之大批食粮”[①]。在此时期，驻扎于凤翔的党毓琨，“对于农民敲诈勒索，无所不用其极，有粮食的人，不敢家里藏，偷偷摸摸都运到西安城来，寄托在粮店或亲友家中”[②]。

其二，一些商人在西安大量囤积粮食。在1926年之前，“粮食生意很好，操粮业者都大赚钞，使得粮商、非粮商都大量地囤积居奇，市里有千仓万廪之象。”[③]当时，西安桥梓口和四关粮食市场，粮多价贱，“各票店因利乘便，无形中囤积粮食，每家票店多在二三百石以上；其他行业均有做囤积粮食生意，此时为自己方便起见，也按人买些粮食，储备起来”[④]。又据仲兴哉回忆，各类粮行、商人囤积粮食数量，“最多者达数百石，百余石、数十石者更为寻常。”[⑤]

其三，据王佑民回忆，在西安尚未被围前，“适有山西商人，由西贩运米粮约七千石路过西安，群聚东关，为陈宝青侦知，即出示禁运，移置当时之总粮台保管[⑥]。这些粮食，连同原来储存的粮食加在一起，大约可够城内军民半年用度。

1926年5月31日，《新秦日报》有一篇《调查城关粮食之结果》，当时，陕西军政当局为筹备军食起见，派员对西安城内的粮食进行调查，“除百石以下之存户不计外，百石以上者，共查出城关存粮六十余万石，其中以东关为最

① 党晴梵：《西安城围记》，中国人民政治协商会议陕西省委员会文史和学习委员会：《陕西文史资料精编》第2卷《重大事件》，西安：陕西人民出版社，2010年，第42页。

② 李约祉：《刘镇华围城纪略》，中国人民政治协商会议陕西省委员会文史和学习委员会：《陕西文史资料精编》第2卷《重大事件》，西安：陕西人民出版社，2010年，第22页。

③ 李约祉：《刘镇华围城纪略》，中国人民政治协商会议陕西省委员会文史和学习委员会：《陕西文史资料精编》第2卷《重大事件》，西安：陕西人民出版社，2010年，第22页。

④ 刘昌卿、上官子明：《坚守西安纪要》，中国人民政治协商会议陕西省委员会文史和学习委员会：《陕西文史资料精编》第2卷《重大事件》，西安：陕西人民出版社，2010年，第108页。

⑤ 仲兴哉：《坚守西安八个月回忆》，中国人民政治协商会议陕西省委员会文史和学习委员会：《陕西文史资料精编》第2卷《重大事件》，西安：陕西人民出版社，2010年，第116页。

⑥ 王佑民：《西安围城回忆点滴》，中国人民政治协商会议陕西省委员会文史和学习委员会：《陕西文史资料精编》第2卷《重大事件》，西安：陕西人民出版社，2010年，第48页。

多。预计此项存粮，以四分之一留给该存户自用，以四分之三备充军食，就现在人数计算，足可支持三年”①。

围城之初，城内百姓生活状况比较平稳。如李约祉所述，其中一个原因为：

大多城市人民的生活是日计的，不同于乡村年计或月计的，即在围城期间，谁也不把围城作长期的思想。能弄到粮食的人，仍然是三朋四友，互通有无，现出一种有时都吃，困时都困，饿时都饿的现象。多少之间，即有差池，尚不至于悬殊。②

即是说，围城之初，不仅因为粮食储量丰富，百姓亦未意识到战争会旷日持久，遂仍依照原来不存粮的方式生活。当时，由于大量难民涌入，城内许多社会团体拿出大量粮食进行慈善救济，使难民亦能保持最低生活资料，在约五个月时间内，没有出现大规模粮食危机。

4—5 月，刘镇华放弃诱降，采取强攻策略，除了他判断城内兵少，无力抵抗之外，便是以为“城内食粮向少积蓄”，无力坚持③，恰与西安城中实际状况相左。

但由于围城为时过久，日常需款、需粮为数太大，约至中秋节前后，粮食危机便不可避免地出现了，百姓生活水平每况愈下。据当时身处围城之中的李德福回忆，“在围城那年中秋节以前，粮价始终是稳定的，节后开始上涨，但幅度仍不算大，到了九月（旧历），就为野马脱缰，直线上升”④。同样身处围城中的赵华堂也有类似认识，“在农历八月半前，每天虽不断地听到枪炮声，但市面秩序正常，商店照常营业，剧院照常演戏，出城的人络绎不绝”⑤。这种问题的出现，据仲兴哉分析，有以下原因：

---

① 《调查城关粮食之结果》，《新秦日报》1926 年 5 月 31 日，第 2 版。

② 李约祉：《刘镇华围城纪略》，中国人民政治协商会议陕西省委员会文史和学习委员会：《陕西文史资料精编》第 2 卷《重大事件》，西安：陕西人民出版社，2010 年，第 22 页。

③ 王佑民：《西安围城回忆点滴》，中国人民政治协商会议陕西省委员会文史和学习委员会：《陕西文史资料精编》第 2 卷《重大事件》，西安：陕西人民出版社，2010 年，第 48 页。

④ 李德福口述、韩俊生笔记：《西安被围亲历记》，中国人民政治协商会议陕西省委员会文史和学习委员会：《陕西文史资料精编》第 2 卷《重大事件》，西安：陕西人民出版社，2010 年，第 32 页。

⑤ 赵华堂口述、史镜清笔录：《西安围城时城内情况的回忆》，中国人民政治协商会议陕西省委员会文史和学习委员会：《陕西文史资料精编》第 2 卷《重大事件》，西安：陕西人民出版社，2010 年，第 45 页。据此则资料，赵华堂在西安围城之役期间住在城内。

第一，兵站对于粮食没有采取计划用粮、计口授粮、节约用粮的措施，糟蹋浪费非常严重。再加上对粮食的保管不善，以致发生霉烂变质等情事，造成很大的损失。

第二，由于西安附近居民，进城避难者数万人，吃掉一大部分粮食。

第三，由于战争拖长，超过了估计的时间。[①]

仲兴哉所言之第二个原因，王佑民亦有同感，“敌兵初到城郊之时，附近乡民因扰害过甚，逃难来城者为数甚巨，初总司令部设有收容所、慈善机构、办召粥蓬，兹事计口授食，不意耗费太大，以致缺少”[②]。

黄成垙任教于西北大学，若在和平时期，依靠当教师的薪水，维持一家人日常生活应不会太困难。奈何围城战事起后，物价腾昂，薪水经常发不下来，加之因是客居，又没有多少可以依恃的亲友，“欲多购米面存储而无许多之存款，殆已濒于绝境，只可略仿贫民之策，购备七日之粮，不至受饿而已”[③]。

农历八月半之后，缺粮情况一天比一天严重：

到八月半后，人心有些慌乱，商店陆续关门……城内食粮问题，日益紧张，市民用麸子、油渣、树皮、风轮草皮度日。我一家四口，平日节约米粮，配搭杂物糊口。开城前夕，我家只剩一碗米，宝贝似的舍不得吃。有一天我走到旧长安县门口，看见一个伙夫，手上拿了一个馍，喊了一声“谁要馍”，一下就围了二十余人，都伸手争买这个馍。街上有挑担卖熟牛皮块的，也有在街上支锅灶卖熟鱿鱼、海参的，买的人很多，但没有卖馍的。[④]

到农历九月，粮价开始大幅上扬，且多是秘密交易，难有公开统一价格。据李德福回忆：

---

① 仲兴哉：《坚守西安八个月回忆》，中国人民政治协商会议陕西省委员会文史和学习委员会：《陕西文史资料精编》第2卷《重大事件》，西安：陕西人民出版社，2010年，第116—117页。

② 王佑民：《西安围城回忆点滴》，中国人民政治协商会议陕西省委员会文史和学习委员会：《陕西文史资料精编》第2卷《重大事件》，西安：陕西人民出版社，2010年，第48页。

③ 黄成垙：《西安围城记》，1927年，第4页。

④ 赵华堂口述、史镜清笔录：《西安围城时城内情况的回忆》，中国人民政治协商会议陕西省委员会文史和学习委员会：《陕西文史资料精编》第2卷《重大事件》，西安：陕西人民出版社，2010年，第45页。

及至十月二十四日开城以前，每个硬币只能买到四两（十六两秤，下同）麦子或四两米或三两半面粉。一个三两重些之馍要卖一元，油渣饼一块（约五十斤重）要卖三十多近四十元。①

百姓到了粮食不济之时，凡可以吃的东西全都吃掉：

酱园的酱货，海菜店的海菜，酒店的酒，杂货铺的金针、木耳、红白糖，中药店的一些能充饥的药材，都搜罗净尽，油渣糠麸不用说了，最后连骡马鸡犬一起宰杀，野菜树叶也一扫而光，所幸的是还没听见罗雀掘鼠。我家里还算好，除糠麸外，只买的吃过酱园里作面酱的霉坏馍馍和芥疙瘩菜，以后买到一块油渣还没顾得吃就开城了。②

既然已经到了这种程度，饿死人之事便十分常见，据赵华堂回忆：

有一天我走到钟楼洞子内，看见两侧有饿死的男女尸体八具。在西华门两侧，也看见饿死的男女尸体多具。在北大街鬼市附近，不但看见有很多的饿死尸体，还看见有快要饿死尚未死的人，也混杂在死尸中。据说这些饿死的人，一部分是平日靠由外省汇钱生活的人，一旦钱汇不来，只得饿死；另一部分是平日靠房租生活的人，一旦房租收不到，只得饿死。③

甚至有人实在走投无路，不得已选择自杀：

城内人民因城围日久，生活困难，投莲花池及悬梁自尽者，日必数起。难民收容所既无外间捐款，亦即不能永久维持，故发给难民口粮之数，因以递减。每人由一斤而十四两、十二两，以至半斤，只获半饱。又以难民收容所多就各省会馆及各公共处所改设，人多房少，拥挤不堪。又值疫气流行，难民之中，十有八九患病，幸而流行日浅，伤亡无多。然终日不饱，面有饥色，沿街行乞

---

① 李德福口述、韩俊生笔记：《西安被围亲历记》，中国人民政治协商会议陕西省委员会文史和学习委员会：《陕西文史资料精编》第2卷《重大事件》，西安：陕西人民出版社，2010年，第32页。

② 李德福口述、韩俊生笔记：《西安被围亲历记》，中国人民政治协商会议陕西省委员会文史和学习委员会：《陕西文史资料精编》第2卷《重大事件》，西安：陕西人民出版社，2010年，第32页。

③ 赵华堂口述、史镜清笔录：《西安围城时城内情况的回忆》，中国人民政治协商会议陕西省委员会文史和学习委员会：《陕西文史资料精编》第2卷《重大事件》，西安：陕西人民出版社，2010年，第45页。

者，不可胜计，小孩项悬金锁银锁而向人乞数两馍者，比比皆是。[①]

难民自尽之事，所在多有。据《新秦日报》记载："前日有难民妇人二人因无处食宿，辗转途间不堪其苦，遂萌短见，竟在北区莲花池投水自尽。"[②]又，"日前有难民妇人一人带一小孩……因流离失所，在莲花池先将小孩抛入池中，随后自己投水，幸遇附近一老人赶（至），即唤人捞出"[③]。又，"西门内某巷王姓，因生计日迫，食川浩繁，一家数口，每日只食稀粥一顿，刻下粮尽食绝，无处告借"[④]，王某遂于 9 日早七时许投井自尽。

莲花池、喇嘛寺均在西安城西北，"饥民溺死于此地者先后二百余，会陕西省省长派警守卫，不准来此寻死，其数乃减"[⑤]。吴芳吉有诗曰："试出门而闻见，何自杀之累累；莲花池，喇嘛寺，几冤魂，此弃置"[⑥]，亦可证明此事。爱自己孩子乃人之天性，世上有多少人，为了孩子的生命和幸福，愿意付出自己的生命和幸福？围城之中，居然有人将孩子"项悬金锁银锁"售卖，只为换取两块馍，如果不是饥饿至极，怎么可能做出此等事情？当然不可将此事理解为父母狠心，因为他们已经无法养活自己和孩子，如果可以让孩子有一个好去处，或者至少可以一日三餐不至于挨饿受冻，又能给自己挣些吃食，在那样一个残酷环境下，总比全家一起饿死要好。我们生于当今承平时代，对于因饿而自杀、售卖孩子之类的事情，当然无法想象，却正说明围城之中民众生活已经陷于绝境了。

对生活无着的黄成垙一家来说，食粮将尽，是最令人头疼之事：

城中存粮有限，解围尚属无期，饿殍载途，居民无不濒于悲境。予之食粮将生问题，不出五日，即将流为街上饿殍矣。为苟延残喘计，不得不呼号求助于故旧之门。顾客中故旧无多，况在难中，热肠有几？回忆向之聘我来陕者，今已回京矣，留我续任教授者，亦因校款，进行遁迹南京矣。膺代理之责者，

① 黄成垙：《西安围城记》，1927 年，第 11—12 页。
② 《各难民收容所情形十七志》，《新秦日报》1926 年 6 月 7 日，第 2 版。
③ 《各难民收容所情形十八志》，《新秦日报》1926 年 6 月 8 日，第 2 版。
④ 《贫民绝食投井自尽》，《新秦日报》1926 年 8 月 11 日，第 3 版。
⑤ 《壮岁诗》注，吴芳吉：《吴芳吉全集》，上海：华东师范大学出版社，2014 年，第 203 页。
⑥ 《壮岁诗》，吴芳吉：《吴芳吉全集》，上海：华东师范大学出版社，2014 年，第 198 页。

虽属博学鸿儒，道德高尚，然于城围日久之际，竭其能力，亦不过活动粮米一二石，分与吾侪者，一斗谷子耳。一斗粟五人食之，能持几日。陈浪洲兄屡次遣人送钱给吾，或五元，或十元，至再至三，患难相顾，真可谓生死肉骨矣。此时粮米已成无价之宝，金钱几乎失其效力，向之可买五斗者，今则仅买一二斤耳。[①]

黄成垙是幸运的。虽然西北大学发不出工资，校领导毕竟设法获取一些粮食分给教师，以尽量解决他们的燃眉之急。虽然自己不是本地人，朋友无多，但黄成垙毕竟有一个愿意帮助自己的朋友陈浪洲。不然，真难以想象黄成垙一家如何才能够坚持到围解之时。但城内大量民众却没有他那么幸运。那些逃难进城的百姓，有多少靠救济粮度日，而当救济粮尽，只好乞讨，当乞讨无着，除坐等饿死，复有何法？

不仅普通民众生活困难，即使城内的官僚士绅，也举步维艰，比如李元鼎描述时任关中道尹毛昌杰的生活："军食浩繁搜粟急，亿万灾黎命如丝；两世依依卅余口，旦夕何术免啼饥。"[②]这并非特殊现象，城围之时，著名士绅张扶万家的生活也十分困难。7 月 15 日，已经开始"减家中蒸良（馒头），每二日付一枚"[③]。8 月 13 日，"连日家人食小米、谷糠多，而陈臭有味，皆有忍饿难咽之色，余戒之勿忘此味，以为在莒之念"[④]。至 8 月 18 日，"李司持家什物至市售，票不三十余串。今早又令寿儿、蔚孙持回物出售。余后往，至圣公会门前，街中人货阗咽，李司、寿儿在焉。各物尚无售者，寿儿至李月溪家，嘱罢市后，笨重之物于寄放，不必持归。市人籍籍，皆嗟无食"[⑤]。此时，已经开始典当家财了。9 月 24 日，家中做饭的柴禾开始缺乏，"寿儿拆旧椽为薪，蔚孙同工，共得十余斤……食口：大十六，小三，以十七口计，人合五串余。早餐如之，是每

① 黄成垙：《西安围城记》，1927 年，第 18—19 页。

② 李元鼎：《围城吟》，李元鼎遗著、阎琦注释整理：《李元鼎诗文墨迹散拾》，西安：三秦出版社，2008 年，第 25 页。

③ 张扶万：《在山草堂日记》，中国人民政治协商会议陕西省委员会文史和学习委员会：《陕西文史资料精编》第 2 卷《重大事件》，西安：陕西人民出版社，2010 年，第 248 页。

④ 张扶万：《在山草堂日记》，中国人民政治协商会议陕西省委员会文史和学习委员会：《陕西文史资料精编》第 2 卷《重大事件》，西安：陕西人民出版社，2010 年，第 249 页。

⑤ 张扶万：《在山草堂日记》，中国人民政治协商会议陕西省委员会文史和学习委员会：《陕西文史资料精编》第 2 卷《重大事件》，西安：陕西人民出版社，2010 年，第 250 页。

人日须十串，月须三百串，银元以二十七串合，人月食六十一元。十七口，必一百七十元不可。而粮价日有增长，后更难为继矣”[1]。

在粮食严重缺乏的情况下，城内百姓发明出许多饮食方法。匡厚生有诗云：“刚试神仙辟谷方，旋闻酒可疗饥肠；平生那有刘伶癖，怅望空厨一举觞。”[2]不仅如此，他又在该诗自注中，列出了两种辟谷方法和民众饮酒状况：

当九、十月之交，饿殍渐多，一日或以二三百口计。有心人知长此坐视，满城人皆将无幸也。遂传出两种辟谷方于左：一、诸葛干粮。其方为白茯苓二斤、白面二斤、干姜一两、黄米二升、山药一斤、麻油半斤、芡实三斤，同蒸熟焙干为末，每服一匙，新水吸下，日进一服，气力如涌，可不饥渴。二、辟谷休粮方。其方为白面一斤、黄蜡四两、白茯苓一斤，三味［昧］为末，水调成糊，烘熟为饼，仅食一顿，七日不饥，再食一顿，一月不饥。但未食之先，须要清斋一日，既食之后或欲改食米粮，则须服葵菜汤一盅，或葵菜、茯苓汤亦可。自此方传出后，食之者当然甚多。但不久又有酒可疗饥之说，人以其简而易行也，更轰［哄］传不已。吾闲游朋友家，见素来不饮者，亦把壶独酌，其他可想。[3]

除了匡厚生的记述外，《新秦日报》中也有一篇奇文《辟谷方、□□辟谷延寿丹》，罗列了两种辟谷方子，其一“辟谷方”：

糯米二三合，炒热，以黄蜡二两锅勺内溶化，再入米同炒，至蜡干为度，任便食之，数日不饥。若要吃饭，食胡桃肉二个，□便思食。[4]

其二“□□辟谷延寿丹”：

此方非深于此道者不可轻用。硃砂光明者佳，飞过、定粉烧之黄色者佳，黄丹轻者飞净各一两，乳香七钱半，水银三钱，大金薄廿片，白沙蜜一两，净

---

① 张扶万：《在山草堂日记》，中国人民政治协商会议陕西省委员会文史和学习委员会：《陕西文史资料精编》第2卷《重大事件》，西安：陕西人民出版社，2010年，第251页。

② 匡厚生：《长安围城纪事诗百首》第五十六首，刘迈主编：《西安围城诗注》，西安：陕西人民出版社，1992年，第47页。

③ 匡厚生：《长安围城纪事诗百首》第五十六首自注，刘迈主编：《西安围城诗注》，西安：陕西人民出版社，1992年，第47—48页。

④ 《辟谷方、□□辟谷延寿丹》，《新秦日报》1926年8月1日，第3版。

蜡二两，白茯苓如雪者佳，一两或加五钱。[①]

在罗列了两个辟谷方之后，文章还特意介绍了第二种辟谷方的神奇之处：

先已饱食，又服后药，故二三日不困，虽困亦无伤。服药后，当万缘不染。盖心动则气散，语多则气伤。故辟谷者，以宁心餐气为本，事来则应，事过勿留于心，时时向日咽气，以为补助。茶汤任□，勿食有渣之食物。忌怒人劳。十日后，肌肉虽瘦，而筋骨轻健，神观开明，如欲开食。须二七以后，候药在丹田可开食。不至二七日而食，则药随肺腑而下。开食之后，如更欲住食，不必服药，止□乳香汤饮之。[②]

辟谷，又称却谷、去谷、绝谷、绝粒、却粒、休粮等，是道教一种养生方式，据传始于先秦时期，唐代以后颇为流行。辟谷虽然强调在一段时间之内不进食，但并非一直不进食。任何人，即使是仙家道士，如果足够长时间不进食，即使他再有本事，恐怕也只能饿死。也只有在西安这样历史悠久、传统文化积淀丰厚的地方，遭遇战争之时，才会有如此令人稀奇、无奈的做法！

除了匡厚生外，黄成垙也提到了以酒当食：

当此之时，市上凡饮食品，其价无不继长增高，惟白酒每银一元可购五斤，一人饮之，可持五日。以是饮酒之人，亦日见增多，而满街上亦惟有沽酒者矣。酒果能饱人乎？不能也，不过一入醉乡，便可消愁忘食耳。[③]

除此之外，黄成垙在《西安围城记》中还记载有一些鲜为人知的疗饥之法。

其一，豆酱、酱菜代饭：

闻友人言豆酱及酱菜均可代饭。予初尚不深信，后如其言而试之，果能充饥。盖豆酱原为黄豆所造，去其咸汁，即还为黄豆瓣，仍为五谷之一。酱菜亦为青菜所造，用冷水浸三五日，盐味既除，仍青菜也。煮之，杂以糖，其效用

---

① 《辟谷方、□□辟谷延寿丹》，《新秦日报》1926年8月1日，第3版。

② 《辟谷方、□□辟谷延寿丹》，《新秦日报》1926年8月1日，第3版。

③ 黄成垙：《西安围城记》，1927年，第22—23页。

与米面实无以异。有此等菜充满腹中，再饮之以炼乳，虽不粒食，亦可无恙。炼乳在平日，每瓶售八角，及城围半载后，一仍旧价，毫未之涨。盖自中等社会以下，尚不知其可以代饭充饥也。予初购二三瓶，二星期后即已用罄，其后食粮已尽，乳价渐增，服之者亦日益多。予于此时，急借洋十数元，购炼乳一打，以备绝粮时纯粹藉此充饥。及城围解后，予尚有炼乳五瓶。①

其二，吃谷糠、麦麸、油渣。其中，油渣吃法尤为别致：

油渣如豆饼之块，其质坚硬，先以斧破碎之，浸水中逾数日，始入釜煮之，三四沸后，须以毛巾漉其秽水，再入釜炒干。炒出之后，和以糖蜜，方可稍去其苦涩之味。惟贫人无力购糖，干食之，既极涩苦，自难下咽。勉强下咽，肠胃为之窒碍，大小便恒不通畅，至有大便流血，因以致疾者。且作一度油渣，非终日莫办，结果如斯，岂非苦中苦矣。油渣每块重者六十斤，轻者三十斤，初售五角，而无人过问，最后五十元一块，而购者争先恐后，辗转托人，始可购得。②

除了这些奇怪的吃法之外，人们百无聊赖，只有求救于神灵了：

城围日久不解，粮食又日益发生恐慌，人们无可如何，消极等待，求之神灵，城内的吕祖庙（今四十一中学地址）、城隍庙、开元寺（今解放市场地址）等庙院，香火特见旺盛。其间以老年妇女为最多，士兵亦间有之。街上设卦易摊者不少，一般人更是乱占，催眠术、牙牌神、度测吉凶，显得百无聊赖。③

匡厚生亦言：

七月以后，饥者、病者日益加甚。官人力竭，谁顾民瘼，愚民何知，只有祷佛。予所住西城角吕祖庙，香火本来不稀，至此乃益加繁盛矣。据门前卖香烛者言：今年比未围城时贸易约增十分之五六，其人心之急迫可想。④

---

① 黄成垙：《西安围城记》，1927年，第23页。

② 黄成垙：《西安围城记》，1927年，第24—25页。

③ 王伯材：《坚守西安期间见闻散记》，中国人民政治协商会议陕西省委员会文史和学习委员会：《陕西文史资料精编》第2卷《重大事件》，西安：陕西人民出版社，2010年，第175页。

④ 匡厚生：《长安围城纪事诗百首》第五十首自注，刘迈主编：《西安围城诗注》，西安：陕西人民出版社，1992年，第43页。

传统社会，中国民众本有迷信神灵的传统，而处此围城之中，许多民众的生命随时可能不保，当一切现实的手段都已失去作用之时，除了求助于虚无缥缈的神灵之外，还能有什么办法！

围城之中有鬼市。所谓鬼市者，并非与鬼有关，而是指在夜间开市，天亮之前就结束，故亦可称为夜市。黄成垚听说，鬼市上可以典卖衣物以购粮糊口，于是“亦拟携衣赴市”①，希望换些食物糊口。在鬼市上，黄成垚不期而与好友陈浪洲相遇。陈浪洲看到黄成垚惨情，意颇恻然，泫然流涕曰：

予寺中存粮已尽，僧众皆以榆树叶为糊口之资已多日矣，实无通融余地。惟尔我至契，万无坐视之理，实以相告，予卧室尚藏有黏谷二三斗，原为自保残生者，今与君分之。将来粮食告竭，与君同饿可也，宜匀作数次搬运，不宜败露，使人知我存谷，将遭抄家之祸。②

陈浪洲之言令黄成垚十分感动，“不顾卖衣，草草收拾，欲往即取。陈君曰：‘不可与吾同行，恐启他人之疑，明晨秘密前来，勿为外人道也。’”③当此之时，家有存粮亦是一件危险之事，若被守城军队得知，势必会强取豪夺；即使不为守军侦知，倘为一般百姓得知，在行将饿毙之时，亦可能前往偷抢。如此，存有粮食不唯不能延续自家的生命财产，还可能成为催命符。

黄成垚前往取粮之事如下：

翌日天甫曙，予即如约携包裹一具，紧系腰间，步行一小时许，始抵广仁寺。驻守该寺之兵士问予来此何事，将见何人，予低首下心，告以本寺陈达喇嘛系予同乡，多日不晤，特来探访耳。幸该兵放过，直入陈室，浪洲见予至，遂紧闭房门，如惟恐人知也者。忙令其徒孙为予盛谷毕，又为予缠于腰间，审视至再，始曰：“无恙”，但微声告予曰：“出门经过卫兵时，宜大胆勿畏缩，露破绽，若被盘诘，则败矣。明日勿来，间一日可耳，庶不令人注意。”嘱咐已毕，始开门命其徒孙送予，不敢躬自送也。④

① 黄成垚：《西安围城记》，1927 年，第 19 页。
② 黄成垚：《西安围城记》，1927 年，第 19 页。
③ 黄成垚：《西安围城记》，1927 年，第 19—20 页。
④ 黄成垚：《西安围城记》，1927 年，第 20 页。

黄成垅回城亦颇惊险，“出大门，经过门岗时，亦作昂然之态，途中诵《正气歌》以压心中忑忐之气……虽遇三五兵士，幸未盘诘，予得安然到家”[①]。

此后，黄成垅又再往取：

> 及第三次往取，陈云黏谷已罄，请为搜麦少许，尽量搬取，可一不可再也。予前后取谷凡二次，为数不过三升，所云已罄者，其徒吝不之与，藉此以搪塞我耳。惟浪洲与予之感情，有非外人所能离间者，故不给黏谷，而给小麦。遂即出囊盛麦三升。向之运二次者，今作一次运矣。予来时恐被军队威劫，曾盛服以往，冀彼辈知吾为军政界人，不加搜查，果又平安回校。于是向人借杵臼，舂之终日，不足一餐。[②]

在陈浪洲帮助下，黄成垅获得了少许极为珍贵的粮食，勉强维持生计。但由于陈浪洲所存之粮亦甚有限，且广仁寺之中其他僧人亦不愿意将粮食借与黄成垅，以后不再去取，从此只能勉强度日而已。

吴芳吉的好友，陕西泾阳人吴宓，十分推重吴芳吉的诗才，曾向诗人胡仲候（文豹）介绍之。胡仲候（文豹），三原人，夫人为吴宓堂姊，西安围城之时，胡仲候（文豹）亦被困城中。当他得知吴芳吉亦在城中时，作《寄吴碧柳》一首赠之，其中有“犹能诵君诗，今已忘八九；神交十年余，未尝一面觏”[③]，对吴芳吉颇为推重。吴芳吉得诗后，亦作诗一首猜答：

> 乱离无好梦，黄鸟自嘤嘤；未得识君面，已复解君情。
> 结交惟意气，何用知姓名？姓名吾能筮，栩栩化庄生。
> 人中才最美，揖让足公卿；诗传燕山道，家近泾阳城。
> 宓子为好友，审安实同声；齐眉属阿姊，随肩是兄长。
> 十载不相见，咫尺难成行；明哲当自保，流弹正纵横。[④]

身处围城之中的吴芳吉，虽然生活艰难，仍能得到一些好友，如胡仲候、

---

① 黄成垅：《西安围城记》，1927年，第20页。
② 黄成垅：《西安围城记》，1927年，第20—21页。
③《西安围城诗录·二寄吴碧柳》，《学衡》1926年第59期，第12页。
④《围城中有寄诗来，问吾猜得其为谁者，意必雨僧诗中之胡仲候也，赋此猜答》，吴芳吉：《吴芳吉全集》，上海：华东师范大学出版社，2014年，第206—207页。

石雨琴的接济，得以暂缓腹中之饥。如《石仲麟君之弟雨琴君以斗米至》，便描写了石雨琴接济自己之事：

万卷无长策，行终饿殍林；干谒怀惭惴，飘然来好音。
末世谁相念？斗米万黄金；欲将粒粒数，持此见君心。
君心江海深，我意愧蹄涔；亲在不枉死，偷生实下忱。
城空私得饱，忧喜两弥襟。[①]

又据《白屋诗选》此诗注释，1926 年 9 月，“三原胡仲侯君及陇右石雨琴君，同寓城内，闻某食尽，各以食物来济，约某按日分赴诸友之家，共尝甘苦，不任某先死”[②]。

但即使如此，对吴芳吉来说，最大的问题仍然是无粮可食。中秋节之后二日，吴芳吉已经缺粮。“生命何渺茫，此心日恬泰；知到弦歌辍，坦然归上界。”[③]此时吴芳吉切身感受到生命渺小，前途茫茫。行将饿死之时，他的心境反而平和了许多。设身处地地为吴芳吉着想，恐怕他当时的“恬泰”，不过是将死之时的无可奈何而已。此时，除了坦然面对死亡，吴芳吉也没有太多可以做的了。一日吴芳吉出门所看到的情况，更令其心境低落：“瘦骨何潦倒，沿门不忍看；救时情更急，后死愧多端；恶吏犹催米，秋风又早寒；苍天胡视听，使我尽凋残。”[④]满街都是四处游走或饿死在道旁的“瘦骨”，令人不忍直视。即使如此，恶吏仍然不停“催米”。老天也不帮忙，1926 年的冬天来得似乎特别早，城中的百姓，除了忍饥受饿之外，还要抵抗刺骨的寒冷。

“行乞灯油无主人，黄昏掩户自酸辛；摩挲上榻祈眠早，喜趁梦长见二亲。”[⑤]记得童年之时，因家中缺粮，一般只吃早、中两顿饭，晚饭照例不

① 《石仲麟君之弟雨琴君以斗米至》，吴芳吉：《吴芳吉全集》，上海：华东师范大学出版社，2014 年，第 212 页。

② 吴芳吉：《白屋诗选》，成都：四川人民出版社，1982 年，第 201 页。西安围解后不久，吴芳吉动身离陕途中，作有《归途》十首，其六有云：“别矣仲侯兄嫂，别矣励三同好。爱我如幼弟，痛我如小鸟。期我如明月，将我不死长安道。”（《归途》其六，吴芳吉：《吴芳吉全集》，上海：华东师范大学出版社，2014 年，第 218 页。）对围城之中对自己提供帮助者，心存感激。

③ 《民国十五年中秋后二日绝粮》，吴芳吉：《吴芳吉全集》，上海：华东师范大学出版社，2014 年，第 210 页。

④ 《出门书所见》，吴芳吉：《吴芳吉全集》，上海：华东师范大学出版社，2014 年，第 213 页。

⑤ 《枕上成》，吴芳吉：《吴芳吉全集》，上海：华东师范大学出版社，2014 年，第 213 页。

吃。但正在长身体的孩子们，难以忍受饥饿的折磨。每当这时，父母便会说："人是一盘磨，睡倒就不饿。"磨蹭着躺在床上后，居然也会不知不觉地睡去，倒也体验到了睡倒不饿的境界！由于在冻饿之下实在无事可做，到了黄昏，吴芳吉只好尽快上床睡觉，如此可以节省灯油，也是抵抗饥饿的法宝。尤其最重要的是，在那漫漫长夜中，吴芳吉还可以在梦中见到自己久违的双亲和日夜悬心的妻儿。在漫长的围城之中，吴芳吉早已与家人音讯断绝，父母、妻儿该是如何想念他呀！作者日复一日地忍受那无边的饥饿，不就是希望有一天可以再见他们吗？

吴芳吉另有一篇《长安野老行》，所述之事更为惨绝人寰：

朝逢野老不能言，但垂清泪似烦冤；面瘦深知绝食久，路旁倒傍酒家垣。向午归来野老死，头枕树根沾马屎；半身裸露骨班班，市儿偷去破襦子。黄昏重过血泥糊，腿肉遭割作鲜脯；酒家人散登车去，垣头睒睒来饥乌。①

该诗描述了作者所见到的一位因绝食日久而行将离世的无名老人，他骨瘦如柴，浑身无力地躺在一家酒家的旁边。或许是见惯了饿殍街头的场景，或许人们连自己的一日三餐尚且无着，根本无力去救济难民吧，无论是酒家，还是行人都对之不理不睬。中午吴芳吉归来时再经过酒家门口时，老人早已经死去。他头枕着树根，身上沾着马屎，半身裸露。作者猜测，其身上原有的"破襦子"，已经被别人"偷"去了。黄昏时分，吴芳吉又经过酒家门口，发现老人的身上已经血肉模糊了。吴芳吉猜想，这是因为其腿上的肉已经被酒家割去当作"鲜脯"，卖给客人吃了。围城之中，绝粮日久，传说中人吃人的惨剧，在西安城中正在日复一日地上演，故吴芳吉的猜想未必不合情理。待人去路空，墙头饥饿难耐的乌鸦成群地飞上来，啄向老人的尸体，将老人身上不多的血肉，作为它们无上的美餐。

吴芳吉描述的情况，时任西安基督教青年会总干事张亚雄亦有记述：

八月以后，每天饿死的人很多。往往看见街上有人饿得还没有断气，奄奄待毙，厥状颇惨。端履门一带有十几条狗专门吃死人。狗吃死人时先吃脸部，

① 《长安野老行》，吴芳吉：《吴芳吉全集》，上海：华东师范大学出版社，2014年，第213页。

这是我过去没见过的。后来，狗也被人杀的吃了，端履门再看不见狗了。钱有时也失去作用，借很容易，但有了钱也买不到吃的东西。我在街上看到饿死的尸体都变成黑色，瘦得背腹快粘在一起了。我亲眼看见，马坊门有一个人手里握着一把银元，有气无力地想买些东西吃，等我转回来时，这个人已饿死了，银元还在手里握着。[①]

类似事件，匡厚生亦有记述，据他听友人言："彼亲见一饿倒老人，尚未绝气，群犬即围而争食。细观老人，若欲格之而无力格之者，然迨彼飞身赶到从事驱逐，而老人之一臂一足已为群犬咬断，分衔以去也。"[②]既然如此，则围城中人吃人、狗吃人、乌鸦吃人的现象，必确有无疑，真是鬼蜮世界！

围城之中，吴芳吉与一位来自甘肃静宁的贫穷学生柳潜一起同甘共苦，互相扶持。在诗歌中，吴芳吉认为："柳子性情正，能传老杜诗"[③]，是一位非常有前途的诗人：

待说围城日，辟雍尽饿乡；相邀垂死际，冠带坐堂堂。
客泪胡笳发，秋风塞草凉；穷途翻好问，立雪意何长。[④]

围城之时，二人约定，到了垂死之际，两人一定穿好衣服，走到学校的礼堂，端坐而死，不能辱了斯文，即使死也要有骨气、有尊严。幸运的是，两人忍饥受饿，终于度过了漫长的围城时光，迎来了国民联军解围。城解之后，吴芳吉与柳潜终于有机会饱餐一顿。因饥饿日久，乍遇充足饮食，柳潜不知节制，吞食过多，却被撑死了。吴芳吉心伤柳潜的身死：

与汝道行浅，难将劫运回；坐教秦父老，颠倒逐飞灰。

---

① 张亚宏［雄］口述、韩慨侠整理：《有关坚守西安的一些材料》，中国人民政治协商会议陕西省委员会文史和学习委员会：《陕西文史资料精编》第2卷《重大事件》，西安：陕西人民出版社，2010年，第181—182页。张亚雄，山西人，基督徒，1920年起担任西安基督教青年会总干事，西安围城之役期间，组织收容所，积极推动难民出城工作（张亚雄口述：《我所知道的西安基督教青年会》，中国人民政治协商会议陕西省委员会文史资料研究委员会：《陕西文史资料》第16辑，西安：陕西人民出版社，1984年，第227页）。

② 匡厚生：《长安围城纪事诗百首》第八十二首自注，刘迈主编：《西安围城诗注》，西安：陕西人民出版社，1992年，第64页。

③ 《哭柳潜》其一，吴芳吉：《吴芳吉全集》，上海：华东师范大学出版社，2014年，第215页。

④ 《哭柳潜》其二，吴芳吉：《吴芳吉全集》，上海：华东师范大学出版社，2014年，第215页。

故国殷来日，平生尽此杯；埋愁空复尔，遗志我能推。①

据王伯材回忆，这种情况还不是个案，“人们乍见廉价食品，竟就地纵姿大啮，不少有因贪食而随后致死，或落下肠胃病者，更有因狂欢过度，以至发生精神病者”②。而匡厚生的记述更加夸张，“闻围解后数日，城人因久未见大饼、蒸馍，今卒见之，率尽情大嚼，致腹痛而死者约有千人之众”③。听父老相传，三年饥荒时期，百姓长期忍受饥饿。有时有人幸运地获得一顿美餐，自然拼命吃，殊不知这个时候是最容易被撑死的。

二、围城中的粮价

围城之中，粮价飞涨，其具体情况，今已难考，但通过有关资料仍可窥见粮价上涨的情况，具体如表 6-1 所示。

表 6-1　三部日记所记围城期间的粮价

日期	《在山草堂日记》	《郭文卿日记》	《君子馆日记》
4 月 5 日	每斗麦由六元涨至八元		
5 月 18 日	城外有收大麦者，而城门四周有米珠薪桂之忧		
7 月 6 日		本日面价每元四斤	
7 月 10 日		小麦官价规定每石十五元	
7 月 15 日	以二十四元买麦二百斤，四元买菜油十斤		
8 月 10 日			张亚雄来略谈云，有糯米可让数斗，照买价十二元，且可当时不付款，真难得也
8 月 13 日	米每石十二元（小米）		
8 月 19 日	麦价至六元		
9 月 17 日	有售麦者，重二十四斤，价四元半，须一石为限		晚子屏送来麦一石，给脚力四千，今日市价约七元余
9 月 18 日	今早闻（麦）市价又七元矣		麦价二十
9 月 23 日	麦每斗八元半，面一斤值十二串		

① 《哭柳潜》其三，吴芳吉：《吴芳吉全集》，上海：华东师范大学出版社，2014 年，第 215 页。

② 王伯材：《坚守西安期间见闻散记》，中国人民政治协商会议陕西省委员会文史和学习委员会：《陕西文史资料精编》第 2 卷《重大事件》，西安：陕西人民出版社，2010 年，第 176 页。

③ 匡厚生：《长安围城纪事诗百首》第一百首自注，刘迈主编：《西安围城诗注》，西安：陕西人民出版社，1992 年，第 79 页。

续表

日期	《在山草堂日记》	《郭文卿日记》	《君子馆日记》
9月25日	午餐称面四斤，小米二斤，米面各约钱七十串，薪盐费约十串，共八十串		
10月7日			雷振之来言，亚雄代赊生白米三斗，价十元一斗甚善，价贱且赊账真难得也
10月22日		麦每斗价洋二十二元，锅块每斤价洋一元	
10月24日		本日麦价二十八元，馍价每斤九角余	
10月27日			祝庭璋代购小米一斗，价洋二十四元
10月28日	斗麦由六元跌至三元		
10月29日		麦价每斗二十四五元，馍每斤四十串左右	
10月31日		麦价每斗二十四五元，馍卖四五十串	
11月2日		麦价每斗二十七八元	
11月5日	麦斗价值百元		
11月7日		早间麦价四十元左右，午间跌至二十七元	
11月10日		粮价陡涨，每斗至五六十元	
11月13日		馍每斤三元有奇，麦每斗七十元，小米每斗九十元	
11月14日		麦一斗价洋八十元，馍一斤洋四元，小米贵贱没有，麦亦未易觅购	
11月15日		麦每斗七十元之谱	
11月17日		本日凡属食物，价格增加，一日腾涨数倍，或数十倍。只要能吃，如回民把鞋底皮类，公然持诸街头，作为食料，实属亘古奇闻	
11月24日			过粉巷一探，粮价每元购米一斤……余午后粮价跌至八元一斗，及由省署归闻已跌至四元一斗矣
11月26日		本日食物价，锅块一元三两半，麦每斤价洋四元	
11月28日		午后每元买面三五斤，麦每斗约十余元，粮食价格立跌	粉巷一探，粮价每元购米一斤，及归来，而振寅、振夏及长房老四先后送来粮食共一斗余。午后粮价跌至八元一斗

资料来源：张扶万：《在山草堂日记》，中国人民政治协商会议陕西省委员会文史和学习委员会：《陕西文史资料精编》第 2 卷，西安：陕西人民出版社，2010 年，第 247—254 页；毛昌杰：《君子馆类稿（附文钞·诗钞·日记）》，沈云龙主编：《近代中国史料丛刊》第 1 编第 2 辑，台北：文海出版社，1966 年，第 450 页；郭文卿：《西安围城日记片断》，中共西安市委党史研究室编：《坚守西安》，内部资料，1993 年，第 248—254 页

据《西安孤儿教养院谨将十四年十二月收出款项呈开报告》，1925 年底，西安物价情况如下：

秤饼一千五百八十七斤，大洋三十二元，钱三百七十五千一百文；面秤一百二十九斤，半洋大四元，钱七千三百六十文；粜麦一十二石五斗一升，大洋八十元，钱二十千零四百二十文；买洋布四板，细洋布一丈四尺，斜布一丈五尺，大洋五十四元八毛，钱七千文；付鞋料大洋一元，钱一十八千文；秤柴炭五千八百八十七斤，大洋一元，钱四百零五千七百四十文。①

据《西安孤儿教养院谨将十五年一月收出款项呈开报告》，1926 年初，西安物价情况为：

粜麦九石三斗七，大洋六十四元七毛，钱一千二百二十文；粜小米一石八斗五、莞豆二斗、白豆九斗，大洋十三元，钱一百一十九千五百文；秤面三百九十斤，现洋一十五元钱八千文；秤柴、炭九千九百九十四斤，现洋二十三元，钱五百一十串零一百文；付伙食用大洋二元，钱三百三十九千四百八十文；付杂费用现洋卅八元二毛五分，钱二百一十六千零九十文；买洋布三匹、青皂布三匹、印花布九丈一尺，大洋二十七元八毛正；买柳条布六尺、斜布六尺、绫子一尺五寸，大洋二元二毛正。②

据《西安孤儿院教养院谨将十五年五月份收出款项呈开报告》，1926 年 5 月，西安物价情况变为：

粜麦一十石，大洋七十二元；粜芋麦二石八斗六升、莞豆二斗，大洋一十七元六毛；秤饼一千零八斤，大洋四十元钱八千文；火食零用大洋九元，钱二八十二千三百五十文；杂费用大洋一十六元八毛五分，钱三百一十二千二百卅文；秤硬柴四千一百八十七斤，大洋一十八元，钱九千二百文。③

匡厚生对围城中的粮价亦有记述：

---

① 《西安孤儿教养院谨将十四年十二月收出款项呈开报告》，《新秦日报》1926 年 2 月 1 日，第 4 版。
② 《西安孤儿教养院谨将十五年一月收出款项呈开报告》，《新秦日报》1926 年 3 月 1 日，第 4 版。
③ 《西安孤儿教养院谨将十五年五月份收出款项呈开》，《新秦日报》1926 年 8 月 11 日，第 4 版。

由五月至九月城中食物渐尽，小麦一斗价十四元、粟米一斗价十二元、稻米一斗价十六元。其他食物率由数倍涨至数十倍，居民皆极口叫苦。尤可异者，大如拇指之萝卜三枚，亦索钱千五百文，则盐豉葱韭等类日用必须［需］品，不问可知矣。[①]

他还记载了围城中麦麸价格的变迁，“八月初麸价已涨，每斗约须［需］银一元，九月末则虽悬价二三元，亦无处购买矣，予所见中等人家以此度日者不少，至于贫户则不必论”[②]。

据《丙寅陕西兵灾救济会募捐缘启》所记，围城八月，“米麦每斗一百三十元，卖麸每斤一元，油渣块三四十元”[③]。这里所说的应是围城后期状况。据《李云龙等通告守城经过情形之代电》，“十月间，军粮藏买已空，始由民间派征粮秣，重累滋扰，言之痛心，薪炭早绝，全城树木，剪伐罄尽，粮价奇涨，每麦一斗，易洋一百二十元，油渣一块，易洋二十八、九元”[④]。据 1926 年 12 月 29 日《晨报》报道，解围之前，西安城内“米价每斗竟涨至百元左右，甚至有钱无处购买，其他物品，亦相继增高价格”[⑤]。又据《长安被围的真像（续）》，由于吃食极度缺乏，粒米难觅，已经出现“一饭如珍玉，斗麦价百元”[⑥]的现象。

粮食问题的真正解决，还要等到解围之后。当黄成垙听闻城解之后，“急赴粉巷购粮，每斤已跌至一元有奇矣。不数刻间，即由一元而五角矣。乡民之负裹进城者，已充塞于途矣”[⑦]。至此，黄成垙一家终于可以庆幸免于饿殍之忧了。粮价迅速下跌的原因，除了开城给城内民众心理迅速减压、城郊四乡民众运粮进城、国民联军组织运粮接济之外，国民联军还积极向邻省求援，“对于陕民被灾情形，已决定致电甘肃，先筹杂粮十万石，陆续运陕，实行赈济，

① 匡厚生：《长安围城纪事诗百首》第五十三首自注，刘迈主编：《西安围城诗注》，西安：陕西人民出版社，1992 年，第 45—46 页。

② 匡厚生：《长安围城纪事诗百首》第五十四首自注，刘迈主编：《西安围城诗注》，西安：陕西人民出版社，1992 年，第 46 页。

③ 《丙寅陕西兵灾救济会募捐缘启》，《新秦日报》1927 年 1 月 8 日，第 4 版。

④ 《李云龙等通告守城经过情形之代电（续）》，《新秦日报》1927 年 1 月 25 日，第 3 版。

⑤ 《西安之物价：一斗米一百元》，《晨报》1926 年 12 月 29 日。

⑥ 吴觐齐来稿：《长安被围的真像（续）》，《新秦日报》1927 年 12 月 1 日，第 2 版。

⑦ 黄成垙：《西安围城记》，1927 年，第 55—56 页。

因之今日粮价大跌，每一斗麦仅售洋二元”[①]。

第二节 收麦问题

5 月下旬，城郊小麦日渐成熟，逃入城内的难民，大多希望回家收麦，以维生计。但对他们而言，收麦之举，实为畏途。据《新秦日报》消息，萧家村村民萧杏初，“因大麦枯槁，小麦将熟，遂冒险归家，意欲刈麦，不期行抵村外，见战壕纵横，房舍荡然无存，两方流弹时如穿梭而过”。萧杏初“眼见该村父老中弹倒地，不禁股栗，赶即返身入城，又复投入收容所中。”[②]

面对这种情况，一些慈善团体呼吁陕西军政当局、刘镇华镇嵩军能够允许难民出城收麦，以避免大量难民死亡。长安绅民临时呼吁救济会于5月25日上午假四府街长安地方自治筹备处，商讨难民收麦办法。此前一天，该会已发出公函：

经启者，天祸关中，灾荒迭荐，无如今岁，更遇奇殃。入春即雨泽寡布，青苗减色，初夏又蟊贼为害，凶荒半呈。讵意兵灾交加，农地多作战场；村舍为墟，人民势迫失业。逃至省垣之百姓，不下数十万计。窃思岁□云荒，成分不过顿减；而军事扰攘，嘉禾恐绝根株。人民之命脉所关，实千钧一发之际，生灵之生活所系，诚存亡攸分之时。望祈慈善团体、仁人君子，大家一致主张，毋弃竭力收容给养之前功，共图救济生灵善后之大计，或呈恳当局设法，或筹划永久维持，是为窃盼，不胜哀祷之至。[③]

会议决定，由长安县知事张念祖为长安绅士总代表，由其邀请佛教会会长康寄遥[④]、巨绅路禾甫、救世堂邵牧师、天主堂丁神父、华洋义赈会会长路牧师等在长安县署讨论农民出城收麦办法。5 月 27 日，《新秦日报》发表他们制

① 《西北军团入潼关》，《民国日报》1926 年 11 月 18 日，第 3 版。

② 《各难民收容所情形四志》，《新秦日报》1926 年 5 月 25 日，第 2 版。

③ 《救济会今日开紧急会议》，《新秦日报》1926 年 5 月 25 日，第 2 版。

④ 康寄遥（1880—1968），名炳勋，字寄遥，法号法真，自号寂园居士，陕西临潼人，1921 年皈依佛门，成为居士，同年回到陕西，开始振兴陕西佛教。1927 年 11 月成立近代西北地区第一个佛教居士组织佛化随刊社，次年更名为佛化社。同时，他还创办了《佛化随刊》，主持编印许多佛教经籍。西安市档案馆编：《西安：辛亥记忆——西安辛亥革命百年纪念文集》，西安：三秦出版社，2011 年，第 433 页。

定的《难民出城收麦办法》四条：

（1）农民下乡收麦，各本村民联为一起，由村长一人，执绿色旗帜，以示标异，并由县盖印，上书“保护”二字。

（2）四乡农民出城工作，应由各代表商同各局，指定路线，限订时日，庶免误会。

（3）各乡农民出城工作，应请代表商定各当局，力加保护，勿使陷入战区非命，并由各当局派人检查，以防奸人意外隐害良民，用全人道。

（4）农民耕作所获之麦籽、柴草等物，祗请代表向各当局要求严加约束各本军队，除存留供给应需军食外，不得任意攘取，俾农民随意携带，以顾全家生命。[①]

据《新秦日报》5 月 30 日报道，在前面四条基础上，《难民出城收麦办法》又增加了两条：

（5）四乡被难农民在乡工作期间，由各代表事前邀准军政长官，各当局通饬各司令、将领，于两星期内不得有意外之举动，以恤民命，而重信用。

（6）农民出城收麦工作途中，往来各本村民须联十人为一组，距离以十步为率，以便检查，切实保护。[②]

长安绅民临时呼吁救济会虽已拟定了保护难民出城收麦办法，但因要获得守城陕军和城外镇嵩军同意，故迄 5 月 29 日并未实施。长安绅民临时呼吁救济会和各慈善团体开会讨论收麦之事，对广大难民而言，不啻为天上伦音。开会之后，大家推举康寄遥、路禾甫二人，将开会情形报告陕西军政当局，“并对所提四条以外，拟加以收获农人，以五人为一排，相距约十步之谱，以示识别，免生误会。但闻西人邵、路两君尚未出城，而乡间农民昨日已纷纷购买镰刀暨种种收割器具，出城者已络绎不绝，并闻城内各军俱给农民以收割护照，故稽查兵士对此毫无阻难”[③]。

---

① 《长安绅民救济会拟定之难民收麦办法》，《新秦日报》1926 年 5 月 27 日，第 2 版。

② 《保护收麦消息丛志（续）》，《新秦日报》1926 年 5 月 30 日，第 2 版。

③ 《保护收麦消息丛志》，《新秦日报》1926 年 5 月 29 日，第 2 版。

5月29日当日，长安绅民临时呼吁救济会又发出通函，分致各士绅征求办法：

窃思民为国本，食为民天，千钧一发，何可缓误？顷阅报章载有关于保护难民出城收麦之两训令，已蒙邀准军政长官切实保护。俯念农民对于火线附近各村庄，准为切实保护，并制止兵士，勿得入村拉夫，以免纷扰。除已分饬敝军前线军队切实遵行，并拟不时派员，赴前线各村庄切实照料，各等因。伏维谚云“麦熟一晌”，又曰“收麦一时”，若稍延宕，恐违农时，误民生机。敝会深为隐忧，急默难安，用敢呈恳李总司令、杨副司令、卫总指挥、省长、县长、各团体代表，体念民命，恩准迅赐指示民众收麦妥善办法，免误农时，重视民命，不胜悲切哀祷待命之至，谨恳公鉴施行。[①]

这不过是慈善团体的呼吁，至于恳求双方军队切实保护之事，因未获得攻守双方肯定答复，无法施行。由于出城收麦的难民，多被阻回，为了保障难民收麦之事能够顺利进行，5月31日，慈善团体联合办事处致函卫定一：

近日长安绅民临时呼吁救济会曾经开会，议拟办法六则，向各军作具体之恳求，如何施行，尚未得奉训谕。惟近来各所灾民间有出城者，行不数里，复行转来。问其原因，愚民只知求生，哀求切实保护，详细情形，又不能畅晓。本处拯救灾黎五旬，将届力尽筋疲，束手无策。现在节逾小满已一日矣，俗云“小满三天遍地黄”，是二麦成熟之期，正农忙紧迫之候。若不乘时收获，战后余生何以度活？哀此灾民，情匆获已，惟有据情一再恳求，烦渎尊听。敢祈副指挥垂怜数万生灵，死生关键，在此千钧一发之顷，查照长安绅民临时呼吁救济会所拟办法，严饬军队切实保护，并将可以出城日期预先指定。本处当转告各所灾民，放心回乡收麦，可否之处，出自逾格鸿慈，不胜盼祷待命之至。[②]

6月1日，卫定一回信：

经覆者，昨承来札，殷殷然以农事民食，反复致意，足征人心热肠，远逾寻常，伏听德音，欣颂无量。

---

① 《保护收麦消息丛志（续）》，《新秦日报》1926年5月30日，第2版。

② 《难民收麦消息两则》，《新秦日报》1926年6月3日，第2版。

查此事前经旅省西侨邵牧师等从中斡旋，业经双方同意，依期履行。不料因彼方狡诈反复，致生阻滞。盖彼方对于出城乡农，时有狙射伤害情事。并闻某日有学生五名出城回里，亦被贼军枪伤三名，狼狈逃回，事实具［俱］在，毋待指陈。贼徒残暴不仁至此，殊堪痛恨。揆其用心，无非省界之见过深，仇视之念遂烈，必欲使吾陕人士，凡幸全于兵刃者，亦尽毙于饥馑，必无复噍类而后快。是其处心积虑，毒祸陕人，盖可想见。

省方为爱惜民命起见，故有劝阻乡农暂缓出城之举，其中委曲［屈］苦衷，当为外间所共谅。兹准前因，觉诃旨恳，恻省览周匝，令人怆然泣下。定一分属军人，服务乡邦，深愧未能为吾民救灾捍患，登之衽席，致使强寇深入，肆其侵暴。每经行所至，目睹乡民流离之惨苦，与夫闾阎残破、禾稼委弃各情况，未尝不悲愤交胸，寝食难安。而默念天意冥茫，民困水火，未卜何日净洗甲兵，重睹清平，奈何！奈何！

素仰诸君子恫瘝在抱，胞与为怀，尚望协同邵牧师等，仍本初衷，努力进行，冀以激发彼方一线之天良，为此方附郭数十万生灵稍开生路，则仁风所被，正所谓万家生佛，堪垂不朽，岂仅如金铸丝绣而已耶！

至于我方，自总、副司令以下，情关梓桑，谊切饥溺，无不肯极端让步，委曲成全，当在洞鉴之中。定一不敏，亦愿竭尽棉［绵］薄，从旁赞助，以示笃爱父老兄弟之意。倘获见满地黄云，获之桎桎，俾孑遗之氓，得以藏□无空，饔飧有赖，均出诸君子之赐，亦定一所日夕祝祷以求者也。临颖不胜惓惓之怀，此覆。①

揆度卫定一之复信，卫定一和李虎臣、杨虎城等陕军守城将领，是愿意放难民出城收麦的，但其中种种问题，尤其是镇嵩军的态度，亦非守城陕军可以保证。故而，卫定一将难民出城收麦问题的难处，推给刘镇华镇嵩军。

在长安绅民临时呼吁救济会运动难民出城收麦之时，路思严、邵涤源、武德逊、嘉华达、舒德礼、舒涵礼等“旅陕外人”（多为基督徒）也加入了呼吁的队伍。据《新秦日报》之《旅陕外人与卫定一之往复函件》，旅陕外人的信函为：

① 《难民收麦消息两则》，《新秦日报》1926年6月3日，第2版。

敬启者，开战以来，附省难民纷避入城，多逾数万，栖食无依，惨苦万状。近以二麦急待收获，相率泣请，代恳暂行停战，并免拉夫，俾收委地之粮，以延垂毙之命，请□惨迫不忍睹。闻牧师等旅陕布道，休戚相关，因与刘省长熟商，拟请双方自六月一日起至十五日，停战半月，双方严饬士兵谨守原防，不许私放一枪，俾难民回家收获，藉延残喘。并禁士兵羼入难民出乡，转起他方疑虑。至邮务一节，向未加入政争，各省历年战事，均未牵及陕省。过去战争，邮件依然通行，乾、凤两役可以佐证。乃近日前敌将士阻断，是否出于误会，敢恳严令战线将士，对邮差来往照常保护。贵副总指挥生长是乡，目击流离困苦之同胞暨民众交通之利益，当较牧师等更为关切。除函刘雪亚、吴芑荪两司令外，倘蒙俯如所请，不独陕人受赐。路思等远（人），承惠亦多矣。敬祈俯察与请，迅赐福音，不胜待命之至。①

从“旅陕外人”致卫定一之信和其回信可知，陕西军政当局似将难民出城收麦和邮件通行问题捆绑在了一起。守城陕军因无法直接向刘镇华镇嵩军施加压力以恢复邮政，只好向慈善团体和慈善人士施压，通过同意难民出城收麦，迫其向刘镇华镇嵩军要求恢复邮政。但此种算盘，极为不切实际。因为，刘镇华镇嵩军既然采取围城战略，便下定决心，以“极限施压”之法，迫使守城陕军出城投降。如果恢复邮政，将会使守城陕军对外信息重新畅通，对攻城一方是极为不利的。

卫定一的复函，在历述镇嵩军给陕西百姓所带来的凄惨之境，夸赞路思远等“异邦侨居之士”的“耶教博爱救世之精神”后，表示他本人支持难民出城收麦，但对于刘镇华镇嵩军，态度却相当保留，认为不可乐观：

定一忝绾军符，服务乡邦，深愧未能早净妖氛，重安桑梓，尽我军人天职。至若民间所受战事之惨苦，固已悲痛交煎，寝馈不忘。兹承明教，不禁距跃三百，喜而不寐。如彼方稍有天良，肯为一方孑遗之民全其生路，我方无不乐从。惟事关重大，未便擅专，祈向总、副司令陈述情形，研商办法，以求完满解决。定一亦愿极力赞助，期早实现。而彼方奸诈难信，尤须切实要约，誓相遵守，以免中途生变，为德不卒，是为至要。至于保护邮差一项，亦经通饬敝部前线

① 《保护收麦消息丛志》，《新秦日报》1926年5月29、30日，第2版。

官兵，一体遵照，希［稀］释锦注，专此布覆，并颂道安。卫定一谨覆。[①]

守城陕军赞同难民出城收麦，概因此举对守城军政当局而言，实是有百利而无一害：

其一，俯允甚至支持慈善团体允许难民出城收麦动议，可以让百姓感到，陕西军政当局是真正关心城内民众生命财产的。无论此事成功与否，都有助于改变城内民众对守城陕军的抵触情绪，有利于团结更多民众，继续坚守西安。

其二，如果难民收麦之后重新回到西安，势必尽量带回他们所收获的粮食，则一些难民在较长时间里将有粮可食，不致分食城内存粮，守城陕军也可以暂时缓解无粮可征的窘境，征取部分难民所带回的粮食以充军食。

其三，如果难民出城之后不再回来，则可以降低城内人口压力，这便相当于减轻了城内的粮食压力。

其四，将皮球踢给镇嵩军一方。如果刘镇华镇嵩军允许，则以上三点好处，势必实现；如果不允许，必将增加城内百姓和军政当局的同仇敌忾之心，将坐实镇嵩军残暴之名，则全城军民将更加团结，一致对敌。

当六条收麦办法上呈省署后，省署即以政务厅名义，复函长安绅民临时呼吁救济会：

经启者，接诵贵会公启暨《难民出城收麦办法》六条，甚为妥善，当呈省长核阅，极端赞成奉谕。现正由邵、丁诸教士函达彼方，要求停战半月，俾农民得以及时收获。俟得覆音，即商总司令部切实如议保护。[②]

旅陕外人邵涤源、路丁致刘镇华之函主要内容为：

贵总司令、护军使官陕有年，目击流离困苦之同胞，暨民众交通之利益，当较涤源等更为关切。省中军事当局业表赞同，倘蒙俯如所请，不独陕人受赐，涤源等远人承惠亦多矣。敬祈俯察舆情，迅赐福音，不胜待命之至。[③]

---

① 《保护收麦消息丛志（续）》，《新秦日报》1926年5月30日，第2版。

② 《关于难民出城收麦消息两则》其一《政务厅覆救济会之一函》，《新秦日报》1926年6月6日，第2版。

③ 《关于难民出城收麦消息两则》其二《外人致刘、吴之原函》，《新秦日报》1926年6月1日，第2版。

现有资料，未见刘镇华回函。事实上，刘镇华也不好回函，因为出城收麦一事对刘镇华镇嵩军并无好处，是以镇嵩军只能以沉默方式，表达其不允许的态度。

《新秦日报》6 月上旬相关报道中，有大量涉及难民出城收麦遇阻的信息。8 日，有南乡黄家庄难民兄弟二人回家收麦，“刈麦未及一半，为边家村驻扎之嵩军所见，开枪连击，竟将其兄击毙，其弟奔逃不及，亦中弹而死，遗骸弃置麦中，至今尚未掩埋”[①]。又据《各难民收容所情形二十志》，北乡黄家寨黄某兄弟三人回家收麦，“甫抵乡里，乃正在该村北坡收麦时，忽来（镇）嵩军十余名上前拦阻，遂将黄某三人掳去，令其转运辎重”[②]。又有北乡董家村难民朱庆元之妻与其妯娌回家收麦，“越过战线，突遇土匪六人，手提木棒，乃等道劫客之匪徒也。乍睹两妇，遂动兽性，上前威吓，已将庆元之妻按地剥衣。该妇等竭力抽身，就道傍［旁］槐树低首一撞，头颅迸裂，脑汁流出，立时殒命”[③]。

面对难民蜂拥出城收麦的状况，刘镇华镇嵩军虽采取种种办法拦阻，奈何城内难民在饥饿难耐之下，不惜铤而走险，致屡禁不止。于是，在 6 月上旬，镇嵩军开始放火烧麦。据《新秦日报》记者转述西乡难民陈恺于 6 月 7 日所述：

> 该民自种小麦四十余亩，因睹麦已干枯，不可听其萎落，于前日冒险归家，乘夜月摸索收获。乃下镰未久，瞥见其傍火光，发现炸弹铿然。盖嵩军已见有人割麦，特掷炸弹，而干麦见火须臾，遍地皆红，该民弃镰急去，幸免于难，然四十亩小麦已焦枯无余。[④]

6 月 11 日，北乡枣园村民人朱某，“日前领照回乡，意图割麦，冒险冲过火线，将至该村，四周一望，凡属麦地均成灰烬，微风乍起，黑灰飘飘，朱某见此境况，五内分裂，即向某填茔中拔取狼毒草一束散给妻子，嘱令嚼食，赶速毙命，幸为该村官人群见，上前拦阻，加以劝谕，朱某迫于无奈，只得弃去

① 非我：《难民回家收麦被枪击毙命》，《新秦日报》1926 年 6 月 9 日，第 2 版。
② 《各难民收容所情形二十志》，《新秦日报》1926 年 6 月 10 日，第 2 版。
③ 非我：《难妇遇匪撞死全节》，《新秦日报》1926 年 6 月 8 日，第 2 版。
④ 非我：《难民归乡收麦几遭险》，《新秦日报》1926 年 6 月 8 日，第 2 版。

毒草，转回城中，赴原收容所栖止，藉延残喘”[①]。

这表明镇嵩军放火烧麦之事，恐非一次即烧完所有城外麦田，有可能在6月上、中旬，分多次烧掉。席梧轩有《匪焚熟麦》诗：“茫茫三辅乱谁戡，野火麦花不忍谈；事到于今难袖手，何年高卧复终南。”[②]镇嵩军将城外麦田全部烧毁之后，彻底断绝了陕西军政当局和城内难民出城收麦的念想。

当然，并非所有出城收麦的难民都一无所获。据《新秦日报》6月8日报道：

昨有南乡来省者云，在省十里以外火线不及之处，乡人已将小麦收获碾毕，每亩约有六七斗收成。至豌豆及扁豆，麦之收获可以推想而知矣，惟菜子［籽］收量最少。盖南乡嵩军颇少，尚无近城一带弃麦于地，无人敢收之现象。[③]

但这些南乡难民不过是少数幸运者而已，在5月底至6月上、中旬期间，有难以计数的难民，因为出城收麦而受到不同程度的伤害，甚至付出了生命的代价。

第三节 死亡人数

据寞荫三回忆，围城之初召开军事会议之时，杨虎城曾说：“现在西安城内军民不过十万人，经调查，食粮至少可维持六个月以后，在这六个月期间，中国的政局一定会有个变化，我们守西安是有把握的。”[④]这一对城内人数的估计，当然是约数。但若寞氏所言属实，围城之初或曾对城内人口有过简单调查。

据张俊青的回忆亦可以佐证杨虎城有关围城之初城内人口的说法：

城内死人是很多的，但也不像传说的三万人、五万人那么多，估计当时城内居民约七至八万人，杨虎城、卫总成都是师长，官兵不过一万五千人，李虎

① 《各难民收容所情形廿一志》，《新秦日报》1926年6月12日，第2版。

② 席梧轩：《匪焚熟麦》，《新秦日报》1926年6月6日，第2版。

③ 《乡民口中之南乡收麦情形》，《新秦日报》1926年6月8日，第2版。

④ 寞荫三：《西安围城回忆》，中国人民政治协商会议陕西省委员会文史和学习委员会：《陕西文史资料精编》第2卷《重大事件》，西安：陕西人民出版社，2010年，第36页。

臣剩余部队不过四五千人，总计城内军民不会超过十万人。[①]

但是，随着围城之战展开，1926 年 4 月中旬以后，有大量难民涌入城中，西安人口应该会有显著增加，但究竟增加多少，史料缺乏，难以估计。围城后期，因有许多难民出城逃命，城内人口应该会有大量减少，但减少多少，亦因史料所限，无从统计。

围城 8 个月，攻守双方战斗频繁，有许多军民遭受兵灾而死；围城后期，城内存粮告罄，亦有大量民众冻饿而死。但现有史料对围城中究竟死亡多少人，众说纷纭，莫衷一是，已难确考。以下引用一些说法，对围城期间死亡人数进行估计。

在《李云龙等通告守城经过情形之代电》中，有“穷民小户，无以为生，饿毙军民男女二万余人”[②]。在《西安围城记》中，黄成垙估计围城之中，“饿毙之人数达二三万”[③]。又据崔炎煜回忆，“现在革命公园内的公墓，人称‘万人冢’，其实际数字岂止万人而已”[④]。考虑到公园所埋死者只是其中一部分，则实际死亡数字自然远超万人，至于超过多少，崔氏并无明言，但依据其说法推测，则围城期间，死亡人数应在 2 万—3 万。

据金炳甲回忆，到了十月间，“城内骡、马、狗全吃完了，皮革煮着吃完了，麸子草根吃完了，日日饿死的达千人，实在悲惨已极”[⑤]。此十月应为农历，大致相当于阳历 11 月份。《申报》披露的消息与金氏回忆类似，“城内居民自十一月一日起，每日死亡之数以千余计”[⑥]。又据 1926 年 11 月 15 日冯玉祥转给刘汝明的李虎臣、杨虎城的求救电文，亦提到每日有上千人饿死。[⑦]另外，

---

① 张俊青：《西安围城回忆录》，中国人民政治协商会议陕西省委员会文史和学习委员会：《陕西文史资料精编》第 2 卷《重大事件》，西安：陕西人民出版社，2010 年，第 95 页。

② 《李云龙等通告守城经过情形之代电（续）》，《新秦日报》1927 年 1 月 25 日，第 3 版。

③ 黄成垙：《西安围城记》，1927 年，第 23 页。

④ 崔炎煜：《围城中的生活回忆》，中国人民政治协商会议陕西省委员会文史和学习委员会：《陕西文史资料精编》第 2 卷《重大事件》，西安：陕西人民出版社，2010 年，第 230 页。据此则资料，崔炎煜原在李虎臣处任军法处长、蓝田县长严殿光处任承审员， 4 月 12 日来到西安，直到解围。

⑤ 金炳甲：《1926 年坚守西安战役片断回忆》，中国人民政治协商会议陕西省委员会文史和学习委员会：《陕西文史资料精编》第 2 卷《重大事件》，西安：陕西人民出版社，2010 年，第 188 页。金炳甲生平事迹不详。

⑥ 《陕西城解围之经过》，《申报》1926 年 12 月 28 日，第 8 版。

⑦ 刘汝明：《刘汝明回忆录》，台北：传记文学出版社，1979 年，第 77 页。

冯玉祥在《西安革命公园国殇墓碑》中，提到死者日以千计，其数据很可能来源于李虎臣、杨虎城的求救电文。考虑到11月15日电文发出需要时间，即使在11月10日前后发出，每日死亡人数又大致相当，至开城之日，应不会少于2万人。

若依金炳甲回忆、《申报》报道，整个11月份，每日死亡人数不下1000人，则最后一个月死亡人数亦在3万左右。若依李、杨求救电文，冯玉祥的估计，最后约20天，死亡人数应不下2万人。但因粮食问题必定越来越严重，越往后死亡人数必定大量增加，正如崔炎煜回忆"城围解后，有人说，假如城围再迟解十日，全城的人，都得饿死"[①]，最后20天死亡人数既已不下2万人，围城期间总共死亡人数，似应超过3万人，前述不到3万人的估计，似乎保守了。

匡厚生引用当时警察厅的报告，指出："十月下旬，日死二、三百人，冬月初，因天气陡寒，间或超过四百之数，惟一有风雨，则不可计算矣"，他还强调了死亡数万人的身份，"或为乡农，仓廒虽满，而无法出城；或为小商，资本吃尽，而无处乞贷；或为旅客，典质已空，而居停无主；或为官吏，被辞在家，而生利无从，不尽属赤贫也"[②]。至于城内死亡人口总数，匡厚生在其《长安围城纪事诗百首》第一百首自注中提到："饿死者达十万人"[③]。据马汉臣回忆："到了八、九月的时候，城内闹得把狗和牲畜都杀了吃光了，在这个时候居然把人弄向面目如鬼一样，街上不断见到死人，直到九月十日，仅三天中间就死了一万余人。"[④]那么，实际饿死之人，恐怕远超此数。庞齐认为："围城期间，西安城内病、饿、战死军民达五万之众。"[⑤]郭孟圻估计最高，他认为约有七万。[⑥]

① 崔炎煜：《围城中的生活回忆》，中国人民政治协商会议陕西省委员会文史和学习委员会：《陕西文史资料精编》第2卷《重大事件》，西安：陕西人民出版社，2010年，第231页。

② 匡厚生：《长安围城纪事诗百首》第八十四首自注，刘迈主编：《西安围城诗注》，西安：陕西人民出版社，1992年，第66页。

③ 匡厚生：《长安围城纪事诗百首》第一百首自注，刘迈主编：《西安围城诗注》，西安：陕西人民出版社，1992年，第79页。

④ 马汉臣：《刘镇华围攻西安时情况略记》，中国人民政治协商会议陕西省委员会文史和学习委员会：《陕西文史资料精编》第2卷《重大事件》，西安：陕西人民出版社，2010年，第54页。

⑤ 庞齐：《一九二七年冯玉祥在陕西》，中国人民政治协商会议陕西省委员会文史资料研究委员会：《冯玉祥在陕西》，西安：陕西人民出版社，1988年，第189页。

⑥ 郭孟圻：《西安围城回忆》，中国人民政治协商会议陕西省委员会文史和学习委员会：《陕西文史资料精编》第2卷《重大事件》，西安：陕西人民出版社，2010年，第31页。

另外，刘云楣描述道："闻西安被围，环城掘壕，内外声息不通，城中死亡枕藉日以万计，念家双亲，肠为之裂。"[①]这种说法，一方面是文学性描述；另一方面作者亦非西安围城之役的当事人，似不足采信。但若依他们三人的估计，则城内死亡难民，绝对不会少于 3 万人，至少应该有 5 万人。不过，这些回忆或记述，或为孤证，或为文学性描述，可信性较低。

围城后期，城内情况势必越来越糟，每日死亡人数也在激增中，这从匡厚生记述的 11 月 12 日情况可以略见一斑：

十一月十二日，雨雪连天，白昼若晦，长安全城几断人影。夫以久经饿倒之人，一遇严寒如何能支，因之是日遂以死二千人传矣。越日，余往各处观之，见屋檐之下，倒死无数，大道之中，横陈多尸。披乱麻布者有焉，拥旧棉絮者有焉，穿破夹衣者有焉，着棉裤袄者有焉，此服色之不一也。有口含油渣而尚未咽下者，有突然倒地作欲起之势者，有若彼此互抱而取暖者，有蜷曲于乱草之中状若安睡者，此死相之不一也。其中男子最多，妇人最少，老者最多，幼者最少，劳工最多，他界最少，此人色之不一也。[②]

在匡厚生的记述中，除了谈到当时死亡人数，还提到死者服色、死相、人色等方面，真令人触目惊心。略作设想，假使我们此时身入城中，当作何感想?

另外，郭铁民回忆，包括大荔、合阳等处，死亡约在4万人左右[③]，依此回忆，则西安城内死亡人数应不会超过 4 万人。

综合以上种种说法，围城期间，西安城内死亡人数，似不会少于 2 万人，合理估计应在 3 万—4 万人。虽然亦有超过 4 万人的可能，但应不会超过 5 万人。

---

① 刘云楣：《客中闻警志痛》，讨逆军第十七路军《军事周刊》编辑委员会：《军事周刊》（坚守西安胜利专号），1931 年，第 43 页。关于刘云楣，仅知 1923 年创办《关西日报》，曾任《民意报》总编辑，围城期间谋归未成。陕西省地方志编纂委员会：《陕西省志》第 70 卷，西安：陕西人民出版社，2000 年，第 174 页。

② 匡厚生：《长安围城纪事诗百首》第九十三首自注，刘迈主编：《西安围城诗注》，西安：陕西人民出版社，1992 年，第 73 页。

③ 郭铁民：《刘镇华祸陕围城见闻》，中国人民政治协商会议陕西省委员会文史和学习委员会：《陕西文史资料精编》第 2 卷《重大事件》，西安：陕西人民出版社，2010 年，第 17 页。

第七章 善与人同

为了办理社会救济事业，物资筹集当然十分关键。西安围城之役期间，慈善团体的物资来源多通过自筹，偶尔也有政府救助，但陕西军政当局自身生存已成严重问题，尚需到处勒逼索捐，似不可能提供太多帮助。围城期间，慈善团体的社会救济事业，以难民收容为主，还有尸骨掩埋、恤孤、医药救济、开办粥厂等。为了帮助城内百姓解决缺粮问题，慈善团体还积极与攻守双方沟通，以推动城内难民出城收麦事宜（参见第六章“罗雀掘鼠”）。在办理社会救济事业的物资基本枯竭之际，一些慈善团体的头面人物又积极推动难民出城事宜。以下本章以《新秦日报》作为基本史料，仍以民众的视角，从物资来源、社会救济、出城问题三个方面，讨论围城期间的社会救济事业。

第一节 物资来源

西安围城之役期间，各慈善团体的物资，主要是来源于各单位或个人捐款。如《新秦日报》1926年5月2日刊登的《济公慈善会救济灾民会收款鸣谢》：

道愉先生捐钱一十串文，刘观润先生、曹镜海先生、李星伯先生各捐钱一百千文，无名氏、荆玺山先生各捐钱五十千文，曾济堂、同丰堂各捐洋二十元，共和堂、荆德明堂、谢作楷先生、元利亨号各捐洋一十元，贾维汉先生捐洋六元、郑济洲先生、朱衡轩先生、际盛德、周佩兰女士、卢老太太各捐洋五元、回坊北广济街清真寺、屈慧萱先生、左郑氏、李志卿先生、同兴祥、新兴成、同惠书局、翊华书局、同德源、陈存禄先生、刘奕樵先生各捐洋二元、刘让泉先生、念淑贞女士、茹子维先生、程仲臯先生、万旭如先生、独鹤老人各捐洋一元、回坊北广济街清真寺捐钱三十五千文、刘厚菴先生捐钱三十千文，刘森先生捐钱三十千文；谢孝田先生、顾献庭先生、石云峰先生各捐钱一十千文，树信堂、昌盛德、秦中学社各捐钱二十千文，张董氏募捐九串文，刘瑞宏先生、无名氏各捐钱六千文，马良甫先生捐钱十五千文，赵仲杰先生捐钱九千文，马绪良先生、杨润涛先生各捐钱三千文，赵霱卿先生、王洽生先生、景性初先生、南茂忠、王福臣先生、复顺永、樊汇川先生、魏仲坪先生各捐钱五千文，卢老太太捐钱四千文，朱居敬先生捐钱九千文，白石齐先生捐白米一石，学习巷回坊、洒金桥西寺巷、詹先生、回坊北广济街清真寺、回坊大小学习巷、清真西寺回坊大小学习巷各捐馍五十斤，通慧捐馍五百斤，无名氏捐馍二十斤，张董氏、王承祖先生捐钱二串文，回坊大小皮院清真寺捐面饼七十斤，凝福堂捐小米三斗，马建铠先生捐钱一千文，张恺先生捐钱五百文，正顺公捐面二百斤，井子孝先生、井文中、朱衡均先生、井子孝先生各捐面五十斤，张子霖先生捐票洋十元，李筱循先生捐药茶五十包。①

又如《天主堂难民救济所鸣谢》：

秦望贤先生、陶逢春先生募捐芳名：李恒珍先生、张志学先生、徐宝璋以上各捐钱二十文，孟居士、陈翰林、刘志新、周万成、李宗海、李文德先生以上各捐钱一千文，李会长、刘氏、路少墀先生、周一姑、东同义成，以上各捐洋二元，陶生录、世盛银楼、鸿泰昌、陈氏、袁魁兴、宁金锡、振兴四、李信义、韩先生、南同义成以上各捐大洋一元，李氏、兰平先生、田二先生以上各捐大洋五元，北俊维成捐大洋四元，万瑞生先生、阎氏各捐大洋三元，永盛和、德兴合以上各捐钱四千文，福善堂马捐钱一百千文，德盛公捐钱六十千文，芳胜源捐钱五十千文，德信公捐钱三十九千文，徐启瑞捐钱八千文，天丰合捐钱六千文，唐周氏捐钱一千五百文，胡恒山捐钱五百文，关刘氏捐钱四百文，一贫妇捐钱一百文，张九才旅长、积义公以上各捐小米一石，刘公馆捐上面三百

---

① 《济公慈善会救济灾民会收款鸣谢》，《新秦日报》1926年5月2日，第1版。

斤，无名氏捐上面二百斤，陶庞女士募捐芳名：牛万氏捐白米五斗，胡靖象捐白米二斗五升，张刘氏捐白米二斗，田三仙钱白米一斗，杨春逢、俊维诚各捐上面五十斤，张炳南捐上面三十斤。①

由此可见，在西安围城之役期间，捐款者始终占据多数，捐助物品者虽经常有，但不占主要地位。在捐款者中，个人捐款占据多数，团体捐款数量虽然较少，但每次捐款数量却较大；且可以约略看到军政人员或与军政当局有关团体的身影。

《新秦日报》1926 年 5 月 27 日有《赈务处拨款补助难民案已咨达中央备案》。因此次战争惨烈，四郊难民纷纷逃入西安，西安天主堂、基督教协同公会、西安青年会、中国红十字会陕西分会、陕西济公慈善会、陕西普济化俗文教会等慈善团体虽然开办了大量难民收容所，以资收容难民，但因人数越来越多，募款越来越难，大有难以为继之感。迫不得已，一些慈善团体联名致函陕西赈务处，请求拨款助赈。为此，陕西赈务处上报省长公署，后者同意将中央配定陕西省赈款 50 000 元中之一成 5000 元，拨给各慈善团体所办收容所，其分配方案为："天主堂、协同会、文教会三处各洋五百元，青年会洋八百元，红十字会洋六百元，济公慈善会洋二千一百元。"②但以这笔赈款尚未到陕，只能先口头许诺，待赈款到后再行移交，至于赈款到后是否交付，史无明载，难以揆度。对此，陕西赈务处在致省公署函中特意提到：

惟查中央此项赈款，系就各省灾区分配，规定工六急四办法议案，并载无论何项用途，不得挪用。今因附省战事发生，灾黎数万，危不及待，而各慈善团体函请补助，又属义不容辞。爰本救灾如救火之义，暂由中央赈款内分别酌拨，借资救济。③

这意味着陕西军政当局经费十分支绌，没有足够资金办理社会救济事业。

在赈款筹集方面，陕西临时救济灾民慈善各团体联合办事处也发挥了一定作用。1926 年 4 月 28 日，因刘镇华镇嵩军的进攻，造成大量难民涌入城内，他

① 《天主堂难民救济所鸣谢》，《新秦日报》1926 年 5 月 17 日，第 1 版。
② 《赈务处拨款补助难民案已咨达中央备案》，《新秦日报》1926 年 5 月 27 日，第 2 版。
③ 《赈务处拨款补助难民案已咨达中央备案》，《新秦日报》1926 年 5 月 27 日，第 2 版。

们多数无家可归，身无分文，衣食无着，如果任其流浪，对城内社会秩序的维持，势必造成极大挑战。以此，各慈善团体便联合组织陕西临时救济灾民慈善各团体联合办事处，希望能够应付难局，除将成立情况呈报军政两署，又分函国民三军三师司令部、陕军第四路司令部、城防司令部、警察厅、长安县备案。其呈文为：

窃思难民入城备极惨状，敝会等本良心之主张，应时势之需要，先后分设收容所数处，均经随时呈报，并经省署布告难民就养在案。查设所宗旨既同，办法亦无大异，自应随时接洽，共谋利济。兹于4月28日公决，成立陕西临时救济灾民慈善各团体联合办事处一所，附设本城盐店街济公慈善会内，办理共同事件，除分请保护外，理合会呈钧署查核备案，并所随时保护。①

据《省署对于慈善团体联合处请求助款之办法》，慈善团体联合处曾因灾民众多，需款浩大，秩序混乱，上书省署：

济公慈善会设所五处，现已共收灾民五千余人；红十字会设所五处，现已共收灾民一千余人；天主堂及各教会所收容者，尚不下三千余人，每日陆续分来，仍未有止；文教会设所三处，现已共收灾民一千余人；青年会设所四处，现已共收灾民一千余人，陆续分来，仍未有止，昨奉布告，更无拒收之理。至给养办法，每一大口给蒸饼二斤，幼者减半。虽赖各界先后捐款，仍属不敷支持，而赈务处所拨之一成，尚虑远水无济于近渴。来日大难，无法预计，将伯之呼，势不容已。其各收容所内，乡民聚集，业经迭函警厅，逐日查察，用维秩序，除分呈外理合会词呈报，并希指示遵行，谨呈。②

省署接到呈文后，迅即回复：

查此次战祸猝起，灾民流离，如该团体等念切痌瘝，广为救济，热心宏愿嘉尚实深。所请保护一节，前以撰拟布告，令交该处转发。旋据该联合办事处另文呈请前来，后经令饬警察厅随时保护各在案，至称灾民众多，捐款难资持

---

① 俞嗣如：《杨、李坚守西安经过》，中国人民政治协商会议陕西省委员会文史和学习委员会：《陕西文史资料精编》第2卷《重大事件》，西安：陕西人民出版社，2010年，第74页。

② 《省署对慈善团体联合处请求助款之办法》，《新秦日报》1926年6月8日，第2版。

久各节，自属实情，应如何酌予补助，合行令仰该处查核办理，转函知照，并具覆备查。[①]

至于各慈善团体的要求是否得到满足，因史料缺乏，不得而知。

除以上数条外，在现存资料中，很少看到陕西临时救济灾民慈善各团体联合办事处的活动。此组织不仅不对各慈善团体负领导责任，各慈善团体的社会救济活动，似乎也极少与之沟通。

陕西华洋义赈会[②]在西安围城之役期间亦起到一定作用。从《新秦日报》可以看到该会向西安慈善团体分发赈款的报道。如1926年5月20日，“拨给各慈善团体第二次临时救济款计：佛教会六百元，自立会六百元，孤儿教养院五百元，安康县一千元，共拨发赈款二千七百元，业已分别领去”[③]。此次发放之数量较大，对西安慈善团体而言，应该起到一定作用。6月16日，陕西华洋义赈救灾分会派员前往慈善团体联合办事处询问情况，磋商办法，其办法为：“一、各收容所难民共有多少，请各该所按照详确数目汇报救灾会，以便由会酌量数目，分配赈捐。二、义赈会款项多存贮于商埠，地方一时不能接济，俟将数目分配后，由该会自行挪借现款，以济眉急，将来仍由该会负责偿还。”[④]又据《华洋救灾会昨日分配赈款之结果》，6月22日，华洋义赈会开会决定：“照各难民收容所报告表共十二处，分配赈洋一万一千三百余元，每人分洋一元。”[⑤]

除此之外，据《长安粥厂附设难民留养所鸣谢》，“陕西邮务管理局长陈芟涛先生捐洋十元”[⑥]；据《济公慈善会救济灾民会收款鸣谢》“陕西总商会□募□洋货行、京货行各捐洋三十元”[⑦]，则地方政府机构亦有捐款记录。

需要注意的是，在个人捐款方面，除了社会大众外，时常可以看到军政人

---

① 《省署对慈善团体联合处请求助款之办法》，《新秦日报》1926年6月8日，第2版。

② 该会“原规定董事十二人，中西各半，近因董事李宜之东行，又中西董事三人均已外出，常不到会，以致要案不能解决，昨特聘请佛教会会长康寄遥、济公慈善会会长路孝愉及西人某某二名为临时董事。”《华洋义赈会添聘四董事》，《新秦日报》1926年6月12日，第2版。

③ 《关于救济难民消息汇志》，《新秦日报》1926年5月20日，第2版。

④ 《各难民收容所情形廿五志》，《新秦日报》，1926年6月16日，第2版。

⑤ 《华洋救灾会昨日分配赈款之结果》，《新秦日报》1926年6月23日，第3版。

⑥ 《长安粥厂附设难民留养所鸣谢》，《新秦日报》1926年5月26日，第1版。

⑦ 《济公慈善会救济灾民会收款鸣谢》，《新秦日报》1926年6月21日，第1版。

物的捐款。据《新秦日报》1926年6月12日披露，李虎臣向济公慈善会捐助大洋10000元，向佛教会捐款大洋8000元。[①]另据1926年6月21日，《新秦日报》刊登一则《李云龙氏捐助孤儿院》：

陕西陆军总司令李云龙氏，为救济灾民起见，已将督办任内所欠军饷，分别指拨捐助各慈善团体一节，已迭志本报。兹闻李氏昨又捐助西安孤儿院洋二千元，拨由财政厅领取，并闻财厅对此，已转拨某某两县领取。兹将孤儿院致谢李氏之原函觅录于次：

迳启者，日昨接奉大札，并承惠助现洋二千元，敬领之余，即见博爱为怀，饥溺在抱，仁粟义浆，普渡无穷。百数十名无衣孤儿得获教养之资，有感大德，莫铭叩谢，除登报宣扬□泽外，谨此肃函声谢。[②]

当然，李虎臣因职权所在，其捐款应有挪用军费于社会救济的性质，不可简单视为个人捐款，或者应该看作是陕西军政当局的捐款。

另据《西安东关救世堂难民救济所鸣谢》，“杨副司令捐洋一百元”[③]，则杨虎城亦曾向个别慈善团体捐款。又据《济公慈善会救济灾民会收款鸣谢》，有大量军政人物曾向慈善团体捐款：

何旅长经纬捐洋二百元，劳参谋长敬九捐洋二千元，方团长少海捐洋五十元，何团长□□捐洋五千元，陈副官长慧洞捐洋十六元，窦□需吕世英捐洋十元，周□法官瑞甫捐洋十元，荆书记官仞□、张书记官又新、李□需、□哲□、马连长、德三各捐款六元，何□医官马丞、刘团副一清、王营长□伯、张军需官松亭、杜副官少□、解团附石卿、颜团附志洲各捐洋十元，陈副官璧珍捐洋八元，周副官鸣皋、赵副官仲珊、纪副官连城、周书记官子猷、曹军医吕蘅彬，张掌□、□玉珊、游连长志坚、□连长锦堂、陈连长子俊、陈军需长焕□各捐洋五元，任军需□云生捐洋三元，李营长麟趾、田营长鸿轩各捐洋二十元，上连长凌霄、工连长于铭、冯连长璧□各捐洋四元，李营长铭轩捐洋二十元，吴营长仲华捐洋十五元，陈书记官稼□、高书记官西园、赵副官东□、冯连长奋

① 《各难民收容所情形廿九志》，《新秦日报》1926年6月12日，第2版。

② 《李云龙氏捐助孤儿院》，《新秦日报》1926年6月21日，第3版。

③ 《西安东关救世堂难民救济所鸣谢》，《新秦日报》1926年6月18日，第1版。

□、曹连长丹□、姚队长笑如、赵□□官□李匪、静波、赵先生仲乡各捐洋五元，龙□医官德卿、王营副绍武、余连长海青各捐洋十元，崔连长宝山捐洋三元，潘连长维新、马连长云九、侯连长五封、李连长凯臣各捐洋四元。[①]

在《新秦日报》中，军政人物向慈善团体捐款的例子所在多有。除以上所列外，尚有许多。比如，据《青年会难民收容所鸣谢》，"黑司令捐饼三十二斤"[②]，此黑司令，应该指的是黑子斌（或称黑志斌、黑宪章），杨虎城所部旅长、三师第一游击队司令，西安围城期间担任东城和东关防务。据《陕西佛教会难民收容所收捐鸣谢》，"何经纬旅部二宗共捐玉米四十二石五斗"[③]，何氏曾为李虎臣所部师长、第一路司令，西安围城之役期间负责防守鄠县。

第二节 社会救济

已如前述，在西安围城之役期间，许多个人都捐钱捐物给慈善团体，帮助办理社会救济事业。当时也有一些个人，自己办理社会救济事业。如东关曹家巷商人李海峰，"目睹逃难灾民流离惨状，颇为怜悯，日前特将所贮之粮米一百余石，悉数散放，赈济灾民，又隐名与慈善会捐洋一百元，以补助社会救济事业，其慷慨好义之热诚，实属不可多得"[④]。又如，"省西乡焦家村民人洪永福，家计充实，历年囤积之谷甚多，本欲出易，因见军事发生运输困难，该村贫户无力为炊者比比皆是，洪见世事如此，即将囤粟若干石散给本村及邻村之无食者，声明不取偿还，一时人称义举"[⑤]。7 月 30 日上午，有记者路过南广济街，见有许多难民围在某商号门前，有慈善家在其商号内，"为难民散放馍条，每条一张，上书蒸饼一斤，在北广济街门牌三十六号凭条取饼，每难民一名，给馍条一张"[⑥]。前来领馍条的难民约有一百余名，直散发到中午方结束。这些个人善举，在西安围城之役期间，当然都发挥了一定作用，但因个人

① 《济公慈善会救济灾民会收款鸣谢》，《新秦日报》1926 年 7 月 1 日，第 1 版。
② 《青年会难民收容所鸣谢》，《新秦日报》1926 年 5 月 21 日，第 1 版。
③ 《陕西佛教会难民收容所收捐鸣谢》，《新秦日报》1926 年 5 月 23 日，第 2 版。
④ 《东关商人为灾民散放赈米》，《新秦日报》1926 年 6 月 2 日，第 2 版。
⑤ 懒民：《焦家村富户散粟济众》，《新秦日报》1926 年 6 月 8 日，第 2 版。
⑥ 《各难民收容所情形续志》，《新秦日报》1926 年 5 月 23 日，第 2 版。

人力、物力均十分有限，自然不可能起到主要作用。

真正起到主要作用的，还是济公慈善会、红十字会、文教会、佛教会等慈善团体，面对难民无处栖身、无可糊口的惨状，“城内士绅因之发起慈善救济会以收容之”[①]。在西安围城之役期间，这些慈善团体办理了难民收容、尸骨掩埋、恤孤、施粥、施药等内容多样的社会救济事业。

一、难民收容

在西安围城之役期间，难民收容是慈善团体办理的主要社会事业。这是因为，面临刘镇华镇嵩军攻城、围城的残酷局面，大量难民逃入城内，他们多数无家可归，无亲可依，身无分文，衣食无着，办理收容所以收容他们，势必成为围城期间各大慈善团体所需处理的主要问题。

由于有关西安围城之役期间的社会救济资料十分稀少分散，如今已经很难对它们开办收容所的具体情况进行勾勒。笔者主要依赖《新秦日报》，编制表7-1。据表7-1，在西安围城之役期间，各大慈善团体共开办难民收容所49所，其中济公慈善会14所，佛教会5所、红十字会5所、文教会6所，乐道社、中国医院各4所，药道社、青年会各2所。这些收容所，在西安围城之役期间办理了大量社会救济事业，发扬善与人同的精神，拯救了无数陷入饥寒交迫的难民。以下主要依据《新秦日报》中的《各难民收容所情形汇志》《各难民收容所情形汇续志》进行论述。

表7-1　西安围城之役期间的难民收容所

名称	地址	备注
济公慈善会第一收容所	东区东岳庙内	
济公慈善会第二收容所	保吉巷江苏会馆	6月9日助理员梅仁山被辞，由杨幼实、吕仙洲、郭馥斋接办梅
济公慈善会第三收容所	西关内四川会馆	馆内有高楼一座，灾民妇孺多住于楼上
济公慈善会第四收容所		
济公慈善会第五收容所	西区夏家十字三仙宫内	
济公慈善会第六收容所	西大街桥梓口永升客栈	支所一，在附近之荣盛长粮铺市，有门面三间
济公慈善会第七收容所		

① 匡厚生：《长安围城纪事诗百首》第四十六首自注，刘迈主编：《西安围城诗注》，西安：陕西人民出版社，1992年，第41页。

续表

名称	地址	备注
济公慈善会第八收容所		
济公慈善会第九收容所	桥梓口某商号内	专备难民住宿，不发食品
济公慈善会第十收容所	盐店街某商号内	
济公慈善会第十一收容所	西大街警厅西边某商号内	
济公慈善会第十二收容所	西大街迎祥亲附近	开办仅有两日，已收容难民 80 余人
济公慈善会第十三收容所	盐唐街东口内	
济公慈善会第十四收容所	盐唐街东口内	
东关救世堂难民救济所	尊德女学校内	邵涤源牧师。地址宽敞，房屋颇多
佛教会第一收容所	东羊市	5 月 1 日开办，主任高戒忍，干事赵旭哉
佛教会第二收容所	梁府街，国民三军三师第六旅司令部驻地军械局对面	5 月 18 日开办，主任封述之，干事阎东山
佛教会第三收容所	湘子庙街，四川会馆隔壁	5 月 21 日开办，主任高崇高，干事刘仲容
佛教会第四收容所	府学街	5 月 26 日开办，主任吴彬如，干事李闰元
佛教会第五收容所	粉巷	约开办于 1926 年 7 月 3 日
红会第一收容所		
红会第二收容所		
红会第三收容所	易俗社初级小学内	
红会第四收容所		
红会第五收容所	东九府街	
乐道社第一收容所	保吉巷	乐道社救济灾民会，会长王樗皋
乐道社第二收容所	西门内	
乐道社第三收容所	西门内	乐道社难民分居英专学校
乐道社第四收容所		《新秦日报》5 月 27 日报道“拟设”，不详是否设立
自治协进会灾民收容所	南桥梓口	只提供居所，不借给饮食
汽车公司收容所	北区	或为济公慈善会所办，但不详是第几所
青年会西关收容所	西关福音堂	
青年会自立社收容所	自立社内	青年会设收容所四处，其他两处不详
中华圣公会难民收容所		天主教所办
文教会第一收容所	红埠街	总经理李雨若、副经理李翰飞
文教会第二收容所	体育学校内	总经理张文卿、副经理赵文甫
文教会第三收容所	县立单级师范讲习所内	总经理邵雨三；内设疗病室、产妇室
文教会第四收容所		总经理雷文卿
文教会第五收容所		总经理张焕亭
文教会灾民所	琉璃庙街	
中国医院第一救灾所	五味十字中国医院	

续表

名称	地址	备注
中国医院第二救灾所		
中国医院第三救灾所		难民需自购伙食
中国医院第四救灾所		
药道社第一所		
药道社第二所	竹笆市	无养病室
长安粥厂附设难民留养所	香米圆坊四五后台	
省工会第一收容所		
南区天主堂收容所		

资料来源：《新秦日报》1926年5月24日—8月19日；康寄遥：《坚守西安的和平运动及救济情况》，中国人民政治协商会议陕西省委员会文史和学习委员会：《陕西文史资料精编》第二卷《重大事件》，西安：陕西人民出版社，2010年，第237—240页

《各难民所收容情形三志》《各难民所收容情形十三志》《各难民所收容情形十六志》《各难民所收容情形十八志》《各难民所收容情形二十志》《各难民所收容情形廿五志》《各难民所收容情形廿八志》《各难民所收容情形卅四志》《各难民所收容情形卅七志》《各难民所收容情形四十志》《各难民所收容情形四十四志》《各难民所收容情形五十一志》《各难民所收容情形五十三志》《各难民所收容情形六十八志》《各难民所收容情形七十志》《各难民所收容情形七十九志》《各难民所收容情形八十志》等史料，勾勒各大难民收容所的轮廓。

（1）济公慈善会难民收容所。济公慈善会位于盐店街。围城期间，它是城内规模最大的慈善团体。其执事人员如下：

> 总干事长路禾甫，内务总干事邱星揩；外务总干事吕诚一，募款干事吴敬则、成春山、卢子荃、郇俊山、张延龄，医务干事长巨星楼，会计主任庄子兆，文牍主任缪石逸、刘心竹等。①

早在西安围城之役之前，济公慈善会于历年年末散放年赈，俾望“贫寒无告民人，藉此可以度岁”，如西安围城前的夏历1926年2月6—8日，济公慈善会“向各界募来赈款若干，刊印米票二万张，每票一升，合计粟米二百石，

① 《各难民收容所情形五志》，《新秦日报》1926年5月26日，第2版。

已将此项米票交由捐口人自行给予贫户领米。”[①]开赈第一天，“午前十时许，到场领米者络绎不绝，该会分男女为两所，当场散放，派邱勷善、吕诚一、吴华堂、龚德安、周伯樵诸人监督，门外设有警察监视席，随时弹压，是以领米者虽多，而秩序井然不紊”[②]。岁末年赈外，盐店街济公慈善会还于夏历1926年3月3日，由该处主任巨星楼主持开办临时医院，“拟定医生五人，每旬各担任二日，傅世丞担任一、六两日，梅子维二、七两日，梅仁山三、八两日，李阁扬四、九两日，巨筱楼五、十两日，周而复始，毫无间断”[③]。

在西安围城之役期间，济公慈善会共开办难民收容所14所，开办难民收容所数量之多、收容难民之众，在当时西安城内的慈善团体中首屈一指。截至5月26日，“该会所设之难民收容所，迄今已增至十一处，共收难民六千七百人之谱”[④]。

第一收容所位于东区东岳庙内，截至5月26日收容难民500余名，对于难民，每日大口发给蒸饼2斤，小口发给蒸饼1斤，且备有米汤，任其食饱，不加限制。该所又备有防疫药品，以备不时之需。至6月中下旬，由于粮食紧张，该所不得不“减饼添粥”，难民既然难求一饱，“纷纷出城回乡，并有另觅住所、不领口粮者，就调查所得，三日之间，出所灾民竟在三分之二以上”[⑤]。

第二收容所位于保吉巷江苏会馆，负责人巨星楼。办事人员中，有助理员梅仁山。由于梅仁山办事迂阔，6月9日被罢免，由“杨幼实、吕仙洲、郭馥斋接办。”[⑥]截至5月26日，该所收容难民500余人。为了尽量避免发生瘟疫，该所较为注重内部清洁，“每日清晨，督饬灾民前后洒扫洁净，各房均燃薰药，早晚三次；所发蒸饼，先由各职员次第食之，考查是否蒸熟，米汤开锅，亦由各职员亲自尝试，倘有不熟不沸之事，立饬分别改造，是以该所五百余人，病者较少闻有发生”[⑦]。据《新秦日报》5月29日报道：“该所女厕所在上房左侧，地面过狭，妇孺数百人任意便溺，以致污秽不堪，特将西院大坑改作

---

① 《济公慈善会定期散赈》，《新秦日报》1926年2月2日，第3版。
② 《慈善会昨日放赈情形》，《新秦日报》1926年2月7日，第3版。
③ 《社会琐闻：慈善会施医处已开诊》，《新秦日报》1926年3月7日，第3版。
④ 《各难民收容所情形五志》，《新秦日报》1926年5月26日，第2版。
⑤ 《各难民收容所情形卅二志》，《新秦日报》1926年6月23日，第2版。
⑥ 《各难民收容所情形二十志》，《新秦日报》1926年6月10日，第2版。
⑦ 《各难民收容所情形五志》，《新秦日报》1926年5月26日，第2版。

女厕，其旧日倒塌之墙垣十余堵，已佣雇土工一人，借其筑墙器具，另拨灾民六人并力工作，六日而成，至修理款项，则由会馆开支。”[①]该所配有斯友三、李阁扬两名医生，对“疾病者闻按病给药”[②]。至6月上旬，由于前来求诊者甚多，难以照料周到，遂增加刚被辞退的第二所助理员梅仁山，“按规定钟点施诊”[③]。但即使如此，该所难民仍有患病死亡者，如5月20、21日两天，就有三人病死。[④]食物方面，已往不加限制，难民可以吃饱，但以食物来源越加困难，亦逐步减少粮食配给。至7月12日，“将难民日食蒸饼一律裁去，暂以稠粥充饥”，那些食量大的难民已经难求一饱了[⑤]。

第三收容所位于西关内四川会馆，有高楼一座。截至5月22日，“已收难民男妇子女八百余名，每日大口发给蒸饼一斤半，小口发给蒸饼一斤，亦备有稀粥任其饱食，不加限制”[⑥]。因妇孺多住在高楼之上，“无扶梯攀缘上下，深感困难，竟在楼上任意便溺，以致秽气四扬，妨碍卫生”，工作人员不得已借来扶梯一架，“设于楼口旁，有栏杆可资扶掖，又将楼上污秽粪除洁净，不准再在楼上便溺，现已无积恶之气”[⑦]。

第四收容所情况阙如。

第五收容所位于西区夏家十字三仙宫内。截至5月22日，收容难民300余名，“每日发给蒸饼四百余斤，米汤任食，不加限制”[⑧]。但以该所卫生条件极差，食品半生不熟，只有生水可以解渴，“近日以来病者日众，且有因病而死者，小儿亦多出天花，传染甚速”[⑨]。经《新秦日报》报道后，所内卫生条件有所改善。至7月10日，“所内地方清洁，秩序整齐，难民妇女多在楼上居住，每日或纺或织，各有工作，并无懒惰好闲等事，且各住室内均扫除清洁，毫无秽气”[⑩]，因此得病者少。

---

① 《各难民收容所情形八志》，《新秦日报》1926年5月29日，第2版。
② 《各难民收容所情形五志》，《新秦日报》1926年5月26日，第2版。
③ 《各难民收容所情形二十志》，《新秦日报》1926年6月10日，第2版。
④ 参见《各难民收容所情形四十一志》，《新秦日报》1926年7月2日，第2版。
⑤ 《各难民收容所消息五十一志》，《新秦日报》1926年7月13日，第2版。
⑥ 《各难民收容所情形续志》，《新秦日报》1926年5月23日，第2版。
⑦ 《各难民收容所情形四十四志》，《新秦日报》1926年7月6日，第2版。
⑧ 《各难民收容所情形续志》，《新秦日报》1926年5月23日，第2版。
⑨ 《各难民收容所情形十一志》，《新秦日报》1926年6月1日，第2版。
⑩ 《各难民收容所消息五十三志》，《新秦日报》1926年7月16日，第2版。

第六收容所位于西大街桥梓口永升客栈内，由原粮铺房舍改造而成。“内部设有蓐妇室、养病院、小儿种痘所等处”，由于“该所对于妇孺特别注意，派有医生二人，每日到所疗治”①。截至5月22日，收容孕妇、病人及小儿约100余名；6月2日增至200余名，但房屋已满，已无力再行收容。至于难民饮食，以日为单位，“大口发给蒸饼二斤，小孩发给蒸饼一斤，稀粥任其食饱，不加限制”②。药品、卫生方面，“乐道社赠给该所药品若干；每日虽洒药水数次，然地方颇不清洁”③。为尽量减少疫病传染，“该所难民每逢夕阳西下，即出所座［坐］于街头，以吸收新鲜空气”④。为解决住宿困难问题，约于7月底，济公慈善会“借定六所附近之荣盛长粮铺市房一院，此房门面三间，将该会之第六所中收容之男妇灾民若干人分迁于内……其办事人员即由第六收容之职员分拨照料”⑤。

第七、八、九、十、十一、十二、十三、十四收容所情况不详，笔者掌握资料仅有以下几条：

5月下旬，济公慈善会鉴于入城难民增多，“商议特设第九、第十、第十一难民收容所三处，专备难民寄宿，不发食品……一在桥梓口某商号内，一在盐店街某商号内，一在西大街警厅西边某商号内，三处共收男妇子女一百八十余名，三处地方均甚清洁，难民各自工作，秩序甚为整齐”⑥。彼时东北乡李家壕灾民杜君孝等十余人前往各收容所恳求收留，但因城内各收容所“多已住满，无处容纳，竟被拒绝，该民等乃请致远成王居士向慈善会第二所请求一席之地暂且安身，不领火食，现经该所职员认可，已致函桥梓口第九收容所收容”⑦。可见，虽然济公慈善会续开难民收容所多处，仍无法容纳急遽增加的难民。约6至7月份，济公慈善会又在西大街迎祥亲附近增设第十二收容所一所，开办两日已收容难民80余人，后来者虽多，但以无法应付，只能拒收。7月13日，“在盐店街东口内增设第十三、第十四两所，惟该两所仅供难民宿

① 《各难民收容所情形续志》，《新秦日报》1926年5月23日，第2版。
② 《各难民收容所情形续志》，《新秦日报》1926年5月23日，第2版。
③ 《各难民收容所情形十二志》，《新秦日报》1926年6月2日，第2版。
④ 《各难民收容所情形四十志》，《新秦日报》1926年7月1日，第2版。
⑤ 《各难民收容所情形七十志》，《新秦日报》1926年8月2日，第2版。
⑥ 《各难民收容所情形六志》，《新秦日报》1926年5月27日，第2版。
⑦ 《各难民收容所情形九志》，《新秦日报》1926年5月30日，第2版。

止，并无火食，难民食粮均系自备”[①]。

济公慈善会有汽车公司收容所，可能是第四、七、八收容所中的一所。[②]但据现有资料，难以判断究竟为第几收容所。该所收容难民甚多，截至5月22日，即达3500余名，应为济公慈善会所办收容所中规模最大者。由于该收容所人数过多，管理人员分配食物时常常感到困难，不得已“分数十人为一组，每日每组推出一人去领蒸饼、干柴等物，然后分给该组难民自行做饭。总计该所每日共发蒸饼三千余斤，干柴一千余斤，可谓巨矣”[③]。或许正因为所内人数太多，条件较差，“所发蒸饼多未蒸熟，食之有碍消化，且烧汤锅灶设备太少，难民多饮凉水，又加以夜间拥挤，就地而卧，空气恶浊，太不清洁”[④]，至5月23日，已有数人生病而死。为了防治时疫，5月24日，济公慈善会决定将该收容所中的“一千余人迁至钟楼北贫民收养所”[⑤]。

济公慈善会对其名下各收容所进行统一管理。5月30日，该会会长派稽查员白毅前往各收容所调查，其基本内容如下：

①种牛痘之小儿共若干，是否出齐，有无死亡。

②男女大小口发生疾病者若干人，是何病症，由何人医治，是否痊愈，有无死亡。

③生产者若干人，生男生女，是否全活。

④有无中流弹伤亡者。

⑤婚姻、田土、打架斗殴事件。[⑥]

缩减伙食亦是统一管理，据《各难民收容所情形卅七志》，6月27日，“闻慈善会某职员云，该会以战事延长，为灾民所预备之粮食已不敷用，而住所灾民又不能骤尔遣散，拟将原定之饼数减去一半，米汤改为稠粥”[⑦]。

据《慈善会出借粟米周济贫民》，有记者于7月30日下午路过盐店街道

---

① 《各难民收容所消息五十二志》，《新秦日报》1926年7月14日，第2版。
② 《各难民收容所情形五志》，《新秦日报》1926年5月26日，第2版。
③ 《各难民收容所情形汇志》，《新秦日报》1926年5月22日，第2版。
④ 《各难民收容所情形续志》，《新秦日报》1926年5月23日，第2版。
⑤ 《各难民收容所情形五志》，《新秦日报》1926年5月26日，第2版。
⑥ 《各难民收容所情形十志》，《新秦日报》1926年5月31日，第2版。
⑦ 《各难民收容所情形卅七志》，《新秦日报》1926年6月28日，第2版。

院门口，“见一人持布袋一条，入内须臾，其人肩上负米而出”，经询问，“此米为慈善会借贷贫民者，借粮手续由会员介绍，立写借券，每粟米一斗作现洋一元，借粮若干，限年终散赈时归还”①。该记者认为，此举解了许多没有办法投靠难民收容所难民的燃眉之急，乃“救济贫民之良法也”②。至8月上旬：

盐店街济公慈善会近日将所存之米赶为出粜，每斗定价一元，连日持钱往购者颇不乏人，又有少数极贫之人，出一借据亦可借米一二斗，但每人不得超过二斗，若现钱买者，则一人可买三斗。据云，将来以此款办理年赈借米者，亦以年终为限，必须偿还，因此项小米并非为各难民所募捐而来，故不能稍事变通，移作难民口粮之用，即难民饥饿垂死，亦不肯通融移用，以示办事认真。③

则济公慈善会低价卖粮，至少坚持了10天。

（2）救世堂难民救济所。该所位于救世堂所办尊德女子学校内，房屋较多，地方宽敞。截至6月3日，收容难民五六百人，“每日饭食，均至讲堂挨次而坐，由执事人等按次盛饭，以饱为止”④。该所设有诊治室、种痘室、产妇室等。所内卫生条件较好，“各房舍均用杀菌药水暨石灰，日洒数遍，又时时监督各难民除扫污物，故该堂设立救济所以来从未死亡一人，而病者亦少”⑤。该所还提倡放足：

该所所收一般缠足青年妇女，由该堂女教士宋某、魏某演说放足之利益，劝其放足。有愿解放者，该女教士亲为拭洗，敷以药品，衬以棉花。该所又为之购买布匹，令其自做鞋袜应用，不愿者听之，目下已解放者约数十人。⑥

（3）佛教会收容所。佛教会亦是西安围城期间一个重要的慈善团体，总

---

① 《慈善会出借粟米周济贫民》，《新秦日报》1926年7月31日，第3版。
② 《慈善会出借粟米周济贫民》，《新秦日报》1926年7月31日，第3版。
③ 《慈善会粜卖小米》，《新秦日报》1926年8月11日，第3版。
④ 《各难民收容所情形十三志》，《新秦日报》1926年6月3日，第2版。
⑤ 《各难民收容所情形十三志》，《新秦日报》1926年6月3日，第2版。
⑥ 《各难民收容所情形十三志》，《新秦日报》1926年6月3日，第2版。

办事处设卧龙寺佛教会。该会总干事为康寄遥，乃民国时期陕西著名佛教居士，对陕西佛教的发展发挥过重要作用。佛教会设有收容所五座，其中，第一收容所于 5 月 1 日成立，位于东羊市，主任高戒忍，干事赵旭哉，其他情况阙如；第五收容所于 7 月 3 日开办于粉巷，具体情况不详。

第二收容所约开办于 5 月中旬，位于梁府街，军械局对门，由封述之主持。截至 5 月 26 日，“共收老弱妇孺二百七十余名，每日大口蒸饼二斤，小口发给蒸饼一斤，亦有稀粥任其食饱，不加限制”。管理人员还发给难民扫帚、簸箕等物，“每日督饬难民自己扫除所住地方，是以该所内部颇为清洁”①。

第三收容所位于西关内湘子庙街四川会馆隔壁，开办数天之内，“已收容难民六十余人”②。5 月中旬，“华洋义赈救灾会已与该会分配赈款六百元”③。

第四收容所成立于 5 月 26 日。经与省教育局协商，“假东羊市长安第二女子小校为所址，请李润芝、张西元、李子衡暨该校校长查某四人经营”④。开办次日，已收容难民 180 人，“后来者尚络绎不绝，但为房屋所限，不克容纳。所内房屋宽敞，地方亦颇清洁，食物一层，每日每人发给蒸饼一斤，小米六两，十岁以下之小口减半。所内备有锅灶每日做汤两次，秩序尚觉整齐”⑤。因灾民患病者多，“办事人某急以治疫药水四周遍洒，又督饬灾民夫役时常扫除尘芥不洁之物，空气为之新鲜，其已病者购买万灵治疫药品，分别医治，现已奏效，目下该所难民患病者，日见减少”⑥。该所附设半日学校和临时医院。“职员张西园、李润芝、李子衡诸人鉴于难民儿童多在求学时期，乃因入城避难，半途辍学，殊觉可惜，特在该所内附设半日学校一所，专以教育难民失学儿童，每日授课四小时，已约定张四园君担任教授，不日即可开幕。”⑦临时医院于 7 月初开办，“凡有病者即可迁入医治，已聘请王光如经理医药，李润芝经理事务，高绍如、王松坪诸医士负责施诊，一切应需之药料及床锅器具等

---

① 《各难民收容所情形五志》，《新秦日报》1926 年 5 月 26 日，第 2 版。
② 《各难民收容所情形四志》，《新秦日报》1926 年 5 月 25 日，第 2 版。
③ 《关于救济难民消息汇志》，《新秦日报》1926 年 5 月 20 日，第 2 版。
④ 《各难民收容所情形六志》，《新秦日报》1926 年 5 月 27 日，第 2 版。
⑤ 《各难民收容所情形七志》，《新秦日报》1926 年 5 月 28 日，第 2 版。
⑥ 《各难民收容所情形四十志》，《新秦日报》1926 年 7 月 1 日，第 2 版。
⑦ 《各难民收容所情形九志》，《新秦日报》1926 年 5 月 30 日，第 2 版。

等，均已购备安协”[①]。

佛教会所办难民收容所具有一定特色：

第一，给难民发钱买菜。“筹出票钱若干串，每日每人发给小票二百文，以作购买篮菜之资”[②]。

第二，为难民讲演佛法。该会收容所难民多系妇孺，“平素多信仰佛教，入所以后，又加以该会会员常常到所，为之讲演浅近佛法，各妇孺颇能领悟，信念愈笃，每日早、午、晚三次，无不虔心诵佛，共相忏悔”[③]。如第二收容所难民，“每日早午饭后，多诵读佛经，以冀消除灾难”[④]。

第三，佛教会各难民收容所编有歌词，供难民传唱，姑录两首：

其一：哎呀不好了，乱兵杀到了，家家老幼把命逃，逃，逃，不会高飞上云霄，四顾仓皇路险山遥，向何处逃，凄惨惨一步一跤，哭声乱叫，胆战心跳。

其二：现在有救了，到了省城了，各界仁人行善道，捐，捐，捐钱，普救恩德高，仔细思量，善恶到头终须受报，愿从今吃素念佛，悔往修来永把灾消。[⑤]

（4）西安红十字会分会难民收容所。西安红十字会分会开办五所难民收容所，但第一、四收容所情况阙如。

第二收容所主办者对内部卫生较注意，“每日督责夫役扫除尘芥，又常常告诫难民，须个人自重，毋得任意抛散污秽不洁之物，致使瘟疫发生，故该所地狭人多，而得病者颇少”[⑥]。该所存粮有限，筹粮困难，为维持收容所运转，“将发出并启广募捐款”[⑦]。该所内刚刚生产的妇女，“皆病腰痛，甚至不能起立，主办者侦其原因，系由席地而睡之故，遂另觅木板数页，为之铺置，并延医诊视，今已见愈”[⑧]。

---

① 《各难民收容所情形十一志》，《新秦日报》1926年6月1日，第2版。

② 《各难民收容所情形卅二志》，《新秦日报》1926年6月23日，第2版。

③ 《各难民收容所情形六十八志》，《新秦日报》1926年7月31日，第2版。

④ 《各难民收容所情形十七志》，《新秦日报》1926年6月7日，第2版。

⑤ 《各难民收容所情形十八志》，《新秦日报》1926年6月8日，第2版。

⑥ 《各难民收容所情形廿八志》，《新秦日报》1926年6月19日，第3版。

⑦ 《各难民收容所情形廿八志》，《新秦日报》1926年6月19日，第3版。

⑧ 《各难民收容所情形四十二志》，《新秦日报》1926年7月3日，第2版。

第三收容所位于易俗社初级小学校内。截至5月21日，有老弱妇孺270余名，“该所对于难民发给蒸饼、稀粥，每日两次，任其食饱，不加限制”①。

第五收容所位于东九府街。为避免瘟疫，该所从5月25日起，“每早用生石灰与皂矾末抹合在厨房、厕所各室，遍撒一次，每晚用硫黄熏室一次，更间一二日用石炭酸水洒在所内各地，并拟每人发给避瘟丸一枚，随身携带”②。

（5）乐道社难民收容所。乐道社社长王樗皋，围城期间，共开办难民收容所三至四处。

第一收容所位于保吉巷，约开设于5月22日至24日间，至5月25日，已收容难民300余人③，6月2日增至400余人。④该所提倡天足，但方法欠佳，如6月2日，天足会宣讲团前来讲演放足好处：

娓娓数百言，听者颇倦，最后该会会员发言云：“限定明日一律放足，倘不遵照，另拟办法。”各灾民妇乍聆斯语，莫不惊恐异常，此际灾民均系赤贫，谁有余赀购买适合之袜履，该会员不三思计划而发此语，智者所不为也。⑤

第二、第三难民收容所设于西门内，“亦收难民二百余人”⑥，规模较第一难民收容所要小得多。至5月27日，三所难民收容所收难民已达700余名，因房屋已满，又筹划第四难民收容所⑦，但是否成立，何时成立，位于何处，收容难民情况如何，均不清楚。

6月22日，有记者在五味十字，见有一些难民奔赴英专学校，询问后，“始知乐道社难民收容所因天气甚热，地址狭小，恐发生时疫，有害健康，特假英专学校房屋若干，间以备难民分居”⑧。但不详是乐道社所属哪所难民收容所难民。

又据《各难民收容所情形卅七志》，乐道社所办收容所资金十分紧张，为

---

① 《各难民收容所情形汇志》，《新秦日报》1926年5月22日，第2版。
② 《各难民收容所情形四志》，《新秦日报》1926年5月25日，第2版。
③ 《各难民收容所情形四志》，《新秦日报》1926年5月25日，第2版。
④ 《各难民收容所情形十二志》，《新秦日报》1926年6月2日，第2版。
⑤ 《各难民收容所情形十三志》，《新秦日报》1926年6月3日，第2版。
⑥ 《各难民收容所情形四志》，《新秦日报》1926年5月25日，第2版。
⑦ 《各难民收容所情形六志》，《新秦日报》1926年5月27日，第2版。
⑧ 《各难民收容所情形卅二志》，《新秦日报》1926年6月23日，第2版。

此，王樗皋呈请省署帮助：

为呈请事，窃维君子贵乎周急，为善乐与人同，陕民不幸，灾害重生，数载饥荒，百姓无寝食之宁。近时战角，万民有流离之苦。庶弃家而鼠窜，归孺来城以鸠居，目睹心惨，从未有如是之甚者。□社同人，谊殷桑梓，念切痌瘝，拟效各慈善团体之成规，择定保吉巷六十号地基，设所收容被灾难民，暂俾栖止。素稔我省长爱民如子，用特仰恳鸿恩，施款救济，并请准予备案，出示保护，实为德便。[①]

但不知省署是否对之提供实质性帮助。

（6）自治协进会灾民收容所。该所位于南桥梓口，不详何时设立，截至 8 月 11 日，收容难民 140 余人。因其规模较小，经济能力有限，“仅为无所栖止者（提供）居住之所，并不供给饮食，每日两餐纯由入所者自备食粮炊食”[②]。8 月 10 日，该所“印散捐册数十份，托人分向慈善家劝募”[③]，以求维持。

（7）中华基督教青年会西安分会难民收容所。中华基督教青年会西安分会，负责人为张亚雄。该会在西安围城之役期间开办收容所二至三所。其一为西关收容所，位于西关福音堂中。截至 5 月 22 日，收容难民 100 余名，“对于难民，每日大口发给蒸饼一斤半；小口发给蒸饼一斤，并有稀粥任其食饱，不加限制”[④]。由于天气炎热，该收容所难民得眼疾者甚多，“日前华美药房及红十字会已给该会捐送洗眼药暨避瘟丹若干，以备应用”[⑤]。

青年会另有自立社收容所。截至 5 月 30 日，收容老弱妇孺 100 余名，“每日早饭，每人发给蒸饼两个，稀粥不限；午饭或米或面，总以食饱为度，毫无限制；所内房屋清洁并有防疫药品，每日必撒数次”[⑥]。

据《青年会将增设难民收容所》，6 月 16 日，青年会向外界透露，“拟即增设收容所一处，专收上种折回而无处收容之难民，刻正积极筹备，不日即可成立”[⑦]，但不详是否成立、运转情况。

---

① 《各难民收容所情形卅七志》，《新秦日报》1926 年 6 月 28 日，第 2 版。
② 《各难民收容所情形七十九志》，《新秦日报》1926 年 8 月 11 日，第 2 版。
③ 《各难民收容所情形七十九志》，《新秦日报》1926 年 8 月 11 日，第 2 版。
④ 《各难民收容所情形三志》，《新秦日报》1926 年 5 月 24 日，第 2 版。
⑤ 《各难民收容所情形四志》，《新秦日报》1926 年 5 月 25 日，第 2 版。
⑥ 《各难民收容所情形十志》，《新秦日报》1926 年 5 月 31 日，第 2 版。
⑦ 《各难民收容所情形廿六志》，《新秦日报》1926 年 6 月 17 日，第 2 版。

（8）中华圣公会难民收容所。圣公会设立难民收容所两所，截至 5 月 22 日，“已收难民男妇子女五百九十余名，大口每日发给蒸饼一斤，小口每日发给蒸饼半斤，又每人每日发给硬柴一斤，约十余人共开一灶，合伙做饭。该所并备有木盆若干，以备难民沐浴洗濯之用”①。但不详它们位于何处，何时成立，收容难民多少。7 月 14 日，该收容所收容难民仍有 100 余人，“每日所需食粮为数颇巨，现在该会主办人员正在设法，拟向各处购买杂粮若干，以维持难民生活”②。

（9）文教会收容所。文教会设立难民收容所五所，多位于红埠街。截至 5 月28日，已收容难民1000余人，“每日大口发给蒸饼一斤，小口半斤，早晚并有白米稀粥”③。5 月 25 日为吕祖圣诞日，由仙坛分派执事人员如下：

所长罗森如，副所长焦东溟、张善亭，会长兼总稽查史子平，巡查张汉槎，劝募员王凤山，文牍员陈仁山，会计员王铭山，庶务员郑德生，第一分所总经理李雨若，副经理李翰飞，第二分所总经理张文卿，副经理赵文甫，第三分所总经理邵雨三，第四分所总经理雷文卿，第五分所总经理张焕亭。④

文教会所属难民收容所，“难民所穿衣服均系一身，无法更换，日久不免污□足，为传染疫症之媒介”，颇容易感染时疫。为了尽量减少被感染的可能性，“该会购备旧衣裤多身，分散各所难民，以备更换，并令每十人为一班，每日午间在莲花池洗浴一次”⑤。

文教会第一难民收容所情况阙如。

文教会第二难民收容所位于体育学校内，截至5月27日，收容难民570余名。“每日每人发给蒸饼一斤，亦有稀粥，任其食饱，不加限制，地方颇为清洁，并有仁义元、倍一如两商号赠送防疫药品若干。该所每日房屋必用药熏两次，以防疫气传染。该所同人又因天气炎热，恐难民渴饮生水，易生疾病，每

① 《各难民收容所情形汇志》，《新秦日报》1926 年 5 月 22 日，第 2 版。另据《新秦日报》1926 年 5 月 20 日报道，圣公会收容所收容难民有 700 余人，不详何者为是。《关于救济难民消息汇志》，《新秦日报》1926 年 5 月 20 日，第 2 版。

② 《各难民收容所消息五十二志》，《新秦日报》1926 年 7 月 14 日，第 2 版。

③ 《各难民收容所情形七志》，《新秦日报》1926 年 5 月 28 日，第 2 版。

④ 《各难民收容所情形七志》，《新秦日报》1926 年 5 月 28 日，第 2 版。

⑤ 《各难民收容所消息五十一志》，《新秦日报》1926 年 7 月 13 日，第 2 版。

日又发给茶水两次，其布置颇为周到。”[①]

文教会第三收容所位于县立单级师范讲习所内，截至5月24日，收容难民230余名，由于所内房屋均已住满，已经难以增加。该“地方颇不清洁，值此天气炎热，气候不正，不免有发生时症之虞”[②]。该所内设有疗病室，备有各种药品。所内还设有产妇室，“备有产妇应需之瓦盆包布、黑白糖等物，并拟觅雇稳婆两人，在所服务”[③]。为了对付瘟疫，“每日督责夫役，扫除所内各处尘芥，并常常对难民讲话，劝勉众人自重，毋得任意吐唾，随便抛散污秽不洁之物，致使发生时疫，妨害公众卫生”[④]。此举动收到了良好效果，难民得病者甚少。

文教会在琉璃庙街另有一收容所，应为其第四或第五收容所。该所较为贫穷，“饮料缺乏，所内灾民大都以凉水为解渴之具，第不知生水之害，随人气质发生病症，夏令得痢症者甚伙，皆饮凉水之过也”[⑤]。

（10）中国医院救灾所。中国医院第一救灾所位于五味十字中国医院。中国医院院长郑某，“因各慈善团体所设之收容所人数颇少，而灾民甚形拥挤，特在该院创设收容所一处，旋又增设三所”[⑥]。据此，中国医院所设难民救灾所应有四所，但除此所和第三救济所之外，其他两所情况不详。该所“对于内部清洁毫不注意，所请之襄办职员多无慈善观念，凡事随声附和，漫不加察。所中秩序颇不整齐，妇孺任意便溺，污秽不堪，是以该所难民病者日多”[⑦]。针对这种情况，“有某慈善家捐助泻痢药丸多斤……由该院分给各灾民所，以资治疗”[⑧]。

中国医院第三救灾所位于北广济街，截至7月2日，共收容难民近80人，“（所内难民）皆自备火食……所内职员鉴诸地方颇不清洁，对于难民饮食起居特别注意，并购置洗衣大盆若干个，以便青年妇女沐浴洗衣之用，是以该所

---

① 《各难民收容所情形七志》，《新秦日报》1926年5月28日，第2版。
② 《各难民收容所情形三志》，《新秦日报》1926年5月24日，第2版。
③ 《各难民收容所情形八志》，《新秦日报》1926年5月29日，第2版。
④ 《各难民收容所情形卅一志汇》，《新秦日报》1926年6月22日，第2版。
⑤ 《各难民收容所情形四十三志》，《新秦日报》1926年7月5日，第2版。
⑥ 《各难民收容所情形卅三志》，《新秦日报》1926年6月24日，第2版。
⑦ 《各难民收容所消息五十一志》，《新秦日报》1926年7月13日，第2版。
⑧ 《各难民收容所情形四十二志》，《新秦日报》1926年7月3日，第2版。

难民患病甚少”[①]。

（11）药道社难民收容所。药道社开办难民收容所两所，第一所情况阙如。第二所位于竹笆市，“办事人员对于住所难民，有病者另移至养病室，派人看护”。犯病难民的药资，“限于经费，不能完全担任，亦有时酌量情形，予以补助”[②]。

（12）长安粥厂附设难民留养所。据长安粥厂附设难民留养所的管理简章，该所位于香米圆坊四五后台，有所长、书记各一人，办事人员四人，役夫二人，由长安粥厂职员兼充，另有女检查员一人，负责妇孺相关事宜。该所“以收养四乡无依难民，供给饮食为宗旨，但以房屋不能容纳时为截止”[③]。经费由长安县城关区粥厂负责，必要时向社会各界劝募。该所制定有《难民住所应守规则》：

①注重卫生，所住地点务须清洁。
②难民不得自由出入，遇有必要之事，须报告书记处领出入证。
③难民如有疾病，得报明办事人员，由警厅所派之医官诊治之。
④杂人等，不准招留所内。[④]

（13）省工会第一收容所。省工会第一收容所（未见第二、三……收容所——笔者注），不详设于何时何地，截至5月22日，收容难民300余名。后因所内房屋均已住满难民，无力再行收容。饮食方面，“该所每日对于难民大口发给蒸饼六个，小口发给三个，稀粥面饭任其食饱，不加限制”[⑤]。

（14）南区天主堂收容所。截至5月23日，该所收容难民270余名。该所将难民分为三等，“大口每日发给蒸饼六个，小孩五岁以上者每日发给蒸饼四个，五岁以下者每日发给蒸饼两个”，同时“亦有稀粥任其食饱，不加限制，惟居住地方颇觉清洁。”[⑥]另外，“以各难民来自田间，多有劳动习惯，长此枯坐，恐

① 《各难民收容所情形四十一志》，《新秦日报》1926年7月2日，第2版
② 《各难民收容所消息五十三志》，《新秦日报》1926年7月16日，第2版。
③ 《各难民收容所情形三志》，《新秦日报》1926年5月24日，第2版。
④ 《各难民收容所情形三志》，《新秦日报》1926年5月24日，第2版。
⑤ 《各难民收容所情形汇志》，《新秦日报》1926年5月22日，第2版。
⑥ 《各难民收容所情形续志》，《新秦日报》1926年5月23日，第2版。

生疾病，特购置纺线车多架，令所收容难民，每日纺线若干，以资活动”[①]。

需要指出的是，各收容所最初粮食不甚紧张，6 月中旬以后，压力日益增加：

各慈善团体以战事延长，经费不足，近日以来，对于各收容所难民食物，大加裁减。闻慈善会各所现有难民四千三百余人，对于难民食物已减去少半。文教会各所现有难民一千四百七十余人，初时食物甚丰，近因经费竭蹶，每日每人仅发给蒸饼三个，惟佐以白米稀粥，任其食饱，不加限制。长安粥厂现有难民二百余人，每日两餐，除米汤外，每人发给蒸饼一斤。[②]

在此情况下，一些难民收容所不得已停办。即使没有停办者，亦鼓励难民出城，并对留所难民饮食加以控制，以便维持。如关岳庙街某所收容，原有难民 200 余人，“日来陆续回家者一百余人，只余四十余人，该所对于难民伙食，每日每人仅给小米半斤，以资糊口，因此该所难民，无不面有饥色”[③]。

7 月以后，由于各收容所食物逐步告罄，多有出城回家者。另据某所职员刘某言：“该所原有难民五百余人，迩来出城归家者为数不少，现在所中栖止者，只有一百余人。”[④]也有部分难民回家不成：

昨日又有某所难民四五十名，由北门出城，行至北乡窑背子等处，已将嵩军战壕越过，忽遇嵩军兵士十余名上前拦阻，不准通过，又将难民一人捆绑，置于墙上，该难民等无奈，只得折回城中，仍归原所栖身。[⑤]

但是，有些收容所的难民出城受阻，被迫折返后便难以再回到原来收容自己的收容所了：

北区某收容所难民十余人，日前禀明该所执事人员，出城回家，并请予以三日期限，过期不返，即由所开除名额，若一二日内返回，仍请收留。该所职员已慨然允诺，乃该难民等出城之后，被嵩军拦阻，不准通过，当日即折回城

① 《关于救济难民消息汇志》，《新秦日报》1926 年 5 月 20 日，第 2 版。
② 《各难民收容所情形三十志》，《新秦日报》1926 年 6 月 21 日，第 2 版。
③ 《各难民收容所情形六十八志》，《新秦日报》1926 年 7 月 31 日，第 2 版。
④ 《各难民收容所情形六十八志》，《新秦日报》1926 年 7 月 31 日，第 2 版。
⑤ 《各难民收容所情形四十四志》，《新秦日报》1926 年 7 月 6 日，第 2 版。

中，仍回原所。而该所办事人以为既已出所，不能复回，拒绝不收，该难民等再次哀求，终无效果。现在该难民等流落街衢，日则沿门乞食，夜则露宿野地，其情状极为悲惨。[①]

虽不知此难民收容所具体情况，其拒绝收留，应因该所经济条件已无力负担难民生活饮食，只好拒其入所。

二、其他社会救济

除办理难民收容外，一些慈善团体还办理兵灾救济、尸骨掩埋、恤孤、医药救济、粥厂等社会救济事业。

（1）兵灾救济。在西安被围之前，西安红十字会分会组织了四个救护队奔赴各战场进行救济。其中第一救护队前往东路，“疗治前线抬回之伤兵”[②]，但因受到军队干扰，3 月 4 日返回西安。稍后又因西路宝鸡一带战事未息，拟组织救护队前往救护。但因战争惨烈，仅第一救护队无法完成救济任务，西安红十字会又于 3 月 10 日前后组织第二救护队，准备前往。[③]但稍后，西安红十字会可能改变了计划，由雷动之率领，于 12 日改向东路出发。为进行战时救济，西安红十字会又组织了第三、第四救护队，“第三救护队已决定由蔡绍仲、刘建亭两君担任队长，率队前赴西路救护；第四救护队以张慎五君为队长，已派人分赴四乡各处，接运受伤兵、民到院治疗，以尽天职”[④]。

（2）尸骨掩埋。佛教会和西安红十字会都办理过尸骨掩埋。据《卧龙寺启事》：

敬启者，卧龙寺山门内放置各灵柩，近因天气渐热，内多臭气逼人，已由佛教会呈明督署警厅，准即由警厅派人，督同移埋于专备葬埋军士之官地，并照在寺所置之方所与葬地之方所，书图注明。又将各柩姓名附表分开，且在葬地树标记名，交存警厅，以便将来对照无误。此次所以急于移埋者，（一）为公众卫生，（二）为安慰幽魂，（三）为寄埋土中，免除意外。

---

① 《各难民收容所情形六十八志》，《新秦日报》1926 年 7 月 31 日，第 2 版。
② 《红会第一救护队回省之原因》，《新秦日报》1926 年 3 月 9 日，第 3 版。
③ 《西安红十字分会第二救护队组织就绪》，《新秦日报》1926 年 3 月 11 日，第 3 版。
④ 《红十字分会续组三四救护队》，《新秦日报》1926 年 3 月 14 日，第 3 版。

各该柩亲属将来搬柩，可认明标记，并直向警厅查对为荷。至移埋雇工诸费，因系慈善事，已由佛教会、卧龙寺垫付。嗣后各处灵柩，敬祈直向城南角义地寄埋，勿再放置山门，免致存亡两不便利。谨此登报声明，尚望鉴原。[1]

西安围城之役期间，西安红十字会也办理过尸骨掩埋，“西安红十字分会以城围日久，凡因疾病颠连而死亡者，一经闻知，虽已派人立时掩埋，然城垣广大，耳目难周，该会昨特通知各处，略谓：如见有死尸发现，请即报告该会或找人送一纸条，书明地点，以便派人从速掩埋”[2]。

（3）恤孤。围城以前，西安有孤儿教养院，院长张典尧，持续办理恤孤事业。至3月中旬，陆续收养孤儿达120名，“俱授以简单工作及小学课程”[3]。

据《新秦日报》7月6日报道，“孤儿院以所收孤儿已达一百余名，原有房舍不敷居住，又添筑房屋一节，已见前报，兹闻该院所添筑教室五间，仓房二间，业于日前落成”[4]。7月上旬收养了张天赐、刑子焕、惠永柱。7月中旬收养刘铜娃，“西关教会某人函送孤儿一名，系乾县人，名刘铜娃，年十三岁，父已早亡，其母改嫁，铜娃无依无靠，随人来城，为人作工数月以维持生活，该院察其情形确系孤苦无依，遂收入该院以资教养”[5]。当然，若考虑到11月28日围解后至1927年元旦，已陆续收养孤儿20余名，仅在元旦前后即收容孤儿11名[6]，则围城期间收容孤儿数量，必定不少。

孤儿教养院的恤孤事业，得到了地方政府支持。1926年3月24日，新任长安县知事段民达前往孤儿教养院参观，除院长张典尧出席外，另有张亚雄、聂梦九等人作陪，段氏在参观之后，还发表演讲：

自贵院成立以来，我已来过数次，去年植树节我还来过一次。今日承贵院欢迎，你们所唱的歌、奏的音乐都很好听的。这都是受院长和教师们的教训，才能如此。你们都是些没父亲的孩子，把你们收进来教养，教即是给你们读书、

① 《卧龙寺启事》，《新秦日报》1926年5月2日，第1版。
② 《西安红十字会之新闻两则：访埋死尸》，《新秦日报》1926年8月11日，第3版。
③ 《孤儿教养院近事两则：又收孤儿一名》，《新秦日报》1926年3月20日，第3版。
④ 《孤儿院新闻二则：又收孤儿三名》，《新秦日报》1926年7月6日，第2版。
⑤ 《孤儿院新闻二则：又收孤儿一名》，《新秦日报》1926年7月14日，第2版。
⑥ 《孤儿院又收孤儿十一名》，《新秦日报》1927年1月1日，第3版。

认字、唱歌、学工艺；养即是给你们吃饭、穿衣服。你们都要学一个好孩子。我看古今中外的大伟人、有学问的人，都是自幼受过贫穷和艰难，才能成就的。盼望你们好好地努力求学、作工，则将来前途正未可限量。①

1926年12月31日，时任财政厅长薛笃弼前往孤儿教养院，发表了演讲：

你要知道父母将你们生养在世上，这是父母极大的恩惠，你们应当报答的。可是父母现在都已经去世了，现在院的院长和先生们都非常爱你们，把你们收进来，当做自己的儿女看待。你们更应当好好地求学作工，因为你们的机会非常之好，较之富家子弟，希望大得多。自古英雄豪杰都是出身贫贱的，就是你们的父母在时，也未必能使你们都受这样的好教育，盼望你们努力求学，勿负人之期望，学成之后，救国治家，造福人民。②

另据《新秦日报》1927年1月9日报道，“于右任氏鉴于孤儿食料缺乏，日前特捐助该院小麦十石，以资补助；又国民一军后方留守司令杨其祥氏亦助小麦二石；此外并有白水同乡会捐助小麦五石，荞麦一石，包谷四石”③。

（4）医药救济。端履门街南头路西刘东轩宅内有施药社，约成立于5月中旬，由刘东轩、晁幼铭、定慧发起，“专为各团体所组设之难民收容所内有病难民施送各种药品，以资治疗”④。据《新秦日报》6月22日消息，晁某称：“该社制药项下已支出现洋五百余元，当此夏令，需药尤多，非仰仗募款，决难维持久远。现已备就捐册十五份，将请热心社员分别募款，以广慈善，而利灾民。”⑤

城内另有积善堂，围城期间多次向慈善团体捐赠药物。如据《各难民收容所情形四志》，“近有积善堂安姓，鉴于天气炎热，时气不正，各难民丛集一处，易生时疫，特制救□时疫万应丸若干包，分送各难民收容所，以资预防”⑥。6

① 《孤儿院昨日欢迎段民达》，《新秦日报》1926年3月25日，第3版。

② 《孤儿院昨日欢迎薛笃弼氏》，《新秦日报》1927年1月1日，第3版。

③ 《西安孤儿院新闻二则：慈善家纷纷捐助食粮》，《新秦日报》1927年1月9日，第3版。

④ 《救济难民消息两则》，《新秦日报》1926年5月18日，第3版。

⑤ 《各难民收容所情形卅一志汇》，《新秦日报》1926年6月22日，第2版。

⑥ 《各难民收容所情形四志》，《新秦日报》1926年5月25日，第2版。

月9日，“积善堂同人捐急救万应丸一十五百零四包”[1]。积善堂又往已捐给文教会急救时疫万应丸一千四百九十六包，6 月 30 日，“又捐此药八百包”[2]。当日又有积善堂向青年会收容所捐药之事，“昨闻青年会收容所难民患时疾者甚多，幸有安某施送之时疫万应丸，服之颇见效验。刻下又有积善堂者，仍照此药方配成药丸，送给该会四百包，以资需用；并闻该堂为推广救济起见，昨又给孤儿院、自立会等处，亦分送若干包”[3]。各大药行也积极行动，共赴时艰。如 7 月 12 日，在总商会召集下，城关各药铺商人在药材会馆开会，讨论救济事宜，虽不详结果如何，仍可想见围城期间各大药行亦起到积极作用。[4]

以时疫严重，警察厅有时联络医生前往各难民收容所为难民诊治，如 5 月 18 日，“令饬……医士，各就该区内难民收容所，自行认定内外两科病症，逐日前往诊治，并将诊过病症，按日呈报警署”[5]。其命令如下：

为令饬事，照得各乡难民避兵来城，经各慈善团体分设收容所暂时救济，惟以气候不正，疾疫滋生，轸念艰难，实深悯叹。日来奔赴本厅官医局求诊者，人数既多，而在妇孺患病，赴局尤难。兹为便利救济起见，任命医士担任救济难民收容所诊治事宜，按照《办事简章》，随时诊治，共维善举，实所厚望。[6]

《办事简章》如下：

（1）各收容所所在区域内之医士，应随时到各该收容所接洽，就医士素习科目，分担难民诊视事宜。

（2）本厅官医局与各收容所及各医士诊视，均不收纳分文费用，亦无车马旅费等项供给。

（3）担任施诊义务之医士，务必按照一定时间履行任务，其时间规定，由该医士与收容所经理人接洽商定。

---

① 《文教会难民收容所收款鸣谢》，《新秦日报》1926 年 6 月 9 日，第 2 版。

② 《文教会救济难民所鸣谢》，《新秦日报》1926 年 7 月 1 日，第 2 版。

③ 《各难民收容所情形四十志》，《新秦日报》1926 年 7 月 1 日，第 2 版。

④ 非我：《药行昨日开重要会议》，《新秦日报》1926 年 7 月 13 日，第 2 版。

⑤ 《关于难民消息两则》，《新秦日报》1926 年 5 月 19 日，第 3 版。

⑥ 《警厅令各医士为难民诊病之原令（附《办事简章六则》）》，《新秦日报》1926 年 5 月 25 日，第 2 版。

(4)遇有紧急病症，于召请时不得拖延；遇有传染病症，应预防及隔离者，须即时声明，并详告方法，俾便设备。

(5)本厅所发药单簿，交收容所存根备用，各医士交方法，随时讯注施诊月日姓名，到期由该收容所将存根送该管区署；其药方一联，于购药时存诸药肆，以迳(为)施药人结算。

(6)遇有紧急事项及本简章未尽事宜，由该医士达知该收容所，函报区署，协商核定。[①]

在此号召下，“东区警署分配医士邱启云、白星五为青年会收容所难民医治病症”“邱君系痘科专门医士，前日到所，除诊治难民病症外，又自备牛痘苗十余支，为该所难民儿童一一种痘，种毕又将圣公会难民儿童唤来数人，亦为之种痘，共计是日种痘儿童约有六七十名之多”[②]。

另外，围城期间，城内亦有开办粥厂，如6月20日，广育堂药铺主人阎某，“将马两匹完全卖却，所得之价尽数买米，每日早晨煮稀粥数锅，在广育堂门首施舍”[③]。但极难见到有关记载，从略。

第三节　出城问题

面对刘镇华镇嵩军的进攻，西安城内百姓惶惶不可终日。尤其临潼失守，镇嵩军即将兵临城下之时，“殷商巨富，均于其门庭预备窖藏金银及粮食之地，以保财物而备饥荒，甚有弃其高楼大厦而移寓陋巷，以示贫无所有者，惧劫掠意至苦也”[④]。一般民众无力远行，只有待在城中。彼时，“贫者则奔走号呼，纷向亲友告贷，筹备三数日之米面、燃料等必需品，以防绝粮断炊，至一般铺户，挖土坑也，垒假壁也，以埋藏其银钱及货品，资本殷实者，尤高筑其墙垣，严钥其门户”[⑤]。当镇嵩军到来，逐步包围西安之时，四郊难民，便

① 《警厅令各医士为难民诊病之原令(附《办事简章六则》)》，《新秦日报》1926年5月25日，第2版。

② 《各难民收容所情形十志》，《新秦日报》1926年5月31日，第2版。

③ 《各难民收容所情形三十志》，《新秦日报》1926年6月21日，第2版。

④ 黄成垅：《西安围城记》，1927年，第3—4页。

⑤ 黄成垅：《西安围城记》，1927年，第4页。

大量涌入城中。

最初，陕西军政当局犹鼓励城内慈善团体开办收容所，收容城内难民。至农历七月间，城内存粮已不足以供应军队食用，遑论百姓，与城俱尽之忧正在迫近，城内民众多有出城逃亡心思。虽然，“难民出城中流弹而死者，不可胜数”①，但与其困饿而死，不如搏它一搏，或有一线生机。难民多通过东、南两门出城，“南门守城之兵系李之部属，对于出城者尚不留难；东门则杨之第六旅守之，难民出城，固不加阻，但既出之后，不准复入耳”②。

此时，各慈善团体也在谋划难民出城事宜。依它们的心思，“难民出城既可减轻各收容所之负担；而难民回家，又可乘时播种秋禾，诚为一举两得”③。为此，各慈善团体头面人物积极运动陕西军政当局，派兵保护出城难民，以策安全。城内各教会头面人物还致函刘镇华镇嵩军，其交涉内容约有以下五点：

一、由各慈善团体组织检察［查］团，送各难民出城；二、标职［帜］用一定颜色之旗号；三、每五人为一队；四、由双方火线上兵士检察［查］，以防携带违禁物品；五、规定时间，并派代表向双方交涉。④

这一时期，陕西军政当局是愿意放难民出城的。据《长安县署劝告灾民出城各安生业》，6 月 24 日，长安县知事鱼金波发布布告，“城西嵩匪刻已肃清，所有余孽指日扫平，城外麦禾亟宜收存，谕尔灾黎赶速出城各安生业，毋自虚惊，特此布告，其各凛遵”⑤。可见，为了让难民出城，长安县不惜进行欺骗。

不过，出城难民命运各不相同：

前昨两日，难民出城回家者不下四五起。前日西南乡蒋家寨难民二十余人，系村中来人唤回，由西关南火巷出城冒险回家。西北乡李家壕难民七八人，亦由西关出城冒险通过。东乡某村之难民数人，由东关南郭门出城，亦未折回。惟由

---

① 黄成垗：《西安围城记》，1927 年，第 8 页。
② 黄成垗：《西安围城记》，1927 年，第 42 页。
③ 《各慈善团体议定之难民出城办法》，《新秦日报》1926 年 7 月 16 日，第 2 版。
④ 《各慈善团体议定之难民出城办法》，《新秦日报》1926 年 7 月 16 日，第 2 版。
⑤ 《长安县署劝告灾民出城各安生业》，《新秦日报》1926 年 6 月 25 日，第 2 版。

南关出城者，多被敌军阻回，未能通过。昨日早晨，又有难民十余人，由南门出城，行至某湾地方，又被敌军拦阻，不准通过，十二时许，仍复折回城中。据折回难民云，难民回家者，省军方面毫无留难，敌军当面有熟人者，始准通过。惟回家以后，按人计算，每口须出钱两千文，小口减半，回家后即须付清。①

这一时期，难民出城受阻，被迫折回的现象，所在多有：

昨据西乡窑头难民陈某云，军兴以后，一家共十六人，避兵入城，为日已久，所带粮食业已食罄，投奔各所，均不容纳。无法可想，只得沿街乞食，暂维生活，无如奔走终日，所得不足果腹。万不得已，于昨日早晨，领家属十六人冒险出城回家。乃行至西关外铜元厂附近，被嵩军拦阻，不准通过，再四恳求，终无允意，只得又复折回城中。②

另据《新秦日报》1926年6月17日消息：

昨据某难民云，某收容所所住之潘家村难民潘某，日前冒险回家，被敌军掳去挑壕，竟日工作，不予饮食，稍有延缓，即行鞭打。潘某身体懦弱，力不能支，遂乘隙逃避。被敌军监工者查出，即派兵十余人前往寻觅，旋将潘某寻回，百般烤打，诬潘为省军侦探，烤［拷］打数次，未有口供，敌军愈怒，竟将潘某烤［拷］毙。③

在日记中，张扶万对难民出城之事多有记述，如7月16日他在日记中说：

向晚有难民自城外回，言昨日由教士商之敌军，准放乡民出城回家。是日难民老少约千余人，行至距城二三里内，有城中军人便衣携枪狙击，伤者约十人。敌人猛加攻击，乡民惊窜，避到城下，今午始得入城，其为两军误伤者尚无确数。呜呼，军士亦重信誓之时，前此覆辙，今又蹈之，伎俩鬼蜮，盖不知人类为何物，其不败也，殆无天理。④

---

① 《前昨两日难民之出城回家者》，《新秦日报》1926年7月16日，第2版。

② 《昨日出城难民又被敌军阻回》，《新秦日报》1926年8月2日，第3版。

③ 《各难民收容所情形廿六志》，《新秦日报》1926年6月17日，第2版。

④ 张扶万：《在山草堂日记》，中国人民政治协商会议陕西省委员会文史和学习委员会：《陕西文史资料精编》第2卷《重大事件》，西安：陕西人民出版社，2010年，第248页。

城内百姓知道宋伯鲁、宋联奎德高望重，“得其一言，刘未必不放难民出城也，众情一致，请二老函致刘镇华”[①]。黄成垙对二老为民谋利之举高度赞扬，将之比为鲁仲连，“宋伯鲁、宋联奎诸公出为鲁仲连也，为陕民请命，讵其和平会徒为李云龙利用以缓兵，而致失信义于刘镇华”[②]。二老在致刘镇华函中所述具体情况，今虽难知，总为哀求网开一面之意。刘镇华回函，黄成垙有所记载：

接奉惠书，具见维护地方、为民请命之盛意。镇华在陕多年，与陕西人士不无感情，自表赞同，以副雅意。惟李云龙、杨虣人面兽心，天良丧尽，不惜全城数十万之生灵，作孤注一掷之举，为天地人神所不容耳。倘能使李、杨率部出城，则难民出城，尚有商酌之余地。[③]

刘镇华的复函，表面上虽未拒绝二老难民出城之请，实则阴怀诱导城内难民造李虎臣、杨虎城反之意，用心歹毒。所以，“复函被杨虣知之，谓二宋通刘，即欲处以死刑，嗣经多数僚属谓二宋名流，物望所归，杀之无益，适有损耳”[④]。二宋之呼吁，不唯没有作用，自己还险遭不测，从此只好缄默不言了。

黄成垙对此事评价如下：

之二老者，乃又通函于刘，为难民疏通出路，虽不失为民之初旨，而刘镇华既因前嫌而见屏［摒］，复引起杨虣之疑忌，竟欲坐以通敌之罪，置于死地，脱非有人挽救，不亦殆乎？乃浅见者流，甚或以陕人排外之心理，致疑耆老之和平会，难免同情于李云龙，甘为其制造机会，而卖刘镇华，是以小人之腹，度君子之心，吾不愿为此深刻之论也。[⑤]

显然，黄成垙此论的立足点，不是站在守城陕军的角度，也不是站在攻城镇嵩军的角度，而是站在城内民众的角度，其所思所见，自然大不相同。

---

① 黄成垙：《西安围城记》，1927 年，第 45 页

② 黄成垙：《西安围城记》，1927 年，第 69 页。

③ 黄成垙：《西安围城记》，1927 年，第 45—46 页。

④ 黄成垙：《西安围城记》，1927 年，第 46 页。

⑤ 黄成垙：《西安围城记》，1927 年，第 69—70 页。

虽然这次出城希望破灭，城内民众仍未放弃出城之想。因为如果不出城，极可能瘐死城中，出城虽然危险，仍有一线生机。为帮助难民出城，各慈善团体推举青年会总干事张亚雄及天主堂丁神父代表路思，前往与镇嵩军办理交涉，两人出城后，“一般人士之心理，佥谓刘氏为人道计，必允开放难民出城，或预定时日，或严加限制耳，孰知竟有大谬不然者”①，交涉无果，两人被迫回城。

到了农历八月间，城内难民生计更难以维持。大家心思，与其坐以待毙，不如铤而走险，“乃千百成群，联袂突围出城，有无危险，均非所计，只视所遇兵士优劣何如，而听诸命运耳”②。据张扶万记述，8 月 27 日，“难民男妇黎明络绎出城，约一二千人……午后闻九钟以前出城者，诚越火线至乡，后至者为兵所阻，有为枪击伤者，至城门不得入，午后城中电话传西门始放入”③。

围城期间，被困城中的西安市民刘正时对难民出城之事有一段回忆：

> 入秋以后，天气渐冷，食粮缺乏，城内居民有愿出城就食的，便由乡上亲友设法与刘镇华守壕兵士联系，拿出些买路钱到乡间去。可是过战壕是重要一关，先须得城内这边驻军放行，然后才能走到那边的战壕边。这边有时不放的人和那边联系好了，只盼着这边放的那一天。放的时候这边军队对人民是要搜查的，见啥要啥，到那边战壕检查时，更是衣物什么都要。有的过去了，有的还过不去，弄得进退两难。有的青年妇女被扣留在战壕内，自投罗网，后悔莫及。我的朋友王维章出城被这边驻军搜了钱，脱了马褂，还没让过去。因此人们都骂镇嵩军不是人，宁死我们不出城。④

后来又有天主教某神父，设法请刘镇华放出其所设立女学校中的师生，“刘以媚外心切，不便开罪外人，遂允其请，予以执照”⑤。黄成垙西北大学的同事张君遂乘机与刘镇华交涉，“刘以既放外人之学生，即无词再拒西大之

① 黄成垙：《西安围城记》，1927 年，第 12 页。

② 黄成垙：《西安围城记》，1927 年，第 12—13 页。

③ 张扶万：《在山草堂日记》，中国人民政治协商会议陕西省委员会文史和学习委员会：《陕西文史资料精编》第 2 卷《重大事件》，西安：陕西人民出版社，2010 年，第 250 页。

④ 刘正时：《坚守西安见闻》，中国人民政治协商会议陕西省委员会文史和学习委员会：《陕西文史资料精编》第 2 卷《重大事件》，西安：陕西人民出版社，2010 年，第 162 页。

⑤ 黄成垙：《西安围城记》，1927 年，第 15 页。

师生，遂允之”[①]。于是张君通知蔡亮工和西北大学代校长王来庭，在他们出城后第五日，派人来接大家出城。大家恳请王来庭出面恳请李虎臣派一副官护送，以保安全。有文牍员江苏人陈某，心怀叵测，对出城难民进行恫吓，并设辞离开，以致此次难民出城之事流产。黄成垙一家亦在此次出城队伍中。在出城之前，黄成垙已经将仅存的一些粮食赠予同乡杨夫人，被迫折回之后，又听说常向其借粮的陈浪洲所存三十石粮食扫数被搜，一家人生计顿无着落。

予不得已，每日晨携包袱赴黑市，作卖估衣之生涯。此时一般人士，经济充裕者，不敢买物，恐自炫其财，即召难测之祸。贫乏者度命不遑，更何能买我之破烂绸衣也。向余问津者，无非挟持匣枪之马弁护兵，搜括抢劫得来不义之财，因出贱价而购买之，然在吾侪于日暮途穷之际，尚有多数丘八为我捡拾破烂，得以易粮而归，实不啻济我之急，拯我之危，可称一饭之恩也。惜于应酬买主之际，饿不能兴，无如许精神问其姓字也。但知其著红帽箍者，为杨虎之兵，平常军帽者，为李云龙之兵耳。值十元者仅卖二元，买面不足半斤，五口之家，难得一饱。夫以大学在职教授，而至鬻衣以糊口，尚难充饥，吾何惭焉，吾重为国家前途悲耳。[②]

黄成垙指出，农历八月中旬，“难民始行全数出城，非一次也，乃陆续放之”[③]。这里所说的难民，应指原由城外逃入城中之难民，非指原就住在城中的难民，如黄成垙一家。9月20日，听闻道路传言24日将会放出城5万—6万人，届期，大家扶老携幼，准备出城，“及抵南郭门，即见折回之人多于渡江之鲫，且有死尸及受伤之人抬回者，络绎不绝，询之始知被刘军弹伤，不准一人出城”[④]。匡厚生记述道：

人民一近此壕，哀告之声尚未出口，而如雨之弹即已着身。因之，受伤者有焉，毙命者有焉。即幸而不至于死，而衣服银钱势必为之剥尽。西北大学某

① 黄成垙：《西安围城记》，1927年，第15页。
② 黄成垙：《西安围城记》，1927年，第17页。
③ 黄成垙：《西安围城记》，1927年，第13页。
④ 黄成垙：《西安围城记》，1927年，第18页。

教授，即曾亲受此厄，且曾痛苦［哭］流涕为我道之者。[①]

是的，留在城中死路一条，冒险出城或死或辱，也难以实现，自令城内民众对刘镇华愤恨入骨。复加入队伍的黄成垙一家出城又不成功，只好不复做出城之想，“当时即买油渣一块，以充无上食品，一家数口，竟赖油渣得以延命，今日顾不幸欤！”[②]

张扶万一家虽然殷实，在围城期间生计亦十分艰难。7 月 19 日，张扶万早饭后前往志局，遇到朋友敬之，二人谈及出城意愿：

围城至今无解决办法，以粮食为第一事。其寓亲丁五六口，当有仆夫、佣妪兼携子女相倚，食粮不赀，颇增忧虑，如此劫罕见。陕省恐不可用，太原当有住房藏书，须为避秦之举。余谓君死秦固可避秦，予秦人也，亦思避秦，但虑力不逮也。否则运城绛沃，当借一廛耳。[③]

但当时张家找不到出城办法。延至 9 月 21 日，张扶万之孙辛亥试图出城，“过战壕为镇嵩军阻止，野宿一夜，惟待遇甚宽，蒸馍米汤，人人得饱食。今早归，同儿犁推磨，磨麦五升”[④]。23 日辛亥终于出城。25 日张扶万接到辛亥来函：

前日随王媪母女出城，至前方战壕，有人说，如得过，无处食宿。一剃发匠属往杨团长之护目高姓，为之好言，高姓留之，至其住房内伺候。次日为高某言，有祖父围在城中，急欲引出，高某允之，并属代买洋布被面、手面、绿袜、布鞋各件，付以蒸食，令其回城。今来意欲引余出城也。余观其言可信，惟出城时棉衣被赀用。有城外兵拦劫，不易设法。少顷，丙昌归，言之，已有王香亭营长可以派兵送出。即出见托办。因定明早同寿儿、李司、辛亥至南门

① 匡厚生：《长安围城纪事诗百首》第六十一首自注，刘迈主编：《西安围城诗注》，西安：陕西人民出版社，1992 年，第 50 页。此西北大学某教授，指吴芳吉。

② 黄成垙：《西安围城记》，1927 年，第 18 页。

③ 张扶万：《在山草堂日记》，中国人民政治协商会议陕西省委员会文史和学习委员会：《陕西文史资料精编》第 2 卷《重大事件》，西安：陕西人民出版社，2010 年，第 248—249 页。

④ 张扶万：《在山草堂日记》，中国人民政治协商会议陕西省委员会文史和学习委员会：《陕西文史资料精编》第 2 卷《重大事件》，西安：陕西人民出版社，2010 年，第 251 页。

十字口候丙昌引送兵来同行。[1]

当日，张扶万另两个儿子自南关外西后地祭台村联军防线回来：

言向该处（杨惟刚团部）高护目文翰说，我在省困苦，为伊之命，求照料出险。高某允之，即来省城，洪进城阻止，负遭［杂］草一束为逃难人，遂得入城，说明前情。我以为此机不可失，即向家人商之，夜缝一破棉套裤，置票五十串于其中，以麦皮作饼，置钱八元，饼各一枚，并议引寿儿、厨工李司同出，以减食口。[2]

次日黎明，张扶万准备出城：

换短衣，以白布衫加小棉袄之上外服，李司黑布夹马褂，首戴破笠，携一短笠。寿儿、李司分负四棉被各一包，我棉袍衣、棉裤各一，小衫裤各一，草鞋一双，旧鞋一双先行。[3]

在日记中，张扶万对出城之后的情形记载颇详：

至城外，秋禾、谷苗、荞麦覆盖被地，雨后阴湿，幸不泥滑。顺东南城壕东行，过山西会馆前，又前行，距东南城角不远，始折南行。远望一军人站立，询问赵姓，皆其营部［布］防也，故无恐。又前行则守兵、难民均言敌人战场不放过，前行无益。余等无言，仍前进，则为城中防地。稍前则荒草埋人，难民往来无定，均愁容可掬，以数日至此守候，均不得过……距敌人战线不远，李司、辛亥儿前行，荒凉寂寞。至一坎下，辛亥言，昨劫人之兵即在此处，今幸他适，可免劫夺。又前行数步，一小儿向北奔来，杨放人过壕，回去叫伊家人速返。余等问知前线可越，即速行。见难民老弱妇女百余人，向前线纷集。战壕只容一人前过，难民拥挤，一军人执皮鞭禁前进。余命辛亥儿先过壕接洽

① 张扶万：《在山草堂日记》，中国人民政治协商会议陕西省委员会文史和学习委员会：《陕西文史资料精编》第2卷《重大事件》，西安：陕西人民出版社，2010年，第251页。

② 张扶万：《在山草堂日记》，中国人民政治协商会议陕西省委员会文史和学习委员会：《陕西文史资料精编》第2卷《重大事件》，西安：陕西人民出版社，2010年，第251页。

③ 张扶万：《在山草堂日记》，中国人民政治协商会议陕西省委员会文史和学习委员会：《陕西文史资料精编》第2卷《重大事件》，西安：陕西人民出版社，2010年，第251页。

高护目，久之不见前来。难民过壕者既众，余徐至前，余儿辈紧接。壕深约五尺，有深坎可容足。余前下过壕，中约三尺宽，对面有洞三尺余，出洞上平也。各兵士散守壕，难民既多，闻有行李被检查者。余言不必见高护目，令李司至其住处看视，为以后送信见面之地。在城知莘农徐氏妹住北池头，询路人距此不远，即前访。最后询知邱副官捎屏住处，询知莘农往十里铺矣。天当早，即往十里铺。行约十里，天又雨，泥滑难行。至韩森冢，又小贩食物齐集，镇嵩军一师柴工［云］升长安署在焉。食面一碗，饼半斤。又行五六里至十里铺，荒凉之甚。遇一兵，询知雪亚督军在此。以无人照料，又之住店，即往南进一店，有护守。余问传达处一兵，问何事，余言见督军，索名片，前言出城逃难，未带名片。引一小房，取片纸两张扶前："今日出城至此，请雪亚督军钧安！"一兵持入，旋一马弁出，则昔年识余，颇有喜容，延入一小厅。有顷，转至一室，雪亚出见。见余短衣泥足，略询行踪，即邀寿儿入，慰问辛苦。余言城中艰难，二虎意见不同，并劝其致行宽大，爱民和众，以谋此方之保全。于出菜馔相饷，为余购鞋袜，余力辞，带有旧履为换。求一住宿，即有马弁引至招待处（路北关帝庙），刘延溪为备一床。见张景秋、杨瑞庭，皆二华之人。张旧相识，谈知此来，意在说李虎臣，而杨虎城恨之，几为所杀。此日频经险处，而平安无恙，又得食宿之处，苍之仁爱，唯心祝之而已。[①]

细读张扶万对西安城外的描述，可知受到战争影响，至9月下旬，西安城外已不是过去人烟稠密、商旅云集之域，而是"荒草埋人""荒凉之甚"之地了。

张扶万一家的出城经历，可谓曲折危险，惊心动魄。然而，他们仍然是幸运的，因为他们和一般难民毕竟不同，有办法打通了攻守双方，尤其是刘镇华镇嵩军一方的关系。张扶万与镇嵩军将官以往建立的种种关系，此时都便利用，甚至张扶万还受到刘镇华本人接见，给以衣食。出城之后，他们没有被士兵打劫，没有生命危险，而有衣食保障，受人接待。这也可以解释张扶万对和平谈判、难民出城、攻守双方军纪的态度缘何与多数人迥异。从张扶万劝刘镇

① 张扶万：《在山草堂日记》，中国人民政治协商会议陕西省委员会文史和学习委员会：《陕西文史资料精编》第2卷《重大事件》，西安：陕西人民出版社，2010年，第251—252页。

华“致行宽大，爱民和众”一节，似乎可以体会到，虽然与镇嵩军关系密切，张扶万仍然不是站在刘镇华镇嵩军的角度考虑问题，而是站在民众的角度，希望可以抑止战争给人民所带来的灾祸。

至10月中旬，陕西军政当局已不允许难民出城。如据10月14日张扶万日记云：“闻人言，近日省城阻民出城，不知确否。”[①]16日，张氏得到明确消息，“省内城外均不放难民出入，无从设法，即返临潼”[②]。

百姓冻饿而死之事虽已大量出现，李虎臣、杨虎城的守城陕军，仍顽固坚持，自不能获得百姓支持。在此情况下，百姓当然要自谋出路，能逃出城自然是上计，但随着时间推移，对许多百姓而言，出城既已成为妄想，便开始密谋造反了。

在《〈壮岁诗〉自注》中，吴芳吉记下了他参加的一次没有来得及发动的造反活动。围城前期，有国民党人某君曾对吴芳吉言：“吾人已守三月，决再守半年，请问古人有此魄力乎？”[③]待到李虎臣、杨虎城军队“食尽兵稀，愿与敌言和，或冲围而去。”他们甚至上书攀留，“谓民众期望甚殷，岂忍抛弃民众而去？”[④]反映围城前期，城内绅民和国民党人，支持“二虎”守城者大有人在。但中秋以后，“二虎”军队“逐门搜粮搜钱，无论在党与否，一概不免”[⑤]。即使那些支持守城的国民党人，亦在所难免，“彼辈素与二虎接近，家中所藏多少，为兵士所尤悉，故受祸尤惨”[⑥]。既然自己的生存也受到了威胁，一些国民党人便逐渐动摇。

首领某君，乃发起西安市民自救大会，谓昔之欢迎二虎，欲以拯救民众，今二虎所为，甚于敌人。吾侪与敌虽主义不同，然刘镇华究系智［知］识阶级，不是土匪出身，吾人与知识阶级犹可商量，与土匪出身者断不并存。于是暗中

① 张扶万：《在山草堂日记》，中国人民政治协商会议陕西省委员会文史和学习委员会：《陕西文史资料精编》第2卷《重大事件》，西安：陕西人民出版社，2010年，第253页。

② 张扶万：《在山草堂日记》，中国人民政治协商会议陕西省委员会文史和学习委员会：《陕西文史资料精编》第2卷《重大事件》，西安：陕西人民出版社，2010年，第253页。

③ 《壮岁诗》注，吴芳吉：《吴芳吉全集》，上海：华东师范大学出版社，2014年，第203页。

④ 《壮岁诗》注，吴芳吉：《吴芳吉全集》，上海：华东师范大学出版社，2014年，第203页。

⑤ 《壮岁诗》注，吴芳吉：《吴芳吉全集》，上海：华东师范大学出版社，2014年，第203页。

⑥ 《壮岁诗》注，吴芳吉：《吴芳吉全集》，上海：华东师范大学出版社，2014年，第204页。

运动兵变，以袭击二虎，又派人出城，以与敌相应。[①]

据吴芳吉所述，当时城中有14个团体参与造反，王翰芳和吴芳吉为西北大学代表。吴芳吉不仅直接参加造反活动，还亲自作歌三首，试图鼓动市民参与造反，“歌每首发端，皆曰“起，起，起，长安市民努力一齐起，起来兮救死！起来兮救死！死到眼前来矣！死到眼前来矣！”[②]作好后由其西北大学学生柳潜印出，向市民秘密散发。造反活动正在酝酿之时，国民联军解围成功，便没有发动。

王翰芳、吴芳吉、柳潜等人当然应该知道，密谋造反之事，一旦被李虎臣、杨虎城等守城陕军查获，必定会有性命之忧。然而，他们仍然不顾后果，甘心加入其中，并积极活动，这反映那些陷于绝境中的城内民众，对李虎臣、杨虎城所宣扬的守城意义不（愿）理解、不（愿）认同。城内民众的视角，任何革命的理想、任何冠冕堂皇的道理，恐怕都不如活着重要吧！

① 《壮岁诗》注，吴芳吉：《吴芳吉全集》，上海：华东师范大学出版社，2014年，第204页。

② 《壮岁诗》注，吴芳吉：《吴芳吉全集》，上海：华东师范大学出版社，2014年，第204页。

第八章　委曲求全

西安被围之初，在明面的战争之外，攻守双方都出于不同目的，鼓励和支持和平活动。在大规模战争告一段落之后，以和平期成会为平台，双方仍然进行数次和平活动。城内百姓，由于难以忍受战争的伤痛，亦发表和平通电，呼吁和平。

和其他各章主要从攻城一方、守城一方、解围一方、城内民众等较为单一的视角切入不同，本章将尽可能结合各方视角，以康寄遥、俞嗣如、张亚雄等当时与和平活动有关者的回忆性史料为主，参酌《新秦日报》《申报》等报刊资料，以及毛昌杰、张扶万日记，从星使往来、和平期成、民众呼吁三个方面，讨论围城期间的和平活动。

第一节　星使往来

据康寄遥回忆，早在1926年3月吴新田部顾琢堂旅进攻宝鸡期间，西安城内守军便试图与吴新田和谈。当时，刚逃回西安的李虎臣，派康寄遥和寇锡山前往寻求议和，“我们到鄠县后，因县西十余里祖庵镇已发生战事，不能西行，当即商量让驻军负责人户县县长刘肇半写信，派急足送顾营，劝他暂守防地，听候和平解决”[①]。两人在鄠县等候了五六天，因不得要领，只好返回西

① 康寄遥：《坚守西安时期的和平运动及救济情况》，中国人民政治协商会议陕西省委员会文史和学习委员会：《陕西文史资料精编》第2卷《重大事件》，西安：陕西人民出版社，2010年，第234页。

安。在刘镇华大军压境，西安城行将被围的4月12日及其稍后数日，杨虎城部尚未进入西安，李虎臣仍然战守不决之时，据郭孟圻回忆，守城陕军共派出三波人出城寻求机会与镇嵩军和谈：

第一次由省商务会派惠春波为代表，前往潼关与刘商谈。而刘则趾高气扬，态度高傲，只说叫李虎臣把枪一个个往八仙庵缴，再无别言可谈……又派路来甫前往渭南与刘接谈，其答复与第一次相同。最后商务会又派刘乐天前往渭南交涉，而刘仍要求叫李虎臣交枪，再无别言可谈。代表们都有兴而去，扫兴而返。[①]

在回忆中，康寄遥亦提及4月12日的和平活动。李虎臣委派他“及惠春波、谭旭唐三人面谈，要我们同往刘军总部做和平使者，主张议和。”[②]临行之前，他们面见参谋长韩绾青征求意见，韩氏表示：“万不得已时，李军可能暂退到咸阳稍缓，再行反攻，但又说决不允镇嵩军入城”[③]，与三人的意见基本一致。当时李虎臣军中部分将领，却认为和谈底线，是可以容纳镇嵩军入城的。三人一路辛苦，13日晚到达渭南，立即便见到柴云升及其参谋长李宾阳和陕军叛将麻振武。康寄遥原与柴云升、李宾阳相识，在刘镇华主政陕西之时，他曾“为小雁塔普通僧学校请购佛教正续《大藏经》各一全部，柴、李捐助为数不少”[④]，算是佛教中的有缘人。据康寄遥回忆，三人在与柴云升和谈中，表现得不卑不亢：

我见他们后，即以佛家道理，劝请他们息兵安民，广作功德，对豫西战事的宿怨，只宜消解，不宜深结。并谈及陕军各部尚有抵抗力，不应忽视。并云杀人一千，自损八百，我们都信佛教，何必定要兵连祸结，涂炭生灵。惠、谭两位向他们痛陈利害，主张和平，且言如有任何条件，我们愿代达，总期和议

---

① 郭孟圻：《西安围城回忆》，中国人民政治协商会议陕西省委员会文史和学习委员会：《陕西文史资料精编》第2卷《重大事件》，西安：陕西人民出版社，2010年，第25页。

② 康寄遥：《坚守西安时期的和平运动及救济情况》，中国人民政治协商会议陕西省委员会文史和学习委员会：《陕西文史资料精编》第2卷《重大事件》，西安：陕西人民出版社，2010年，第234—235页。

③ 康寄遥：《坚守西安时期的和平运动及救济情况》，中国人民政治协商会议陕西省委员会文史和学习委员会：《陕西文史资料精编》第2卷《重大事件》，西安：陕西人民出版社，2010年，第235页。

④ 康寄遥：《坚守西安时期的和平运动及救济情况》，中国人民政治协商会议陕西省委员会文史和学习委员会：《陕西文史资料精编》第2卷《重大事件》，西安：陕西人民出版社，2010年，第235页。

早成，彼此言归于好。[①]

但柴云升借口总攻令已下，万难中止，坚决要求陕军退出西安城，这显然是三人不愿看到的，也是守城军队不可能接受的。柴云升气焰嚣张，要求第二天必须得到城内守军复信，不然将发动进攻，“我们以为电线多处断坏，专人送信有时还须绕道，第二天决难见回话，为此纠缠了很长时间，最后决定第二天见回话为原则，无意外最迟第三天必须见回话”[②]。15 日，刘镇华要求三人前往潼关与之见面，但三人没有前往，而是回到东十里铺第十师李定五团长处。当日晚间，康寄遥又“向镇嵩军叫电话，请马凌甫谈话，此时镇嵩军即向李团开枪，当时李即撤退”[③]。俞嗣如对这次和平活动的回忆与康寄遥略有不同。第一，他认为出发日期是 4 月 13 日，不知何者为是。第二，三人中另外一人为谭耀唐而非谭旭唐，不过这应该是二人中某人记忆误差所致，实际应系一人。[④]次日晚间，李虎臣部又要康寄遥给刘军代表宋云石打电话，当其劝宋转请刘军暂缓前进之时，“宋言已进军到灞桥，势难中止，又劝宋候我们信到再决定，正在通话时已有炮弹从我们头上掠过，我们即回城”[⑤]。

三人回城次日，“路禾父及某人又去接洽，行至灞桥，即不能通过，转回西安”[⑥]，亦以失败告终，这应是郭孟圻所说的第二次派路来甫前往和谈。

---

① 康寄遥：《坚守西安时期的和平运动及救济情况》，中国人民政治协商会议陕西省委员会文史和学习委员会：《陕西文史资料精编》第 2 卷《重大事件》，西安：陕西人民出版社，2010 年，第 235 页。

② 康寄遥：《坚守西安时期的和平运动及救济情况》，中国人民政治协商会议陕西省委员会文史和学习委员会：《陕西文史资料精编》第 2 卷《重大事件》，西安：陕西人民出版社，2010 年，第 235 页。

③ 俞嗣如：《回忆陕西和平期成会》，中国人民政治协商会议陕西省委员会文史和学习委员会：《陕西文史资料精编》第 2 卷《重大事件》，西安：陕西人民出版社，2010 年，第 219 页。

④ 俞嗣如：《回忆陕西和平期成会》，中国人民政治协商会议陕西省委员会文史和学习委员会：《陕西文史资料精编》第 2 卷《重大事件》，西安：陕西人民出版社，2010 年，第 219 页。应为谭耀唐，字焕章，曾留学日本，入同盟会员，1912 年西北大学创立时，为委员之一。中国文化书院学术委员会编：《梁漱溟全集》第七卷，济南：山东人民出版社，2005 年，第 524 页。

⑤ 康寄遥：《坚守西安时期的和平运动及救济情况》，中国人民政治协商会议陕西省委员会文史和学习委员会：《陕西文史资料精编》第 2 卷《重大事件》，西安：陕西人民出版社，2010 年，第 236 页。

⑥ 俞嗣如：《回忆陕西和平期成会》，中国人民政治协商会议陕西省委员会文史和学习委员会：《陕西文史资料精编》第 2 卷《重大事件》，西安：陕西人民出版社，2010 年，第 219 页。路禾父（1876—1956），原名和甫，别名孝愉，法名正戒，陕西周至人（一说江苏徐州人），近代陕西著名佛教居士，出身于佛教世家。路氏佛学功底深厚，知识渊博，与康寄遥齐名，有“东康西路”之称（康居东关，路住城内西南）。1918—1928 年任陕西宪兵营营长、教育所督学、督军署军务科科长、某军参谋长等职。袁明仁：《三秦历史文化辞典》，西安：陕西人民教育出版社，1992 年，第 380—381 页；张志哲：《中华佛教人物大辞典》，合肥：黄山书社，2006 年，第 1398 页。

至于第三次商务会派刘乐天前往和谈之事，因史料暂缺，不得详情。

从3—4月份以来守城一方历次和平活动可以看出，和谈是以李虎臣为代表的陕西军政当局推动的，具有官方背景。匡厚生《长安围城纪事诗百首》第五首涉及和谈之事，“且缓传餐速蹴城，如山令下虎貔惊；秦人忽悟弦高意，也把乘韦当路迎”①。匡对该诗自注道：

嵩军正拟整队入城，适城内绅士迎至云：“且缓一二日，俟筹备完毕，李虎臣与其人员走尽，然后前来欢迎，较为得体。”刘镇华深以其言为然，故止。不知绅士进言之日，正杨虎城兵由草滩入城之时，长安城之不失，真间不容发也。②

按照匡厚生的说法，李虎臣连番寻求谈判，便如古时弦高犒师一样，目的在于迟滞镇嵩军进攻，为其攻守决策留下足够时间。

刘镇华未尝没有意识到李虎臣的动机：

刘镇华从和平代表的口中得悉西安毫无坚守准备，又无防守力量，认为西安已在掌握之中，为结欢地方士绅，顺水人情表示同意和平解决，要李部限期西撤，他将对李部“有枪者改编，无枪者给资还乡”。李虎臣也给西安部队一律发了干粮袋、草鞋等，装作撤退模样。但刘镇华部仍节节进逼，四月十一日，前锋已至临潼。刘镇华一面加速部队西进，一面函和平期成会，催李虎臣履行诺言。③

只是，刘镇华对占领西安信心颇足，有些托大，对李虎臣的小算盘虽有意识，仍然中了圈套。

不仅对吴新田、刘镇华寻求和平，守城军队也设法继续对麻振武寻求和平。据时任省政府参议郭孟圻回忆，围城战争开始之后，麻振武曾从临潼发电

---

① 匡厚生：《长安围城纪事诗百首》第五首，刘迈主编：《西安围城诗注》，西安：陕西人民出版社，1992年，第13—14页。

② 匡厚生：《长安围城纪事诗百首》第五首自注，刘迈主编：《西安围城诗注》，西安：陕西人民出版社，1992年，第14页。

③ 李定五：《坚守西安纪实》，中国人民政治协商会议陕西省委员会文史和学习委员会：《陕西文史资料精编》第2卷《重大事件》，西安：陕西人民出版社，2010年，第119页。

报给李虎臣，要求其派员与自己的前敌总指挥汶洁甫接洽。李虎臣、刘治洲遂派郭孟圻前往。他4月14日从西安出发，不久误入柴云升部万选才旅，而被困住，没能与麻振武进行和谈。[①]直至8月31日，吴佩孚派其巡阅使，陕西渭南人王普涵[②]前来，王氏碰巧看到在押犯人名单中有郭孟圻名字，因二人是留学日本的同学，本极熟识，郭方有机会出来。郭孟圻出狱后与刘镇华见面：

刘说："麻允文几次来电要你，我逢人便问，都不知道，多亏普涵，才发现你在临潼，请你先住两天。"……第三天早饭后，刘镇华前来同我谈话，他说："你是他们派来的，你回去说话他们必然相信，现在话就好说了，让开一个城门，或是划分防线都可以，只是叫我带领镇嵩军回河南办不到，其他一切都可以协商解决。青年会的代表团是要求放难民出城的，现在城里边都是'二虎'的党羽，没有难民，所以我拒绝了他们的要求……"说着他还把张作霖来电一封给我看，电报说，南口已经打开了，冯的军队从北大路向宁夏、兰州退走了。[③]

从郭孟圻的经历似可推知，对于李虎臣寻求与原陕军将领麻振武部和谈，以使其反正归来的可能，刘镇华是有所防备的。而郭孟圻之被放出，表面看来是王普涵的功劳，或亦与此时刘镇华强攻西安不成，重燃诱降希望有关。

围城之初，陕南吴新田已与刘镇华合作，陕北镇守使井岳秀虽偏向守城军队，但迫于吴佩孚、刘镇华、阎锡山的强大压力而宣布中立，表面上对攻守双方两不相帮，客观上却有利于刘镇华镇嵩军。当时，"有援李之实力者，惟杨虓耳，而杨、李又夙不一致"[④]。是以刘镇华对杨虎城援李之举，虽未必没有心理准备，却认为可能性不大。故而，刘镇华以为既然可以兵不血刃，又不得罪于"巨室"，自然愿意和平进城，但这也给杨虎城军队入城提供了宝贵的时

① 郭孟圻：《西安围城回忆》，中国人民政治协商会议陕西省委员会文史和学习委员会：《陕西文史资料精编》第2卷《重大事件》，西安：陕西人民出版社，2010年，第26页。

② 王普涵（1893—？），陕西渭南人，日本明治大学毕业，郭孟圻同学，曾任陕西自治筹备处长，陕西印花烟税局长、河南行政人员训练所副所长。万仁元等主编：《中国抗日战争大辞典》，武汉：湖北教育出版社，1995年，第61页。

③ 郭孟圻：《西安围城回忆》，中国人民政治协商会议陕西省委员会文史和学习委员会：《陕西文史资料精编》第2卷《重大事件》，西安：陕西人民出版社，2010年，第28—29页。

④ 黄成垚：《西安围城记》，1927年，第2页。

间。[①]刘镇华棋差一招，不曾想到“李云龙别有心肠，以环境情形恶劣，个人无法撑持，即佯为表示下野，将所有军权交其参谋长韩绾青代理，其下野之宣言，有谓不忍以一人之去就，牵动全省之安危，只要桑梓不遭涂炭，个人一切权利皆可牺牲”[②]。

黄成垙认为，李虎臣的缓兵之计，亦是无奈之举。在西安围城之初，杨虎城尚未入城之时，李虎臣守城意志并不坚定，甚至做好了让城别走的打算，已经开始为向咸阳进行战略转移做准备。当然，李虎臣也在等待杨虎城前来支援，故虽在为让城别走做准备，同时也派人加强对杨虎城的游说：

杨彪本系绿林渠魁，河北地皮剥削已尽，无如部属人数过多，给养颇难支持，忽有李云龙救援之机会，当然乐从。盖功成则陕西督办自优为之，即使失败，而省城之子女玉帛，予取予求，尚不失为富家翁也。[③]

此段记述，未尽客观。因为当时守城陕军处于绝对弱势地位，杨虎城所部即使参与守城，亦不能保证镇嵩军必定不能破城。倘使城池一破，守城军队必定会惨遭屠戮，杨虎城及其所部必定会首当其冲。杨虎城守城意志虽然坚定，但对失败的可能性不会没有预知。然虽如此，杨虎城仍然意志如磐，坚定来援，虽然不可排除黄成垙所述的因素，亦难以否认与陕豫矛盾，以及杨虎城所宣称的革命大义有关。

强攻无效后，刘镇华镇嵩军意识到一味强攻并不可取，遂亦寻求通过和平谈判控制西安城。在路禾父等人前往求和当日，刘镇华亦以议和为名，派其代表安康人宋云石来到西安。在谈判时，“宋提出要求，请李军速离西安，开往甘肃，李部与会各人一笑置之”[④]。刘镇华派出的和谈代表并非一波人。4月15日，有其表弟孙某亦前往西安。孙某“劝李保存仅有实力，让出西安，退驻咸阳礼泉一带，他当帮助补充一师实力，并给以联军名义向甘肃发展”。面对孙某提议，俞嗣如回忆，李虎臣审时度势，以为自己的军事力量不足一旅，若真

---

① 黄成垙：《西安围城记》，1927年，第2页。

② 黄成垙：《西安围城记》，1927年，第2页。

③ 黄成垙：《西安围城记》，1927年，第3页。

④ 康寄遥：《坚守西安时期的和平运动及救济情况》，中国人民政治协商会议陕西省委员会文史和学习委员会：《陕西文史资料精编》第2卷《重大事件》，西安：陕西人民出版社，2010年，第236页。

与刘镇华镇嵩军开仗，恐难取胜，“不如将计就计，权且答应，虚与委蛇，遂将督办职务交秘书长张步候代行，军事会由参谋长韩绾青主持，自己不过问，也不见人”①。但当日晚上，杨虎城便进城，李虎臣拖延之计已经达到目的，其对孙某的态度也转而强硬，不仅拒绝了刘镇华的诱降，也使城内的亲刘人士大为失望。

观西安城围之前的和平活动，攻守双方各怀异谋，均缺乏诚意。对守城一方而言，希望最大限度迟滞敌方进攻；对攻方而言，是希望不战而屈人之兵，迫使李虎臣让城别走。如《申报》报道：

刘因以武力图陕毫无结果，近致书城内各巨绅宋芝田、宋聚五等询和平，径当由陕绅询省军态度，结果省军提出要求两条：（一）共推陕北井岳秀为陕西联军总司令，麻振武为副司令。（二）所有陕军一律改编，并予以相当地盘。当由各绅照转刘方，刘至今尚无表示，惟希望省军让出西安，省军则主张至必要时，宁与吴新田携手，决不欢迎镇嵩军，致战事毫无解决希望。②

既然和平谈判不过是双方实现各自盘算的烟幕弹，归于失败当在情理之中。

据党晴梵回忆，约 6 月间，刘镇华派华阴人张益谦持陈树藩函前来讲和，“李云龙允许见面，杨、卫不能同意。李与张约，令由东稍门进城，并派人去接，杨则命令守兵，当看见张之人影出现时，即由城上开枪瞄击，张遂踉跄而逃”③。李定五对此事回忆颇详：

围城时期，敌方利用张益谦（民国初年曾任财政厅长，当时寓居天津）与李虎臣、卫定一的关系（李当过张的护兵，张、卫同为华阴人），把张由天津招［召］回，使张致信城中，要求进城调解战事，意欲破坏我军内部团结，当

① 俞嗣如：《回忆陕西和平期成会》，中国人民政治协商会议陕西省委员会文史和学习委员会：《陕西文史资料精编》第 2 卷《重大事件》，西安：陕西人民出版社，2010 年，第 220 页。

② 《围城中之西安》，《申报》1926 年 5 月 24 日，第 9 版。

③ 党晴梵：《西安城围记》，中国人民政治协商会议陕西省委员会文史和学习委员会：《陕西文史资料精编》第 2 卷《重大事件》，西安：陕西人民出版社，2010 年，第 41 页。又据俞嗣如回忆，围城后期，“刘镇华又令做过陕西财政厅长的张益谦为和平使者，杨虎城拒绝不令人城，张到南门外一再要求，城上向之开枪，始行遁去。”俞嗣如：《回忆陕西和平期成会》，中国人民政治协商会议陕西省委员会文史和学习委员会：《陕西文史资料精编》第 2 卷《重大事件》，西安：陕西人民出版社，2010 年，第 227 页。党晴梵明确指出此事发生在 6 月，李定五虽没有标明具体时间，依其文意，应在 6—7 月份，故俞氏所言“围城后期”，或误。

被严词拒绝。继又要求亲到城下，与李、杨、卫面谈。我方以两军对垒，相距甚近，对张的安全不能负责，张犹不死心，表示坚欲前来。李、杨乃派军警督察处处长丁增华，预选优良射手数十名，布置东关城上，等张前来，将当场射杀。张于当时察觉情况不妙，仓皇逃走，从此离陕返津。①

李定五与党晴梵的回忆有两处不同，其一，李定五未提及卫定一的态度，似因其份属国民二军，对不起主要作用的卫定一有所忽略。其二，李定五认为李虎臣亦不欲见张益谦，并与杨虎城一起派人准备将之射杀。揆诸当时情势及常理，无论李虎臣内心对和谈之事如何思量，似不至于公然唱反调，故派兵射杀之举，李虎臣态度虽未必积极，想亦不致表示反对。

第二节 和平期成

和平期成会由陕西各界耆老、绅商王卓亭、寇锡三、惠春波、宋伯鲁、宋联奎、武念堂、张孝慈、黄兆麟、谭西轩等联合倡议成立，意在“劝阻各军将领，痛念民艰，早日息争，共谋和平解决之法，免遭地方荼毒之惨”②。

1926年3月30日，《新秦日报》发表一条消息，由王卓亭、寇锡三、惠春波等人领衔发出公告，准备成立和平期成会：

日来各处在野名流与地方团体，鉴于国内战祸，自相残杀，报复相寻，害无底止，既违人道主义，亦失好生之德，纷纷主张召开和平会议，庶以制止杀机，挽回浩劫，促武人之觉悟，免孑遗之流亡。昨闻陕省士绅多人，众以此次战事，陕豫受祸最烈。疆场战士，白骨未埋；战区人民，流离失所。更引起仇杀，惨无人理，虽无详细调查，死亡当在数万，伤心惨目，莫此为甚。拟组织一和平期成会，致电战区军事长官，劝以大义，动以诚心。若能觉悟，不同胞相残，虽胜不武，豆萁相煎，渔人得利之意，固可息战以恢复和平……凡已失战争能力及被俘虏者，双方均本仁爱之心，优予待遇，并禁止部下及无知愚民，

---

① 李定五：《坚守西安纪实》，中国人民政治协商会议陕西省委员会文史和学习委员会：《陕西文史资料精编》第2卷《重大事件》，西安：陕西人民出版社，2010年，第126页。

② 《陕西国民军已失败》，《申报》1926年5月4日，第5版。

勿存仇视之心；致报复无已。公理所在，即国际战争，亦不外此，当能稍收效果，取得军人之同情，并一面通电全国，请一致主张，一、二日内，即可正式成立。①

另据黄成垙记述，在刘镇华大兵压境之时：

陕西耆老，如宋伯鲁、宋联奎、黄兆麟、寇卓等又组织和平期成会，不愿双方兵戎相见，以免人民受莫大之痛苦。曾向双方提出条件，要求刘军暂勿进城，李军自行退出。在李将出城，刘未进城之间，所有省城治安，由陕西耆老责成警察担任维持。②

但在3月底、4月上旬，和平期成会似未成立。4月12日，“在省通志局开成立大会，到会者五六千人”③。成立之日，该会发出通电、公启，呼吁和平。其通电为：

天祸中国，频年丧乱，哀我同胞，罹此浩劫。此次战祸，绵延数省，时间将逾六月。无辜人民，肝脑涂地，疆场战士，血肉横飞。兼之土匪窃发，乘机扰害，奸杀、劫掠、拷票、勒索，残酷之行，惨无人道，以致被灾区域，市廛尘等于丘墟，村舍化为灰烬。苍苍蒸民，谁无骨肉，岂忍令其穷无可告，靡有孑遗耶！又况仇怨报复，覆辙相寻，此仆彼兴，永无宁日。操戈同室，不过涂炭生灵，祸起萧墙，徒损国家元气，莽莽神州，难免陆沉，眈眈强邻，能无虎视？陕省牵入旋［漩］涡，同遭荼毒，自冬徂春，关东、关西，日在水深火热之中，时切栋折榱崩之惧，同人等本好生之德，懔覆亡之戒，爰集绅耆各界，组织和平期成会。已于本月十二日开成立大会，首以宁息陕局，免除灾祸为目的，达全国和平之战志。国人存心仁爱，具有同情，必能一致赞成，贯彻斯旨，庶几挽回武人好杀之心，解救小民倒悬之苦。殷忧启圣，多难兴邦，安危所系，利害攸关，尚祈一致促成，

① 俞嗣如：《回忆陕西和平期成会》，中国人民政治协商会议陕西省委员会文史和学习委员会：《陕西文史资料精编》第2卷《重大事件》，西安：陕西人民出版社，2010年，第219—220页。

② 黄成垙：《西安围城记》，1927年，第1—2页。

③ 《陕西国民军已失败》，《申报》1926年5月4日，第5版。当日张扶万日记有“谭耀春倡为和平会，志局派王蒲卿代同人前商办法。”（张扶万：《在山草堂日记》，中国人民政治协商会议陕西省委员会文史和学习委员会：《陕西文史资料精编》第2卷《重大事件》，西安：陕西人民出版社，2010年，第245页）。

早解纠纷。迫切陈词，诸维鉴察。陕西和平期成会同人叩。[①]

致攻守双方将领的通电内容，共分三项：

（一）推定代表，交涉双方各守战线，停止军事行动。

（二）解决陕局，须采取和平手段。

（三）各将领均有地方观念，对于陕事，必有具体办法，请具明白宣示，由本会转达各省当轴采纳，总乞消弭战端，以免人民重遭涂炭为宗旨。[②]

通电和公启发出之后，渭南柴云升、临潼麻振武通电表示赞同，但以二人均系镇嵩军阵营中人，应有受刘镇华授意，希望利用和平期成会之意。

又据王佑民回忆，当刘镇华进逼西安时，城内守军除加强防守之外，还组织和平期成会，以通过和平谈判，麻痹、迟滞敌人进攻：

由韩绾青主持，约同城内士绅们出面言合，复由士绅们组织和平促进会。组织成员计有宋伯鲁、宋菊芳、王阴之、武念堂等，言好通电不知凡几。据说往返数次，均为刘所拒绝。又召由外国住在省东西关的传教牧师们说情，写信给刘，希望和平解决。听说也很有几次的劝告，但刘仍坚持不允，战争因之日紧。[③]

据张俊青回忆，和平期成会成立之后，诸老曾“邀请韩绾青也参加……韩当时负有重要职务，所以表示迟迟疑疑，不大愿意参加”[④]。我们可以看到，在守军与和平期成会的交流沟通方面，韩绾青起到关键作用。而从相关资料，确实看不到王佑民所谈及的韩绾青主持和平期成会之事。然则和平期成会之成立和运作，陕西军政当局最初未必打算派人参与。诸老力邀韩绾青参与，也是希望利用韩氏之地位，能够事半功倍。韩氏后来经常参加其事，客观上起到了沟通和平期成会与守军的作用，也是陕西军政当局约束、控制和平期成会的重要管道，为和

---

① 《陕西国民军已失败》，《申报》1926年5月4日，第5版。

② 《陕西国民军已失败》，《申报》1926年5月4日，第5版。

③ 王佑民：《西安围城回忆点滴》，中国人民政治协商会议陕西省委员会文史和学习委员会：《陕西文史资料精编》第2卷《重大事件》，西安：陕西人民出版社，2010年，第47页。

④ 张俊青：《西安围城回忆录》，中国人民政治协商会议陕西省委员会文史和学习委员会：《陕西文史资料精编》第2卷《重大事件》，西安：陕西人民出版社，2010年，第91页。

平期成会的和平活动深深地打上了陕西军政当局的烙印。

据康寄遥回忆：

> 当时的和平会或说是和平期成会，我们出城时虽用和平会的旗子，但究不悉这会由谁发起。有说是刘定五（即刘治洲——笔者注）省长发起的，有说是由和平会所在地通志局诸位老先生和宋芝田、宋菊五、郭蕴生、王卓亭倡导的。但这些会据说已得到当时西安军政负责人的同意。记得后来开会时我们参加过几次，司令部也有人参加，大体是为了和平，绝大多数人是专为陕军服务的。[①]

既然如此，则城内一般人等，未必知道和平期成会成立之原委，只是陕西军政当局利用、达成自己目的的招牌而已。由于康寄遥等人的和平活动，是在李虎臣授意下进行的，也从侧面印证了笔者有关陕西军政当局参与、影响和平期成会的判断。

据张扶万日记，1926 年 4 月 15 日中午，作者至志局，“则和平会议立属矣，蕴生言雪亚使宋云石来见李虎，其保件重在李虎退出城外”[②]。李虎臣提出四点出城条件，“（一）陕豫合作；（二）生命保全；（三）收容部下；（四）指定驻地。”但宋云石表示：“为出城办法，二三条以下均承认，参期限已一日矣，今日再展限一日。”[③]此后，由于姬汇伯、杨虎城相继入城，刘镇华意识到自己受骗，遂于 4 月 16 日晚，展开攻城战，“盖杨部入城后，镇嵩军以和平无成，追之前来也”[④]。和平期成会最初的和平活动受阻。

4 月 27 日，张扶万“同褚小毖至和平会，言城围将合，省城十万生灵无人为之计划，请报和平会中人商办法。蕴生言，人情各谋其私，无后为之计者，即来亦无益，小毖心欲开会，即开单请会中人来，定明日为期”[⑤]。28 日，和

---

① 康寄遥：《坚守西安时期的和平运动及救济情况》，中国人民政治协商会议陕西省委员会文史和学习委员会：《陕西文史资料精编》第 2 卷《重大事件》，西安：陕西人民出版社，2010 年，第 236 页。

② 张扶万：《在山草堂日记》，中国人民政治协商会议陕西省委员会文史和学习委员会：《陕西文史资料精编》第 2 卷《重大事件》，西安：陕西人民出版社，2010 年，第 245 页。

③ 张扶万：《在山草堂日记》，中国人民政治协商会议陕西省委员会文史和学习委员会：《陕西文史资料精编》第 2 卷《重大事件》，西安：陕西人民出版社，2010 年，第 245 页。

④ 张扶万：《在山草堂日记》，中国人民政治协商会议陕西省委员会文史和学习委员会：《陕西文史资料精编》第 2 卷《重大事件》，西安：陕西人民出版社，2010 年，第 245 页。

⑤ 张扶万：《在山草堂日记》，中国人民政治协商会议陕西省委员会文史和学习委员会：《陕西文史资料精编》第 2 卷《重大事件》，西安：陕西人民出版社，2010 年，第 246 页。

平期成会开会，“到者十余，王卓亭意通电北京，请中央解决陕西之危，除［余］皆无实在办法而散”①。可知，和平期成会同仁，对该会的活动并非没有分歧；对其在调和陕局中的作用，信心不足。

在和平期成会展开和平活动之时，4月29日，省议会发表通电，呼吁和平：

天祸吾陕，兵劫连年，周秦黎民，孑遗仅存，今又不幸于4月16日省垣陡发剧战，炮声半月未息。难民载道，村舍为墟，兼以春雨愆期，灾象逾恒，饥馑师旅相逼而来，人民何辜，遭此涂炭。近更巨炮轰击，较前猛烈，血肉横飞，触目伤心，若不及时拯救，全城生命财产，势必荡然一空。本会代表人民，不忍坐视，一再呼吁，迄未谅解，用特电恳，为民请命，伏冀诸公仗义执言，早息战祸，三秦人民，馨香祝之，临电神驰。②

5月1日，和平期成会在《新秦日报》谈及和平期成会规定，每日12时到会一次，协商和平办法。从张扶万日记看，在5月15日褚小毖被杀前，虽然经常空头议论，不能发挥实际效果，和平期成会基本上做到了这一约定。

在刘镇华大举进攻，犹未能占领西安的情况下，除改变围城策略外，重新寄望以和平活动，诱敌投降。据张扶万日记，5月4日，志局收到邮局送来的讨贼军陕甘总司令部复和平期成会函：

阅之，则言京中一军已退，南口已失，秦直鲁各军追剿前进。己（雪亚自称）在陕有年，此次留西路为城军退走地步。对用于城中抗拒，不用大重炮，于不得已之中，仍存息事安民之心。此为最后使断语，仍望速决。③

几乎同时，东关邵涤源教士亦接到刘镇华来函，“内容仍系赞成和平解决，其所提条件中，有请邵邀同和平会一致商酌，以东八仙庵为会议地点；又有省军先行退出城外，刘军亦暂不入城，由警察及耆绅维持秩序之主张”④。5

① 张扶万：《在山草堂日记》，中国人民政治协商会议陕西省委员会文史和学习委员会：《陕西文史资料精编》第2卷《重大事件》，西安：陕西人民出版社，2010年，第246页。

② 俞嗣如：《回忆陕西和平期成会》，中国人民政治协商会议陕西省委员会文史和学习委员会：《陕西文史资料精编》第2卷《重大事件》，西安：陕西人民出版社，2010年，第225页。

③ 张扶万：《在山草堂日记》，中国人民政治协商会议陕西省委员会文史和学习委员会：《陕西文史资料精编》第2卷《重大事件》，西安：陕西人民出版社，2010年，第246页。

④《西安血战中之和平运动》，《申报》1926年5月29日，第10版。

月 6 日，遵依刘镇华要求，和平期成会在八仙庵开会，讨论如何复函刘镇华。但因兹事体大，和平期成会对战和大计无法做主，便致电韩绾青请示意见。韩绾青复函：

遥启者，即承诸先生教示回复，面陈于李虎臣、杨虎城、卫总成三君，均极赞成诸先生义举，并将交涉要领列后：

（一）先声明彼方承认陕豫合作根本，前次提出以井崧生为陕军总司令，麻师长允文为陕省副司令，全陕军队悉容改编。

（二）井帮办未到省之先，前日军事会议公推定杨虎城师长代行帮办职权，此次当然由杨虎城负责交涉，其余候对方承认第一条办法后，再行确商条例，全部停止军事，开设办法。①

5 月 7 日，和平期成会即以韩绾青意见回复刘镇华：

奉读钧示，具见爱护地方，委曲求全，危巢引领，钦感莫铭。承询和平途径，同人等连日开会讨论，此间军事当局几莅会所，表示无不愿和平之实现与合作之成功。其交涉要领，另纸开列原函呈览。同人等一再思维，自战事发生，城外难民逃入城者逾数万人以上，救济会有无法收容之势。奉谕转告商民，移居城外，陕西焉有第二省城可作桃源之避。现麦秋已届，转瞬收获，设因战事荒芜，后患何堪设想。况陕军各部约数万人，势尚不弱，苟无相当名义与分驻地点以安置之，假令横流放决，收束亦岂易言。总之，必陕军安而后陕民安，此理当可共喻。即恳我公为民降志，查照另开条件，俯如所请，则片言惠布，即是万树浓阴，一念祥和，不啻千枝甘露。同人等无任馨香拜祷之至。②

其所“另开条件”，当是韩绾青函中所提两点。从“陕军各部约数万人，势尚不弱”一语，可以看到，和平期成会在陕军军政当局强力影响下，

---

① 《西安血战中之和平运动》，《申报》1926 年 5 月 29 日，第 10 版。当日张扶万在日记中亦言：“军事方面，韩绾青来，代表军中意见，云陕军推井崧生为首领，中加入邵教士，来往商条件。”（张扶万：《在山草堂日记》，中国人民政治协商会议陕西省委员会文史和学习委员会：《陕西文史资料精编》第 2 卷《重大事件》，西安：陕西人民出版社，2010 年，第 247 页）

② 《西安血战中之和平运动》，《申报》1926 年 5 月 29 日，第 10 版。

在与刘镇华镇嵩军交涉中，并非一意求和，而是坚持陕西军政当局成议，态度强硬。

另外，函中所提到的收麦之事，当是陕西军政当局愿意与刘镇华镇嵩军和谈的另一隐衷，即希望利用和谈，诱使刘镇华镇嵩军同意难民出城收麦，纾解城内粮食危机，以便与刘镇华周旋到底。但此时兵强马壮的刘镇华，不仅对西安城势在必得，对陕西军政当局的隐衷，亦不能不有所警觉。最为重要的是，刘镇华似乎相信，凭借自身强大实力，消灭陕军不在话下，是以他对陕军所提条件，根本不愿接受。刘氏复函，仅重申以往要求，对陕军所提条件，不置可否，其意仍是通过和平谈判逼迫陕军投降，如若不投降，则聚而歼灭之。[①]

据张扶万日记，5月7日之函，“为东关守军搜出，交杨虎，昨早九时始由邵教士派人送去”[②]。这里东关守军，当属杨虎城部原国民三军。此意外事件，表明杨虎城对和平期成会的和平活动将信将疑，成见甚深。至11日，“知复联军之信仍未到”[③]。12日，亦未收到联军之信。[④]5月13日，张扶万“饭后，志局人来请往，至则蕴生、小毖、刘乐天、刘次枫在，云今日芝田召集，以卫定一见芝田，请为保存计，意欲通款吴芑孙，吴与刘同一气做事，合彼通何如……今又报之，为得计乎？定一来，仍以此意为言，众允为通函，探吴、刘之意，即散会”[⑤]。则陕西军政当局还希望通过和平期成会与吴新田取得联

---

① 俞嗣如：《回忆陕西和平期成会》，中国人民政治协商会议陕西省委员会文史和学习委员会：《陕西文史资料精编》第2卷《重大事件》，西安：陕西人民出版社，2010年，第221页。

② 张扶万：《在山草堂日记》，中国人民政治协商会议陕西省委员会文史和学习委员会：《陕西文史资料精编》第2卷《重大事件》，西安：陕西人民出版社，2010年，第246页。在西安围城之役中，传教士积极参与、推动和平活动。如5月30日毛昌杰日记中记述，“午后一钟到省署见定五，将邵教士函与阅之，云无识之传单，无足计较。贵教诸善士劝人为善，每遇急难，我兄不避险阻，出而排解，受福孔多，至为佩感。凡在公之人，对于贵教会无不极端保护，务请宽怀为幸。”（毛昌杰：《君子馆类稿（附文钞·诗钞·日记）》，沈云龙主编：《近代中国史料丛刊》第3辑，台北：文海出版社，1966年，第468页）又6月10日张扶万日记，“余谈及外国教士调停战事”（张扶万：《在山草堂日记》，中国人民政治协商会议陕西省委员会文史和学习委员会：《陕西文史资料精编》第2卷《重大事件》，西安：陕西人民出版社，2010年，第248—249页）。

③ 张扶万：《在山草堂日记》，中国人民政治协商会议陕西省委员会文史和学习委员会：《陕西文史资料精编》第2卷《重大事件》，西安：陕西人民出版社，2010年，第246页。

④ 张扶万：《在山草堂日记》，中国人民政治协商会议陕西省委员会文史和学习委员会：《陕西文史资料精编》第2卷《重大事件》，西安：陕西人民出版社，2010年，第246页。

⑤ 张扶万：《在山草堂日记》，中国人民政治协商会议陕西省委员会文史和学习委员会：《陕西文史资料精编》第2卷《重大事件》，西安：陕西人民出版社，2010年，第246—247页。

系，离间他与刘镇华、吴佩孚等人的关系，诱其撤围。

除此之外，当日会议仍主要讨论与刘镇华之间的和平问题：

由宋伯鲁及黄兆麟诸耆老告以会中拟定办法，请转达李、杨两师长，如议和时陕军驻扎地点，编制名义诸要目，应先行提出条件。至省方有因刘方在豫时不能实行诚信，对已经改编之康旅诸部众，一并收枪解散，对于刘方遂不能不怀疑，意恐再蹈覆辙一层，亦由会中致函，刘方应有诚信表示。于议决案件后，彼此即是一家，不能再有攻击动作之切实保障，省联两军各再派代表商洽条件，双方履行，不得反悔。[①]

当天亦参加会议的卫定一表态模糊，“各将领无不爱惜桑梓，尊重和平，俱因刘方在豫西对陕军前车之鉴，不惜拼力而战，果有切实保障，预料和平解决，立可实现”[②]。如此，双方意见似渐渐接近，即如果刘镇华镇嵩军能够保障陕军安全，陕军是可以让城别走的。在会议中，卫定一除暗示和平期成会可以与刘镇华讨论，又表示需要与李虎臣、杨虎城交换意见之后，方可决定战和之策。这一表态，给陕西军政当局的真实态度蒙上了浓重阴影，既然卫定一所有表态都不能做数，那么和平谈判该如何进行。卫定一的种种表态，似乎是在试探刘镇华镇嵩军一方底线，至于已方底线，则根本不愿透露。这似表明，和刘镇华镇嵩军一直不改变入城计划一样，城内守军亦坚决不答应刘镇华镇嵩军进城主张，双方仍都在利用和平谈判，都无和平诚意。卫定一去后，和平期成会即按照陕西军政当局意见，致函吴新田。但陕西军政当局意见，送至刘镇华处后未见回复，表明刘镇华在无法达到目的的情况下，已对和平期成会的和平活动失望了。

其后某日，卫定一前往拜访和平期成会诸老。因当时会中无人，之后该会又“特推郭蕴生（毓琼）、张升昌（定九）、俞慰曾（嗣如）三人，往东大街六师办公处拜谒，并电述和平会意旨”[③]。卫定一仍坚持既定意见，“敌方如

① 俞嗣如：《回忆陕西和平期成会》，中国人民政治协商会议陕西省委员会文史和学习委员会：《陕西文史资料精编》第 2 卷《重大事件》，西安：陕西人民出版社，2010 年，第 222 页。

② 俞嗣如：《回忆陕西和平期成会》，中国人民政治协商会议陕西省委员会文史和学习委员会：《陕西文史资料精编》第 2 卷《重大事件》，西安：陕西人民出版社，2010 年，第 222 页。

③ 俞嗣如：《回忆陕西和平期成会》，中国人民政治协商会议陕西省委员会文史和学习委员会：《陕西文史资料精编》第 2 卷《重大事件》，西安：陕西人民出版社，2010 年，第 224 页。

表示诚意言和，陕军众极愿和平解决，以免生灵涂炭”[①]。

在5月13日和平期成会开会以前，宋伯鲁、宋联奎、武念堂联名致函刘镇华，其中有：

弟等光阴视息，悲默为生，遘阳九之屯期，重百六之否运。即欲勉从尊谕，迁地为良，而南望韦曲，咸为草莱，回首霸陵，俱沾霜露。触处皆荆棘之途，何地作桃园之避，此又我公之所知也。况城中十万户，讴歌未息，痛痒相关，颠沛之祈，恫瘝在抱。来教已洞瞩其艰，无待缕述。即就此间各军言之，凡执殳之前驱，半指挥之旧部。其所以迹近敌抗，而有所要求者，无非自保其衣食问题而已。我公若稍加愁容，视同一体，则冤置悉成腹心，骏奔可供指臂，化妖雾为和风，销尘霾于霁日，只在我公一念之转移间耳。[②]

诸老此信，乃从情理上对刘镇华进行劝谕，所用言辞，已近哀求。细绎诸老立论，所说陕民惨状，自是实情，然所说城内守军情况，当是不实诈言。正因守城陕军，即原国民二、三军，与刘镇华镇嵩军有刻骨仇恨，难解难分，均坚不妥协，以致演成你死我亡般的较量。这种情况，刘镇华的认知颇为清晰，是以其5月14日复三老之函相当强硬：

镇华因大势所趋，为吾民请命，关内本旧游之地，民军亦共事有年，一矢相加，实非得已。是以网开一面，免玉石俱焚，法约三章，冀池鱼之无恙。凡兹诚悃，节经宣言，揆诸先生息事宁人之表，实同推心置腹之旨，承示衣食问题一节，言简意赅，钦佩尤深。窃以无古无今，无中无外，所谓政治问题，质言之即衣食问题而已。民国扰攘，十有余年，云翻雨复，迄无宁岁，推厥祸原，实因民食无平允解决之法，致政局无永久安宁之期，训［驯］至仇怨相寻，攘夺靡已。言念及此，慨为伤之。

镇华对于泽胞，向无畛域，但期履行前定办法，即日退出省城，表示同意。凡有枪者，悉予编制，无枪者优资遣散，且于武、岐、扶各处，均西路

① 俞嗣如：《回忆陕西和平期成会》，中国人民政治协商会议陕西省委员会文史和学习委员会：《陕西文史资料精编》第2卷《重大事件》，西安：陕西人民出版社，2010年，第224页。

② 俞嗣如：《回忆陕西和平期成会》，中国人民政治协商会议陕西省委员会文史和学习委员会：《陕西文史资料精编》第2卷《重大事件》，西安：陕西人民出版社，2010年，第222页。

膏腴之区，拟即分配驻防，俾其饷源有着。倘有下野军官，更有从优待遇之列，所有眷属财产，均负完全保护之责。拳拳之诚，凡所为各部衣食问题谋者，已属无微不至。此后合秦豫为一家，图西北之发展，镇华所期望于各部者，前途尤未可量。尚希各蠲成见，共济和衷，放远大之眼光，为识时之俊杰。正如尊示所云，只在一念转移间耳！至井使受联军西北总司令职，其任务在出兵包头，截断甘绥之交通，铲除一军之根据。于国、直合作之谣传，大相径庭，并望转达各部侦察实情，勿迷歧路，为公为私，尤不得不尽情以告者也。总之，天下事须为平允之解决，不可为意见之争持，若徒以同胞为孤柱［注］，以金革为牺牲，非为不善为陕民谋，亦不善为陕军谋矣！克已谨遵明教，严饬部伍，禁大炮之攻击，企和平之进行。万一各部不谅微忱，仍相拒抗，必出于最后解决之一途，诚恐镇华爱莫能助，惟有敬恳原宥，徒呼负上而已。[①]

在复函中，刘镇华不改既定目标，不仅表明镇嵩军必须进城，还要瓦解陕军。他对守城军队所寄予厚望的陕北镇守使井岳秀不表信任，认为他与国民一军有所勾结，是自己劲敌，当然不能俞允井岳秀担任陕军总司令之议，更不可能接受与自己为敌的杨虎城。这便意味着他全盘推翻了守城军队的和谈条件。

在当日日记中，张扶万记述道，刘镇华“指定礼、乾、凤为退军驻地，收编以有者为限”[②]。毛昌杰日记更为详细，且在陕军驻军地点方面略有不同，“有枪者，皆为改编，无枪者，给资遣散，歧、凤、兴、武为分驻地点”[③]。这似意味着5月14日之函，无论对和平期成会，还是对陕西军政当局而言，都是一枚震撼弹，也意味着双方谈判行将破裂。

5月15日，毛昌杰已经意识到和平无望，当日他“至和平会，到者无多，

① 俞嗣如：《回忆陕西和平期成会》，中国人民政治协商会议陕西省委员会文史和学习委员会：《陕西文史资料精编》第2卷《重大事件》，西安：陕西人民出版社，2010年，第223页。

② 张扶万：《在山草堂日记》，中国人民政治协商会议陕西省委员会文史和学习委员会：《陕西文史资料精编》第2卷《重大事件》，西安：陕西人民出版社，2010年，第247页。

③ 毛昌杰：《君子馆类稿（附文钞・诗钞・日记）》，沈云龙主编：《近代中国史料丛刊》第1编第2辑，台北：文海出版社，1966年，第457页。

问警堂，言二虎见雪［亚］复宋、武信，甚不喟然，大约和议不能成也”[①]。张扶万表述更加明白，“少顷张警堂来言，会中复信并二宋、武之函上，殊为多事，且有畏吓意味，显受杨虎城等指使而来，众以为如此无办法矣，即散”[②]。据张俊青回忆，李虎臣、杨虎城、卫定一见信后，“卫总成当然拿不了主意，杨虎城及李虎臣见信后却‘甚不喟然’，尤其杨虎城认为这是劝降，不是什么和议”。尤其是，“在这股和平歪风影响下，城内一些和敌人有关系的人便造谣生事，蠢蠢欲动，据说当时东大街还发生过一次游行请愿的举动”[③]。既然如此，陕西军政当局似已到了喊停和平活动之时。

刘镇华之条件系其一贯主张，并非秘密，李虎臣、杨虎城、卫定一等陕军将领应早已了然于胸。则其当日表示，实即担心和平期成会的和平活动对守城不利，且刘镇华坚决不允许百姓出城收麦，便意味着无法依此获得粮食补给，情况急转直下，势所必然。5 月 16 日，张扶万得到消息，“本日三钟时，杨虎城马弁提小崧去，恐有不测，以小崧每在和平会侃侃而言，有责李不为民请命之言，又当场责刘定五（即刘治洲——笔者注）身为省长，不为城民计”[④]。张扶万对褚小崧安危的担心是有道理的，果不其然，5 月 17 日，褚小崧被枪毙。

守城陕军枪毙褚小崧之后，旋即发出布告：

为布告事，案据密探报称：

褚恒劼暗通嵩匪，参谋不轨，当经派员将该犯拿获，交由军法处审讯，该犯直认不讳。当此戒严期间，该犯竟敢在本军防地以内恣意捣乱，实属罪有应

① 毛昌杰：《君子馆类稿（附文钞·诗钞·日记）》，沈云龙主编：《近代中国史料丛刊》第 3 辑，台北：文海出版社，1966 年，第 457—458 页。但据张扶万记述，参会人数明显不同：“今日到和平会者人最多。”张扶万：《在山草堂日记》，中国人民政治协商会议陕西省委员会文史和学习委员会：《陕西文史资料精编》第 2 卷《重大事件》，西安：陕西人民出版社，2010 年，第 247 页，不知何者为是。另据《君子馆日记》，毛昌杰于 4 月 14 日、5 月 6 日、5 月 7 日、5 月 13 日、5 月 15 日数次参加和平期成会活动，且“同绎如酌修致雪督信，请停战令民收麦”，涉足甚深。毛昌杰系政府人员，他之涉足和平期成会，可证该会的活动，实受守城陕军的控制。

② 张扶万：《在山草堂日记》，中国人民政治协商会议陕西省委员会文史和学习委员会：《陕西文史资料精编》第 2 卷《重大事件》，西安：陕西人民出版社，2010 年，第 247 页。

③ 张俊青：《西安围城回忆录》，中国人民政治协商会议陕西省委员会文史和学习委员会：《陕西文史资料精编》第 2 卷《重大事件》，西安：陕西人民出版社，2010 年，第 92 页。

④ 张扶万：《在山草堂日记》，中国人民政治协商会议陕西省委员会文史和学习委员会：《陕西文史资料精编》第 2 卷《重大事件》，西安：陕西人民出版社，2010 年，第 247 页。

得。即于本日将该犯押赴市曹，执行枪决，以遏乱萌，而昭惘戒，合亟布告通知。计开正法匪犯一名褚恒劭，富平人，年五十二岁。[①]

对于和平期成会的和平活动和褚小毖被杀之事，时人议论颇多。

李定五回忆：

刘镇华曾主陕数年，与地方士绅相当熟识。围城初期，士绅们组织的和平期成会内就有人暗与刘镇华勾结，互通音讯，散布和平解决陕西军空气，瓦解士气，经总部将通敌最露骨的褚小毖枪毙后，和谈空气始息。[②]

曹希进回忆：

在坚守西安中，城内有些绅士和宗教界、商会人士组织“和平会”，企图“奔走和平”，“调停”以解决战事。这些人中有宋伯鲁、宋联奎、路禾父、康寄遥等。“和平会”的人曾经见李虎臣、杨虎城等，当把名单递上去后，李虎臣一看是“和平会”的人，便大声说：“这些狗日的，再不准他们来，谁再来就杀谁。”杨虎城也在旁，多不说话。后来，便不准“和平”会的人有什么活动，只许让他们办掩埋死人的事。[③]

窦荫三回忆：

刘镇华时常同城内士绅有来往，尤其对褚筱毖最为亲密，而褚筱毖在这期间与许多士绅谈，咱们可以建议二虎能守就守，不能守就退，为什么让老百姓受很大的痛苦。杨虎城闻此情况，知褚筱毖同刘镇华勾结，在城内扰乱军民守城信心，在五月下旬左右即召集一部分绅士先谈，说明褚筱毖此情况就是乱扰军心，即将褚筱毖枪决，城内人心才安定了。[④]

---

① 俞嗣如：《回忆陕西和平期成会》，中国人民政治协商会议陕西省委员会文史和学习委员会：《陕西文史资料精编》第2卷《重大事件》，西安：陕西人民出版社，2010年，第225页。

② 李定五：《坚守西安纪实》，中国人民政治协商会议陕西省委员会文史和学习委员会：《陕西文史资料精编》第2卷《重大事件》，西安：陕西人民出版社，2010年，第127页。

③ 曹希进：《关于坚守西安的一些材料》，中国人民政治协商会议陕西省委员会文史和学习委员会：《陕西文史资料精编》第2卷《重大事件》，西安：陕西人民出版社，2010年，第184—185页。

④ 窦荫三：《西安围城回忆》，中国人民政治协商会议陕西省委员会文史和学习委员会：《陕西文史资料精编》第2卷《重大事件》，西安：陕西人民出版社，2010年，第36页。

张俊青回忆：

城内一些过去和刘镇华、柴老八等有僚属的朋友、亲戚关系的，以褚筱毖、刘乐天及一些所谓大老之流（为代表），据他们当时的谈话和信件中，左一个“雪督”，右一个“柴司令”，不仅叫得又响亮又亲热，而且已组织了和平期成会，专等李虎臣一旦离开西安，便前往夹道欢迎刘镇华。刘镇华和柴老八等也派了代表前来西安，从事要挟威吓等活动。他们认为获得西安已成定局，送往迎来的军乐队再一欢迎，更是体面。所以进攻到灞桥一带，便停留下来，专等城内出城十里郊迎他们了。[①]

言下之意，在城内从事和平活动的诸老，都是刘镇华的人，都在为刘镇华奔走呼号。

俞嗣如回忆：

此次和平会开会，褚常参加，对刘镇华称为雪帅，发言又公开主张让刘进入省城，并在会外为刘宣传，又被甄某告发血债，经密探查其暗通镇嵩军，被杨虎城捕交军法处审讯，于5月17日执行枪决。[②]

与上述议论有所不同的是，张扶万对褚小毖之被杀，“惊惜万分，果因和平会事而死，死重泰山哉”[③]。如依上述诸人观点，张扶万应亦是和平期成会中的败类，只不过其“隐藏甚深”，未被发现而已。

在发布褚小毖罪状几乎同时，守城陕军又以国民三军第三师名义，发布六言布告，“现值戒严时期，禁止造谣生事，倘敢明知故犯，拿办决不宽恕”[④]，相当于禁止了和平期成会的和平活动。

褚小毖之被杀，甚至造成了寒蝉效应。据《君子馆日记》，5月26日，毛

---

① 张俊青：《西安围城回忆录》，中国人民政治协商会议陕西省委员会文史和学习委员会：《陕西文史资料精编》第2卷《重大事件》，西安：陕西人民出版社，2010年，第90页。

② 俞嗣如：《回忆陕西和平期成会》，中国人民政治协商会议陕西省委员会文史和学习委员会：《陕西文史资料精编》第2卷《重大事件》，西安：陕西人民出版社，2010年，第225页。

③ 张扶万：《在山草堂日记》，中国人民政治协商会议陕西省委员会文史和学习委员会：《陕西文史资料精编》第2卷《重大事件》，西安：陕西人民出版社，2010年，第247页。

④ 俞嗣如：《回忆陕西和平期成会》，中国人民政治协商会议陕西省委员会文史和学习委员会：《陕西文史资料精编》第2卷《重大事件》，西安：陕西人民出版社，2010年，第225页。

昌杰到达办公地点后，曹仲谦谈云："自褚小密［毖］事出后，竟有人飞语及刘乐天者，属余如有谈及者，务为据理剖白。"[1]则曾经在守军委托下，与刘镇华和谈的刘乐天亦被怀疑有通敌之嫌，其生命安全亦将不保。虽然没有资料表明刘乐天被守城陕军所杀，但彼时守城陕军已经改变通过假借和平谈判与刘镇华镇嵩军虚与委蛇，以谋求有利形势的方针，转而通过枪毙褚小毖制造恐怖气氛，压抑和平空气。原和平期成会成员，又有谁不爱惜身家性命，在人人自危之下，自然不敢高唱和平论调了。

包括褚小毖、张扶万在内的和平期成会诸老中有许多人，如宋伯鲁、宋联奎，确曾与刘镇华甚有交情，但无法认为他们通敌。在俞嗣如所著《回忆陕西和平期成会》中，有一段鲜为人知的回忆：

有刘镇华时任洛川县长之褚小毖名恒劼，当刘军与杨虎城在西路交战时，以众寡之势，杨氏被迫退入陕北，行至洛川，褚严闭城门，不令杨军入城，及杨以陕北救国军前敌总指挥，出山时经过洛川，褚仍拒而不纳。[2]

晁晓愚亦有类似说法："富平有一位褚筱宓者，他是前清时代的孝廉，曾充当过刘镇华统治陕西时期的洛川县县长，在那时，我们杨部的军队由那里经过，他就以其县长身份多方阻挠，不让我军从洛川顺利开拔。"[3]既是俞、晁二人同声所言，则褚小毖与杨虎城之间有过节，应属事实。如此，杨虎城之杀褚小毖，除了其行为张扬，倾向开城投降，使杨虎城得以抓住把柄，杀一儆百之外，恐怕还因为此人之前便已经得罪了杨虎城及国民三军第三师。

张俊青前述所言，以及晁晓愚所言，"其（和平期成会——笔者注）中还有别有用心的人，从中煽动，或有和刘匪过去即有部属、隶属关系的陕

① 毛昌杰：《君子馆类稿（附文钞·诗钞·日记）》，沈云龙主编：《近代中国史料丛刊》第1编第2辑，台北：文海出版社，1966年，第461页。

② 俞嗣如：《回忆陕西和平期成会》，中国人民政治协商会议陕西省委员会文史和学习委员会：《陕西文史资料精编》第2卷《重大事件》，西安：陕西人民出版社，2010年，第224—225页。

③ 晁晓愚：《忆蒙沔［浚］僧有关坚守西安情况述闻》，中国人民政治协商会议陕西省委员会文史和学习委员会：《陕西文史资料精编》第2卷《重大事件》，西安：陕西人民出版社，2010年，第159页。

人，他们当然不愿抵抗，而想刘镇华即日进城”[①]，也未必完全是真实情况。另一种可能是，在刘镇华镇嵩军大军压境，西安被围前后，城内百姓危如累卵，朝不保夕。当此之时，一些与刘镇华或有关系，或无关系的耆老、商人、士绅、传教士，感到战端一开，必定玉石俱焚。他们组织和平期成会，利用与城内陕军、城外镇嵩军的种种关系，谋求弭兵息战，以尽量减少百姓伤亡。至于西安城，是守城陕军控制，还是刘镇华镇嵩军得到，于他们而言，似无必然成见。对他们而言，镇嵩军当然军纪败坏，守城陕军亦非善类。这样一些人，在一定程度上说，是代表城内百姓说话的，是以减少战祸为最高考量的。

褚小毖被杀以后，在张扶万5月24日日记中，提到“闻李、杨又以和平会名义使赖、吴二人持说吴新田”[②]。赖、吴具体指何人，今已难考，但这似已与和平期成会无关了，意味着陕西军政当局对和平期成会，不过是利用而已，如其对守城有所帮助，则乐观其成，一旦其稍有愈格，必将严格限制。

第三节　民众呼声

面对攻守双方所发动的残酷战争，西安百姓亦自发组织起来，发表和平通电，希望可以依此消弭战祸。

5月1日，城内各法团发表通电：

吾陕不幸，罹难兵劫，溯自剧战豫西，波及关内，进攻西安，今已越旬。杀气弥漫，日月变色，难民千万，冒险于枪林弹雨，环城数十里，俱陷棘地莽天。妇孺子泣，到处皆然，血肉横飞，天日无光，流离死亡，伤心惨目。秦民何辜，遭此荼毒。总之，佳兵不祥，好战非策，内讧久操，同室之戈，外侮必有，瓜分之祸。联会等痛切桑梓，竭诚吁恳，敢祈诸公大发鸿慈，速弥战争，

---

① 晁晓愚：《忆蒙沔［浚］僧有关坚守西安情况述闻》，中国人民政治协商会议陕西省委员会文史和学习委员会：《陕西文史资料精编》第2卷《重大事件》，西安：陕西人民出版社，2010年，第159页。

② 张扶万：《在山草堂日记》，中国人民政治协商会议陕西省委员会文史和学习委员会：《陕西文史资料精编》第2卷《重大事件》，西安：陕西人民出版社，2010年，第247页。

则不惟造福全秦，即全国亦利赖之，临电不胜屏营待命之至。[①]

5月3日，长安绅民发表电文，呼吁和平。不过他们发表的电文，是对北京和平促成会、国务院、汉口吴佩孚、奉天张作霖、江宁孙传芳、保定田毅民、开封米锦堂，以及各省区军政长官、省议会、各法团、报馆、李虎臣、杨虎城、井岳秀、刘治洲、刘镇华、吴新田、麻振武所发：

天祸陕西，最苦者莫若长安。何以言之，长安地居首要，差繁赋重甲于全省，省垣又为督军驻守之地，当陕局未统一以前，往往以一县之民力担全省之军需，敲骨吸髓，已膏血尽枯。方冀大局数平，藉少休息，乃不料突于四月十六近城之地发生战端，三面环攻，昼夜不息，迄今已经并旬。以致附城数十里人烟绝灭，村舍为墟，战祸连天，哀鸿遍野。呜呼！谁无父母，无复事之；谁无兄弟，无复爱之；谁无夫妇，无复伉俪；谁无子女，无复于育。店舍拆毁，什物一空，何冤何仇，忍使吾民流离失所，残魂无依，遗黎莫告。数日之间，逃入城内者，不下数十万众，虽有慈善家设所收容，但来日方长，经费为难，将见此数十万生灵，不死于兵，必死于饥。况复征集粮秣，供支军需，种种困苦，相逼而来。其他因挖战壕而中飞弹，因馈军食而伤民命，因碍攻击而除青苗、折庐舍者，不知凡几。此近日在火线之间，中流弹而殒命者，众时有所闻，血肉模糊，飞炸不忍观。甚至遇不肖兵士，掳掠财物，淫污妇女，仍众屡见不一。吾民何辜，遭此荼毒！绅民等弭兵乏术，息战无策，唯有恳乞早息战端，以解倒悬，则长安数百万生灵，皆感再造之德矣。谨电呼吁，恳乞垂鉴。长安绅民同叩。[②]

表面看来，此电文受众面极广，实则颇有病急乱投医意味。

5月4日又有长安民众发表通电，并专电刘镇华、吴佩孚。其致刘镇华之电，除如前电一样，备述长安惨状外，还呼吁攻守双方通过和平谈判解决危局：

念我公于陕八载，恺悌慈祥，万流共仰，去岁旌麾东指，地方人士皆有攀

---

① 俞嗣如：《回忆陕西和平期成会》，中国人民政治协商会议陕西省委员会文史和学习委员会：《陕西文史资料精编》第2卷《重大事件》，西安：陕西人民出版社，2010年，第225页。

② 俞嗣如：《回忆陕西和平期成会》，中国人民政治协商会议陕西省委员会文史和学习委员会：《陕西文史资料精编》第2卷《重大事件》，西安：陕西人民出版社，2010年，第223—224页。

辕卧辙之情，想公当能记忆及之也。今乃赫然震怒，炮火连天，将使无辜苍黎，化为沙虫。公仁人也，试以返躬自思，忍乎不忍？况秦豫击柝相闻，秦以豫为门户，豫以秦为堂奥，有辅车之势，无阋墙之理。绅民等心谓危以诚哀告，伏望我公念全城之颠连，痛民生之无告，迅饬前方将士，须停止攻击，本菩萨之心肠，谋和平之解决，俾万千孑遗，出水火而登衽席，则秦豫各省军民之幸，亦绅等所翘首愚恳也。[①]

两则电文发出之后，正遇和平期成会开会，与会诸老“读至这两［则］电文时，有几人为之坠泪者”[②]，对无辜受累的百姓深表同情。

5月12日，和平期成会接到署名“四乡居省难民会”函一件：

敬启者，尔来炮声日紧，死亡日众，即昨日下午在东大街大差市一带，被炮伤毙者，又是五六人。噫！吾民何辜，而累遭炮弹轰击，致流离失所，日不得一饱，夜不得一眠。尤其小民者也，缘只望贵会主持，代民呼吁，俾人民之生命财产有所寄托。孰料开会愈多，人民受劫愈重，惨状愈浓愈烈。想诸老素以民瘼为表，当不致坐视死亡，或有以拯救之法也。况省垣二十里片瓦无存，且收获麦豆，解瞬将属，兵灾未了，饥饿及之。果天祸秦民，而使数十万惨苦无辜之良民，尽死于刀枪饿劫下耶！省垣生灵，将近百万，无一不仰望于诸老，即无一不以生存死亡维诸老是赖也，民等急不可待，状难尽述，惟乞诸老痛快陈辞，据情力争，使当局应念民艰，早为觉悟。若有困难情形，民等愿为后盾。兹将民等愚见，略述于下，请为卓裁，以免省垣涂炭。（一）两方军队均于离城十里外划线，正式作战，省城内无须驻兵，候胜负决定，胜者再行入城，不得使城中惊慌，稍有破坏！（二）双方停战言和，督长两席，豫陕各一，以期和平易于实现。但未言以先，任何时联军不得用大炮轰击省城。以上两条，略举所见，至重大事件，诸老自有高明，民等不过请诸老破面力为百万生灵请命，即力救百万生灵之不灭亡也。识时务者为俊杰，功首罪魁，自有明论，愿诸老

① 俞嗣如：《回忆陕西和平期成会》，中国人民政治协商会议陕西省委员会文史和学习委员会：《陕西文史资料精编》第2卷《重大事件》，西安：陕西人民出版社，2010年，第224页。

② 俞嗣如：《回忆陕西和平期成会》，中国人民政治协商会议陕西省委员会文史和学习委员会：《陕西文史资料精编》第2卷《重大事件》，西安：陕西人民出版社，2010年，第224页。

勿以小挫折，顿减初衷为感。[①]

“四乡居省难民会”对和平期成会“开会愈多，人民受劫愈重，惨状愈浓愈烈”的状况隐晦地表示了不满，也希望他们能够“勿以小挫折，顿减初衷”。又从“当局应念民艰，早为觉悟”一语，亦可见百姓对城内陕军的坚守决策，不表同意。他们还提出了两点希望，其一，“两方军队均于离城十里外划线，正式作战”。这一点，刘镇华镇嵩军一方或可接受，但对李虎臣、杨虎城来说，是绝不可能接受的，因为陕军势弱，如果出城作战，必将覆亡无异。其二，“督长两席，豫陕各一”，这更是攻守双方都无法接受的。刘镇华挟十万将士而来，必欲奄有陕西而不止，岂容卧榻之侧有他人酣睡；李虎臣、杨虎城各有野心，其之誓死抵抗者，即在于无法接受刘镇华再一次染指陕西。

围城后期，传说吴佩孚有以田维勤[②]取代刘镇华的打算，于是，便有人以陕西全省公民名义，致电田维勤：

天祸秦人，兵荒未已，糜烂更加。溯原离乱之由，皆刘镇华不恤陕民，意图报复所致。自刘氏拥兵入关，四出蹂躏，所过之处，庐舍为墟，残杀民命，劫掠横行。难民西逃省垣，几有人满之患；掳物东去，豫人尽皆满载而归。刘氏假联军之名，行土匪之实，陕民何辜，罹此灾害。陕军当局，自三原会议后，公推井帮办维持陕局，李公虎臣，早经通电下野，所有军队均归井帮办管辖，一律编为陕西陆军，行我保境安民之心，以达息事宁人之旨。刘氏到陕时，陕军当局暨和平会诸公，迭曾派人，期以和平。刘、柴始终悍然不顾。兹者攻城数十昼夜，陕军防御，尚足从容。而镇嵩军到处掳掠，附城数十里，空无一人。加之天久不雨，二麦干枯，瞻望前途，忧心如捣。我公总领师干，责在卫民，况属桑梓，义难漠视。除专电吴总司令，速调镇嵩

① 俞嗣如：《回忆陕西和平期成会》，中国人民政治协商会议陕西省委员会文史和学习委员会：《陕西文史资料精编》第2卷《重大事件》，西安：陕西人民出版社，2010年，第221—222页。

② 田维勤（1884—1927），字毅民，陕西富平人。初追随胡景翼，任旅长，后与之一起投靠直系吴佩孚。第二次直奉战争后，复归国民二军。吴佩孚再起后，又投之，任十四省联军师长兼信阳城防司令。1927年被冯玉祥俘杀。李盛平：《中国近现代人名大辞典》，北京：中国国际广播出版社，1989年，第105页。

军出关，以安陕民，免贻西北巨乱，遗害国家外，特此电恳，即希垂念三辅水深火热之生民，率部星夜西来，奠安陕局，以解父老昆季之危。灾黎引领，待救綦殷，挥泪陈词，敬希电覆。[①]

吴佩孚令田维勤西来之说，不过传说，不足为据。而即使此事为睦，无论田维勤真实态度如何，当然不方便对长安民众有所响应。西安民众面临危局，无计可施，其“没头苍蝇”之状表露无遗，实在令人唏嘘叹息。

以褚小毖被杀为标志，城内其他和平活动也基本告一段落。但随着围城渐久，城内粮食问题越来越严重，城内百姓为自救计，和平活动自然重新出现。如据李定五回忆，及至八九月后，“主和的又形嚣张，竟有人到总司令部，提出好像敌人愿和，我们不愿意和的质问和责难，以致群情惶惶，莫衷一是”[②]。尤其是那些开办收容所的慈善人士，面对难民大量死亡，更是焦急万分：

大家要求耆绅宋伯鲁为刘写信，代表大家要求开放难民。还有各教士及停顿已久之和平会负责人，也写信一致为难民呼吁，推救世堂牧师路斯、天主堂神甫丁午桥、青年会总干事张亚雄，及慈善团体临时联合会两人出城接洽。结果仅去路、张及天主堂某人，由东门出城，见了刘镇华，不但刘对难民出城坚持如故，反要求带回信件劝陕军出城。[③]

宋伯鲁因写信之事，险些像褚小毖一样遭受杀身之祸，从此闭门谢客，以避嫌疑，并求自保。

张亚雄等人出城求和之事更是曲折。据张亚雄回忆，当时包括他在内的一些慈善人士，看到大量难民死去，认为若能说动刘镇华允许难民出城，便可以解决问题。于是他们便用慈善团体名义，给刘镇华写信，派专人送去。经一个

① 吁苍：《南北大战中之田维勤》，《申报》1926年9月7日，第7版。

② 李定五：《坚守西安纪实》，中国人民政治协商会议陕西省委员会文史和学习委员会：《陕西文史资料精编》第2卷《重大事件》，西安：陕西人民出版社，2010年，第127页。

③ 俞嗣如：《回忆陕西和平期成会》，中国人民政治协商会议陕西省委员会文史和学习委员会：《陕西文史资料精编》第2卷《重大事件》，西安：陕西人民出版社，2010年，第226页。

多月交涉，刘镇华同意与城里派去代表交涉。[①]约在中秋节前十日，大家研究决定，派张亚雄和两个外国牧师一道前往：

我们三个人坐了一辆轿车，带了一个随从人员，手里拿着一个白布小旗子，边走边摇着。刘镇华在东十里铺，我们一早上便出东城，路上边走边停，听见打枪的声音便即停下，等枪声止了又往前进，时走时停，反复多次，直到十二点钟过了，才到达东十里铺。[②]

到达东十里铺当天下午，刘镇华即召开会议，除刘部旅、师长以上人员外，三人亦参加会议：

我的想法是希望刘镇华同意放城里难民出城，并派部队协助办理。可是，在会上刘镇华讲话时，题目就变了。他说："你们前来为百姓办事，救难民，我很同情，但在我们看来，现在西安城内，民是难民，官是难官，我们能厚于难民而薄于难官吗？要救，须救整个西安。"我觉得刘的话味有跷蹊，和我们所要办的不对头……我说："交涉难民出城的人，几经联系交涉，才有今日。现在城内发生缺粮饿死人的事，情况极惨，我们这次来，是以代表身份与贵军商办这件事，难民们迫切地希望有个结果，如果贵军同意办，看该如何完成。"……我的意思是，他们在会上提出的意见，超过我们应办的范围，无法办理。后来，刘镇华说："如果你们不能办，我写两封信由你们带回去。"两个外国人立即答应。我当时对两个外国人说："信，我主张派专人送去。你们在城里是客卿，如果你们要带，到城里后你们就送去。"他们同意了。[③]

情况十分明显，刘镇华并非因同情城内难民，才允许张亚雄等前来议和，而是在久围无功之后，重施诱降之计。刘镇华不愿意放难民出城，是希望在城

---

① 张亚宏［雄］口述、韩慨侠整理：《有关坚守西安的一些材料》，中国人民政治协商会议陕西省委员会文史和学习委员会：《陕西文史资料精编》第2卷《重大事件》，西安：陕西人民出版社，2010年，第179页。

② 张亚宏［雄］口述、韩慨侠整理：《有关坚守西安的一些材料》，中国人民政治协商会议陕西省委员会文史和学习委员会：《陕西文史资料精编》第2卷《重大事件》，西安：陕西人民出版社，2010年，第180页。

③ 张亚宏［雄］口述、韩慨侠整理：《有关坚守西安的一些材料》，中国人民政治协商会议陕西省委员会文史和学习委员会：《陕西文史资料精编》第2卷《重大事件》，西安：陕西人民出版社，2010年，第180页。

内粮食奇缺之时，将百姓困于城中，与守城陕军争食，食尽之日，即是攻下西安城之时。当然，如果守军投降，亦可开城，这应是刘镇华允许张亚雄等前来的根本原因。张亚雄等人，一则无权，一则目的是解救城内难民，一则惧于守城陕军的残暴，自然不敢入其彀中。

第二天开会，张亚雄等三人仍参加：

我们三人中还是我说得多。大意是“你这次来陕西，是重游之地，要安抚百姓，现在百姓奄奄待毙，朝不保夕，希望能让他们出城去。”刘仍坚持他昨天开会时的意见。我要求先办难民出城的事，对其他问题借词推辞。刘镇华说：“我们对城里的人都一律同情，是要救全西安。”我说：“我们来办的就是难民出城这件事，范围大了担不起。”刘仍要我们救西安全城。我说，我们只能办放难民出城事。①

因为张亚雄态度坚决，镇嵩军将士对之多有反感，甚至有杀之的打算。当然张亚雄没死，但事情也没有办成，只好回来：

到东城里时，近十二点钟，我已感到疲困不堪。东城为冯钦哉的驻防地，冯是先兄的学生，我们很熟……我们坐汽车便到冯处。见了冯钦哉后……我对冯说：“我马上要到总司令部去，把我的东西先放在这里。”我便走了……即到总司令部，向李虎臣报告我们前去交涉的情况。后来知道，我由冯钦哉处走后，冯把我带回的西瓜切了一个，当时杨虎城司令部的一位参谋人员在冯处，冯让吃西瓜，他推说肚子痛，随即离去。这位参谋回去，马上向杨虎城报告：“张亚宏［雄］回来了。”杨问：“回来了，怎么样？”他说：“张到钦哉那里去，听说张与刘镇华很熟，可能于我们不利……”杨听了后，便马上派人追我。我刚到总司令部，杨便派人接我去，汽车在门外等候着。大家以我连饭还没吃为由，答应吃了饭再去。财政厅长李天五，山西人，与我是老朋友，问了些情况后，对我说：“你回来应该先到总司令部，不应先到冯处”，并劝我先不要到杨处去。后李天五便给冯钦哉打电话，下午五点钟左右，冯到新城去，对杨虎城司令把我到他处的情况说了一遍。当时这位参谋也在旁，冯钦哉诘问

---

① 张亚宏［雄］口述、韩慨侠整理：《有关坚守西安的一些材料》，中国人民政治协商会议陕西省委员会文史和学习委员会：《陕西文史资料精编》第2卷《重大事件》，西安：陕西人民出版社，2010年，第180页。

道："张亚宏［雄］革命时，你还不知在哪里？"说话时很生气。冯痛哭流涕地发了一顿牢骚，把杨的疑团才解了。

这天晚上八九点钟左右，我到新城去见杨虎城司令，和杨说了几句话。我说："我脚步不应那样走，惹得司令会生气，张亚宏［雄］不是那样的人，有什么事实，甘愿负责。"当时杨让我休息去，我心里还不放心，感到威胁还没有解除。杨说："没有什么事，你在这里住几天也好，免得外边闲言闲语。"这时我的铺盖已拿到新城来了，我便住在一个炮兵营长处，住了约十天……不久，刘镇华的飞机到城里散传单，大意说"你们派代表来，我们有信带去，为什么不答复?"这才认为我并没有什么可疑的情况，城里也没有什么变动，疑团才解开了。杨给冯钦哉打电话，叫把我接到那里去。冯很生气，认为这不是对张亚宏［雄］不信任，而是对他不信任，并表示不干了，要辞职……后来，冯的参谋们瞒着冯把我接出去后，仍回青年会住所。①

张亚雄回城之后的遭遇，俞嗣如亦有回忆，"张亚雄等回城内，即将刘函持示守军，王宗山、孙蔚如闻悉其情，转报于杨，杨令将张亚雄叫去，张尚未回家，仍乘原车前往见杨，被扣留十四天，经冯钦哉多人缓劝，始行回家"②。8 月 26 日张扶万日记亦提及此事，"闻前日教士三人、张亚雄一人……至东关外，持有军人信函，又以语不极契，拘留张至杨部，不令出。教士送东关，禁泄敌军方面传语"③。则张亚雄回城，对守城陕军具有相当危险，不可避免地被列为高危人群。所有这些，意味着围城后期，守城军队出现了裂痕：

第一，城内守军出现了严重的信任危机。李虎臣、杨虎城、卫定一、刘治洲等守城将领之间，并非十分团结。因为担心某方会有私下求和之举，而致其他各方陷入极端被动，而互相猜疑、提防。

第二，作为杨虎城的亲信，冯钦哉行为虽略有瑕疵，但似无大错。杨虎城

---

① 张亚宏［雄］口述、韩慨侠整理：《有关坚守西安的一些材料》，中国人民政治协商会议陕西省委员会文史和学习委员会：《陕西文史资料精编》第 2 卷《重大事件》，西安：陕西人民出版社，2010 年，第 181 页。

② 俞嗣如：《回忆陕西和平期成会》，中国人民政治协商会议陕西省委员会文史和学习委员会：《陕西文史资料精编》第 2 卷《重大事件》，西安：陕西人民出版社，2010 年，第 226—227 页。

③ 张扶万：《在山草堂日记》，中国人民政治协商会议陕西省委员会文史和学习委员会：《陕西文史资料精编》第 2 卷《重大事件》，西安：陕西人民出版社，2010 年，第 250 页。

竟对之深表怀疑，表明杨虎城对自己下属将士，未必完全信任，而是采取各种方法予以监视、控制，以免有人做出投降之举。

第三，包括张亚雄运动难民出城事件等和平活动，受到陕西军政当局严密控制和限制，一般人不可以私下进行，否则，可能有生命危险。

第九章 胜者之史

因冯玉祥国民联军前来解围，刘镇华镇嵩军最终没能攻入西安城，败逃而去。围解之后，杨虎城出于种种考虑，自行遁去；李虎臣、卫定一、刘治洲等也纷纷离开西安。于右任和冯玉祥出于不尽相同的目的，希望杨虎城重新出山。在于、冯、杨三方一番函电、人员往来折冲之后，杨虎城被任命为国民联军第十路军司令，于1927年2月2日就职，不久改任国民革命军第二集团军第十军军长。在杨虎城宣誓就职的通电中，有“谨以完成我国民革命，实行三民主义为职责，督率部下日夕训练，以期不负委任”①，似表明此时的杨虎城，已经以三民主义为标榜，以完成国民革命为旨志了。不过，杨虎城对冯玉祥成见甚深，疑虑重重，表面上虽然受抚，暗中久怀背叛之心，只是因为自身实力和一时未找到支持者的缘故，暂时表示服从而已。1929年4月，在蒋介石和冯玉祥的关系已经濒临破裂的背景下，冯玉祥命令此时已被改编为第二集团军暂编第二十一师②的杨虎城所部，随孙良诚由山东向河南转移，杨虎城没有听从命令。次月14日，杨虎城赴南京谒见蒋介石，所部随后被改编为第一集团军新编第十四师，与冯玉祥分道扬镳，正式投靠了蒋介石。③

---

① 杨虎城：《通电就任国民军联军第十路总司令（1927年2月2日）》，西安事变研究会：《杨虎城文集》，北京：中国文史出版社，2013年，第21页。

② 1929年，杨虎城任七军军长兼第十七师师长；1930年，七军扩编为三个师，不久改称第十七路军，约6万余人（袁明仁等编：《三秦历史文化辞典》，西安：陕西人民教育出版社，1992年，第419页）。

③ 贾自新主编：《杨虎城年谱》，北京：中国文史出版社，2007年，第119页。

1930 年 10 月 24 日，杨虎城被南京国民政府任命为陕西省政府主席，开始主政陕西。[①]作为西安围城之役的真正胜利者，他回到陕西以后，开展了一系列纪念西安围城之役的活动，这些活动在很大程度上形塑了后世对西安围城之役的印象。以下主要通过杨虎城相关言论和《新秦日报》《军事周刊》（坚守西安胜利专号）等史料进行讨论。

第一节 衣锦还乡

1930 年 10 月 31 日，尚未回到西安的杨虎城，便发布了“励精治陕”布告，于次日全文在《新秦日报》上发表。在布告中，杨虎城声言：“冯逆玉祥，为祸西北久矣。此次勾结晋阎，背叛党国，破坏统一，称兵中原，残害民生，而尤以吾陕一隅所受冯逆荼毒为最烈。”[②]据杨虎城所言，冯玉祥在陕西的罪过表现在：“勒捐苛征，敲骨吸髓；滥发纸券，罗收地方现金；妄加罪名，借收良善家产；异己者诛戮立至，非议者村社为墟；尤可痛者，劫夺赈粮，西北之饥尸遍野，抽派门丁，关辅之怨气弥天。”[③]杨虎城表示：“虎城年来驰驱豫鲁，每期吊故里之嗷鸿；西望乡关，无术除秦川之害马。”[④]言下之意，其以往投靠冯玉祥，以及对之种种隐忍，均是不得已而为之，他对冯玉祥虚伪狡诈、阴狠毒辣的本性，早已洞若观火，了若指掌，早思反戈一击，为陕西百姓除一大害，只是由于实力弱小，一时未得其便，只好暂行隐忍，等待时机。如今在蒋介石国民政府支持下，终于有机会重回陕西，定当尽力清除冯玉祥国民联军的恶劣影响，尽力建设陕西，报答桑梓。

在布告中，杨虎城没有明确提到四年前令人伤心惨目的西安围城之役。11

① 1930 年 7 月，杨虎城任国民革命军第十七路军总指挥，11 月在西安成立总指挥部，1931 年 7 月 6 日，任潼关行营主任，1932 年 1 月 2 日，潼关行营主任改称西安绥靖公署主任，杨虎城于 2 月 2 日就任。《杨虎城今晨就西安绥靖主任职》（《新秦日报》1932 年 2 月 1 日，第 3 版。1933 年春，陕西省政府主席改由邵力子担任，杨虎城专任西安绥靖公署主任，至 1937 年 1 月 5 日。

② 杨虎城：《布告励精治陕（1930 年 10 月 31 日）》，西安事变研究会：《杨虎城文集》，北京：中国文史出版社，2013 年，第 36 页。

③ 杨虎城：《布告励精治陕（1930 年 10 月 31 日）》，西安事变研究会：《杨虎城文集》，北京：中国文史出版社，2013 年，第 36 页。

④ 杨虎城：《布告励精治陕（1930 年 10 月 31 日）》，西安事变研究会：《杨虎城文集》，北京：中国文史出版社，2013 年，第 36 页。

月1日，当行至西安东郊十里铺，在当地群众欢迎会上发表讲话时，杨虎城十分简单地提到了西安围城之役，“兄弟虎城自十五年同大家在西安被围，受了八个月艰难困苦后即离别西安，至今已四年了。今天回来，父老兄弟姊妹们在这里欢迎，虎城实在愧不敢当”[①]。他表示未来陕西的善后问题，第一要务便是救济灾荒，实行自治，实现三民主义。

在当天洗尘大会上，杨虎城发表讲话时，自我设问，“这其间或有人要问，十六年即与冯合作，现在为什么要打冯？”[②]对此，杨虎城给出了解释：

要知道冯玉祥是由军阀中产生出来的一个新东西，当时不特少数人说他的军队好，全国人都说他的军队好。冯由俄回国后，在皇城一连和我说了十二天，都是说他如何崇拜孙总理，如何信仰三民主义。当时不惟全陕武装同志一致信仰冯玉祥，即中央及各革命领袖，亦有此种认识。及虎城率部出关后，才渐次认清冯玉祥的所谓革命全是假的，是欺骗人的。向日一般人所指的军阀，不过是军阀的一部分，实在够不上军阀，冯玉祥才是真正的军阀。他练兵的手段十分严密，使部下只知有冯，不知有国，不知有家，不知有社会。有人攻击他说，冯玉祥在某银行存了若干万款，与某国汇了若干万钱，其实这是小看了冯玉祥了。冯玉祥是要把整个的社会供他牺牲，使他自己造成一个有名的英雄豪杰。虎城经过了很长的时间，才认清了冯玉祥，所以才脱离他。在这时候，中央和各位老先生，亦看到冯之欺骗行为，但还希望他及早觉悟。去年以来，中央看到中国现在的情形，不裁兵一切问题无从谈起，所以召开编遣会议。冯玉祥在这时即勾结桂、阎诸军阀，公然违抗。现在桂系军阀，业已肃清，阎、冯亦不成问题。我们只希望编遣实施，和平统一，人民自然可以得到幸福。[③]

分析杨虎城此番讲话，至少有三层意思：

其一，当五原誓师、解围西安之时，冯玉祥声望正隆，其标榜三民主义，

① 杨虎城：《在西安东郊十里铺群众欢迎会上的讲话（1930年11月1日）》，西安事变研究会：《杨虎城文集》，北京：中国文史出版社，2013年，第37页。

② 杨虎城：《洗尘大会上的答词（1930年11月1日）》，西安事变研究会：《杨虎城文集》，北京：中国文史出版社，2013年，第38页。

③ 杨虎城：《洗尘大会上的答词（1930年11月1日）》，西安事变研究会：《杨虎城文集》，北京：中国文史出版社，2013年，第38—39页。

言必称总理遗教，将自己打扮成革命者的形象。他的言行不仅蛊惑了国民党、杨虎城和陕西军民，甚至连全国人民都被其革命者的假象欺骗了。

其二，冯玉祥是真正的军阀。和那些只知道升官发财的普通军阀不同，冯玉祥似乎对发财不感兴趣。这不是因为他清高正直，而是要“把整个的社会供他牺牲”，以逐鹿中原，争夺天下，是大奸大蠹的野心家。

其三，冯玉祥勾结桂系、阎系，反对编遣会议决定，反对中央，掀起中原大战，罪恶昭彰，有背叛国家之实。

既然有此三层意思，则杨虎城之背叛冯玉祥，不仅不是两面三刀、朝秦暮楚的行为，还是革命行为。应该说，杨虎城对冯玉祥的指摘有失公允：

第一，冯玉祥从苏联回国，宣布加入北伐，此后出兵陕甘，用兵潼关，与南方北伐军会师中原，从冯玉祥当时意愿和国民革命史的角度看，确实对北伐起到至关重要的作用，不应将之一笔抹杀。

第二，冯玉祥确有逐鹿中原、夺取天下之志。这一点，在第四章“万里戎机”中，已有较多讨论。20世纪20年代，段祺瑞、吴佩孚、张作霖、蒋介石、孙传芳等各路枭雄，都曾有过类似想法和行动。在天下扰攘、纷争不断的年代里，此一志向，未必算是什么了不起的罪状，甚至可以说是英雄之志。他们中许多人没有被认为是大奸大恶，为什么偏偏苛责冯玉祥呢?

第三，当时的中央编遣会议，本就是各方争权夺利的博弈场，会议的过程受到蒋介石操纵，其结果确实对各地方实力派系不公。各方军阀之间为争夺利益经常进行合纵连横，甚至爆发战争，很难说哪一方是站在正义立场上的。

第四，杨虎城的言论，在攻击冯玉祥的同时，不免流露出为自己投靠蒋介石开脱的弦外之音。但无论如何粉饰，杨虎城投靠蒋介石，不能说不是对冯玉祥的背叛行为。他投靠蒋介石后，即站在“中央”立场上，对其故主、前任上司大加指摘，除向蒋介石示好、与中央保持一致外，不过是意图为自己的行为辩解，扭转自己叛将的形象而已。

第五，冯玉祥在陕西，特别是在解围西安时功勋卓著，具有相当的威望，但他在陕西的统治手段也堪称残酷。为用兵中原，他所进行的无休止的征兵、大规模的敛财以及消灭地方军事力量等行为，不能不招致部分陕西军民的憎恨。杨虎城致力于对冯玉祥的批评，不免怀有私心，因为如此可以激起部分陕西军民的同仇敌忾之心，以利于其在陕西站稳脚跟。

不过，至此为止，杨虎城对冯玉祥的指摘，都显笼统。11月26日，杨虎城又发表《政见商榷书》，对冯玉祥国民联军统治陕西的五年予以全盘否定：

> 自十五年冬冯军入踞以来，前后五载，阳假革命救国之名，阴行封建割据之计，苛捐杂税，专事诛求，派饷征兵，恣为扰累，登庸则尽排士类，要路则遍置私人，吏治任其隳败，闾阎为之嗟怨。重以旱灾连年，哀鸿满野，救恤之政不举，流亡之象日惨；遂致山林啸聚，匪焰日炽，焚杀抢劫，灭绝人理。虎城巡视所至，辄有父老遮道陈述，备极惨苦，未尝不怆然感怀，凄然流涕也。[①]

第四章“万里戎机”已有分析，冯玉祥出兵陕西，解西安之围，当然不只是要“解民众之倒悬”，而是有精深的政治、军事盘算。进入西安之后，冯玉祥招降纳叛、整理陕局，对麻振武、党毓琨等坚不投降的地方军事力量及其所部地方军队，实施残酷屠杀的政策。为了实现其出兵潼关、逐鹿中原的战略目标，对陕西百姓进行刻骨盘剥，与以往那些统治者相比，不遑多让。这些虽然都是事实，但亦应看到，身处围城之中的李虎臣、杨虎城，当时是真诚，甚至亟切地希望冯玉祥尽快出兵西安，尽早解西安之围，冯玉祥也确实如此做了。对当时西安合城军民来说，冯玉祥国民联军当然是正义之师。杨虎城对冯玉祥的种种否定，虽然亦有一定根据，却似乎有意抹杀冯玉祥国民联军解围西安的功绩，凸显自己坚守西安的功绩。

只有在凸显冯玉祥统治陕西期间，诛求无厌、隳败吏治，对陕西人民犯了大罪之后，杨虎城才能顺理成章地改易冯玉祥所犯过错，推行新的政策。杨虎城表示，将从救济灾荒、肃清土匪、澄清吏治、振兴教育、整顿交通、兴办水利、免除苛捐杂税、完成地方自治八个方面进行改革，其中涉及纠正、改易冯玉祥乱陕的政策，主要有以下三个方面：

第一，澄清吏治：

> 冯军踞陕数年，专事搜括，对于吏治毫不讲求；用人不求贤才，登庸唯取故旧，至于司书县长，护弁领局，尤为习见之事。此辈既无学识，复无经验，

---

① 杨虎城：《政见商榷书（1930年11月26日）》，西安事变研究会：《杨虎城文集》，北京：中国文史出版社，2013年，第52页。

一旦身居要职，有何顾忌，敲剥取盈，宰割任意，政治焉得不日益黑暗，民生焉得不日益困苦。现拟广拔真才，勤加考课，贪污则严惩以示儆，清廉则保障以励能，务期造成廉洁政府，实现清明政治。①

第二，振兴教育：

陕西僻处西北，风气晚开，各种教育，素不发达。近自冯军踞陕，时加摧残，益形破坏。盖教育事业之进退，实以经费盈绌为正比例。前在刘镇华长陕时代，曾将全省商税，拨作教育专款，并设置委员会，负责保管。虽支用时虞不敷，而成案已难动摇……现已将商税、棉花捐、卷烟特税全数拨归教育厅，保障独立。无论何人，或借口何事，均不得提用分文，以重学款，而宏造就。一面仍督饬教育厅，厘定法规，整顿各级小学，注重乡村教育，以达教育普及之目的。②

第三，免除苛捐杂税：

近年冯军踞陕，罔恤民艰，每于正当税收之外，苛派捐项，私增税款，名目繁多，不胜枚举。无非用以扩张兵备，中饱私囊，竭泽而渔，焚山求兽，以致商业不振，市面萧条，杼轴皆空，逃亡日众。现在决定除国家正供及法定税捐外，凡冯军私行增加之苛捐杂税，如食户捐、斗捐、面粉捐、煤油特税、地丁四倍加征、百货保运费等，现已一律免除，以轻担负，而苏民困。③

11 月 28 日，恰逢西安围城之役胜利四周年，杨虎城发起了大规模纪念大会。在大会上，杨虎城表示："回想在西安被围八阅月的中间，百姓和军队所受的痛苦以及悲惨的情形，在今天纪念的当中，我们痛定思痛，依然有无限的伤心。"④杨虎城发表了两点感想，其中第一点即是西安围城之役保证了北伐

① 杨虎城：《政见商権书（1930 年 11 月 26 日）》，西安事变研究会：《杨虎城文集》，北京：中国文史出版社，2013 年，第 53 页。

② 杨虎城：《政见商権书（1930 年 11 月 26 日）》，西安事变研究会：《杨虎城文集》，北京：中国文史出版社，2013 年，第 53—54 页。

③ 杨虎城：《政见商権书（1930 年 11 月 26 日）》，西安事变研究会：《杨虎城文集》，北京：中国文史出版社，2013 年，第 54 页。

④ 杨虎城：《在西安庆祝坚守西安胜利四周年大会上的讲话（1930 年 11 月 28 日）》，西安事变研究会：《杨虎城文集》，北京：中国文史出版社，2013 年，第 56 页。

早日成功：

我们坚守西安的结果，在中国国民革命的历史上，的确有极大的关系，并且占最光荣的一幅。北伐所以能够早日完成，和陕西民众能够由北洋军阀的势力之下得到解放，都是坚守西安的结果。当时北洋军阀长驱西进，想消灭西北上的革命势力，夺取西北的阵地，以遂其割据的野心。假使西安不守，则西北革命归于消灭，北洋军阀一定拿全副力量，抵抗南方的革命势力。那么，革命成功的路程，恐怕远得多了。因为坚守西安的结果，一方面使南方革命势力得有长足的进展；而西北革命势力，也继续膨胀，使北洋军阀的统治基础，迅速地崩溃，以至于没落，使革命早日成功。固然，我们蒙受了四万人的最大空前牺牲，但结果是以少数的牺牲，换来大多数的幸福。所以在坚守西安的效果上来说，是促成中国革命的早日成功，缩短北伐的时间，这是坚守西安牺牲的代价。①

杨虎城的相关意思，在当天所发布的“告将士书”中，亦有集中表达：

我们坚守西安，是为了阻止吴佩孚及其走狗的军阀主义的扩张，反过来说是为的保持西北的革命势力。在积极方面说，就是促进中国革命的进展，革命的三民主义之实现。……在今日的纪念中，我们要想到过去奋斗的艰难及我们革命任务的重大，要踏着诸死难烈士的血迹，继续坚守西安的革命精神，向前奋斗。②

应该说，杨虎城有关守城与北伐之间关系的言论，客观上是有道理的。倘使1926年刘镇华镇嵩军迅速占领西安、控制陕西，势必对甘肃的刘郁芬及其他国民军造成强大压力。甚至，刘郁芬亦很难抵抗住刘镇华、吴新田、孔繁锦、张兆钾等人联合进攻，遭到失败。若甘肃一失，国民军西退无路，在吴佩孚、张作霖合作对国民军作战，阎锡山为保护地盘，与之结盟的严峻形势下，国民军有可能全部崩溃，从而造成北洋军阀完全控制北方的局面。若此种局面发

① 杨虎城：《在西安庆祝坚守西安胜利四周年大会上的讲话（1930年11月28日）》，西安事变研究会：《杨虎城文集》，北京：中国文史出版社，2013年，第56页。

② 杨虎城：《坚守西安胜利四周年告将士书（1930年11月28日）》，西安事变研究会：《杨虎城文集》，北京：中国文史出版社，2013年，第58页。

生，在南口之役胜利之后，吴佩孚便有时间腾出手来，以其主力在武汉与北伐军展开作战。北伐军虽然作战英勇，但究竟是鹿死谁手，实难预知。即使北伐军获得胜利，必定损失惨重，将不再可能发生国民联军与北伐军会师的一幕，北伐军将很难在北方站稳脚跟，很难造成南京国民政府取代北京政府、形式上统一中国的局面。如果失败，北伐军能否保住以往胜利果实，尚有疑问，更无染指北方的可能了。

如果说，李虎臣、杨虎城等陕西军队坚守西安之时，完全没有考虑到整个中国的“革命大势”，没有站在“革命”的立场上看问题，恐与历史事实不符，是对他们个人的矮化和对西安围城之役客观影响的否定。但是，面对刘镇华镇嵩军以压倒之势，咄咄逼人的进攻，李虎臣、杨虎城等陕军将领又能在多大程度上站在革命大势的立场上思考问题，亦当经受历史的拷问。

如前所述，李虎臣、杨虎城等坚守西安的目的，恐怕主要是希望排除刘镇华镇嵩军对西安乃至陕西的占领，排除外省人对陕西的统治，实现陕人治陕，其中心目的，仍然充斥派系仇杀和地盘争夺。杨虎城在西安围城之役胜利四周年庆祝大会上的一番讲话，不过是站在四年之后已经完全变化的新形势下，为四年前坚守西安寻找合理性根据。不可否认，在四年前的西安围城之役中，杨虎城扮演了最为关键的角色。若没有他，西安城很可能被刘镇华镇嵩军攻克，整个陕西将为其重新统治；李虎臣、卫定一等陕军残部，将难逃被刘镇华镇嵩军消灭或吞并的命运。若没有他，也很难想象当年的西安有那么多民众会被困死城中。作为一个集功过于一身的人物，四年之后，他对西安围城之役之于北伐意义的大肆强调，在宣扬己功的同时，亦不无为自己开脱，甚至掩逃自己罪责的言外之意。

此外，当时与冯玉祥联合是有必要的：

我们坚守西安的动机，是认为这是革命过程中一种需要。冯玉祥在当时也是受了国民党的命令，来与我们站在一个战线上，在当时确是有联合的必要。不料冯玉祥这一个投机军阀，借着国民党的招牌，实行其欺骗民众的政策。所以西北民众的痛苦，不特不能解除，反而加重了许多。北伐虽然成功了，但冯玉祥盘踞到西北，天天想背叛中央，扩充自己的势力。所以陕西人民就在这一个现状之下，受了极大的损失。我们今天在纪念坚守西安大会的当中，我们真是痛心万分！[①]

由于杨虎城此时已经背叛冯玉祥，他应该对当初向冯玉祥请援和后来背叛的原因，予以解释，方能够摆脱他在人们心目中两面三刀、朝秦暮楚的印象，方能使陕西军政各界、广大民众心悦诚服。为此，和其初回西安时所采取的办法如出一辙，即将冯玉祥描述为背叛中央、欺骗百姓的投机军阀。

第二节 五年纪念

一、五周年纪念大会

1931 年坚守西安胜利五周年纪念大会，本来亦定于 11 月 28 日举行，但因当日下雨，展期至 12 月 3 日在西安革命公园举行。参加者包括“各机关、各部队、各学校、各团体及临时参加的民众，约五万余人”“全城的男女老幼都争先恐后地来参加这个纪念大会”[②]。会议首先由陈子坚[③]代表杨虎城报告开会意义，南汉宸[④]秘书长主祭，张仲翔担任司仪，张挺墉宣读祭文、向坚守西安死难诸烈士献花圈，次日田毅安[⑤]等发表演讲。最后由陈子坚提议，“每年十一月廿八日为永久纪念日”，获得与会者一致鼓掌通过。[⑥]

与 1930 年四周年纪念不同的是，1931 年还发表了祭文：

五年之前，痛哉此日，青犊妖兴，苍鹅异出。笳吹郭外，惊蚁阵之纵横；燧照关中，骇狐群之围逼。云烧赤舌，□□千家，野哭苍生，烽捣列邑，俨然几上之肉，□力弱而时危，难为城下之盟。实寇深而事急，是可忍乎，尚存一息。

① 杨虎城：《在西安庆祝坚守西安胜利四周年大会上的讲话（1930年11月28日）》，西安事变研究会：《杨虎城文集》，北京：中国文史出版社，2013 年，第 56—57 页。

② 《悲壮热烈之庆祝坚守西安胜利大会》，《新秦日报》1931 年 12 月 5 日，第 3 版。

③ 陈子坚（1905—1987），江苏徐州人，原名兴霖，共产党员，曾任西安绥靖公署办公厅主任，《西北文化日报》社长（参见李盛平主编：《中国近现代人名大辞典》，中国国际广播出版社，1989 年，第 394 页）。

④ 南汉宸（1895—1967），山西洪洞人，共产党员，1930年10月任陕西省政府秘书长（中共中央党史研究室第一研究部：《中国共产党第七次全国代表大会代表名录》上册，上海：上海人民出版社，2005，第 114 页）。

⑤ 田毅安（1894—1948），陕西临潼人，曾任国民二军团长、旅长，1929 年任十七路军政治部主任，1930 年冬任国民党陕西省党部书记长（参见西安市地方志编纂委员会编：《西安市志》第七卷《社会、人物》，西安：西安出版社，2006 年，第 486 页）。

⑥ 《悲壮热烈之庆祝坚守西安胜利大会》，《新秦日报》1931 年 12 月 5 日，第 3 版。

惟时扶风烈士，关辅贤豪，凭陵杀气，磨□宝刀，慷慨登陴，凛若万夫之特奔，突围陷阵，渺兹群丑之如毛。无如粮尽援绝，孤军困守。际此途穷日暮，贼焰弥高，乃析骸而易子，更茹苦而铺糟。□八月之支撑，危城幸保。抚五年之往迹，烈士云劳。因念先轸丧元，睢阳碎齿，常山短舌，灵云切指，率杀身以成仁，皆取义如就死。乃今兹之烈士，其丰功尚不止此，尽逆贼之鸱张，□军阀之所使，泊虺蜴之潜消，斯当国之奠始，□□休哉，厥功伟矣。动被全民，岂独粹里，俞笳□夜，铁骑嘶晨，追怀先烈，黯然伤神。嗟嗟！两戒河山，二陵风雨，鬼定称雄，俗原尚武，沉戈半紫。忆百战之旌旗，断镞犹红；想三秋之箫鼓，爰赋大招，以为佾舞，赋曰：异军特地仓皇起，□□呜咽东流水。长安城头日无光，烈士誓共城生死。尔来寒暑五春秋，生者悠悠死者已。神今归来灵马奔，飒飒灵风户牖昏。神旗箫箫吹雨能，倾触剪纸招英魂。哀哉尚飨！①

然后，由陈子坚代杨虎城做报告，其内容为：

第五周年大会，杨主任因患病日久，精神尚未复原，遵医嘱休养病躯，不能莅会，令兄弟代为报告开会意义。回忆被围八月的西安，内外水泄不通，人民痛苦，无衣无食，其能得到最后胜利的原因，因为当时武装同志及民众能万众一心，以主义为目标，以革命为前扬，所以才能打倒封建军阀，得到最后胜利。坚守西安第一个意义，就是保障西北革命势力，革命军北伐第一步至长江，孙传芳、吴佩孚等军阀的后方。因为有西北革命势力的夹攻，未得巩固，最短□间才能依次被革命军打击崩溃。所以坚守西安第二个意义，就是完成北伐最大之助力。当时直晋军占据北方，他们恐惧革命势力之发展，□予彼等以不利，乃积极图谋摧毁。除一部在南口攻击国民军外，吴更欲收复西北，乃派镇嵩军领袖率领数万嵩匪把西安整围八月。要不是坚守工作得到最后胜利，那西北地方将永远沦落于军阀之手，人民将永远受其压迫。所以坚守西安第三个意义是抵抗封建势力。当时死难诸烈士，或饮弹而殒命，或冻馁而捐躯，所遗孤冢二座以为我们未死者的凭吊，实属悲痛伤感。追念着他们的死亡，才有我们的生存。我们对着他们的遗冢，除虔敬外，仍要继续其精神，努力奋斗，以完成未竟之志。现在日奴□□，占我东北，国难方殷，正吾人卧薪尝胆之时，务要以坚守西

① 《悲壮热烈之庆祝坚守西安胜利大会》，《新秦日报》1931年12月5日，第3版。

安胜利精神来和倭奴拼命，中华民族才有生存希望。否则外患日亟，国将不国。死难诸烈士，虽死九泉，实难瞑目。①

细读祭文和报告，可知它秉承杨虎城前述历次言论，将1926年坚守西安城的意义，系统地概括为保障西北革命势力、完成北伐最大之助力、抵抗封建势力三个方面。

在报告之末，陈子坚提到了“九一八”事变，并表示要以坚守西安胜利的精神抗击日本的侵略，这是在纪念西安围城之役时，第一次提到抗日。无独有偶，在《庆祝坚守西安胜利五周纪念》一文中，也涉及以坚守西安的精神，抗击日本侵略的话题：

东北沦陷，外患已深，什么国际的约章，国联的决议，简直没有一点效力。闻日本方面反变本加厉，在平津沪汉各大商埠收买匪徒，供给械弹，到处寻□。以冀造成了恐怖的状态，实行其扰乱我国内地的阴谋。在这个亡国惨祸迫在眉睫的当儿，我们适举行这个胜利纪念大会。一方面庆幸我们军事当局坚守西安，促成革命最后的成功，一面希望全国民众本着我们坚守西安，艰苦卓绝、奋斗到底的精神，团结一致，坚决对日，一定能得到最后的胜利。所以我们今日举行这个五周纪念，实在有一种重大的意义。②

1931年9月18日，日本帝国主义为实现占领东北，并以之为跳板，灭亡中国的野心，悍然发动了“九一八”事变。截至12月初，日本侵略军已经基本控制东北三省。彼时全国舆论，激于爱国热情，咸以抗日相称。西安围城之役的纪念活动，恰在此时举办，倡导抗日，自然是题中应有之义。不过，有意思的是，西安围城之役本与日本侵略毫无关系，而当年的纪念活动竟与抗日联系在一起，这似乎意味着，纪念西安围城之役的意义，正在随着时代的变化，而发生某些微妙变化。

二、《军事周刊》（坚守西安胜利专号）系列纪念文章

1931 年，作为坚守西安胜利五周年纪念的一部分，十七路军编订了《军事

---

① 《悲壮热烈之庆祝坚守西安胜利大会》，《新秦日报》1931年12月5日，第3版。

② 《庆祝坚守西安胜利五周纪念》，《新秦日报》1931年12月3日，第4版。

周刊（坚守西安胜利专号）》，如图 9-1，杨虎城为该专号题词——继续坚守西安百折不回的革命精神。

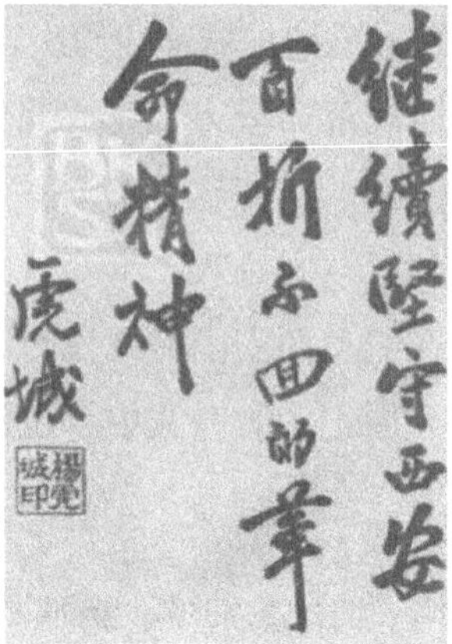

图 9-1　杨虎城为《军事周刊（坚守西安胜利专号）》题词

又据该刊“编后”：

坚守西安的这一页战史，其成绩不仅使北方革命的力量得以保障，并且因其能牵制北洋军阀，使北伐得以长足进展，在中国的革命史上，总算占着最重要最有价值的一页。兹值五周纪念，本会为表彰其革命的胜利，所以才编辑这一本专号。

同时又以日本帝国主义者，挟其侵略手腕，欲实现其大陆政策，霸占我辽、吉、黑三省，侮蔑我主权，蹂躏我民族。我们处在这大重压迫之下，惟有自靠自己，和倭奴去拼命是决［绝］没有生路的。所以就想利赖这小刊物，宣传到各个军队中，以激励其效法西安坚守的奋斗精神，去对日军作长久的鏖战，不得到胜利誓不回师的一种决心！这也是编辑这本专号另外一点用意。[①]

在继承此前对西安围城之役历史作用塑造的前提下，“编后”第一段用极为概括性的文字，为西安围城之役的历史功绩定调，这成为后来一系列有关西安围城之役的忆述性文献的基本论述方向，如《陕西文史资料精编》第二卷

① 绍安：《编后》，讨逆军第十七路军《军事周刊》编辑委员会：《军事周刊（坚守西安胜利专号）》，1931 年，第 53—54 页。

《重大事件》《西安文史资料》第11辑的大量相关文章，都是按照这一叙事逻辑进行的。其第二段，为了应对日本帝国主义加紧侵略中国，通过对过去岁月的回首，激励人们为打败日本帝国主义而努力奋斗，则成了西安围城之役不屈精神的延续和发展，继续体现出与时俱进的特征。具体来说，《军事周刊》（坚守西安胜利专号）主要从以下两个方面谈西安围城之役：

第一，坚守西安的意义。在《纪念坚守西安胜利的意义》一文中，作者王一山概括了坚守西安的意义：一是保持西北的革命势力；二是反抗封建军阀势力的扩张；三是北伐的最大助力。[①]与前述1931年坚守西安纪念的祭文所表达的意思如出一辙。《以中国革命的立场来衡论坚守西安》一文在论及坚守西安的意义时，也强调保存西北的革命根据地、促进北伐的完成统一两个方面。[②]这些意义，在《坚守西安在革命历史上的价值》中亦有详尽阐述。该文认为，广州国民政府宣布北伐之时，正是吴佩孚死灰复燃之时，随后直奉合作，在华北，除了冯玉祥在南口与之战斗外，只有陕西孤军奋斗：

南口兵退，我们陕西的兵力益加孤单。城围已久，食粮殆尽，枪弹缺乏，交通断绝……此时围攻西安的军队，得到南口胜利的消息，更加积极的进攻。城内的我军，处在困难万分的恶劣环境中，坚强奋毅，必信必忠的奋斗，中间经过八阅月之久，使敌不得全力南向，我军才得以完成北伐使命。[③]

在《西安解围在革命史上重大之意义》一文中，作者方韵樵继续拔高西安围城之役的历史意义，认为杨虎城等人1926年坚守西安的功绩，可与陕西辛亥革命相提并论。

依此观点，陕西辛亥革命的意义在于：

夫锡命此土，剪诸鹑首，地居上游，建瓴屋上，关中擅宇内之形势也久矣。武昌一呼，东南争应，然北方诸省，既寂寂无闻，使非三秦高树义识［帜］，

---

① 王一山：《纪念坚守西安胜利的意义》，讨逆军第十七路军《军事周刊》编辑委员会：《军事周刊（坚守西安胜利专号）》，1931年，第3—4页。

② 漾醇：《以中国革命的立场来衡论坚守西安》，讨逆军第十七路军《军事周刊》编辑委员会：《军事周刊（坚守西安胜利专号）》，1931年，第14—17页。

③ 干：《坚守西安在革命历史上的价值》，讨逆军第十七路军《军事周刊》编辑委员会：《军事周刊（坚守西安胜利专号）》，1931年，第24页。

中断陇豫，背附襄郧，恐充北伐之量，亦不过与清廷划江而治焉耳。①

言下之意，若无陕西的起义，辛亥革命最好的结果不过是割据江南，绝不可能完成推翻清政府的任务。

1926年，孙传芳占据东南五省，吴佩孚起于武汉，张作霖以东北为后方，积极经略中原，冯玉祥战败南口，镇嵩军雄踞豫西，用兵关中，准备围攻西安，控制西北，“西安之大势，若岌岌乎不可终日，而和议让防之说起矣”。在形势凶险之时，“幸我杨总指挥知西北一线之生机，赖此而延，革命救国之大业，不可中坚，罔避艰险，孤军入城，弹尽粮绝被围八月，而惨淡经营，艰苦卓绝，卒能克解长围，逐退嵩匪，河山无恙，民庆更生”②。

方韵樵继续分析道：

无此一役，嵩军既得根据，长驱西往，陕军必无立足之地。冯军南口既溃，败不成军，孔、马得援，陇中更无希望。吴佩孚无西驱之忧，得以专心南下，则长、岳未必失陷，武汉焉能被围。即或党军精锐，所向无敌，然孙、吴合师，败后孙可得奉军生力之增援。北方一色，吾恐党军虽欲求划江而治，亦不可得也。③

显然，方韵樵的假设是有可能出现的。但是，依据该说法，西安围城之役乃时局变化之枢纽，后来北伐军能够消灭北洋军阀，完成统一大业，实肇因于此。如前所述，笔者在分析西安围城之役的作用时，亦不否认它有助于北伐的成功，但并未试图论证它是时局变化的枢纽。事实上，南口之役、武汉鏖兵、五原誓师等若干历史事件，似都可能比西安围城之役对时局和历史的影响更加深刻长远。西安围城之役充其量不过是众多影响时局的重要事件之一，虽然不应该对之忽视，但须知，它是1926年整个复杂时局中的一环，其历史作用是存在于复杂时局的合力之中的。

---

① 方韵樵：《西安解围在革命史上重大之意义》，讨逆军第十七路军《军事周刊》编辑委员会：《军事周刊（坚守西安胜利专号）》，1931年，第25页。

② 方韵樵：《西安解围在革命史上重大之意义》，讨逆军第十七路军《军事周刊》编辑委员会：《军事周刊（坚守西安胜利专号）》，1931年，第25页。

③ 方韵樵：《西安解围在革命史上重大之意义》，讨逆军第十七路军《军事周刊》编辑委员会：《军事周刊（坚守西安胜利专号）》，1931年，第25—26页。

《用坚守西安的精神来坚守中国》一文亦坚持此种思路，且分析得更加详细：

第一，如不坚守西安，则不能会师徐州；不能会师徐州，则北伐之成功与否，已成问题。如果真的不能成功，则北方全局必不能脱离军阀的淫威，而仍为一个惨淡的灰色的局面，陕西为北方之一部，整个的北方既没有办法，当然陕西也没有办法，甚至将让军阀一举（将）陕西仅存的一点革命实力而摧毁无余。

第二，谁也知道，中国的革命策源地……在北方的是陕西……北方的革命策源地乃为军阀所有，则北方的革命势力必无发荣滋长的机会，所以说誓死坚守西安，是为了保持北方的革命策源地。

第三，如不能坚守西安，使为军阀所据，则北方革命军因为要找寻出路，急赴会师徐州之约，必夺路而过，势不得不与军阀发生混战。那时因双方势力之浩大，将以全陕划入战线，必群置人民于枪林弹雨之下，生命财产彻底失去保障，社会秩序也将要经历长时间的不安与破坏。这样一来，坚守西安不啻就是坚守全个革命战线的壁垒，并于一线危机中，保持了全陕数百千万之生命财产，这实在是全陕人民应该聚首相庆的呵！①

这些论述，显然仍是秉承杨虎城思路，且更加系统，虽不能说全无道理，仍给人以似是而非之感，试析如下：

其一，不可否认，杨虎城确实具有较强的革命性。但当时多数陕西将领和其所属军队，能称得上具有革命思想，并乐于行动者，实在寥寥无几。这一时期的陕西军队，首领多系土匪出身，士兵向来纪律极差，他们往往占据城池、互相火并，对他们而言，杀人越货、鱼肉乡里乃经常发生之事。臭名昭著者如麻振武、党毓琨等部，简直就是土匪武装，与“革命”二字，难称有丝毫关系。

其二，民国陕西，在辛亥革命、二次革命等革命活动中，都有浓墨重彩的表演，确实可以称作是革命策源地之一，但从现存文献中，似难看到杨虎城、李虎臣等坚守西安的初衷，有保护革命策源地的想法。《用坚守西安的精神来

---

① 缘野：《用坚守西安的精神来坚守中国》，讨逆军第十七路军《军事周刊》编辑委员会：《军事周刊（坚守西安胜利专号）》，1931年，第10页。

坚守中国》的作者，明显是在时过境迁之后，为过去所发生过的事情寻找合理根据，这恰恰是不合适的。

其三，刘镇华攻打西安，是希望获得地盘，以实现其重新统治陕西的如意算盘，而不是为了获得一座空城，很难想象在刘镇华拿下西安之后，会大肆抢劫杀戮，很难想象会出现全城约三分之一至二分之一军民死难的惨剧。唯一可能的是，如果刘镇华攻下西安，则李虎臣、杨虎城等陕军将领及其所部军队，不是被收编，便会被消灭。如果说围城之中，守城陕军极力渲染刘镇华镇嵩军的残暴，是为了渲染恐慌气氛，诱使城内民众支持他们守城的话，则在时过境迁之后，还持此种说法，便有试图推卸当年城内数万民众死难责任的嫌疑。

第二，纪念坚守西安的意义。据王一山《纪念坚守西安胜利的意义》，纪念坚守西安的意义，一是继续消灭一切封建势力，以求全国之和平统一，二是实行三民主义，以完成革命建设，三是打倒帝国主义，以期中华民族之绝对平等、自由独立。[①]在坚守西安胜利五周年纪念之时，北洋军阀已经基本肃清，国家已经实现了统一，前两点似已基本完成，但不幸的是，1931、1932 年分别发生旨在侵略中国的“九一八”事变、“一二八”事变。“当日守城的同志，自必有对日的决心及策略，如果能以守城时的艰苦毅勇、始终不渝的精神，去对付倭奴，则在革命历史上所得的荣誉，更为重大。”[②]《以中国革命的立场来衡论坚守西安》亦认为，今日纪念坚守西安的意义，在于复兴中国的革命、彻底的反帝运动。前者姑置不论，至于反帝方面，文章认为，帝国主义为中国革命的最大目标：

最近日本帝国主义悍然的出兵我国内，占领土地，攫夺主权，残杀人民，俨若矢志要吞灭中国。我们不特不加抵御，反提诉于帝国的大集团——国联，以哀求他们的垂怜。这实在无异被噬于狼，求助于虎。因为帝国的对于弱国，都是垂涎数尺，欲咽而甘心。虽他们的利益常在冲突，但绝不肯因同情于某一个殖民地，而使其帝国主义的整个统治战线，有一部分的崩溃。即使我们侥幸

① 王一山：《纪念坚守西安胜利的意义》，讨逆军第十七路军《军事周刊》编辑委员会：《军事周刊（坚守西安胜利专号）》，1931 年，第 3 页。

② 干：《坚守西安在革命历史上的价值》，讨逆军第十七路军《军事周刊》编辑委员会：《军事周刊（坚守西安胜利专号）》，1931 年，第 25 页。

的籍此苟保残局，但如照这种政策继续下去，则结果不亡于此，即灭于彼，任你如何的投机取巧，也逃不出这个命运。为今日计，惟有全国革命的群众，扫数的奔赴反帝国主义营垒，喊着很鲜明的口号，并与世界各弱小民族，亲密的携起手来，整齐步伐，坚固战线，以与国际帝国主义作广大的斗争。①

因此，"我们要拿出坚守西安时食油渣杀骡马，始终不屈（的）精神来推行，由一局部而扩大至全国，而在革命的历史上，才可再放一朵灿烂的鲜花"②。我们要用相当的办法——抵制日货来抵抗日本：

只要我们全国国民能大彻大悟，用坚持到底的精神，抵制日货，则日本不但不能灭亡中国，反要自走死路，这也是明明显显的事实。总而言之，现在中国整个问题，就是对日问题，只要对付日本，什么都是好办，我们对付日本办法，不论是宣战也罢，抵制日货也罢，采取什么方法都好。只要有决心，有毅力，能坚持到底，我们是不畏惧日本的，所以说日本并不可怕，是我们自己可怕，我们能觉得我们自己可怕，日本更不怕了。③

在民族危急存亡之秋，通过对坚守西安精神的阐发，激励广大将士的爱国情操，为反对日本帝国主义而奋斗，实在是个好主意。只不过，将抵制日货作为一个好方法，实在有些书生之见，因为它未必会对抵抗日本帝国主义的侵略起到实质性作用。

第三节 巷陌斜阳

光阴荏苒，到了1933年11月23日，西安围城之役七周年前夕，杨虎城在西安绥靖公署对步兵训练班发表讲话时，再一次回首了西安围城之役：

---

① 漾醇：《以中国革命的立场来衡论坚守西安》，讨逆军第十七路军《军事周刊》编辑委员会：《军事周刊（坚守西安胜利专号）》，1931年，第16—17页。

② 漾醇：《以中国革命的立场来衡论坚守西安》，讨逆军第十七路军《军事周刊》编辑委员会：《军事周刊（坚守西安胜利专号）》，1931年，第17页。

③ 缘野：《用坚守西安的精神来坚守中国》，讨逆军第十七路军《军事周刊》编辑委员会：《军事周刊（坚守西安胜利专号）》，1931年，第14页。

> 我就离开了三原防地，来西安协同卫忠臣、李虎臣等守城，经过了八个月之久，始克解围。那时我还有病，肺炎，每次上城，非人扶持不可，但在这种严重的期间，每日又不能不上城指挥部署。当时卫、李曾主张献城，我坚决的反对。因为鉴于西安一经失守，北洋军阀就得以西北为尾闾，于革命的过程是大有窒碍。所以那时虽然牺牲了几万人，但是我并不十分痛惜，因为没有这少数的牺牲，便不能使北伐成功，不能救出全国的民众。抱了这种主义，遂坚决以守为攻。经过了长久的时期八个月，胜利是终属于我们了。解围以后，便有多数的人来颂扬我的功绩，赞慕我以往的主张，我倒反觉得惭愧、痛心。因为为主义而牺牲了几万人，我反得了功名，真是如古诗上说的“一将功成万骨枯”了。[①]

在讲话中，冯玉祥国民联军在西安围城之役中的作用，仍然没有提及。可是，当年与杨虎城一起参与守城，同样艰苦备尝，立下赫赫战功的李虎臣、卫定一等陕军将领，此次则被提及了，只是他们成了意志不坚定分子，似乎没有多少功劳。

已如前述，相比意志如磐的杨虎城，李虎臣确实不止一次流露出让城别走之意（而非献城），卫定一因兵力有限、地位较低，其功劳自不可与杨虎城相提并论。然而，基于围城之际的具体情况，让城别走对保存陕军，尤其是拯救城内数万生灵来说，未必不是一个好的选择。随着围城日久，守城陕军遇到缺兵缺械缺粮、民众饿死等大量不易克服的困难，若没有李虎臣、卫定一等陕军将领与杨虎城精诚团结，一起守城，在没有坚持到解围军队的到来之时，西安城恐怕已经被刘镇华镇嵩军攻破了。所以，毫无疑问，和杨虎城一样，李虎臣、卫定一在西安围城之役中，是立下汗马功劳的。

但是，西安解围之后，杨虎城、李虎臣、卫定一等人的境遇和选择却不尽相同。1927 年，在冯玉祥解散了国民革命军第二集团军驻陕总司令部后不久，李虎臣联合岳维峻、卫定一等部分陕西将领反冯，失败后，李虎臣赴上海闲居，基本退出了政治舞台，卫定一于 1928 年以通共问题被杀于安徽阜阳。俗话说，人

---

① 杨虎城：《在西安绥靖公署步兵训练班的讲话（1933 年 11 月 23 日、24 日、25 日）》，西安事变研究会：《杨虎城文集》，北京：中国文史出版社，2013 年，第 198—199 页。

走茶凉、树倒猢狲散，此后，作为军事团体的李虎臣部、卫定一部既已不复存在，关于两人过往功绩的纪念，自然也就无从谈起了。而担任陕西省政府主席、西安绥靖公署主任、第十七路军总指挥的杨虎城，其政治、军事地位却如日中天，由其所主持的对西安围城之役的纪念，自然会更多地矜夸己功了。

杨虎城自述，“那时虽然牺牲了几万人，但是我并不十分痛惜。”回思“敲骨吸髓”“罗雀掘鼠”等章所述当时西安惨状，杨虎城竟能“不十分痛惜”，可见其作战意志之坚。从一方面说，他贯彻战争意志之彻底，令人击节赞叹，颇有古名将之风，不愧是一名有勇有谋的悍将。但从另一方面说，也真如他所说，为了一个未必高尚的目标，每日面对成百上千的父老乡亲饿死，竟能做到“不十分痛惜”，诚忍人也。

当年 11 月 28 日，在西安解围七周年纪念之际，杨虎城以西安绥靖公署主任、第十七路军总指挥名义发表祭文，再次对西安围城之役进行纪念：

> 溯十五年坚守西安一役，适当党军败衄，强敌侵凌，压阵来秦岭之云，开关失函谷之险。遂至东风不便，西安被围，众寡悬殊，智勇俱困。呜呼！中原之义师已熠，北伐之大军犹远，革命大业，一发千钧。西安存亡，关系全局，倘非誓死坚守，其何以奠邦基。唯是军实之消耗殆尽，武库甲稀，刍粮之接济全无，纸鸢信断，饥军苦战，饿殍盈城。在彼方且以为江上投鞭，早无建业，梦中伸脚，踏破长安矣。尔乃九门列阵，持蝥孤以先登，十荡扬威，似老罴之当道。空拳白刃，男儿讵惜头颅，敌忾同仇，壮士唯凭肝胆。与城存亡，积八月而不屈，矢志坚决，纵万死以奚辞。卒制胜以归，长围终解，巩西北革命之势力，促党军北伐之成功。缅怀当年，痛矣烈矣！嗟嗟六千君子，填海同心，百二河山，铭功记绩。当兹九塞烽烟，适值七周纪念，林中枫风，尽带血色，岭上梅花，齐呈黯淡。虎城躬督守军，心萦往烈，魂兮何处，剪纸难招，国已濒危，欲哭无泪，谨具清醪之奠，聊抒追悼之忱，英灵有知，庶几来归。哀哉，尚飨！①

本祭文侧重于渲染 1926 年坚守西安的残酷和“六千君子”即国民三军第三

① 杨虎城：《坚守西安诸烈士祭文（1933年11月28日）》，西安事变研究会：《杨虎城文集》，北京：中国文史出版社，2013 年，第 201 页。

师的牺牲之大，没有提到李虎臣、卫定一，没有提到冯玉祥国民联军，也没有提到三民主义，更没有提到抗日问题，和1930、1931年的纪念活动相比，甚至和1933年的七周年纪念大会相比，似乎都显得平淡了许多。但如果考虑到此祭文是针对第十七路军所发的，也便见怪不怪——在自己的军队面前，难道要夸赞别人的功劳吗？这种情况，恰恰表明，对西安围城之役的纪念和意义阐发，是随着具体时间、地点的变化而变化的。

1934年11月28日，在西安围城之役胜利八周年之际，杨虎城发表告第十七路官兵书，继续强调坚守西安对当时国内局势的重要影响：

当民国十五年的时候，直系军阀盘踞了长江流域，孙传芳割据了苏、皖、浙、闽各省区，其他国内的封建军人，都莫不互相勾结，变本加厉地施行其反革命的伎俩。当这时革命势力既在黄河流域受了很大的压迫，而广东的国民政府方在准备北伐，封建军阀为保持其长久统治计，故想在南方革命势力尚未尽量发展以前，极力造成他北方巩固的基础。故十五年春驱国民军于中原之外，国民二军被攻而覆没于豫西，那时北方的革命势力，真可说是不绝如缕了。而直系军阀犹以为未足，冀遂其根本消灭革命集团，巩固其反动统治局面。于是更命其一部雄厚之封建势力，长驱入陕，以为囊括西北之计。当时西安的我军，实力虽极薄弱，然都是素以革命为职志的，抱定与反动军阀势不两存的决心，遂以数千孤军，对垒坚守。所幸军民一心，誓死无二，敌人虽以十余万众围困城下，朝夕猛攻，阅八月之久，终无机可乘。正在这极度危险……的紧急关头，广东国民政府出师北伐，国民联军亦遥相援应，全国局面，急剧变化。迨援军到陕，犹经血战多日，始将敌军击溃，西安解围，本军坚守之功，于是完成。其后南北革命军之得以会师徐州，统一全国，西安坚守一役，关系甚大。[①]

杨虎城强调，守城陕军之所以能够取得最终胜利，其所率领的国民三军第三师（即此时的十七路军）的坚毅牺牲精神，起到了核心作用，实开中国革命史上悲壮灿烂的一页：

当本军坚守西安的时候，以物质的缺乏，众寡的悬殊，在在都有难于度过

① 杨虎城：《为庆祝坚守西安胜利八周年告第十七路官兵书（1934年11月28日）》，西安事变研究会：《杨虎城文集》，北京：中国文史出版社，2013年，第236—237页。

的危险。但终以信仰的坚定，主义的团结，精神的一致，终能出难关，获得最后的胜利。子弹打完了，继之以大刀、石头、肉和血；粮食吃完了，继之以犬马、油渣、草根。古人“罗雀掘鼠”的惨剧，我们官兵都亲受了。所以有主义的军队，无往而莫不胜利的！因为有了共信共守的主义，而后才能发生必死团结的力量。主义的信仰越坚，团结的力量越大，这是成正比例的。那时我们的守城军，是革命的，是有主义的，所以虽然孤立被敌夹攻，但是最后胜利仍归我们。总理说：“使武力与民众结合，使武力变为民众的武力。”我们明白了这两句话，便知道坚守西安胜利的原因了。[①]

在杨虎城看来，这种坚毅牺牲精神，乃是因为有了“共信共守的主义”，此“主义”即是孙中山所主张的三民主义。这是杨虎城一直宣称的守城乃是为了完成国民革命这一观念的自然延伸和强化，因为此时孙中山虽已逝世，南方的北伐军仍在其精神指导下，进行革命活动。

往事已矣，时至1934年底，日本帝国主义的侵略步伐日益加剧。杨虎城认为，未来的任务比1926年坚守西安之时更加艰巨：

自九一八事变而后，继之有一·二八及长城之役，帝国主义侵略的加剧，随时皆有覆亡我中国的可能。而国内呢？水旱之灾，惨布全国，无论国防的，经济的，中国都是到一发千钧的危机了。凡此都是比坚守西安重十百倍的责任，都是要我们负担起来的。[②]

这一更加艰巨的未来任务，便是将日本帝国主义赶出中国，实现中华民族的独立、统一，这是国民革命的继续，“我们今天来纪念坚守西安胜利，不仅是只为过去死者而悲哀，而是要想念到国家的危机，把艰巨的责任负起来，踏上死者打开的血路，准备着热血与头颅，来完成我们的国民革命”[③]。

杨虎城甚至认为，坚守西安的精神还有益于经济、国防：

① 杨虎城：《为庆祝坚守西安胜利八周年告第十七路官兵书（1934年11月28日）》，西安事变研究会：《杨虎城文集》，北京：中国文史出版社，2013年，第237页。

② 杨虎城：《为庆祝坚守西安胜利八周年告第十七路官兵书（1934年11月28日）》，西安事变研究会：《杨虎城文集》，北京：中国文史出版社，2013年，第238页。

③ 杨虎城：《为庆祝坚守西安胜利八周年告第十七路官兵书（1934年11月28日）》，西安事变研究会：《杨虎城文集》，北京：中国文史出版社，2013年，第238页。

我们要将本身的消费单位，变成为民众、为国家生产的单位，那是不但要我们爱民，而且还要真正能够帮助民众来生产。这样才能完成今日的责任，才算是我们纪念坚守西安八周年胜利最大意义。①

这便再次扩大了坚守西安的意义。

当日，杨虎城还在南郑各界举行的庆祝坚守西安胜利八周年大会上发表讲话，谈到其坚守西安的原因："是因为陕西的民众在辛亥革命以前，对于党治精神，对于三民主义，就有很深刻的信仰，深刻的认识。"②

他又指出：

我们要扑灭北洋军阀的残余势力，促成北伐的成功，促成中国的胜利。因为我们深信，三民主义必然会取得最终的胜利。直白地说，我们是为争取三民主义的最后胜利而坚守西安，我们是为了争取国民革命最后的胜利而坚守西安，我们是为了扫除革命的障碍而坚守西安，我们是为求西北民众福利的保障而坚守西安！③

在讲话中，杨虎城还讲述了其在守城期间的一段故事：

我曾经对民众说："陕西西安革命城如果存在，我亦与城同存；如果城失，我亦与城俱亡！"我那时当领导军事的长官，抱定"城存与存，城亡与亡"的决心，曾经约定，如果敌人攻进城，我们几个人到钟鼓楼上还要干，如果钟鼓楼守不住，我们一齐［起］自杀了。其结果，我们同志，西安民众中，没有一个动摇，没有一个变节，这便充分证明了我们的军队、我们的民众，共同为党为主义而奋斗的伟大精神。以这一种精神，才换得来西安解围的胜利。④

和往年相比，当年的纪念活动，规模似乎不大，但在意义的阐释方面，西

① 杨虎城：《为庆祝坚守西安胜利八周年告第十七路官兵书（1934年11月28日）》，西安事变研究会：《杨虎城文集》，北京：中国文史出版社，2013年，第238页。

② 杨虎城：《坚守西安的意义和围城以后的状况（1934年11月28日）》，西安事变研究会：《杨虎城文集》，北京：中国文史出版社，2013年，第239页。

③ 杨虎城：《坚守西安的意义和围城以后的状况（1934年11月28日）》，西安事变研究会：《杨虎城文集》，北京：中国文史出版社，2013年，第239页。

④ 杨虎城：《坚守西安的意义和围城以后的状况（1934年11月28日）》，西安事变研究会：《杨虎城文集》，北京：中国文史出版社，2013年，第240页。

安围城之役的精神，仍在继续延伸和深化。

在以往历次纪念活动中，杨虎城对冯玉祥解围西安的作用，往往闭口不谈，可此次纪念，虽然只是一笔带过，没有重点强调，却又有所提及。或有论者会认为，这表明杨虎城对西安围城之役的评价终于客观了。但笔者以为，这恰恰体现了对西安围城之役评价的与时俱进色彩。当中原大战已经落下帷幕，冯玉祥已经重回南京国民政府之后，再强调其作为军阀的一面，似乎已经不合时宜了。

1936 年 11 月 28 日，杨虎城最后一次以西安绥靖公署主任、第十七路总指挥的名义对西安围城之役进行纪念。当年祭文为：

营营而生，草草而死。横目之民，畴能外此。惟我烈士，有异以是。生荣死哀，馨香万祀。十载以前，军阀祸国。潼关失陷，敌人日逼。崴巍西京，乃困长围。硝烟匝地，弹雨横飞。嗟我烈士，誓保金汤。眦裂齿碎，讵让睢阳。援绝粮尽，茹草煮革。万众一心，坚于金石。或出奇兵，杀敌致果。或蹈白刃，有敌无我。陷阵争先，死馁恐后。慷慨登陴，撄城固守。八月鏖战，肉阜血潭。军民共命，猿鹤同甘。忠义所感，包胥请援。元戎剑及，誓师五原。桓桓将士，舍命图功。力解城围，罔恤沙虫。革命精神，赖以发扬。促成北伐，党史之光。峨峨双冢，东西相望。中有碧血，毅魂是藏。死而不朽，孰若国殇。名垂宇宙，续祀攸常。呜呼今日，寇逼绥疆。孰继先烈，以巩国防。后死之责，其何敢忘。临之在上，质之在旁。资成既洁，清醑盈殇。魂兮归来，歆此苾芳。尚飨。①

当天，杨虎城还在纪念坚守西安胜利十周年大会上发表讲话，共有三点内容：

其一，守城意义：

陕西虽然僻处边隅，但在中国的革命史上，是有着光荣的历史的。自辛亥革命一役而后，凡是革命事业，陕西没一次没参加的……到了民国十五年……直系

① 杨虎城：《为坚守西安烈士祭文（1936年11月28日）》，西安事变研究会：《杨虎城文集》，北京：中国文史出版社，2013 年，第 273 页。

军阀更驱使十余万大兵，驰骋关辅，企图席卷西北。当时西北唯一革命策源地的西安，就岌岌可危了。幸而陕西的革命同志，认清了自己的责任，有保持革命策源地的必要，同时，接受了广东革命政府的命令。所以在陕西的同志，认定了当时革命形势，大家都甘愿牺牲自己，保全策源地，以换取革命的代价，同时民众方面也期待着革命的成功。于是军民合作，能够坚守西安至八个月之久，那关系就转变了全国革命的局势，对于完成北伐的大业，是有很重要的关系的。①

其二，守城经过：

西安城自民国十五年四月九日被围后，当时负西安保卫责任的人，总司令为李虎丞［臣］先生，本人为副司令。军队的分配，有本人带领的国民三军第三师的大部，另外，李虎丞［臣］先生的一部，卫定一先生的一部，共守西安。再由第三师分兵一部与田玉洁部共守三原，王宝发部守咸阳，互成掎角之势。统计在西安守城兵力，战斗员尚不及一万人。当时西安民众约九万人。又因敌军到处烧杀抢劫，民众不堪其扰，纷纷逃入城中避难的，约有两三万人，连同在城内军民，约有十二万人之众。西安城中素少囤积，三日若不运粮进城，城内即感恐慌。当时敌人围城，战壕环围绕至七十余里，内外共计五道，宽深均约数丈，城乡交通断绝。在敌人的意思，深知我们力量单薄，而且因为数十度猛烈攻击屡遭挫败原因，知他们的战术不足以取胜，就用了最笨最残酷的办法，想活活的饿死守城的军民。围困至三四月的时候，城中已无粮草，树皮、草根、败革、油渣就成了日常果腹的食料了。古人“易子而食”已经惨极人世，而在当时守城将领皆属仓皇应战，未及携带家眷，饥饿至极，真有思“易子”，而无子可易之情了。今日思之，犹有余痛……我们应知道，今日西北的一切建设，如铁路、公路、水利等，都是先烈头颅鲜血所换来的代价。②

此次，杨虎城没有单纯地只夸己功，而是强调与时任陕军总司令李虎臣、副司令卫定一共同坚守西安。不仅如此，守三原的田玉洁、守咸阳的王宝发也

---

① 杨虎城：《在西安纪念坚守西安胜利十周年大会上的报告（1936年11月28日）》，西安事变研究会：《杨虎城文集》，北京：中国文史出版社，2013年，第274—275页。

② 杨虎城：《在西安纪念坚守西安胜利十周年大会上的报告（1936年11月28日）》，西安事变研究会：《杨虎城文集》，北京：中国文史出版社，2013年，第275页。

被提及。他也强调了西安城中军民所遭受到的苦难和牺牲。杨虎城甚至还强调，今日西北的建设，正是当日努力的结果。

其三，解围经过：

于院长有关于北方革命势力，被敌人摧毁殆尽，所以不远万里由蒙古到苏俄间道求援，凭总司令奖章，冯玉祥军事委员会副委员长誓师五原，派军绕道宁夏、甘肃来援……援军到达之时，敌人尚倾全力反攻……所幸援军继至，城围始得而解。记得援军初到时，民众自动送粮接济，可见解围的力量不仅只是军事的，而是陕西民众整个的动员，所以十万大敌，终被打得落花流水。①

在讲话中，杨虎城没有像以往一样，历数冯玉祥的种种“军阀行径”，而是追溯了于右任万里赴苏向冯玉祥请援，以及冯玉祥回国后，誓师五原，派孙良诚等举兵来援之事，实事求是地评价其丰功伟绩，并尊称其为军事委员会副委员长。这提示我们，对西安围城之役的纪念，本身就是一场政治活动。一方面，无论是对守城艰辛岁月的描述，还是不顾与李虎臣、卫定一共同坚守西安的事实，而矜夸己功，都是团结陕西军民，为统治陕西服务的武器。另一方面，对解围一方时而贬低，时而揄扬，不过是现实政治的反映。贬低、抹黑冯玉祥，不仅是为自己在坚守西安中的“过”，也为自己朝秦暮楚的行为寻求解释。而对冯玉祥国民联军的揄扬，则是在中原大战尘埃落定，自己的合法性危机已成过眼烟云的形势下的自然反应。

同样是在 11 月 28 日发表的《告第十七路官兵书》中，杨虎城又提到了日本侵略问题：

今日的民族，因为……日本帝国主义的侵略已经快要到达灭亡的危境。我们未了的责任，是有着比坚守西安更伟大的工作等待着我们的。日本帝国主义自九·一八而后，强夺了我东北四省，蘖食了我冀、察两省，现在又嗾使汉奸土匪，大举进攻我们的绥远。民族国家的生命，已经是不绝如缕，亡国之痛，近在目前。中国有四万万五千万的民众，有三百万居世界第一位的军力，难道

① 杨虎城：《在西安纪念坚守西安胜利十周年大会上的报告（1936年11月28日）》，西安事变研究会：《杨虎城文集》，北京：中国文史出版社，2013 年，第 275—276 页。

都是绵羊，伸着脖子听人宰割吗？[①]

杨虎城对十七路的官兵发出号召：

十七路的官兵同志们，十年前既然能为革命而牺牲，有坚守西安的伟大精神，本人相信，今日就更能以这样的精神来坚守中国的国土，一寸一分都是不让与人的。守城与守国并没有怎样的不同，只要我们此心永存，我们终有挽救国难、收复失地之一日。"抗日救国"的誓言，即是十七路独一无二的一条生路，怀疑、畏惧、退缩……只是怯弱者的畏劳表现……我们要以过去今日的精神，踏着先烈的血痕，走向前去，完成我们保国卫民的责任。要如此，则今日的纪念胜利大会才有意义，才不是例行的官样文章。[②]

虽然如前所述，西安围城之役纯属不同军事力量之间的战争，与抵抗日本帝国主义并无任何直接关系，若站在杨虎城及其十七路军的角度，用西安围城之役的牺牲精神，号召广大军民团结一致，抵抗日本帝国主义的侵略，也反映出杨虎城坚持抵抗日本帝国主义侵略、爱国主义的一面。

只是，这已经是最后一次有关西安围城之役的大型纪念活动了。其后，随着杨虎城个人命运的剧烈转折和时局的巨大变迁，西安围城之役也逐渐被掩埋进历史的尘埃之下。时至今日，已经没有多少人记得这场战争，记得刘镇华、杨虎城、李虎臣、卫定一、冯玉祥发动、参与这场战争的缘由，记得他们在这场战争中的功过得失，记得西安民众所经历的那些惨绝人寰的苦难，遑论对其精神的阐发和运用。

① 杨虎城：《西安围城纪念十周年告第十七路官兵书（1936 年 11 月 28 日）》，西安事变研究会：《杨虎城文集》，北京：中国文史出版社，2013 年，第 280 页。

② 杨虎城：《西安围城纪念十周年告第十七路官兵书（1936 年 11 月 28 日）》，西安事变研究会：《杨虎城文集》，北京：中国文史出版社，2013 年，第 280 页。

结　语

在小说《白鹿原》中，陈忠实对西安围城之役有浓墨重彩的描写。在小说中，陈忠实借其虚构的角色鹿兆鹏之口，认为刘镇华“是个地痞流氓”，他所带领的镇嵩军是“一帮兵匪不分的乌合之众”①、“一股反革命军队”②。这么一帮匪军，在西安四郊无恶不作、杀人如麻，以致西安民众对之恨之入骨。

陈忠实描述了镇嵩军在白鹿原征粮的情景：

白鹿村的男女老幼都被吆喝到祠堂门外的大场上。杨排长讲了话，征粮的规矩是一亩一斗，不论水地旱地，更不按“天时地利人和”六个等级摊派，那样太麻烦。说罢就让村民观赏射击表演。士兵们把从村巷和农户院子里捉来的二三十只公鸡和母鸡倒吊在树杈上，那三十来个士兵站成一排，一片推拉枪栓的声音令人不寒而栗。杨排长首先举起缀着红绸带儿的盒子枪，“叭”地一声响过，就接连响起爆豆似的密集的枪声。士兵们的乌黑的枪管口儿冒着蓝烟，槐树下腾起一片红色的血雨肉雹，漫空扬起五彩缤纷的鸡毛。没有死下的鸡嘎嘎嘎垂死哀鸣，鲜血从鸡的硬喙上滴流下来，曲曲拐拐在地上漫流，几十条蚯蚓似的血流汇集组合，槐树下变成了血红的土地，散发出强烈的热血的腥气。祠堂门外的场地上鸦雀无声，女人们大都低垂着头，男人们木雕似的瞪着眼黑着

① 陈忠实：《白鹿原》修订本，北京：人民文学出版社，1997年，第173页。

② 陈忠实：《白鹿原》修订本，北京：人民文学出版社，1997年，第173页。

脸，孩子压抑着的啜泣十分刺耳。杨排长把盒子枪插到腰里的皮带上，一绺红绸在裆前舞摆。他插枪的动作极为潇洒："各位父老兄弟，现在回家准备粮食，三天内交齐。"[①]

在真枪实弹面前，那些白鹿原手无寸铁的普通民众，敢怒而不敢言，除了乖乖地如数上交粮食，别无办法。可是，即使镇嵩军再强横，他们总有离开的一天，到那个时候，便是民众对那段历史进行加工解释的时候了。是以，笔者所掌握的历史资料中，虽然难以找到有关这一描述的真实历史场景的蛛丝马迹，但它仍然未必完全是虚构的。一个比较合理的解释是，它可能是作者通过对当地口碑史料的消化理解，并以小说家的笔调加工而成的。

与对镇嵩军的极低评价相反，陈忠实相信："守城的李虎、杨虎二虎将军，都是国民革命军。"[②]虽然没有明言，陈忠实显然认为，李虎臣、杨虎城和守城陕军是正义、革命一方的代表。由这一逻辑自然延伸，守城一方自然不可能是造成围城中数万民众死难的原因，因为任何坏事都只可能是丧尽天良的刘镇华镇嵩军干的。

虽是小说家言，陈忠实有关西安围城之役的认知仍然不无道理，西安民众确实有理由痛恨刘镇华镇嵩军。在近八个月的围城之战中，西安民众饿殍累累、死亡枕藉，刘镇华镇嵩军确实是始作俑者和罪魁之一，这是不容置疑的。但是，应该看到，陈忠实所言与历史真相未必一致。难道有革命之名的"二虎"和守城陕军一定可以脱开干系吗？围城之中，一些当事人，如黄成垙、吴芳吉、张扶万、毛昌杰……的记述，一些普通民众的回忆文章，甚至原守城陕军阵营中许多人，如李定五、党晴梵等的回忆文章，都或隐或显地告诉我们，守城陕军并非纪律严明、秋毫无犯的。他们军纪涣散、形同土匪，作奸犯科、勒逼强索，横征暴敛、严刑峻法，与镇嵩军对城内民众的伤害相比，不仅不遑多让，某些方面甚至有过之而无不及。另外，和刘镇华镇嵩一样，守城陕军的将领们，未必像他们宣称的那样没有野心，而是为合城百姓而战的。他们的心思和行为，他们的自我宣称与历史事实之间，存在着巨大的鸿沟。

---

① 陈忠实：《白鹿原》修订本，北京：人民文学出版社，1997年，第166页。

② 陈忠实：《白鹿原》修订本，北京：人民文学出版社，1997年，第173页。

被胜利者重新解释的历史，不仅将胜利者自己的行为描述成是革命、正义的，还赋予了这一行为重要的历史意义，仿佛正是由于守城陕军站在历史的潮头，拼死抵抗刘镇华镇嵩军的进攻，才有了北洋军阀被消灭、国民革命的胜利、统一大业的完成。而非正义的一方，不仅对西安民众犯下了滔天罪孽，还是阻碍历史车轮前进的封建力量、军阀势力，一切罪行当然都应该由他们来承受。令人费解的是，对前来解围的冯玉祥国民联军，陈忠实着极少墨，仅言："刘军长眼巴巴等待着大雪降止，不料从斜刺里杀来了国民革命军的冯部五十万人马，一交手就打得白腿子乌鸦四散奔逃。"[①]这一切似乎暗示我们，陈忠实所流露出的历史观，虽然仍然保留了一些民众朴素但未必不高明的历史认知，也不可避免地受到胜利者重新解释的历史观的强烈影响。

是的，后世的历史书写，虽然保留有民众朴素的历史认知，即比较重视对围城苦难的描述，但更多描述的是，守城陕军，尤其是杨虎城国民三军第三师的英勇不屈。吊诡的是，对围城中民众苦难的描述，不仅常常成为刘镇华镇嵩军历史罪行的证据，也为守城陕军的拼死抵抗提供了合法性依据。正是这种描述方式，造成了后世对西安围城之役的刻板印象，造成了对许多歧异性历史资料的视而不见，造成了一些历史真相的长久沉埋。

时至今日，很难再重新构建西安围城之役的真实场景了。尽管我已经尽量试图"悬搁"自己的好恶情绪，避免受到任何先验观念和说法的影响，尽量去让纷繁芜杂的史料说话，让扮演不同角色的人物说话，也丝毫没有信心说，我所理解的西安围城之役，就是真实的历史。

我所希望做到的，是我对西安围城之役的理解，不同于任何单纯视角所构建的历史，是独特的存在。为了凸显这些"不同"，在整个写作过程中，我所尽力去做的，是对有关西安围城之役的不同人物、不同史料、不同观点的充分展示，而试图把判断的权力留给读者，让他们可以在这些素材的基础之上，去思考、构建、解释那段虽然极尽曲折、荡气回肠，却愁霾蒙蒙、不忍回首的历史。因为这些"不同"，希望读者不要仅仅停留在这次战争和这部颇有瑕疵的作品上，而能够由此出发，去思考残酷的战争对人类和人类社会可能造成多么大的伤害。想想在战争中，会有多少大好男儿身死异乡、埋骨无所，会有多少

① 陈忠实：《白鹿原》修订本，北京：人民文学出版社，1997年，第185页。

父母妻儿在无尽的永夜中孤苦无依，我们应当坚决、勇敢地抵制任何理由的战争诉求、威胁和行为，去捍卫生命与和平。希望读者在读了本书之后，能够坚定不移地相信，有关反战的思考和行为，不仅是为了珍惜自己的生命，也是在为别人的生命负责，在为我们的社会负责，是我们每一个人不可推卸的责任。

在中国历史上，西安围城之役不过是漫长历史长河中的鳞爪片羽；在中国近代历史上，它也未必如杨虎城等人所宣称的那样具有如许重大的意义，而是长久地被遗忘在历史的角落。然而，西安围城之役仍然像一面镜子，提示我们历史是多么复杂。我们应该知道，比历史更加复杂的是世道人心，有谁能猜透那些无论是当时，还是后世与这场战争有关系之人的心理呢，他们为何以某种特殊行为、某种表达方式来参与、构建那段历史呢？刘镇华、杨虎城、李虎臣、于右任、冯玉祥……他们发动、参与这场战争的初衷和目的，真如史料中所描述的那样吗，真像我在书中所表述的那样吗？

我们从事历史研究，必须在占有大量歧异性历史资料的基础上，抛却许多固有的“执念”，努力回到具体的历史场景中，去体会、思考、构建任何已经消失在时间长河之中的历史。在这一过程中，如果说历史资料是重构历史的前提的话，那么，打破“执念”“悬阁”好恶，便是一切认知开始的前提。这两个“前提”之前提，便是对具体世道和具体人心的情境化理解。只有读懂了它们，才能够真正走进那段历史，也才能够真正走出那段历史。按照我的理解，从任何一段历史中走出来，才是一切现实关怀的开始。

后　记

若没有许多人的支持和付出，便没有拙作的写就和最终出版。

首先要感谢陕西师范大学历史文化学院的领导和同事们。由于何志龙院长、李秉忠副院长的大力支持，不仅将本选题立项，还答应资助出版，使我感到责任在肩，不敢松懈。若没有杜海斌书记、何志龙院长帮忙说项，使我不致经常费心应付那些迫我搬家的烦言，若没有业师贾二强慨借斗室，缓解我无处工作的内忧，我必然会陷入无尽的烦言和无处工作的尴尬之中，难以寻到一张安静的书桌，集中精力从事写作。在写作过程中，张华腾、石涛、刘晓东、王春阳等师友经常关心我的写作进度，多次帮助我解决许多疑难问题，增加了我坚持下去，最终完工的决心和信心。

为了写作此书，不知多少日日夜夜，我没有陪伴妻子儿女，忘记了向父母请安，忽略了与家人在一起的人间至乐。但是，他们对我从来没有任何抱怨，而是以默默付出的方式，表达对我志业的支持，使我可以沉潜下来，批览史料、谋篇布局、奋笔疾书。

准备资料之时，研究生马丽颖、邓亚茹、宁鑫曾帮我整理史料；初稿完成之后，李秀秀、王珊又牺牲宝贵的假期，助我核对史料。他们的辛勤付出，是本书尽快完成的重要保障。

正因为有了如许众多的支持和付出，方有这一点小小成果，在此，特对他们致以诚挚的谢意！

侯亚伟

2020 年 10 月 7 日草于故都长安